■2025年度高等学校受験用

東京成徳大学高等学校

収録内容一覧

★この問題集は以下の収録内容となっています。また、編集の都合上、解説、解答用紙を省略させていただいている場合もございますのでご了承ください。

（○印は収録、一印は未収録）

入試問題の収録内容			解説	解答	解答用紙
2024年度	一般入試（第1回）	英語・数学・国語	○	○	○
	一般入試（特待）	英語・数学・社会・理科・国語	一	○	○
2023年度	一般入試（第1回）	英語・数学・国語	○	○	○
	一般入試（特待）	英語・数学・社会・理科・国語	一	○	○
2022年度	一般入試（第1回）	英語・数学・国語	○	○	○
	一般入試（特待）	英語・数学・社会・理科・国語	一	○	○

★当問題集のバックナンバーは在庫がございません。あらかじめご了承ください。

●凡例●

【英語】

≪解答≫

〔　〕　①別解

②置き換え可能な語句（なお下線は置き換える箇所が2語以上の場合）

(例) <u>I am</u>〔I'm〕glad〔happy〕to～

（　）　省略可能な言葉

≪解説≫

1，2…　本文の段落（ただし本文が会話文の場合は話者の1つの発言）

〔　〕　置き換え可能な語句（なお〔　〕の前の下線は置き換える箇所が2語以上の場合）

（　）　①省略が可能な言葉

(例)「(数が) いくつかの」

②単語・代名詞の意味

(例)「彼（＝警察官）が叫んだ」

③言い換え可能な言葉

(例)「いやなにおいがするなべにはふたをするべきだ（＝くさいものにはふたをしろ）」

//　訳文と解説の区切り

cf.　比較・参照

≒　ほぼ同じ意味

【数学】

≪解答≫

〔　〕　別解

≪解説≫

（　）　補足的指示

(例)（右図1参照）など

〔　〕　①公式の文字部分

(例)〔長方形の面積〕=〔縦〕×〔横〕

②面積・体積を表す場合

(例)〔立方体ABCDEFGH〕

∴　ゆえに

≒　約、およそ

【社会】

≪解答≫

〔　〕　別解

（　）　省略可能な語

＿＿　使用を指示された語句

≪解説≫

〔　〕　別称・略称

(例) 政府開発援助〔ODA〕

（　）　①年号

(例) 壬申の乱が起きた（672年）。

②意味・補足的説明

(例) 資本収支（海外への投資など）

【理科】

≪解答≫

〔　〕　別解

（　）　省略可能な語

＿＿　使用を指示された語句

≪解説≫

〔　〕　公式の文字部分

（　）　①単位

②補足的説明

③同義・言い換え可能な言葉

(例) カエルの子（オタマジャクシ）

≒　約、およそ

【国語】

≪解答≫

〔　〕　別解

（　）　省略してもよい言葉

＿＿　使用を指示された語句

≪解説≫

〈　〉　課題文中の空所部分（現代語訳・通釈・書き下し文）

（　）　①引用文の指示語の内容

(例)「それ（＝過去の経験）が ～」

②選択肢の正誤を示す場合

(例)（ア，ウ…×）

③現代語訳で主語などを補った部分

(例)（女は）出てきた。

／　漢詩の書き下し文・現代語訳の改行部分

東京成徳大学高等学校

所在地	〒114-0002 東京都北区王子6-7-14(高等部)
電　話	03-3911-5196
ホームページ	https://www.tokyoseitoku.jp/hs
交通案内	東京メトロ南北線 王子神谷駅より徒歩7分 JR京浜東北線 王子駅・東武スカイツリーライン 西新井駅よりバス

普通科　男女共学

くわしい情報は
ホームページへ

応募状況

年度		募集数	受験数	合格数	倍率
2024	推薦	特進 30名 進選 70名 進学 70名	355名	355名	1.0倍
	一般	特進 50名 進選 90名 進学 90名	418名	391名	1.1倍
2023	推薦	特進 30名 進選 70名 進学 70名	365名	363名	1.0倍
	一般	特進 50名 進選 90名 進学 90名	519名	483名	1.1倍
2022	推薦	特進 30名 進選 70名 進学 70名	356名	355名	1.0倍
	一般	特進 50名 進選 90名 進学 90名	408名	394名	1.0倍

試験科目　(参考用：2024年度入試)

推薦：適性検査(国語・数学・英語)
一般：国語・数学・英語
＊チャレンジ入試(特待生，Ｓクラス希望など)は，国語・数学・英語または国語・数学・英語・理科・社会。

沿　革

大正15年　王子高等女学校創立。
昭和23年　東京成徳高等学校開校。
平成９年　東京成徳大学中学・高等学校に校名変更。
令和７年　創立100年を迎える。

編集部注―本書の内容は2024年5月現在のものであり，変更されている場合があります。正確な情報は，学校のホームページ等で必ずご確認ください。

教育方針

建学の精神「徳を成す人間の育成」のもと，３つの教育の柱「進学」「自分を深める学習」「文『部』両道」を設けている。また，創造性と自立を教育テーマとし，自ら学び，考え，行動する姿勢を養う。

特　色

①特性に合わせた学習指導

特別進学コースは，深い学びを展開し，５教科型のカリキュラムで，国公立・難関私立大学進学に対応する。また，最難関国公立大を目指すＳクラス(進級時にメンバーを選抜)を設置。**進学選抜コース**は，発展的な問題演習にも取り組み，上位私立大学を目指す。**進学コース**は，個性や価値観を大切にし，基礎学力を充実させて志望大学進学に対応する。

②自分を深める学習

独自プログラム『自分を深める学習』では，親しみやすい題材をもとに「自分の存在とは何か？」「どう生きるのか？」など簡単に答えの出ないテーマと向き合い，広く深い視野と思考力を育む。

③文部両道

部活動をはじめ，あらゆる課外活動を，人間的成長を促す価値あるすばらしい活動として奨励しているため，本校では「文武両道」ではなく，あえて「文『部』両道」をかかげている。

イベント日程（予定・要予約）

○学校説明会
7/27(土)，10/6(日)，11/4(月・振)，11/17(日)
＊各日9：30～ /12：00～ /14：30～の３回制
○文化祭
9/28(土)，29(日)

出題傾向と今後への対策 英語

出題内容

	2024	2023	2022
大問数	7	7	8
小問数	35	34	39
リスニング	×	×	×

◎大問数7～8題，小問数は30～40問である。構成は，長文読解1題，音声問題1～2題，書き換え1題，整序結合1題，対話文完成1題，適語選択1題，正誤問題1題である。

2024年度の出題状況

1 単語のアクセント
2 適語(句)選択・語形変化
3 整序結合
4 対話文完成―適文選択
5 書き換え―適語(句)選択
6 正誤問題
7 長文読解総合―物語

解答形式

2024年度　記　述／マーク／併　用

出題傾向

長めの長文読解が1題出題される。ジャンルはエッセーや物語が多い。設問は適語選択，内容真偽などである。音声問題は単語の発音・アクセント。書き換えは空欄に当てはまる語句を選択する。正誤問題は，誤りが含まれた文を選ぶ。整序結合は7つの語句からなり，日本語が与えられている。対話文完成は適文選択形式が多い。

今後への対策

基本的な問題で構成されているので，日頃の教科書学習の成果を見るものとなっている。ふだんの授業と復習を地道に積み重ねていくことがそのまま受験勉強となる。教科書は単語の発音やアクセントを意識しながら大きな声で本文を繰り返し音読し，英文に慣れよう。定期テストで間違えた問題は必ず見直し，最後は過去問で問題確認。

◆◆◆◆◆ 英語出題分野一覧表 ◆◆◆◆◆

分野			2022	2023	2024	2025予想※
音声	放送問題					
	単語の発音・アクセント		■	●	●	◎
	文の区切り・強勢・抑揚					
語彙・文法	単語の意味・綴り・関連知識					
	適語(句)選択・補充		●	●	●	◎
	書き換え・同意文完成		●	●	●	◎
	語形変化		●		●	◎
	用法選択					
	正誤問題・誤文訂正		●	●	●	◎
	その他					
作文	整序結合		●	●	●	◎
	日本語英訳	適語(句)・適文選択				
		部分・完全記述				
	条件作文					
	テーマ作文					
会話文	適文選択		●	●	●	◎
	適語(句)選択・補充					
	その他					
長文読解	内容把握	主題・表題				
		内容真偽		●		△
		内容一致・要約文完成			●	△
		文脈・要旨把握				
		英問英答	●	●	●	◎
	適語(句)選択・補充		●	●	●	◎
	適文選択・補充					
	文(章)整序					
	英文・語句解釈(指示語など)					
	その他					

●印：1～5問出題，■印：6～10問出題，★印：11問以上出題。
※予想欄　◎印：出題されると思われるもの。　△印：出題されるかもしれないもの。

出題傾向と今後への対策　数学

出題内容

2024年度

大問５題，20問の出題。[1]は小問集合で，８問。計算問題を中心とした出題。[2]は関数で，放物線と直線に関するもの。図形の性質を利用する問題もある。[3]は方程式の応用問題で，食塩水に関するもの。[4]は平面図形で，円と，円周上の４点を結んでできる四角形を利用した問題。四角形の全ての辺の中点を通る円について考えるものもある。[5]は空間図形で，２つの立方体を重ねてできる立体について問うもの。

2023年度

大問５題，設問20問の出題。[1]は小問集合で，数・式の計算，方程式，数の性質，確率から８問の出題。基礎的な計算力や知識を確認するもの。[2]は関数で，一次関数と反比例について，点の座標や比例定数，三角形の面積が等しくなるときの座標について問われた。[3]は方程式の応用問題で，食塩水の濃度に関するもの。[4]は平面図形の計量題３問。三角形について，特別な直角三角形や合同な図形などの理解を問う。[5]は空間図形で，立方体を題材に，展開図を組み立てたときに重なる点や線分の長さ，断面の面積について問われた。

作…作図問題　証…証明問題　グ…グラフ作成問題

解答形式

2024年度	記　述／マーク／併　用

出題傾向

大問５題，設問20問で，[1]が小問集合（８問），[2]は関数，[3]は方程式の応用，[4]は平面図形，[5]は空間図形の構成。[1]は計算問題のほか，数の性質や確率からも出題されている。[2]以降は，やや難度の高い問題も見られるので，その見きわめがカギとなる。解答は，６個の選択肢の中から正しいものを選ぶ形式。

今後への対策

教科書や基本問題集を使って，まずは基礎・基本を定着させること。関数，図形は，公式や定理がしっかり使いこなせるようにし，標準レベルの問題集を使って，いろいろな考え方や解法を少しずつ身につけていこう。計算問題は，やや複雑なものも出題されるので，すばやく正確にできるように。

◆◆◆◆◆ 数学出題分野一覧表 ◆◆◆◆◆

分野	年度	2022	2023	2024	2025 予想※
数と式	計算，因数分解	★	★	★	◎
	数の性質，数の表し方	●	●	●	◎
	文字式の利用，等式変形				
	方程式の解法，解の利用	■	■	■	◎
	方程式の応用	■	★	★	◎
関　数	比例・反比例，一次関数	★	★		△
	関数 $y=ax^2$ とその他の関数			★	◎
	関数の利用，図形の移動と関数				
図　形	（平面）計　量	★	★	■	◎
	（平面）証明，作図				
	（平面）その他			●	
	（空間）計　量	★	■	★	◎
	（空間）頂点・辺・面，展開図		●		△
	（空間）その他				
データの活用	場合の数，確率	●	●	●	◎
	データの分析・活用，標本調査				
その他	不 等 式				
	特殊・新傾向問題など				
	融合問題				

●印：１問出題，■印：２問出題，★印：３問以上出題。
※予想欄　◎印：出題されると思われるもの。　△印：出題されるかもしれないもの。

出題傾向と今後への対策 国語

出題内容

2024年度

論説文　論説文/随筆　漢字

課題文
一安部公房「異端のパスポート」
二池田亀鑑『平安朝の生活と文学』／幸田　文「習字」

2023年度

説明文　小説　漢字

課題文
一島内景二『源氏物語と伊勢物語』
二辻　邦生『西行花伝』

2022年度

論説文　小説　漢字

課題文
一原　國人『物語のいでき始めのおや』
二恩田　陸『ドミノ』

解答形式

2024年度　記　述／マーク／併　用

出題傾向

設問は，読解問題にそれぞれ７～12問付され，近年は現代文と古文の融合問題も出題されている。８割以上が内容理解に関する設問で，レベルも比較的高度である。課題文の分量は標準的～やや長めで，著名な作家の作品からの出典が目立つ。また，漢字の問題が３問付されている。

今後への対策

読解問題は，設問のほとんどが内容理解に関するものなので，しっかりとした読解力をつけなければならない。そのためには，問題集に取り組むだけでなく，日頃から，新書や文庫などで著名な作品を読んでおくとよい。古文については教科書などで基礎的なことを確認しておくとよい。漢字や文学史なども復習しておくこと。

◆◆◆◆◆ 国語出題分野一覧表 ◆◆◆◆◆

分野		年度	2022	2023	2024	2025 予想※
現代文	論説文 説明文	主題・要旨	●	●		◎
		文脈・接続語・指示語・段落関係		●	●	◎
		文章内容	●	●	●	◎
		表現	●	●	●	◎
	随筆 日記 手紙	主題・要旨				
		文脈・接続語・指示語・段落関係				
		文章内容			●	△
		表現			●	△
		心情			●	△
	小説	主題・要旨	●			△
		文脈・接続語・指示語・段落関係		●		△
		文章内容	●	●		◎
		表現	●	●		◎
		心情	●	●		◎
		状況・情景				
韻文	詩	内容理解				
		形式・技法				
	俳句 和歌 短歌	内容理解	●	●		◎
		技法	●	●		◎
古典	古文	古語・内容理解・現代語訳	●	●	●	◎
		古典の知識・古典文法		●		△
	漢文	（漢詩を含む）				
国語の知識	漢字 語句	漢字	●	●	●	◎
		語句・四字熟語	●	●	●	◎
		慣用句・ことわざ・故事成語			●	△
		熟語の構成・漢字の知識				
	文法	品詞				
		ことばの単位・文の組み立て				
		敬語・表現技法				
	文学史		●	●		◎
作文・文章の構成・資料						
その他						

※予想欄　◎印：出題されると思われるもの。　△印：出題されるかもしれないもの。

合格を勝ち取るための

本書の使い方

本書に掲載されている過去問をご覧になって,「難しそう」と感じたかもしれません。でも,大丈夫。ほとんどの受験生が同じように感じるのです。高校入試の出題範囲は中学校の定期テストに比べて広いですし,残りの中学校生活で学ぶはずの,まだ習っていない内容からも出題されているかもしれません。
ですから,初めて本書に取り組む際には,点数を気にする必要はありません。点数は本番で取れればいいのです。

過去問で重要なのは「間違えること」です。自分の弱点を知るために,過去問に取り組むのです。当然,間違った問題をそのままにしておいては意味がありません。
本書には,長年にわたって高校受験に関わってきたベテランスタッフによる詳細な解説がついています。間違えた問題は重点的に解説を読み,何度も解きなおしてください。時にはもう一度,教科書で復習するのもよいでしょう。

別冊として,抜き取って使える解答用紙を収録しました。表示してあるように拡大コピーをとれば,実際の入試と同じ条件で,何度でも過去問に取り組むことができます。特に記述問題では解答欄の大きさがヒントになる場合があります。そうした,本番で使える受験テクニックの練習ができるのも,本書の強みです。

前のページにある「出題傾向と今後への対策」もよく読んで,本校の出題傾向に慣れておきましょう。

2024年度 東京成徳大学高等学校・一般入試(第１回)

【英　語】 (50分) 〈満点：100点〉

注意：解答は，解答用紙（マークシート）の指定された解答欄にマークしなさい。

各問の 1 　 2 … 40 が，解答用紙の解答番号にあたる。

1

次の(ア)〜(コ)の語の中で，**最も強く発音する部分が②になるもの**を３つ選びなさい。解答の順序は問わない。 1 　 2 　 3

(ア) de-vel-op
①　②　③

(イ) en-er-gy
①　②　③

(ウ) to-mor-row
①　②　③

(エ) cal-en-der
①　②　③

(オ) fa-vor-ite
①　②　③

(カ) bas-ket-ball
①　②　③

(キ) vol-un-teer
①　②　③

(ク) com-put-er
①　②　③

(ケ) won-der-ful
①　②　③

(コ) in-tro-duce
①　②　③

2

次の各問の ＿＿ に入る最も適切なものを，(ア)〜(エ)よりそれぞれ１つずつ選びなさい。

［問１］ Some of the students are 4 by that river.
(ア) cook　(イ) cooked　(ウ) cooking　(エ) cooks

［問２］ Every student in our school 5 his/her own iPad.
(ア) have　(イ) having　(ウ) have had　(エ) has

［問３］ Ken didn't eat lunch.　He 6 be sick.
(ア) have to　(イ) may　(ウ) is going　(エ) was able to

［問４］ Don't touch the 7 vase.
(ア) break　(イ) breaking　(ウ) broken　(エ) to break

［問５］ I have a friend 8 sister lives in Australia.
(ア) who　(イ) whose　(ウ) which　(エ) that

3 次の各問の日本文に合うように語(句)を並べかえて英文を完成させる時，３番目と５番目の［　］に来る語(句)を，(ア)～(キ)よりそれぞれ１つずつ選びなさい。ただし，文頭に来る語(句)も小文字で始めている。

［問１］ 彼女は私の誕生日にセーターをくれた。

［　］［　］［ 9 ］［　］［ 10 ］［　］［　］.

(ア) gave　(イ) me　(ウ) she　(エ) my
(オ) for　(カ) a sweater　(キ) birthday

［問２］ 先生は私達に教室をきれいにしておくよう言った。

Our teacher ［　］［　］［ 11 ］［　］［ 12 ］［　］［　］.

(ア) us　(イ) clean　(ウ) our　(エ) to
(オ) told　(カ) classroom　(キ) keep

［問３］ むこうに見える美しい山が富士山です。

The ［　］［　］［ 13 ］［　］［ 14 ］［　］［　］ Mt. Fuji.

(ア) you　(イ) beautiful　(ウ) is　(エ) see
(オ) mountain　(カ) there　(キ) over

［問４］ 私はほとんどの日本人が英語をうまく話せないと思っている。

I ［　］［　］［ 15 ］［　］［ 16 ］［　］［　］.

(ア) can　(イ) English　(ウ) well　(エ) few
(オ) speak　(カ) think　(キ) Japanese

［問５］ テーブルの上にあった手紙はどこにありますか。

［　］［　］［ 17 ］［　］［ 18 ］［　］［　］?

(ア) the letter　(イ) the table　(ウ) where　(エ) was
(オ) that　(カ) is　(キ) on

4 次の各問の対話文を完成させる時，[　　]に入る最も適切なものを，(ア)～(エ)よりそれぞれ１つずつ選びなさい。

［問１］
A: Sorry he's so noisy.
B: It's OK. I like dogs.
A: Do you have one, too?
B: [19]

(ア) Yes, I want to have one.
(イ) Yes, you have a good one.
(ウ) No, my parents don't like them.
(エ) No, he is not noisy.

［問２］
A: I like your bike. How long have you had it?
B: [20]

(ア) I came here by bike.
(イ) It's about 100 cm.
(ウ) I ride it every day.
(エ) Since I was nine.

［問３］
A: Excuse me.
B: How can I help you?
A: When is the next bus to North Station?
B: [21]

(ア) Get off at the second stop.
(イ) It'll arrive in a few minutes.
(ウ) It's two hundred yen.
(エ) For ten minutes.

［問４］
A: Can you teach me how to use the new smartphone?
B: Not right now. I want to finish my homework now.
A: [22]
B: Sure.

(ア) How about after dinner?
(イ) Why don't we start now?
(ウ) When do you have time?
(エ) Shall we go to shopping?

［問５］ A: Let's play tennis at the park on Saturday.

B: I thought your tennis racket was broken.

A: [23]

B: That's great. Let's meet at nine.

(ア) Oh, I forgot about that.
(イ) Your racket is newer than mine.
(ウ) I got a new one yesterday.
(エ) Let's take a break.

5

次の各問の a と b がほぼ同じ意味を表すように，［　　］に入る最も適切なものを，(ア)～(エ)よりそれぞれ１つずつ選びなさい。

［問１］ a: The girl with long hair is my sister.

b: The girl [24] hair is long is my sister.

(ア) that　(イ) who　(ウ) whose　(エ) which

［問２］ a: Thanks to this movie, he became famous in Japan.

b: This movie [25] him famous in Japan.

(ア) had　(イ) made　(ウ) became　(エ) gave

［問３］ a: I disagree with your idea.

b: I'm [26] your idea.

(ア) across　(イ) without　(ウ) against　(エ) out of

［問４］ a: Everybody came to the museum before Misaki.

b: Misaki was the [27] person that came to the museum.

(ア) after　(イ) first　(ウ) last　(エ) most

［問５］ a: As soon as Ken heard the song, he started smiling.

b: When Ken heard the song, he started smiling at [28] .

(ア) first　(イ) once　(ウ) fast　(エ) then

6 次の英文(ア)～(コ)の中から**誤りを含むもの**を３つ選びなさい。解答の順序は問わない。 29 30 31

(ア) I am a member of the softball team.

(イ) To walking in the morning is good for our health.

(ウ) I have two brothers and both of them are college students.

(エ) What do you want to do in the future?

(オ) Shota has a lot of friends to play with.

(カ) I have a cold and see the doctor last week.

(キ) The woman wearing a black hat is my sister.

(ク) My brother went to the park to practice dancing.

(ケ) If rains tomorrow, I'll stay home and read.

(コ) You may not take a picture of this art.

7 次の英文を読んで後の問に答えなさい。

It was a cold night. A policeman was walking along the street as usual. Suddenly he slowed down. A man was standing near the door of a shop. When the policeman walked toward him, the man spoke quickly.

"It's all right, officer," he said. "I'm waiting for a friend. Twenty years ago we agreed to meet here tonight. It sounds strange to you, doesn't it? I'll explain if you want to *be sure that everything's all right. About twenty years ago, there was a restaurant here. It was Big Joe Brady's Restaurant."

"Oh, really?" said the policeman.

"Twenty years ago tonight," said the man, "I had dinner here with Jimmy Wells. He was my best friend and the best *fellow in the world. He and I grew up together here in New York, like two brothers. I was eighteen and Jimmy was twenty. The next morning, I was *going West to find a job and become successful. However, Jimmy thought New York was the only place to live, so he decided to stay here in New York."

"That night we [32] that we would meet here again in twenty years. We thought that in twenty years we would know what kind of men we were, and what future waited for us."

"It sounds interesting," said the policeman. "Have you heard from your friend since you went out West?"

"Yes, we [33] to each other several times," said the man. "But after a year or two, we stopped. The West is big. I moved around everywhere, and I moved quickly. But I know Jimmy will meet me here if he can. He was as true as any man in the world. He'll never forget. I came a thousand miles to stand here tonight. I'll be glad if my friend comes."

The waiting man took out a *fine watch covered with small *jewels.

"Three minutes before ten," he said. "We said good-bye here at ten that night."

"You were successful out West, weren't you?" asked the policeman.

"Yes, I was! I hope Jimmy has done half as well as I have. He was slow in doing things. I've had to fight for my success. In New York, a man doesn't change much. Out West, you learn how to fight for success."

"I'll go on my way," said the policeman. "I hope your friend comes all right. If he isn't here at ten, are you going to leave?"

"I will not!" said the man. "I'll wait half an hour, *at least. If Jimmy is alive, he'll be here by that time. Good night, officer."

"Good night," said the policeman, and walked away.

It has now started raining and the wind was stronger. The few people walking along that street were hurrying home. And at the door of the shop, the man was still standing. He was not sure *if his friend would come, but he [34] .

After about twenty minutes, a tall man in a long coat came from across the street.

"Is that you, Bob?" he asked *doubtfully.

"Is that you, Jimmy Wells?" cried the man at the door.

The tall man took the other man's hand in his. "It's Bob! I was sure I would find you here if you were alive. Twenty years is a long time. The old restaurant is gone. Has the West been good to you?"

"It gave me everything I asked for. You've [35] , Jimmy. I never thought you were so tall."

"Oh, I grew a little after I was twenty."

"Are you doing well in New York, Jimmy?"

"Well enough. I work for the city. Come on, Bob. We'll go to a place I know, and have a good long talk about old times."

The two men started walking along the street, *arm in arm. The man from the West was beginning to tell the story of his life. The other was listening to him carefully.

At the corner, there was a shop with bright lights. When they came near, they turned to look at each other's face.

The man from the West suddenly stopped and pulled his arm away.

"You're not Jimmy Wells," he said, "Twenty years is a long time, but not long enough to change the shape of a man's nose."

"Twenty years sometimes changes a good man into a bad one," said the tall man. "The Chicago police thought you would come to New York. They told us to *arrest you. You need to come with me. But first, here is something I was asked to give you. You may read it here by the window. It's from (A)."

"Bob: I was at the place on time. I saw the face of the man *wanted by the Chicago police. I didn't want to arrest you myself, so I left and sent another policeman to do the job."

(注) be sure that ~ ～を確かめる　fellow 仲間　go West アメリカ西部へ行く
fine 立派な　jewels 宝石　at least 少なくとも　if ～かどうか
doubtfully 疑わしく　arm in arm 腕を組んで　arrest 逮捕する
wanted by ~ ～に指名手配されている

［問１］ 本文中の [32] ～ [35] に入る最も適切な語を次の(ア)～(エ)より１つずつ選びなさい。同じ記号は一度しか使えない。

[32] [33] [34] [35]

(ア) wrote　(イ) waited　(ウ) agreed　(エ) changed

［問２］　本文中の下線部(　　A　　)に入る最も適切なものを，(ア)～(エ)より１つ選びなさい。　[36]

(ア) a stranger who called the police
(イ) your friend who lives in Chicago
(ウ) a policeman named Wells
(エ) a man working at the restaurant

［問３］　次の英文を本文の内容と合うように完成させる時，[　　]に入る最も適切なものを，(ア)～(エ)よりそれぞれ１つずつ選びなさい。

(a) About twenty years ago, the two men [37]
(ア) believed they would become successful in Chicago.
(イ) promised they would meet again at the same place.
(ウ) thought they would live in New York forever.
(エ) decided to open a restaurant.

(b) Bob knew the man in a long coat was not Jimmy Wells [38]
(ア) because the man was taller than he thought.
(イ) when he began to tell the story of his life.
(ウ) when he looked at his face under the bright lights.
(エ) after he read the letter.

［問４］ Which of the following sentences is true about Bob? [39]
(ア) He came back to New York to see his brother.
(イ) He was waiting for his friend for more than an hour.
(ウ) He did not believe his friend would show up.
(エ) He did something bad and was wanted by the police.

［問５］ Which of the following sentences is true about Jimmy Wells? [40]
(ア) He wanted to become successful in Chicago.
(イ) He went away from the place because he did not know the man.
(ウ) He came back to the place around 10:20.
(エ) He sent another policeman to arrest his friend.

【数　学】（50分）〈満点：100点〉

注意：解答は，解答用紙（マークシート）の指定された解答欄にマークしなさい。

各問の 1 2 … 21 が，解答用紙の解答番号にあたる。

選択肢(ア)～(オ)に正答が全くない場合には，(カ) <u>その他</u> をマークすること。

計算は問題用紙の余白を利用しなさい。

1 次の空欄に適する答えをそれぞれ(ア)～(カ)の中から1つずつ選びなさい。

［問１］ $\left(\frac{1}{8}-\frac{1}{4}\right)^2 \div \frac{3}{4} \times (-3^2) =$ 1

(ア) -4　(イ) $-\frac{3}{16}$　(ウ) $-\frac{27}{256}$　(エ) $\frac{27}{256}$　(オ) $\frac{3}{16}$　(カ) その他

［問２］ $\frac{x+2y}{7}-\frac{4x-3y}{5}=$ 2

(ア) $\frac{-23x-19y}{35}$　(イ) $\frac{-23x+19y}{35}$　(ウ) $\frac{-23x+31y}{35}$

(エ) $\frac{23x-31y}{35}$　(オ) $\frac{23x+31y}{35}$　(カ) その他

［問３］ 1次方程式 $\frac{x-5}{3}=1-\frac{x+2}{2}$ を解くと $x=$ 3 である。

(ア) -2　(イ) $\frac{2}{3}$　(ウ) 2　(エ) $\frac{7}{3}$　(オ) $\frac{12}{5}$　(カ) その他

［問４］ $(\sqrt{18}-\sqrt{12})(\sqrt{28}-\sqrt{112})(\sqrt{18}+\sqrt{12})=$ 4

(ア) $-30\sqrt{7}$　(イ) $-12\sqrt{7}$　(ウ) $12\sqrt{7}$

(エ) $30\sqrt{7}$　(オ) $42\sqrt{7}$　(カ) その他

［問５］ 連立方程式 $\begin{cases} 2(x+y)=5-y \\ 0.16x+0.36y=1 \end{cases}$ を解くと，［ 5 ］である。

（ア） $x=-5$，$y=5$　（イ） $x=-1$，$y=2$　（ウ） $x=2$，$y=\frac{1}{3}$

（エ） $x=3$，$y=-\frac{1}{3}$　（オ） $x=4$，$y=-1$　（カ） その他

［問６］ $x^2-13x-30$ を因数分解すると［ 6 ］である。

（ア） $(x+2)(x-15)$　（イ） $(x+3)(x-10)$　（ウ） $(x+5)(x-6)$

（エ） $(x+10)(x-3)$　（オ） $(x+15)(x-2)$　（カ） その他

［問７］ 224 の約数の個数は［ 7 ］個である。

（ア） 6　（イ） 8　（ウ） 10　（エ） 12　（オ） 14　（カ） その他

［問８］ 大，中，小のサイコロを１回投げるとき，少なくとも２つ同じ目が出る確率は［ 8 ］である。

（ア） $\frac{1}{3}$　（イ） $\frac{7}{18}$　（ウ） $\frac{4}{9}$　（エ） $\frac{1}{2}$　（オ） $\frac{11}{18}$　（カ） その他

2 　次の図は直線 ℓ：$y=ax\ (a>0)$ と２つの放物線 m：$y=\dfrac{1}{3}x^2$，n：$y=-x^2$ である。図のように，ℓ と m の交点および ℓ と n の交点のうち，原点と異なるものをそれぞれ P，Q とする。また，点 P と y 軸に関して対称な点を R とする。このとき，次の空欄に適する答えをそれぞれ(ア)～(カ)の中から１つずつ選びなさい。

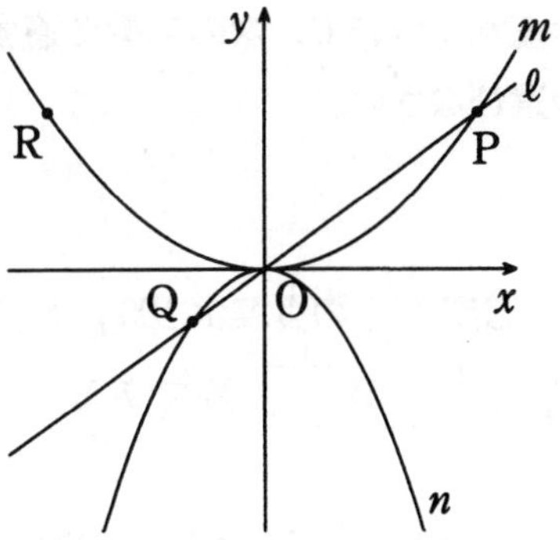

[問１]　$a=\dfrac{1}{2}$ とする。P の座標は $\boxed{\ 9\ }$ である。

(ア)　$\left(\dfrac{1}{2},\ 1\right)$　　(イ)　$\left(\dfrac{2}{3},\ \dfrac{1}{3}\right)$　　(ウ)　$\left(\dfrac{3}{2},\ \dfrac{3}{4}\right)$

(エ)　$(2,\ 1)$　　(オ)　$(3,\ 3)$　　(カ)　その他

[問２]　問１のとき，△PQR の面積は $\boxed{\ 10\ }$ である。

(ア)　$\dfrac{3}{4}$　　(イ)　$\dfrac{7}{9}$　　(ウ)　$\dfrac{7}{8}$　　(エ)　$\dfrac{3}{2}$　　(オ)　3　　(カ)　その他

[問３]　∠PQR＝90° のとき，a の値は $\boxed{\ 11\ }$ である。

(ア)　$\dfrac{1}{2}$　　(イ)　$\dfrac{\sqrt{2}}{2}$　　(ウ)　1　　(エ)　$\sqrt{2}$　　(オ)　2　　(カ)　その他

3 食塩水について，次の空欄に適する答えをそれぞれ(ア)～(カ)の中から１つずつ選びなさい。

[問１] 濃度４％の食塩水 100 g と濃度 5.5 ％の食塩水 200 g を混ぜてできる食塩水の濃度は [12] ％である。

(ア) 4.4　(イ) 4.6　(ウ) 4.8　(エ) 5　(オ) 5.2　(カ) その他

[問２] 濃度４％の食塩水 100 g に濃度 16 ％の食塩水 [13] g を加えてよく混ぜると，食塩水の濃度は 12 ％になる。

(ア) 100　(イ) 150　(ウ) 200　(エ) 250　(オ) 300　(カ) その他

[問３] 濃度 x ％の食塩水 100 g と濃度 y ％の食塩水 100 g を混ぜると濃度が８％に，濃度 x ％の食塩水 200 g と濃度 y ％の食塩水 300 g を混ぜると濃度が 7.6 ％になった。このとき，x と y の値は [14] である。

(ア) $x=4$，$y=12$　(イ) $x=6$，$y=10$　(ウ) $x=9$，$y=7$
(エ) $x=10$，$y=6$　(オ) $x=12$，$y=4$　(カ) その他

4 円 O_1 上に4点A，B，C，Dがあり，AB＝BC＝8 cm，CD＝DA＝6 cm，∠BAD＝90° である。このとき，次の空欄に適する答えをそれぞれ(ア)～(カ)の中から1つずつ選びなさい。

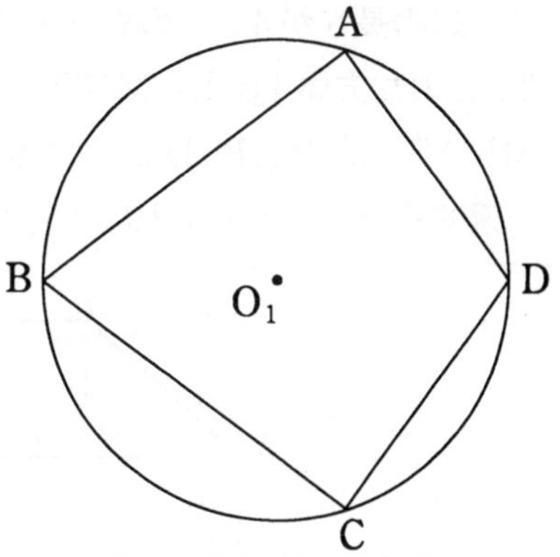

[問1] ∠BAC = ∠BCA = [15] = [16]

である。なお，解答の順序は問わない。

(ア) ∠ADB　(イ) ∠BDC　(ウ) $\angle CO_1D$

(エ) ∠CBD　(オ) ∠DAC　(カ) その他

[問2] 線分AB，BC，CD，DAの中点をそれぞれK，L，M，Nとする。線分MNの長さは [17] cmである。

(ア) 3　(イ) 4　(ウ) $\frac{24}{5}$　(エ) $\frac{25}{4}$　(オ) 8　(カ) その他

[問3] 問2のとき，3点K，L，Mを通る円を O_2 とする。O_1，O_2 の中心間の距離は

[18] cmである。

(ア) $\frac{3}{10}$　(イ) $\frac{7}{10}$　(ウ) $\frac{7}{5}$　(エ) $\frac{53}{10}$　(オ) $\frac{57}{10}$　(カ) その他

5　一辺の長さが 4 cm の立方体 ABCD－EFGH の上に，一辺の長さが 2 cm の立方体 IJKL－MNOP を重ねた立体を考える。ただし，底面 MNOP が底面 ABCD からはみ出ないものとする。このとき，次の空欄に適する答えをそれぞれ(ア)～(カ)の中から 1 つずつ選びなさい。

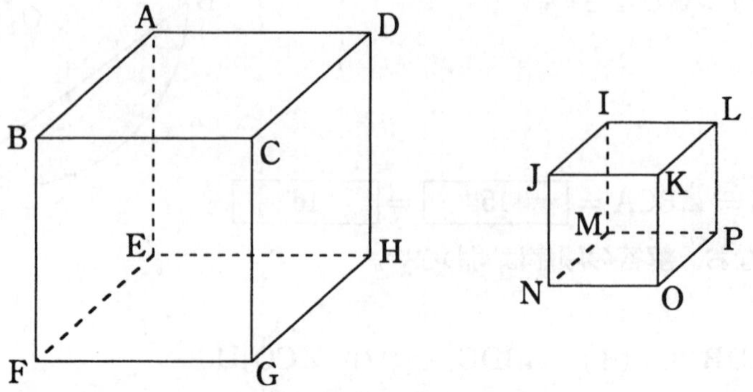

[問 1]　この立体の表面積は [19] cm^2 である。

(ア)　96　(イ)　100　(ウ)　112　(エ)　120　(オ)　128　(カ)　その他

[問 2]　頂点 A と頂点 M が重なるとき，線分 OG の長さは [20] cm である。

(ア)　$2\sqrt{3}$　(イ)　4　(ウ)　$3\sqrt{2}$　(エ)　$2\sqrt{5}$　(オ)　$2\sqrt{6}$　(カ)　その他

[問 3]　問 2 のとき，直線 BJ と直線 EF の交点を Q，直線 DL と直線 EH の交点を R，直線 BJ と直線 DL の交点を S とする。このとき四面体 S－EQR の体積は [21] cm^3 である。

(ア)　$\frac{64}{3}$　(イ)　$\frac{64\sqrt{2}}{3}$　(ウ)　$\frac{128}{3}$　(エ)　$\frac{128\sqrt{2}}{3}$　(オ)　$\frac{256}{3}$　(カ)　その他

三

①〜③の傍線部と同じ漢字を含むものを、それぞれの（ア）〜（オ）の中から一つずつ選べ。

① 新たなキカクを提案する。　解答番号は 24

（ア）キボウを語る。
（イ）キセキをたどる。
（ウ）面白いキゲキ。
（エ）キセツを感じる。
（オ）キギョウの利益。

② 守りをテッテイする。　解答番号は 25

（ア）カテイ科の授業。
（イ）気温のテイカ。
（ウ）電車がテイシする。
（エ）カイテイにもぐる。
（オ）コウテイの即位。

③ シンショクを共にする。　解答番号は 26

（ア）寒さにフルえる。
（イ）水にヒタる。
（ウ）朝までネる。
（エ）医者にミてもらう。
（オ）ハリで刺す。

［問十］　【文章Ⅰ】と【文章Ⅱ】について説明したものとして最も適切なものを、次の（ア）～（オ）の中から一つ選べ。

解答番号は 23

（ア）平安時代以降、習字・和歌・音楽に長じた女性が賞賛されるようになったことが【文章Ⅰ】の内容からわかる。しかし【文章Ⅱ】の内容からわかる通り、近代以降はそのような価値観は見られなくなり、むしろ親子がともに楽しむ娯楽としての位置づけが強まった。

（イ）平安時代以降、習字・音楽・和歌を女性が身につけるべき必須の教養として重要視してきたことが【文章Ⅰ】の内容からわかる。しかし、【文章Ⅱ】の内容からもわかる通り、近代以降は習字のみがその伝統を引き継ぎ、【文章Ⅱ】の筆者自身も習字以外の教養については軽視していたことがわかる。

（ウ）平安時代中頃から、習字や和歌・音楽といったそれまで男性にのみ必要とされていた教養が女性にも必須のものになったことが【文章Ⅰ】の内容からわかる。そして【文章Ⅱ】からは、そのような文化的伝統を引き継ぎつつもより洗練された文化を生み出すべきだという筆者の強い意志が読み取れる。

（エ）平安時代頃から、女子の必修課目として習字・音楽・和歌を重んじてきたことが【文章Ⅰ】の内容からわかる。しかし、【文章Ⅱ】が書かれた時代には、すでにそのような伝統的価値観は見られず、むしろ新しい文化的価値を創造していくことの必要性が説かれている。

（オ）平安時代以降、習字は和歌や音楽とともに、女性の身につけるべき教養として重んじられてきたことが【文章Ⅰ】の内容からもわかる。そして、そのような文化的伝統の名残は【文章Ⅱ】が書かれた時代にもあり、【文章Ⅱ】の筆者自身にも美しい毛筆の字に対するあこがれがあったことが垣間見られる。

［問八］　傍線部⑧「うしろ髪はたっぷり生えている」とあるが、これはどのようなことか。最も適当なものを、次の（ア）～（オ）の中から一つ選べ。解答番号は 21

（ア）自分が少しでも意欲を見せることができれば、親からの強い後押しも加わって、よりいっそう前向きな気持ちで物事に取り組んでいくことができる、ということ。

（イ）自分一人が引け目を感じていることではないという感情と相まって、自分が前向きな気持ちになれば、苦手なことにも挑戦してみようという強い気持ちが芽生える、ということ。

（ウ）自分が引け目を感じていることであっても、親子で理解しあって楽しい心持ちでいれば、前向きに取り組もうという気持ちがわき起こってくる、ということ。

（エ）親がとやかく言わなくとも、子どもの劣等感は成長とともに薄れていくものであり、それを克服しようとする思いも勝手に芽生えている、ということ。

（オ）親が世話を焼かなくても、子どもが好きになれば苦手なことでも勝手に取り組むようになるはずであり、未練が残るようなことはない、ということ。

［問九］　傍線部⑨「私はお習字埃をすこし払った気がする」とあるが、この時の筆者の心情を説明したものとして、最も適当なものを、次の（ア）～（オ）の中から一つ選べ。解答番号は 22

（ア）これまで放置し続けてきたことに少しだけ整理がついた気がしている、ということ。

（イ）これまでどっちつかずであった問題に少しだけ結論を出せた気がしている、ということ。

（ウ）これまで進歩がなかった状況が少しだけ好転した気がしている、ということ。

（エ）これまで抜け出せなかった習慣から少しだけ抜け出せた気がしている、ということ。

（オ）これまで苦しめられてきた罪悪感から少しだけ解放された気がしている、ということ。

［問六］ 傍線部⑥「感情はふしぎだ」とあるが、なぜか。最も適当なものを、次の（ア）～（オ）の中から一つ選べ。
解答番号は 19

（ア） 多くの親が子供の学歴に関しては強いこだわりを持っている一方で、習字については遺伝的要素を理由に上達をあきらめてしまう人が一定数いるから。

（イ） 世の中には自分の学歴のなさを棚に上げて、苦しい思いをさせてでも子供を卒業させる親が多くいるが、習字に関してはむしろ苦しい思いをさせないよう配慮するから。

（ウ） 世の中の多くの親が、学歴に関しては遺伝的要因を否定したいという思いを強く持っているが、なぜか習字に関しては遺伝的要因をむしろ肯定的にとらえているから。

（エ） 多くの親が子供の学歴に関しては自分と同じ思いをさせたくないという強い思いを持っているが、なぜか習字に関してはそのような思いを持つことがあまりないから。

（オ） 多くの親が、せめて自分と同じ程度の学歴を持つことを子供に望むが、習字に関しては自分自身の悪筆を理由に子供の悪筆にも寛容になってしまうから。

［問七］ 傍線部⑦「人造チャンスの押売りをしたいんだが、どうだろう」とあるが、これはどのようなことか。最も適当なものを、次の（ア）～（オ）の中から一つ選べ。解答番号は 20

（ア） 娘には自分と同じようにいつまでも一つのことで悩み続ける人生を送ってほしくない、ということ。

（イ） 習字に対する自分の劣等感のせいで娘にも同じ思いをさせてしまい申し訳ない、ということ。

（ウ） 自分の劣等感を克服したいという思いにかこつけて、娘にも習字の勉強を付き合わせたい、ということ。

（エ） たとえ悪筆でもそれを気にしないくらいの心持ちを娘にはもっていてもらいたい、ということ。

（オ） 娘にも自分と同じようにできるだけ早く習字に対する嫌悪感を払拭してもらいたい、ということ。

［問五］　傍線部⑤「葉書の日課があると思うとすごくいやで、いっそ海なんか思いきってやめちまおうと思うくらいだった」とあるが、なぜか。最も適当なものを、次の（ア）～（オ）の中から一つ選べ。解答番号は 18

（ア）習字の点において特に厳しい母に自分の下手くそな字を点検されることを思うと、子供心にも憂鬱な気分にならざるをえなかったから。

（イ）様という字のバランスの取りづらさは、子供の自分にもわかるくらい難しく、まして父に宛てて書くことを思うと気が滅入ってしまったから。

（ウ）大人でも人前で字を書かされることを恥じるのに、まして子供の自分がそのようなことをさせられることが理解できなかったから。

（エ）自分の書いた下手くそな字を母に見せなければならないことを思うと、軽々しい気持ちで書くわけにもいかず、気が重くなったから。

（オ）自分でも悪筆だとわかる自分の字を、母ならともかく父に見せなくてはならないという恥ずかしさに耐えられそうにないと思ったから。

［問三］　傍線部③「見られなくなってしあわせである」とあるが、なぜか。最も適当なものを、次の（ア）～（オ）の中から一つ選べ。解答番号は 16

（ア）習字に対する劣等感を感じてしまう文章を見ることがなくなったから。
（イ）広告文のセンスが洗練され、時代にあった文章が見られるようになったから。
（ウ）「一生の得」という文句があまりにも誇張されたものに感じられたから。
（エ）毛筆で習字を書くことがなくなりペンで代用できるようになったから。
（オ）自分の下手くそな文字をことさら意識する必要がなくなったから。

［問四］　傍線部④「意志強固なる鈍感人」とあるが、これはどのような「人」を表しているか。最も適当なものを、次の（ア）～（オ）の中から一つ選べ。解答番号は 17

（ア）自分の得手不得手にかかわらず、成果が出ないことをよしとせず、自分が納得するまで努力し続ける人
（イ）自分の不得手な部分を気にするそぶりもなく、たとえ筋が悪くても自分のやり方を貫き通す、頑固な人
（ウ）自分の不得手な部分を自覚しつつも、それを微塵も感じさせないように振る舞うことができる人
（エ）自分の得手不得手にかかわらず、何事にも手を抜くことなく臨み、最大限の効果を生み出すことができる人
（オ）自分の不得手な部分を指摘されても、気にしたりなげやりにしたりせず、一応の成果が現れるまで努力する人

［問二］　二重傍線部Ａ「幅」・Ｂ「もの」とあるが、本文中ではどのような意味として使われているか。同じ使われ方をしているものとして最も適当なものを、それぞれの（ア）～（オ）の中から一つずつ選べ。
解答番号は、Ａは 14 、Ｂは 15

Ａ「幅」
（ア）道路の幅を最大限まで拡張した。
（イ）規制に幅をもうけるように申請した。
（ウ）値下げの幅を限界に設定した。
（エ）この学校では運動部が幅を利かせている。
（オ）机の横幅を計測した。

Ｂ「もの」
（ア）私のものになるはずの家を見る。
（イ）この研究は将来ものになりそうだ。
（ウ）ものの順序をわきまえる。
（エ）悪いことはできないものだ。
（オ）この一勝は価値あるものになります。

⑨私はお習字埃をすこし払った気がする。電気掃除機ならよかろうになあ、と思う。

（幸田文『習字』より）

＊ 手蹟……その人の筆跡。

［問一］ 傍線部①「品いやしからぬ人」・②「かしづく」の意味として、最も適当なものを、それぞれの（ア）～（オ）の中から一つずつ選べ。解答番号は、①は 12 、②は 13 。

①「品いやしからぬ人」

（ア） 所帯じみた人
（イ） 品がない人
（ウ） 身分が高くはない人
（エ） 高貴な身分の人
（オ） 上品な人

②「かしづく」

（ア） 大切に育てる
（イ） 厳しく育てる
（ウ） 手習いをさせる
（エ） 敬意をしめす
（オ） 手本にする

ある。天性や遺伝があるならあったでしようもないが、それに柔順なばかりがほめたものでもない。字などという小さい部分的なことで、劣等感を道づれにしていたってはじまらない。習って多少よくするか、悪筆でもこだわりなく明朗な気持ちでいるようになるか、どっちかに片付いたほうがいいのである。すくなくとも風通しはよくなる。叩けば埃の出るからだということがあるが、埃をもっていない人間はめったにありませんなあ、とある弁護士さんがいっていた。埃の種類こそ違うけれど、習字のごたつきなども一種の埃だから、片付けたほうがいいのだ。

それにチャンスというものも、天然と人造と二つあるとおもう。うしろ髪のないのが本物チャンスで、何かに寄せてわれから設置するのが人造チャンスである。娘のお習字については小学校三、四年以来、なんとなくもたもたして過ぎてきたが、⑦「人造チャンスの押売りをしたいんだが、どうだろう。このさい、おやすくするけどね」と娘に相談した。「お豆腐だって長年の埃を払ったし、あなたもそれをお相伴してたべたじゃないか」といえばにやりとして、押売りチャンスを買うと承諾し「このさいのお相伴というものは、意外なところへ飛び火するのね」という。

それから二人で悪筆劣等感についてはなしあったのだが、あんまりぴたりなので「そうなの！」と同感ばかりで、一ツ話してはあはあはと笑わずにはいられない。同類相寄って劣等感のなかに笑っているのは、愚かしいというほかないが、たとえ劣等感のなかででも親子が了解しあって笑えばうれしかった。劣等感を踏みごたえがある、というような気さえしたのである。様という字のつくりがぶらさがったり、目という字口という字の戸締まりは二代つづいて悪いのだけれどとにかく若いものがやってみるといえば嬉しい。人造チャンスは親がしてやらなくても、自分が好めば二番煎《せん》じ三番煎じも利いて、⑧うしろ髪はたっぷり生えている。

さっそく筆を用意しようという。私も半紙の買いおきがあったなどとおもう。そしてふと気付いて、筆をやめようじゃないかと提案した。筆のことを思っていたら、古い習慣性をもった劣等感がちらりと見えたからである。黒板と白墨でいいのだし、鉛筆でいいとおもう。それからペンにして、毛筆になっても間に合わないことはない。形も結ぶことから知って行ってもよくはないか。毛筆の字はむろん毛筆で出発するのが本当だろうが――私は悪筆の者のもつ心情から、チョークと鉛筆をすすめてみた。彼女はとにかく押し売りチャンスを買わされて、いま試みの期間である。習って多少よくなるか、悪筆のまま滞らぬ心境を採るか、いずれにしても結果は早くは出まいから待つのだ。

葉書を書くようにと母が命令した。⑤葉書の日課があると思うとすごくいやで、いっそ海なんか思いきってやめちまおうと思うくらいだった。様という字の辛《つら》さ！

子供心にも、つくりがいつもぶらさがるので見苦しいのだから、木扁《きへん》を長く書けばよかろうと一心になって長くひいてバランスを取ろうとするのだが、扁が長ければどういうものかつくりも同様に伸びて、やはりぶらさがりになる。それをおずおずと母の前にさらして点検を受ける情けなさは、あだやおろそかなものではなかった。そんな記憶があれば、子供の書きなやんでへこたれているのなど見ていられるものではない。

世の中には自分が学歴がないから子供には是非と言って、苦しいやりくりで学校を卒業させる人がかなりいる。けれども習字となると違う。「あたしの悪筆の血を受けたんだからしかたがない。そんなに苦労しなくても、いいよ」ということになるのだから、⑥感情はふしぎだ。私の両親もあまり上手な字は書かないから、きっと私の悪筆に甘くなったのだとおもう。男親は二度も三度もお手本などの世話を焼いてくれたくせに、しいてとは言わず、「なあに、用さえ足せればそれでいいのだ。すらすら滞りなく書ければ、悪筆もなにもありはしない」と言って軟化した。

私にはその一語のほうが、お手本よりどんなにありがたかったか。ただし、悪筆でもすらすらと、いついかなる場合も滞りない心構えを持つことは、習字のいやさを我慢するのと、どっちこっちだということを知らなかったのである。私は、能書でない男親の甘さに便乗したのだし、悪筆でも滞らないだけにおのれを強くすることもサボったのである。

私は私の娘に、習字の点でまことに寛大であった。私が娘にしたことは、父親が私にしてくれたことよりずっと少ない。手を添えてやったこともあるし、筆墨の用意をしてつとめて勉強を促してやったこともある。私の夫はこれはまた、商人に生れついたくせに、からっぺたなのである。けれども夫の両親は一ト通り書くとおもう。お舅《しゅうと》さんは私が縁づいたときもう亡くなっていて、残っている＊手蹟《しゅせき》を見たのだが、肉薄の骨立った字だった。お姑《しゅうとめ》さんは変体仮名がなだらかで、二人ともはっきり「手習いをした字」の行儀よさだった。だから私の娘は気の毒に、父系の隔世遺伝を受けないかぎり、率ははなはだ悪い。私は彼女の「お習字は嫌いなの」にころりの弱さを、いかんともしがたかった。

思えば私たち親子はくだらないのである。二代つづいて全く同じ経験をくり返して、しかもちっとも進歩がないというのは愚でし、美しい毛筆の字を書きたいとねがう人もたくさんいる。でも「能筆は一生の得」などという文句は、もうどこにも③見られなくなってしあわせである。それだけ広告文のセンスが洗われたのだとおもう。一生の得、というのはなんだかうすぎたない感じがして、私は気に入らなかった。悪筆がいろんな場合に楽しからざることはたしかなのだから、能筆は一生の得といっても別に悪いことはないけれど、私はきらいだった。

なぜそんなに神経をたてなければいられなかったかというと、自分が下手くそだからである。いまでもその広告の文字の、肉太でぐっとした形をおぼえているが、それほどその文句も文字もきらいだった。こういうのは劣等感による抵抗だとおもう。それだからあんなに強くきらいつつも、はっきり覚えているのだろう。だいたい生れつき筆の筋のいい人もあり、悪いたちもある。生れつきのいいのは勉強するといよいようまくなるし、はたでもほめるし、さらに勇気づいてもっと勉強する。生れつきの悪いのは習うより先に、自分が不得手なことを承知していて、すでにひるんでいる。楽しくない勉強を我慢してするのだが、苦労の甲斐は早く現れてくれない。哀しいと思っているところへ「おまえの不器用には呆《あき》れた」とか「これでもBものになるかしら」などとやられる、元気はもてなくなる。「筋が悪いばかりでなくて、怠けものだ」とくるから「どうせそうでしょうよ」となる。終りだ。なかには筋が悪くてもそこで一回の終りにならず、曲りなりにも形にするまで漕《こ》ぎつけるものもいるけれど、そういう子はめったにな④い意志強固なる鈍感人であり、心せまからぬガチ勉人といえる。私は心せまき一回の終り組に属した。

悪貨は良貨を駆逐するが、良貨が悪貨をよくするということはないそうである。生れつき筆の操作の優秀ならざるものは、お習字をしてかえって劣等を確実にしてしまう、とはやりきれないことである。でもそのころは学生でさえ、まだみんなが万年筆をもってはいない時代だったから、毛筆が書けないことは不自由で、いろいろさしつかえた。私はたちまち一回の終りで投げだしたが、親たちの身になると「さりとて捨ててもおけず」というところか、その後も何度か習字をすすめてくれた。私はありがたく迷惑して、二回三回の終りを味わった。字を書かせられそうになって、進退きわまってしまう人たちを時折見るが、私は心中をよくよく知っているのである。

大人も能筆でないことを恥しがるが、子供でも人前で字を書かされれば、はにかむのである。おかっぱの無邪気なのが、へこたれて笑っていたりすると、自分の子でなくても身につまされる。私は小さいとき、夏休みに海岸へ連れて行ってもらったが、父に

二　次の【文章Ⅰ】、【文章Ⅱ】を読んで、あとの問に答えよ。

【文章Ⅰ】

『枕草子』の「うらやましげなるもの」という段を見ますと「手よく書き、歌よく詠みて、物の折毎にも、先づとり出でらるる羨まし（じょうずに習字ができて、じょうずに歌をよんで、晴々しい場合にそれが取り出されるのはまことにうれしいものだ、うらやましいものだ）、琴笛などを習ふ、まださこそはまだしき程は、これがやうにいつしかと覚ゆらめ、（音楽を練習するのに、まだ自分は上達しない時に、じょうずな人のを聞いていると、いつになったらあんなにじょうずになれるだろうかとうらやましく思う）」というようなことが書いてあります。また『宇津保物語』の祭の巻にも、仮名や和歌というものが非常にだいじにされ、①そういう道に長じた婦人が賞賛されたことが書いてあります。それから、『今昔物語』の巻十三に「今は昔西の京に住む人ありけり。品いやしからぬ人なり。一人の女子あり。その女子形貌《かたち》端正にして心性柔和なり。然れば父母これを愛して②かしづくこと限りなし。年十□歳ばかりに成るに、手を書くこと人に勝れて、和歌を読むこと並びなし。また管弦の方に心を得て箏を弾ずること極めて達《いた》れり」とあり、それから『蜻蛉日記』に「ちひさき人には手習、歌よみなど教へ」と、少女の教育について述べているところがあります。以上の諸例のように、平安時代の女子の教育の課目は、習字・音楽・和歌が、いわゆる必修課目のようなものであったことがわかります。

（池田亀鑑『平安朝の生活と文学』より）

【文章Ⅱ】

広告は時代を語るものである。私の若い頃にはお習字のことはかなりなA幅をもって言われていて、新聞や雑誌に「能筆は一生の得」というキャッチフレーズで、お手本の広告がでていた。たしかそこの会員になって清書を送ると、朱をいれて返送してくれる仕組になっていたと記憶する。

いまも毛筆はほとんど使わなくなって、すべてペンでいいのである。けれども書の雑誌は毎月でているし、お習字の先生もある

［問八］　二重傍線部A・Bの意味する内容として最も適当なものを、それぞれの（ア）～（オ）の中から一つずつ選べ。

解答番号は、Aは［10］、Bは［11］

［A］

（ア）身体の末端まで神経が通うようになった
（イ）腕部を自分の意志で自在に操れるようになった
（ウ）両手と両腕の使い方を思考するようになった
（エ）腕を振ることで走行する速度が上がった
（オ）道具の使用による狩猟が可能になった

［B］

（ア）大きな組織だった
（イ）負けていなかった
（ウ）進歩を遂げていた
（エ）性質が異なっていた
（オ）柔軟性があった

［問七］　本文の構成として最も適当なものを、次の（ア）～（オ）の中から一つ選べ。解答番号は 9

（ア）前半に歴史的な一般論を提示して、様々な視点から考察を加えている。後半は、対比構造から優劣を論じ、その要因を明らかにしている。

（イ）序盤で比較・検討によって分析を試み、中盤では異なる視点を交えて主題に言及している。終盤はこれまでの論を踏まえて今後の方向性について見解を述べている。

（ウ）まず最初に、ある側面からの影響を指摘することで論を展開している。最終的には正論と異論という二者の比較から主張を結論づけている。

（エ）序論では対象の特徴を分析した上で、発展の理由を具体的に説明している。本論では、新たな視座からの考察を加えて根拠を明確にし、結論で将来の道を示唆している。

（オ）初めに、段階的な過程を検討しつつ利点と欠点を示している。そして、本質的な理由を根拠を持って断定し、その特徴を鋭く指摘している。

［問六］ 傍線部⑤「未来へのパスポート」とあるが、筆者はなぜこのような表現を用いたのか。最も適当なものを、次の（ア）～（オ）の中から一つ選べ。解答番号は 8

（ア）生物の進化の過程において、均一性や定着によってもたらされる秩序と安住は結果として衰退を招く。人類はそれらの保守性を持たない異端の存在であったからこそ、独自の発展を遂げて歴史を切り開いてくることが出来たと考えているため。

（イ）霊長類の食習慣は伝統的に草食であり、それゆえに安全でめぐまれた森での生活が定着し社会性と非暴力が保たれていた。しかし、突如現れた人類の祖先は肉食という特異性を持っており、狩猟のための移動を余儀なくされたと考えているため。

（ウ）かつて草食と肉食という異なる特徴を持った二種の猿人が存在した。一方は定住と平和を好んだ結果、絶滅の道を辿り、もう一方は移動と争いを好んだ結果、進化の歴史を自ら切り開いていき、我々人類の祖先となったと考えているため。

（エ）人間の祖先は例外的に肉食を好む特性を持ち、そこから派生するように流動的で意識的な社会の構築を可能にしてきた。進化において重要なのは異端性であり、人間が今後どう変貌していくかを考察する糧となると考えているため。

（オ）霊長類の「進化」「生存」という観点で、我々人類の祖先が辿ってきた過程は決して王道ではない。しかし、その異端性こそが人類の独自性であり、人の人たるゆえんとして今後人類が生き延びていくための鍵になると考えているため。

［問四］ 傍線部③「勝負は最初から決まったようなものだったに違いない」とあるが、なぜか。最も適当なものを、次の（ア）～（オ）の中から一つ選べ。解答番号は 6

（ア） パラントロプスは豊かな森で食糧を確保していたが、アウストラロピテクスは移動性で常に食糧を求めたから。

（イ） パラントロプスは草食でおとなしい性格だったが、アウストラロピテクスは肉食で暴力的な性格だったから。

（ウ） パラントロプスの持つ社会性やチームワークは、アウストラロピテクスが持つ攻撃性を上回るものだったから。

（エ） パラントロプスは相手を外敵とみなしたが、アウストラロピテクスは相手を捕食の対象として捉えたから。

（オ） パラントロプスは縄張りを守るために集団で戦うが、アウストラロピテクスは少数精鋭での戦闘を好んだから。

［問五］ 傍線部④「パラントロプスの臼歯に対する、わが祖先たちの犬歯をちょっぴり強調してみたまでのことである」とあるが、その説明として最も適当なものを、次の（ア）～（オ）の中から一つ選べ。解答番号は 7

（ア） 人類の、生態系の頂点に立っているという自意識と優越感に対して、警鐘を鳴らそうとしているということ。

（イ） 人々の、自らと姿かたちの異なるものに対する差別や無理解に対して、皮肉を込めていさめているということ。

（ウ） 類人猿の、草食と肉食に対する意識の違いや進化の過程に対して、合理的な説明を求めているということ。

（エ） 人間の、他の生物を征服しているという意識から生じる奢りに対して、反省を促しているということ。

（オ） 我々の祖先の、住む場所と主食の違いで生じたとされる変化の要因を、正しく訂正しているということ。

[問二]　傍線部①「進化だとか、高等だとかいう観念に対して、人間がいかに身勝手な偏見を抱いている」とあるが、なぜ「身勝手」なのか。最も適当なものを、次の（ア）～（オ）の中から一つ選べ。解答番号は 4

（ア）正しい生物学的な理論に耳を傾けず、人間が他の生物よりも優れているという認識を持っていたから。
（イ）形態上の特徴のみを重視し、自身と異なる姿の生物を恐れて排除しようとする性質を持っていたから。
（ウ）人間が生物学的に中心であるという思考の間違いに気付かず、肉食を野蛮と感じていなかったから。
（エ）他の類人猿に見られた草食型容貌に退行を認めることなく、嗜好の問題として捉えてしまったから。
（オ）自らが創作したフィクションに科学的な整合性を求めず、単に娯楽として消費してしまったから。

[問三]　傍線部②「だが、その群の性格や内容には、かなりの相違があったと考えざるを得ない」とあるが、「かなりの相違」とはどのようなものか。最も適当なものを、次の（ア）～（オ）の中から一つ選べ。解答番号は 5

（ア）食べ物の種類に関わらず、特定の集団を形成していたということ。
（イ）主食の違いで、食料の確保や住んでいた環境に差が生じたと考えられるということ。
（ウ）形成した群れの中で、各々の役割を受け入れる必要があったということ。
（エ）もともと住んでいた場所の違いで、主となる食料や移動性及び編隊が異なっていたということ。
（オ）主食が肉食か草食かの違いによって、群の性格が決定づけられていたということ。

〔問二〕 空欄 [X] [Y] [Z] に入る最も適当なものを、それぞれの（ア）～（オ）の中から一つずつ選べ。
解答番号は、[X] は [1] 、[Y] は [2] 、[Z] は [3]

[X]
（ア）最も大きな利点であった
（イ）極めて異質な要素だった
（ウ）時として最大の不幸であった
（エ）他と一線を画す特徴だった
（オ）特に不利な条件だった

[Y]
（ア）むしろ
（イ）しかし
（ウ）ついに
（エ）そうして
（オ）または

[Z]
（ア）急激な発展
（イ）技術の習得
（ウ）暫時の休息
（エ）楽園の享受
（オ）居住地の拘束

—それだけに多分、自然発生的なパラントロプスの社会などよりも、ずっと流動的で意識的な——が推し進められることになったというわけだ。

現に化石も、百万年もの間ほとんど変化をみせなかったパラントロプスにくらべ、めざましい進化と変貌を証拠立てている。草食という、数千万年もの伝統をもつ霊長類の食習慣を、とつぜん破ったこの異端のグループには、もともと変質し進化しやすい要素(多様な遺伝子プール)が内在していたのかもしれない。開かれた歴史というものは、いつだって、均一性よりは多様性に、定着よりは移動に、保守よりは進歩に、正統よりは異端のために用意されているものなのだ。いたずらな秩序と安住の前には、歴史はただその幕を閉ざすだけである。だから、最後のパラントロプスが、めぐまれた温暖な森のほとりで消え去った頃、わが異端の息子たちはすでにホモ・エレクトスとして、氷河をのぞく、全世界のいたる所に、その狩りの手をひろげて行けたのである。

パラントロプスとともに亡びたのは、単なる社会性や非暴力ばかりではなく、定着しか知らぬあまりにも保守的な社会だったということだ。そして、そこからはみ出した異端の群だけが、人類の歴史にむかって急進撃を開始したのである。この異端性と、移動本能こそ、われわれの心臓に深く刻み込まれた、⑤未来へのパスポートなのかもしれないのだ。

(安部公房『異端のパスポート』より)

ほど、集団の構造も複雑になるわけだから、あるいは社会化の面でも、ゴリラ型パラントロプスの方がB一歩先んじていたかもしれないのだ。

　にもかかわらず、パラントロプスは亡び去った。百万年もの間、ほとんど変化も見せず、豊かな森に住みついたまま、あっさり歴史から身を引いてしまったのである。なぜだろう。あまり楽しい想像ではないが、彼等の辿《たど》り着いた場所が、けっきょくはわれらが祖先アウストラロピテクスの胃袋の中でなかったという保証は何処にもないのだ。何かのはずみに、この両グループが顔を合わせた場合のことを想像してみるといい。一方の目には、相手が単に追い払うべき邪魔者として映っているだけだが、その邪魔者の目には、思わず唾を飲み込むような御馳走が映っているのである。③勝負は最初から決まったようなものだったに違いない。（むろん、似たような体形の持主である場合、必ずしも肉食動物が草食動物よりも強いとは限らない。肉食動物の攻撃性に対して、草食動物はその優れたチーム・ワークで、じゅうぶんに対抗できるのである。しかも、直立猿人は、すでに石器の使用者だったのだ。果実をもいだり、木の根を掘ったりする作業よりも、野獣との闘いに際してのほうが、石器の利用価値もはるかに高かったに相違ない。狩猟家アウストラロピテクスの方に、石器の使用技術習得の頻度も高く、それが彼等の大脳皮質を刺激して、つねに相手の防御《ぼうぎょ》陣の裏をかく、巧妙で危険な戦術家へと成長させる機会にめぐまれていたはずだ。）

　だが、誤解のないようにあらかじめ断っておくが、ぼくはべつだんこのパラントロプス敗北の例を一般化して、暴力による平和の破壊、獣性による社会性の征服が、人類の本性だなどと言いはるつもりは毛頭ない。ただプロレスリングの悪役に、「殺人ゴリラ」などという名前をつけて、疑おうともしない、あまりにも人間主義的な偏見への解毒剤として、④パラントロプスの臼歯に対する、わが祖先たちの犬歯をちょっぴり強調してみたまでのことである。事実、猿人アウストラロピテクスも、さらに原人ホモ・エレクトスへと跳躍進化して行くためには、石器に加えて、火の発見をしなければならなかったのだ。ぼくの想像だが、火の発見は、単に肉を美味く加工するためのものではなく、急速な腐敗という、肉食のもっとも不利な条件を克服するのに役立ったのではないだろうか。そして、肉の保存が可能になったとき、わが狩人たちにも、［Z］が許される。永遠の放浪者という、肉食動物の宿命から逃れ、定着に伴う便利と余裕を、あわせて享受できることになったのだ。定着は罠の工夫を育て、また、大型の獲物をねらう必要から、集団の結合や大型化をうながす。必然的に、交換や分配のルールが生れ、狩人の天性とは相容れなかった社会化——

容貌がゴリラに近いというだけで、いきなり下等だときめつけるのは、あまりにも擬人法的な速断にすぎるだろう。ゴリラに近いということは、単に顎の筋肉が発達し、臼歯が大きいといった程度の、形態上の特徴にしかすぎない。そしてこの形態上の特徴は、要するに、草食動物を意味しているというだけのことなのである。

　しかし、奇妙なことに、怪奇物語やサイエンス・フィクションに登場してくる、ゴリラの面相をした獣人たちは、ほとんどきまって牙をむき、口から鮮血をしたたらせることになっているようだ。①進化だとか、高等だとかいう観念に対して、人間がいかに身勝手な偏見を抱いているかのいい例だろう。肉食が好きなのは、ゴリラではなく、人間自身の方なのである。ゴリラにかぎらず、すべての霊長類のなかで、ただ人間だけが肉食の習性を持っているのである。もし肉食に野蛮と下等のしるしを見、草食に洗練と気品を見るなら、口から鮮血をしたたらせている獣人は、まさに人間自身の姿にほかなるまい。ゴリラ的容貌のほうが、じつははるかに柔和で気品に満ちたものかもしれないのだ。

　事実、霊長類の一般的規準からすれば、パラントロプスの草食型容貌に退行現象を認めるのはむつかしい。それどころか、直立歩行という、まぎれもない進化を示しているのである。［Y］、直立歩行に加えて、とつぜん肉食という食習慣の大異変をみせた、アウストラロピテクスの顎や臼歯に、部分的退行現象が見られると言い替えてもいいくらいなのである。

　正統と異端に分けるとすれば、亡び去ったパラントロプスこそ、原始類人猿からの正統な子孫であり、わが祖先アウストラロピテクスは、あいにく同胞の知らぬ生肉の味をおぼえてしまった、非道の異端であったというわけだ。

　孤猿という言葉がある。いかにも超俗的な、もっともらしい響きを感じさせるが、その実体は、要するに心ならずも群を追われた、落伍猿というにすぎないらしい。人間にとって、牢獄がそれ自身刑罰であるのと同様、猿にとっても、拘禁と隔離が、もっともひどい神経症の原因であるそうだ。群をつくる種属という点では、肉食の子孫も、草食の子孫も、大した変りはなさそうである。

　②だが、その群の性格や内容には、かなりの相違があったと考えざるを得ない。肉食のアウストラロピテクスは、ねらう獲物が動物である以上、しぜん移動性にすぐれ、編成も小集団だったに違いない。それに対して草食のパラントロプスの方は、はるかに定着性が強く、その縄張を維持し防衛するために、集団も食物の量が許すかぎり大編成だったはずである。編成が大きくなればなる

二〇二四年度
東京成徳大学高等学校・一般入試(第1回)

【国　語】（五〇分）〈満点：一〇〇点〉

注意……解答は、解答用紙（マークシート）の指定された解答欄にマークしなさい。
　　各問の[1]・[2]……[26]が、解答用紙の解答番号にあたる。

一　次の文章を読んで、あとの問に答えよ。

　いまから数百万年前、A他の類人猿たちとは明確に区別されうる、二足歩行のアウストラロピテクスが出現した。直立歩行は、大脳の発達の条件を与え、また両手、両腕を、自由な空間にむかって解放することになった。彼等はすでに、石器を使用していた。彼等こそ、われらの祖先である最初の先行人類だったのである。

　ところが、それから百万年ほどして、ロバート・ブルームによってパラントロプスと名づけられた、別種の二足歩行属の出現を見ることになるのである。そして、アウストラロピテクスと、このパラントロプスの併存は、その後百万年ちかくものあいだ続けられたらしい。だが、なにかの理由で、その後パラントロプスは急速に絶滅してしまう。生きのびたアウストラロピテクスは、そのまま進化をつづけ、五十万年ほど前になると、ついにホモ・エレクトス(直立原人)として、われら人類と同じ、ホモを名乗るにいたるのである。

　いったい何が、この似通った二種の猿人の一方を滅し、他方に進化の機会を与えた、最大の理由だったのだろう。発掘された化石によれば、両者の相違は、おおむね次のようなものだったらしい。第一は、パラントロプスがアウストラロピテクスにくらべて、かなり大柄であったこと、第二は、頭骨と顎《あご》がよく発達し、どちらかと言えばゴリラに近いものであったこと。

　第一の点について言えば、アウストラロピテクスも、時代とともに変化して、後期にはパラントロプスとほとんど同程度の大きさにまでなっているのだから、大柄であることがパラントロプスにとって、[X]とは思えない。また、第二の点についても、

2024年度／東京成徳大学高等学校・一般入試(第１回)

英語解答

1 (ア), (ウ), (ク)

2 問１ (ウ)　問２ (エ)　問３ (イ)
問４ (ウ)　問５ (イ)

3 問１ 9…(イ)　10…(オ)
問２ 11…(エ)　12…(ウ)
問３ 13…(ア)　14…(キ)
問４ 15…(キ)　16…(オ)
問５ 17…(ア)　18…(エ)

4 問１ (ウ)　問２ (エ)　問３ (イ)
問４ (ア)　問５ (ウ)

5 問１ (ウ)　問２ (イ)　問３ (ウ)
問４ (ウ)　問５ (イ)

6 (イ), (カ), (ケ)

7 問１ 32…(ウ)　33…(ア)　34…(イ)　35…(エ)
問２ (ウ)　問３ (a)…(イ)　(b)…(ウ)
問４ (エ)　問５ (エ)

1〔単語のアクセント〕

(ア) de-vél-op　(イ) én-er-gy　(ウ) to-mór-row　(エ) cál-en-dar
(オ) fá-vor-ite　(カ) bás-ket-ball　(キ) vol-un-téer　(ク) com-pút-er
(ケ) wón-der-ful　(コ) in-tro-dúce

2〔適語選択・語形変化〕

問１．前にbe動詞のareがあるので‘be動詞＋過去分詞’の受け身形か，‘be動詞＋～ing’の進行形になるが，受け身では文意が通らない。ここでのbyは「～のそばに」の意味である。　「生徒たちのうち数人はあの川のそばで料理をしている」

問２．‘every＋単数名詞’は単数扱い。よって，動詞は３単現のhasになる。　「私たちの学校の生徒は皆自分のiPadを持っている」

問３．mayには「～かもしれない」という‘推量’の意味がある。　「ケンは昼食を食べなかった。彼は体調が悪いのかもしれない」

問４．the broken vaseで「(壊された→)壊れた花びん」という意味になる。　「その壊れた花びんに触ってはいけない」

問５．friendを修飾する関係代名詞を選ぶ問題。「友達の姉〔妹〕」という関係になるので所有格の関係代名詞whoseが適切。　「私には姉〔妹〕がオーストラリアに住んでいる友達がいる」

3〔整序結合〕

問１．「彼女はセーターを(私に)くれた」は‘give＋人＋物’「〈人〉に〈物〉を与える」の形でShe gave me a sweaterとする。「私の誕生日に」はfor my birthdayとまとまる。　She gave me a sweater for my birthday.

問２．「〈人〉に～するように言う」は‘tell＋人＋to ～’の形で表せる。「教室をきれいにしておく」は‘keep＋目的語＋形容詞’「～を…(の状態)に保つ」の形にまとめる。　Our teacher told us to keep our classroom clean.

問３．「見える美しい山」は「あなたが見ている美しい山」と読み換えて，関係詞節を用いたThe beautiful mountain you seeとまとめる(目的格の関係代名詞は省略)。「むこうに」はover there。　The beautiful mountain you see over there is Mt. Fuji.

問４．「私は～と思っている」は I think (that) ～ で表せる。「ほとんどの日本人が～ない」は「ほとんどない」を表す形容詞として無冠詞の few を用い，主語を few Japanese とする。「うまく」は副詞 well で表せる。　I think few Japanese can speak English well.

問５．「～はどこにありますか」は疑問文の Where is ～？の形。「テーブルの上にあった手紙」は関係詞節で表すと考え，that を the letter を受ける主格の関係代名詞として用いる。「～の上に」は前置詞 on で表せる。　Where is the letter that was on the table？

4〔対話文完成―適文選択〕

問１．A：すみません，犬がうるさくて。／B：かまいませんよ。私は犬が好きなので。／A：あなたも犬を飼っているのですか？／B：いいえ，両親が犬を嫌っているので。//ここでの one は不特定の犬を指す代名詞。犬を飼っていない理由として適切なものを選ぶ。

問２．A：あなたの自転車が気に入りました。どれくらい長く使っているのですか。／B：私が９歳のときからです。//ここでの since は「～して以来」を表す接続詞。

問３．A：すみません。／B：どんな御用でしょう。／A：ノース駅行きの次のバスはいつですか？／B：数分後にここに着きます。//ここでの in は「(今から)～の後に」の意味。　arrive「到着する」

問４．A：新しいスマホの使い方を教えてくれる？／B：今すぐはだめだよ。今は宿題を終わらせたいんだ。／A：夕飯の後はどう？／B：いいよ。//ここでの How about ～？は「～はどうか」という‘提案’を表す。

問５．A：土曜日に公園でテニスをしようよ。／B：君のテニスラケットは壊れていたと思うけれど。／A：昨日新しいのを買ったよ。／B：それはよかった。９時に会おうよ。//最後にテニスの約束をしようとしているから，壊れたラケットの問題が片付いたと考えられる。

5〔書き換え―適語(句)選択〕

問１．どちらも「あの長い髪をした少女は私の妹だ」という文。b では所有格の関係代名詞 whose を用いて書き換える。

問２．a は「この映画のおかげで，彼は日本で有名になった」という文。これを b では「この映画が彼を日本で有名にした」と読み換えて，‘make＋目的語＋形容詞’「～を…(の状態)にする」の形を使う。

問３．どちらも「私はあなたの考えに反対だ」という文。disagree with ～「～に反対する，～に異議を唱える」を‘be動詞＋against ～’の形で書き換える。

問４．a は「誰もがミサキより先に美術館に来た」という文。これは「ミサキは美術館に来た最後の人だ」と読み換えられる。

問５．a は「ケンはその歌を聴いたとたんに笑顔を浮かべ始めた」という文。これを b では「ケンはその歌を聴いたとき，すぐに笑顔を浮かべ始めた」と読み換える。　at once「すぐに」

6〔正誤問題〕

(ア)…○　「私はそのソフトボールチームのメンバーだ」　(イ)…×　文頭を to不定詞の To walk とするか，動名詞の Walking とする。「朝に歩くことは私たちの健康に良い」　(ウ)…○　‘both *A* and *B*’「*A*と*B*のどちらも」　「僕には２人の兄〔弟〕がいて，そのどちらも大学生だ」　(エ)…

○　「あなたは将来どんな仕事につきたいですか」　ここでの do は職業として「～をする」の意味。
(オ)…○　この to不定詞は形容詞的用法。　「ショウタには一緒に遊ぶ友達がたくさんいる」　(カ)…×　last week「先週」とあるので，動詞は過去形の had と saw にする。　「僕は先週風邪をひいていて，医者にかかった」　(キ)…○　動詞 wear「～を身につける」は服だけでなく帽子や眼鏡にも使う。　「黒い帽子をかぶっている女性は私の姉だ」　(ク)…○　practice ～ing「～する練習をする」　「僕の兄〔弟〕は公園にダンスの練習に行った」　(ケ)…×　条件節には主語がない。ここでは‘天候’などを表す文の主語となる it が必要。　「もし明日雨が降ったら，私は家にいて読書をする」　(コ)…○　take a picture of ～「～の写真を撮る」　「この作品の写真を撮ってはいけません」

7〔長文読解総合─物語〕

≪全訳≫❶寒い夜だった。１人の警官がいつものように通りを歩いていた。突然，彼は足取りをゆるめた。１人の男が店のドアの近くに立っていた。警官が彼の方へ歩いていくと，男は早口で言った。❷「大丈夫だよ，おまわりさん」と彼は言った。「私は友達を待っているんだ。20年前，私たちは今夜ここで会うことにした。あなたには奇妙に聞こえるだろうな。何の問題もないことを確かめたいのなら，説明するよ。20年ほど前，ここにレストランがあった。ビッグ・ジョー・ブレイディーズ・レストランだ」❸「ほう，そうなのかい？」と警官は言った。❹「20年前の今日の夜」と男は言った。「私はここでジミー・ウェルズと夕食をとった。彼は私の親友で，世界最高の仲間だった。彼と私はここニューヨークで兄弟のように一緒に育った。私は18歳でジミーは20歳だった。次の日の朝，私は仕事を見つけて成功をつかむために西に向かうことになっていた。だが，ジミーは生きていく場所はニューヨークしかないと思って，ここニューヨークに残ることにしたんだ」❺「その夜，私たちは20年後にここで再び会うことにした。20年たてば，自分たちがどんな人間で，どんな未来が私たちを待っているのかがわかるだろうと思ったんだ」❻「おもしろいな」と警官は言った。「君が西部に行ってから，その友達から連絡はあったのかい？」❼「ああ，お互い何度か手紙を出したよ」と男は言った。「だが，１，２年して終わった。西部は広い。私はあちこちを動き回ったし，それにさっさと動いたんだ。だが，ジミーはできるならここで私に会ってくれるのはわかっている。彼は世界中の誰にも引けを取らないくらい誠実だった。彼は決して忘れないだろう。私は今夜ここに立つために，1000マイルの道のりをやってきた。私の友人が来てくれたらうれしいよ」❽待っている男は，小さな宝石で覆われた立派な腕時計を取り出した。❾「10時まで３分だ」と彼は言った。「あの夜の10時にここでさよならを言った」❿「君は西部でうまくいったんだね？」と警官は尋ねた。⓫「ああ，そうさ！　ジミーが私の半分くらいうまくやっていればと思うよ。彼は物事をやるのが遅かった。私は成功をつかむのに闘わなければならなかった。ニューヨークではあまり人は変わらない。西部では，成功するためにどうやって闘うかを学ぶんだよ」⓬「私はいつもの道に戻るとしよう」と警察官は言った。「君の友達が無事に来るといいな。彼が10時にここに来なかったら，引き上げるつもりかい？」⓭「そんなことはしないよ！」と男は言った。「私は30分待つ，少なくともね。ジミーが生きていれば，その時間までにはここに来るだろう。おやすみ，おまわりさん」⓮「おやすみ」と警官は言い，立ち去った。⓯ちょうど雨が降り始め，風も強くなった。通りを歩いていた数人の人々は家路を急いでいた。そして店のドアの前では，男がまだ立っていた。彼には友人が来るかどうかわからなかったが，彼は待っていた。⓰20分ほど後，ロングコートを着た背の高い男が通りの向こうからやってきた。**17**「お前なのか，ボブ？」と彼は疑わしげに尋ねた。**18**「お前なのかい，ジミー・ウェルズ？」とドアの前で男が叫んだ。**19**背の高い男はもう１人の男の手を握った。「ボブだな！　お前がもし生きていたら，きっとここでお前に会えると思っていたよ。20年は長かったな。昔のレストランはもうなくなったよ。西部はお前に合ってたのかい？」**20**「おれが求めたものは全部与えてくれた。お前は変わったな，ジミー。こんなに背が高かったとは思わなかった」**21**「ああ，20歳を過ぎてから少し大きくなったんだ」**22**「お前はニューヨークで元気にやってるのか？」**23**「それなりにね。俺は市で働いているんだ。さあ，ボブ。俺の知っている所に行って，昔のことをたっぷりと話そう」**24**２人は腕を組んで，通りを歩き始めた。西部から来た男は自分の人生の話を語り出した。もう１人は彼の話を注意深く聞いていた。**25**通りの角には，明るい照明の店があった。近づいたとき，彼らはお互いの顔を見ようと振り向いた。**26**西部から来た男は突然立ち止まり，腕を引いた。**27**「お前はジミー・ウェルズじゃない」と彼は言った。「20年は長い時間だが，男の鼻の形を変えるほどには長くない」**28**「20年が善人を悪人に変えることはある」と背の高い男は言った。「シカゴ警察は君がニューヨークに来ると考えていた。彼らは私たちに君を逮捕しろと言った。君には私と一緒に来てもらう。だが最初に，君に渡すよう頼まれたものがある。ここで窓のそばで読めばいい。そいつはウェルズという名の警官からだ」**29**「ボブ，私は時間どおりにその場所に着いた。私はシカゴ警察に指名手配されている男の顔を見た。君を私自身で逮捕したくなかったので，私は立ち去って，その仕事をさせるために別の警官を行かせたんだ」

問１＜適語選択＞32. That night は20年前のその日の夜のこと。第２段落第３文に同様の内容が書かれている。　agree「～に同意する」　33. 前文の hear from ～ は「～から連絡をもらう」の意味。動詞 write には「手紙を書く」の意味がある。　34. 男が店の前で立ち続けていたのは友人を「待っていた」からである。　35. 続く２文で，昔より背が高くなったとわかる。

問２＜適語句選択＞ボブが警官から渡されたものは手紙で，次の段落がその文面である。待ち合わせ場所に時間どおりに来たとあるので，ボブと再会を約束していたジミー・ウェルズが書いたと考えられる。実はボブと話した後立ち去った最初の警官がウェルズだったのである。

問３＜内容一致＞(a)「約20年前，その２人の男たちは(　　)」―(イ)「同じ場所で再会しようと約束した」　第２段落第３文および第５段落第１文参照。　(b)「ボブがロングコートを着た男はジミー・ウェルズでないとわかったのは(　　)だった」―(ウ)「彼が明るい照明の下で男の顔を見たとき」　第25～27段落参照。

問４＜英問英答＞「ボブについて次の文のうちのどれが正しいか」―(エ)「彼は何か悪いことをして，警察に指名手配されていた」　第28段落第１～３文および最終段落第２文参照。

問５＜英問英答＞「ジミー・ウェルズについて次の文のうちのどれが正しいか」―(エ)「彼は友人を逮捕させるために別の警官を行かせた」　第28段落終わりの３文および最終段落最終文参照。

2024年度／東京成徳大学高等学校・一般入試(第１回)

数学解答

1 問１ (イ)　問２ (ウ)　問３ (ウ)
問４ (イ)　問５ (ア)　問６ (ア)
問７ (エ)　問８ (ウ)

2 問１ (ウ)　問２ (エ)　問３ (イ)

3 問１ (エ)　問２ (ウ)　問３ (エ)

4 問１ (ア), (イ)　問２ (ウ)　問３ (イ)

5 問１ (ウ)　問２ (オ)　問３ (オ)

1 〔独立小問集合題〕

問１＜数の計算＞与式$=\left(\frac{1}{8}-\frac{2}{8}\right)^2\times\frac{4}{3}\times(-9)=\left(-\frac{1}{8}\right)^2\times\frac{4}{3}\times(-9)=\frac{1}{64}\times\frac{4}{3}\times(-9)=-\frac{3}{16}$

問２＜式の計算＞与式$=\frac{5(x+2y)-7(4x-3y)}{35}=\frac{5x+10y-28x+21y}{35}=\frac{-23x+31y}{35}$

問３＜一次方程式＞両辺に６をかけて，$2(x-5)=6-3(x+2)$，$2x-10=6-3x-6$，$2x+3x=6-6+10$，$5x=10$　$\therefore x=2$

問４＜数の計算＞与式$=(\sqrt{18}-\sqrt{12})(\sqrt{18}+\sqrt{12})\times(\sqrt{28}-\sqrt{112})=\{(\sqrt{18})^2-(\sqrt{12})^2\}\times(\sqrt{2^2\times7}-\sqrt{4^2\times7})=(18-12)\times(2\sqrt{7}-4\sqrt{7})=6\times(-2\sqrt{7})=-12\sqrt{7}$

問５＜連立方程式＞$2(x+y)=5-y$……①，$0.16x+0.36y=1$……②とする。①より，$2x+2y=5-y$，$2x+3y=5$……①′　②より，$16x+36y=100$，$4x+9y=25$……②′　①′×２－②′より，$6y-9y=10-25$，$-3y=-15$　$\therefore y=5$　これを①′に代入して，$2x+3\times5=5$，$2x+15=5$，$2x=-10$　$\therefore x=-5$

問６＜式の計算—因数分解＞和が-13，積が-30となる２数は２と-15だから，与式$=x^2+\{2+(-15)\}x+2\times(-15)=(x+2)(x-15)$となる。

問７＜数の性質＞$224=2^5\times7$だから，224の約数は，2^5の約数から１つと７の約数から１つを選んでできる２つの数の積で全てを表すことができる。2^5の約数は１，２，2^2，2^3，2^4，2^5の６個，７の約数は１，７の２個だから，2^5の約数から１つと７の約数から１つを選んでできる２つの数の組は$6\times2=12$(通り)あり，224の約数の個数は12個となる。

問８＜確率—サイコロ＞大，中，小のサイコロを１回投げるとき，それぞれ６通りの目の出方があるので，目の出方は全部で$6\times6\times6=216$(通り)ある。このうち，少なくとも２つ同じ目が出る場合は，全て異なる目が出る場合以外の場合である。全て異なる目が出る場合の目の出方は，大のサイコロが６通りあり，中のサイコロは，大のサイコロの目以外だから５通り，小のサイコロは，大，中のサイコロの目以外だから４通りある。よって，全て異なる目が出る場合は$6\times5\times4=120$(通り)あるから，少なくとも２つ同じ目が出る場合は$216-120=96$(通り)ある。したがって，求める確率は$\frac{96}{216}=\frac{4}{9}$である。

≪別解≫少なくとも２つ同じ目が出る場合は，全て同じ目が出る場合と，２つ同じ目が出る場合である。全て同じ目が出る場合は，(大，中，小)＝(1，1，1)，(2，2，2)，(3，3，3)，(4，4，4)，(5，5，5)，(6，6，6)の６通りある。２つ同じ目が出る場合は，大と中，大と小，中と小のいずれかのサイコロの目が同じになる。大と中の２つのサイコロの目が同じになるとき，その目の出方は６通りあり，小のサイコロの目の出方は５通りだから，$6\times5=30$(通り)ある。大と小，中と小の２つのサイコロの目が同じになるときも，それぞれ30通りある。よって，２つ同じ目が出る場合は$30\times3=90$(通り)ある。したがって，少なくとも２つ同じ目が出る場合は$6+90=96$(通り)あるから，求める確率は$\frac{96}{216}=\frac{4}{9}$である。

2〔関数―関数 $y=ax^2$ と一次関数のグラフ〕

≪基本方針の決定≫問3　点QからPRに垂線を引いてできる相似な三角形を利用する。

問1＜座標＞右図1で，$a=\frac{1}{2}$ のとき，点Pは放物線 $y=\frac{1}{3}x^2$ と直線 $y=\frac{1}{2}x$ の交点となる。この2式より，$\frac{1}{3}x^2=\frac{1}{2}x$，$2x^2-3x=0$，$x(2x-3)=0$ となり，$x=0$，$\frac{3}{2}$ となるので，点Pの x 座標は $\frac{3}{2}$ である。y 座標は $y=\frac{1}{2}\times\frac{3}{2}=\frac{3}{4}$ となるので，$P\left(\frac{3}{2},\ \frac{3}{4}\right)$ である。

図1

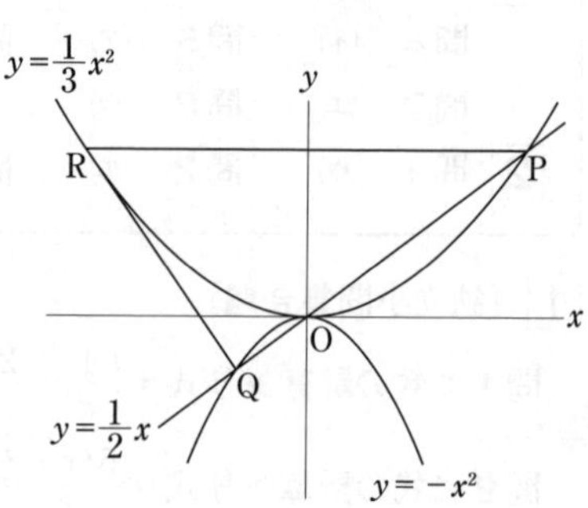

問2＜面積＞右図1で，問1より，$P\left(\frac{3}{2},\ \frac{3}{4}\right)$ であり，2点P，Rは y 軸について対称だから，$R\left(-\frac{3}{2},\ \frac{3}{4}\right)$ である。PRは x 軸に平行なので，$PR=\frac{3}{2}-\left(-\frac{3}{2}\right)=3$ となる。また，点Qは放物線 $y=-x^2$ と直線 $y=\frac{1}{2}x$ の交点だから，$-x^2=\frac{1}{2}x$，$2x^2+x=0$，$x(2x+1)=0$ より，$x=0$，$-\frac{1}{2}$ となり，点Qの x 座標は $-\frac{1}{2}$ である。y 座標は $y=\frac{1}{2}\times\left(-\frac{1}{2}\right)=-\frac{1}{4}$ となるので，$Q\left(-\frac{1}{2},\ -\frac{1}{4}\right)$ である。△PQRは，底辺をPRと見ると，高さは，2点P，Qの y 座標より，$\frac{3}{4}-\left(-\frac{1}{4}\right)=1$ となる。よって，$\triangle PQR=\frac{1}{2}\times3\times1=\frac{3}{2}$ である。

問3＜比例定数＞右図2で，点QからPRに垂線QHを引くと，∠PHQ＝∠QHR＝90°である。また，∠PQR＝90°より，∠PQH＝∠PQR－∠RQH＝90°－∠RQHとなり，△QRHで，∠QRH＝180°－∠QHR－∠RQH＝180°－90°－∠RQH＝90°－∠RQHとなるから，∠PQH＝∠QRHである。よって，△PQH∽△QRHとなるので，PH：QH＝QH：RHである。点Pは放物線 $y=\frac{1}{3}x^2$ と直線 $y=ax$ の交点だから，$\frac{1}{3}x^2=ax$，$x^2-3ax=0$，$x(x-3a)=0$ より，$x=0$，$3a$ となり，点Pの x 座標は $3a$ である。$y=a\times3a=3a^2$ となるので，$P(3a,\ 3a^2)$ である。2点P，Rは y 軸について対称だから，$R(-3a,\ 3a^2)$ である。点Qは放物線 $y=-x^2$ と直線 $y=ax$ の交点だから，$-x^2=ax$，$x^2+ax=0$，$x(x+a)=0$ より，$x=0$，$-a$ となり，点Qの x 座標は $-a$ である。$y=a\times(-a)=-a^2$ より，$Q(-a,\ -a^2)$ である。3点P，Q，Rの x 座標より，$PH=3a-(-a)=4a$，$RH=(-a)-(-3a)=2a$ となり，2点P，Qの y 座標より，$QH=3a^2-(-a^2)=4a^2$ となるから，$4a:4a^2=4a^2:2a$ が成り立つ。それぞれ a でわって，$4:4a=4a:2$ となり，$4a\times4a=4\times2$，$a^2=\frac{1}{2}$，$a=\pm\frac{\sqrt{2}}{2}$ となる。$a>0$ だから，$a=\frac{\sqrt{2}}{2}$ である。

図2

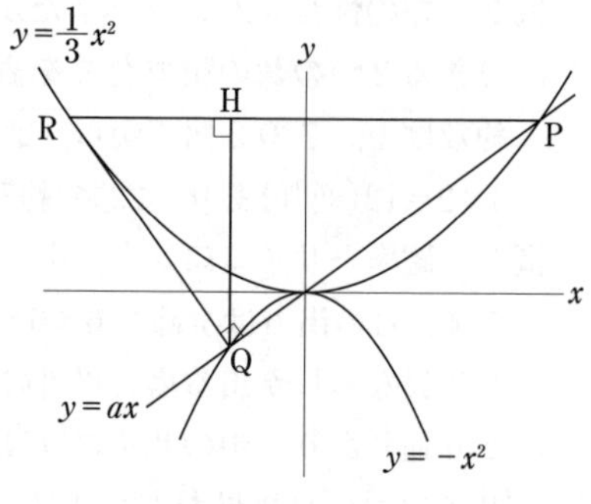

3〔数と式―方程式の応用〕

≪基本方針の決定≫問2，問3　含まれる食塩の量についての方程式を立てる。

問1＜数量の計算＞4％の食塩水100gに含まれる食塩の量は $100\times\frac{4}{100}=4$(g)，5.5％の食塩水200g

に含まれる食塩の量は $200\times\frac{55}{1000}=11$(g)だから，この2つの食塩水を混ぜると，含まれる食塩の量が $4+11=15$(g)で，食塩水の量が $100+200=300$(g)の食塩水となる。よって，濃度は，$\frac{15}{300}\times100=5$(%)である。

問2＜一次方程式の応用＞4％の食塩水100gに16％の食塩水を a g加えると，12％の食塩水になるとする。問1より，4％の食塩水100gに含まれる食塩の量は4gであり，16％の食塩水 a gに含まれる食塩の量は $a\times\frac{16}{100}=\frac{4}{25}a$(g)である。また，12％の食塩水は $100+a$ gできるので，含まれる食塩の量は $(100+a)\times\frac{12}{100}=12+\frac{3}{25}a$(g)である。このとき，混ぜる前の2つの食塩水に含まれる食塩の量の合計と，できた食塩水に含まれる食塩の量は等しいから，$4+\frac{4}{25}a=12+\frac{3}{25}a$ が成り立つ。これを解くと，$\frac{1}{25}a=8$，$a=200$ となるので，加えた16％の食塩水の量は200gである。

問3＜連立方程式の応用＞x％の食塩水100gと y％の食塩水100gを混ぜてできる8％の食塩水の量は $100+100=200$(g)である。このとき，問2と同様に考えると，含まれる食塩の量について，$100\times\frac{x}{100}+100\times\frac{y}{100}=200\times\frac{8}{100}$ が成り立ち，$x+y=16$……①となる。また，x％の食塩水200gと y％の食塩水300gを混ぜてできる7.6％の食塩水の量は $200+300=500$(g)であるから，含まれる食塩の量について，$200\times\frac{x}{100}+300\times\frac{y}{100}=500\times\frac{76}{1000}$ が成り立ち，$2x+3y=38$……②となる。①，②の連立方程式を解くと，①×3－②より，$3x-2x=48-38$，$x=10$(%)となり，これを①に代入して，$10+y=16$，$y=6$(%)となる。

4 〔平面図形―円〕

≪基本方針の決定≫問1　円周角の定理を利用する。　　問2　AC⊥BDとなる。△ACDで中点連結定理が利用できる。

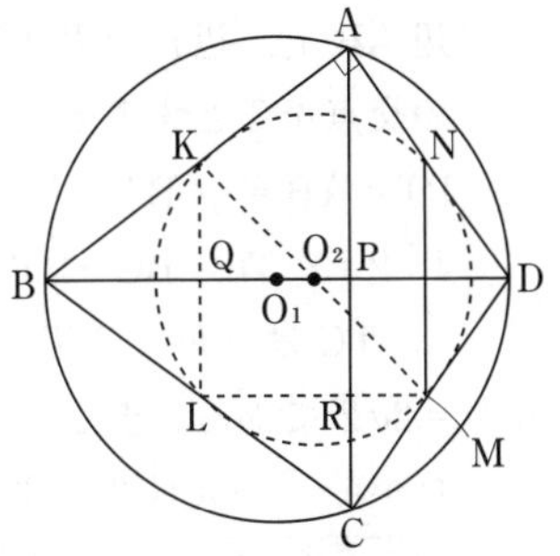

問1＜大きさの等しい角＞右図で，AB＝BC＝8より，∠BAC＝∠BCAである。2点B，Dを結ぶと，$\widehat{AB}$ に対する円周角より，∠BCA＝∠ADBであり，$\widehat{BC}$ に対する円周角より，∠BAC＝∠BDCだから，∠BAC＝∠BCA＝∠ADB＝∠BDCとなる。

問2＜長さ＞右図で，ACとBDの交点をPとする。BA＝BC＝8，AD＝CD＝6，BD＝BDより，△ABD≡△CBDだから，△ABDと△CBDはBDについて対称である。これより，AC⊥BD，AP＝CPとなる。∠BAD＝∠BPA＝90°，∠ABD＝∠PBAより，△ABD∽△PBAだから，DA：AP＝BD：BAである。△ABDで三平方の定理より，$BD=\sqrt{AB^2+DA^2}=\sqrt{8^2+6^2}=\sqrt{100}=10$ となるから，6：AP＝10：8が成り立ち，AP×10＝6×8，$AP=\frac{24}{5}$ となる。よって，$AC=2AP=2\times\frac{24}{5}=\frac{48}{5}$ である。2点M，Nはそれぞれ線分CD，DAの中点だから，△ACDで中点連結定理より，$MN=\frac{1}{2}AC=\frac{1}{2}\times\frac{48}{5}=\frac{24}{5}$ となる。

問3＜長さ＞右上図で，3点K，L，Mを結び，KLとBDの交点をQ，LMとACの交点をRとする。△ABDと△CBDがBDについて対称だから，線分AB，BCの中点K，LもBDについて対称となり，BDは線分KLの垂直二等分線となる。3点K，L，Mを通る円の中心 O_2 は，線分KLの垂直二等分線上にあるから，線分 BD 上にある。また，$AC\perp BD$，$KL\perp BD$ であり，$\triangle BCD$ で中点連結定理より，$LM /\!/ BD$ だから，四角形 PQLR は長方形であり，$\angle KLM=90^\circ$ である。これより，線分 KM は円 O_2 の直径となるので，点 O_2 は線分 BD と線分 KM の交点である。$\angle LKM=\angle QKO_2$，$\angle KLM=\angle KQO_2$ より，$\triangle KLM \backsim \triangle KQO_2$ となるから，$LM:QO_2=KL:KQ=2:1$ である。$LM=\frac{1}{2}BD=\frac{1}{2}\times10=5$ なので，$QO_2=\frac{1}{2}LM=\frac{1}{2}\times5=\frac{5}{2}$ となる。さらに，$\triangle ABD \backsim \triangle PBA$ より，$AB:PB=BD:BA$ だから，$8:PB=10:8$ が成り立ち，$PB\times10=8\times8$，$PB=\frac{32}{5}$ となる。$KL /\!/ AC$，$BK=AK$ なので，$BQ=PQ=\frac{1}{2}PB=\frac{1}{2}\times\frac{32}{5}=\frac{16}{5}$ となる。よって，$BO_2=BQ+QO_2=\frac{16}{5}+\frac{5}{2}=\frac{57}{10}$ となる。$BO_1=\frac{1}{2}BD=\frac{1}{2}\times10=5$ だから，２円 O_1，O_2 の中心間の距離は，$O_1O_2=BO_2-BO_1=\frac{57}{10}-5=\frac{7}{10}$ である。

5 〔空間図形—立方体〕

問１＜面積＞右図１で，立体の表面積は，立方体 ABCD-EFGH の面 ABCD を除いた５つの面と，立方体 IJKL-MNOP の面 MNOP を除いた５つの面と，面 ABCD から面 MNOP を除いた部分の面積の和となる。立方体 ABCD-EFGH の１辺の長さは 4 cm だから，１つの面の面積は $4\times4=16$ である。立方体 IJKL-MNOP の１辺の長さは 2 cm だから，１つの面の面積は $2\times2=4$ である。また，面 ABCD から面 MNOP を除いた部分の面積は，〔正方形 ABCD〕−〔正方形 MNOP〕$=16-4=12$ である。以上より，立体の表面積は，$16\times5+4\times5+12=112$(cm²)となる。

図１

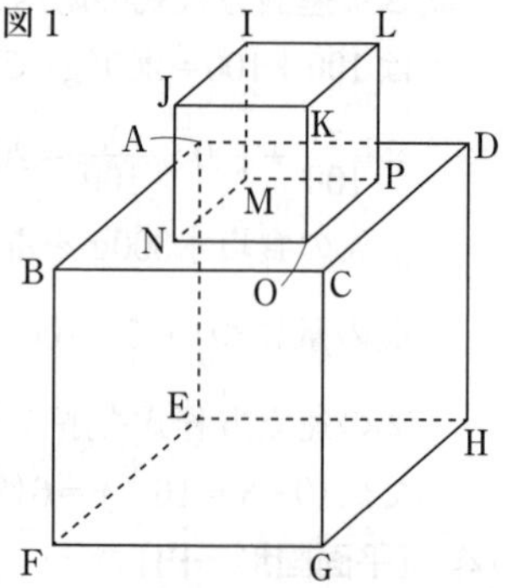

問２＜長さ—三平方の定理＞右図２で，頂点Aと頂点Mが重なり，面 MNOP が面 ABCD からはみ出ないので，点Nは辺 AB 上，辺Pは辺 AD 上となる。辺 PO の延長と辺 BC の交点をTとすると，四角形 ABTP は長方形となるので，$PT=AB=4$，$BT=AP=MP=2$ となり，$OT=PT-OP=4-2=2$，$TC=BC-BT=4-2=2$ となる。$OT=TC$ なので，$\triangle OTC$ は直角二等辺三角形であり，$OC=\sqrt{2}OT=\sqrt{2}\times2=2\sqrt{2}$ である。また，$CG\perp$〔面 ABCD〕より，$\angle OCG=90^\circ$ だから，$\triangle OCG$ で三平方の定理より，$OG=\sqrt{OC^2+CG^2}=\sqrt{(2\sqrt{2})^2+4^2}=\sqrt{24}=2\sqrt{6}$ (cm)となる。

図２

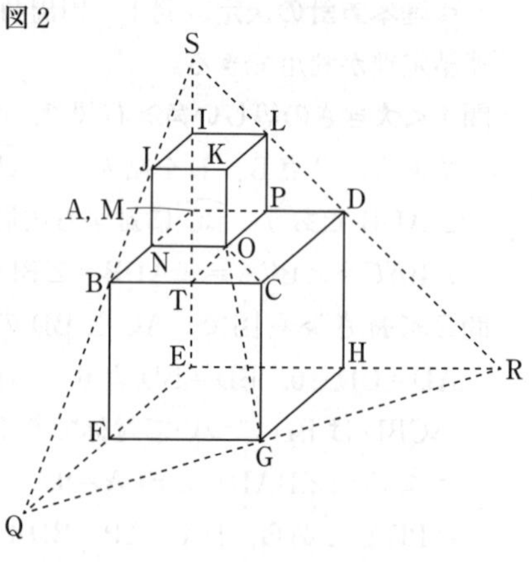

問３＜体積＞右図２で，$\angle SEQ=\angle SER=90^\circ$ より，$SE\perp$〔面 EQR〕だから，四面体 S-EQR は，底面を $\triangle EQR$ と見ると，高さが SE の三角錐となる。$JN=2$，$NB=OT=2$ より，$JN=NB$ だから，$\triangle JBN$ は直角二等辺三角形であり，$\angle JBN=45^\circ$ となる。$AB /\!/ EQ$ だから，$\angle SQE=\angle JBN=45^\circ$ となり，$\triangle BQF$，$\triangle SQE$ も直角二等辺三角形となる。よって，$FQ=BF=4$，$SE=EQ=EF+FQ=4+4=8$ となる。同様にして，$ER=8$ となる。$\angle QER=90^\circ$ なので，$\triangle EQR=\frac{1}{2}\times EQ\times ER=\frac{1}{2}\times8\times8=32$ となり，四面体 S-EQR の体積は，$\frac{1}{3}\times\triangle EQR\times SE=\frac{1}{3}\times32\times8=\frac{256}{3}$ (cm³)となる。

国語解答

一　問一　X…(オ)　Y…(ア)　Z…(ウ)
問二　(ア)　問三　(イ)　問四　(エ)
問五　(イ)　問六　(オ)　問七　(イ)
問八　A…(イ)　B…(ウ)

二　問一　①…(オ)　②…(ア)
問二　A…(エ)　B…(イ)　問三　(ア)
問四　(オ)　問五　(エ)　問六　(エ)
問七　(ウ)　問八　(イ)　問九　(ア)
問十　(オ)

三　①　(オ)　②　(エ)　③　(ウ)

一〔**論説文の読解—自然科学的分野—人類**〕出典：安部公房「異端のパスポート」。

≪本文の概要≫アウストラロピテクスとパラントロプスは，百万年近く併存していたが，パラントロプスだけが絶滅した。パラントロプスは大柄で，ゴリラに近い容貌だったらしいが，アウストラロピテクスも，後期には同程度の大きさになっているため，大柄であることが絶滅の原因とは思えない。また，ゴリラに近い容貌は，草食動物を意味しているだけであり，パラントロプスの草食型容貌に，退行現象を認めるのは難しい。むしろ，草食のパラントロプスこそ，原始類人猿からの正統な子孫で，肉食という大異変を見せたアウストラロピテクスは，異端だったはずである。では，パラントロプスが滅びたのはなぜか。ぼくの想像だが，アウストラロピテクスは，火の発見によって肉の保存が可能となり，定着に伴う便利と余裕を享受できるようになったと思われる。定着は罠の工夫を育て，獲物を狙う必要から集団が大型化し，流動的で意識的な社会化が進んだと考えられる。化石も，百万年もの間ほぼ変化のなかったパラントロプスに比べ，めざましい進化と変貌を証拠立てている。開かれた歴史は，異端のために用意され，いたずらな秩序と安住の前に，歴史は幕を閉ざす。パラントロプスとともに定着しか知らぬ保守的な社会は滅び，そこからはみ出た異端の群れだけが，人類の歴史への急進撃を開始した。この異端性と移動本能こそ，我々にとっての未来へのパスポートかもしれない。

問一． X**＜文章内容＞**アウストラロピテクスも，「後期にはパラントロプスとほとんど同程度の大きさにまでなっている」ので，「大柄であること」が，パラントロプスが生き残るのを妨げる条件だったとは思えない。　Y**＜接続語＞**パラントロプスが「直立歩行という，まぎれもない進化を示している」のに対して，どちらかといえば，「とつぜん肉食という食習慣の大異変をみせた，アウストラロピテクスの顎や臼歯に，部分的退行現象」が見られる。　Z**＜表現＞**「肉の保存が可能になった」ことによって，「定着に伴う便利と余裕を，あわせて享受できること」になり，そのおかげで，狩人であったアウストラロピテクスも，「永遠の放浪者」という宿命から逃れ，定住してしばし体を休めることが「許される」ことになった。

問二＜文章内容＞生物学的に見れば，「すべての霊長類のなか」で，「人間だけが肉食の習性」を持つのであり，ゴリラは「草食動物」である。だが，人間はゴリラに対し，「牙をむき，口から鮮血をしたたらせる」ような肉食的で野蛮なイメージを抱いている。人間は，自分たちが他の生物より進化していて高等な存在だと思い込み，他の生物は野蛮で下等だという身勝手な偏見を持っているのである。

問三＜文章内容＞主食が肉であるアウストラロピテクスの群れは，「ねらう獲物が動物」であるため，その獲物をしとめるために，「移動性にすぐれ，編成も小集団だった」と考えられる。一方，草食のパラントロプスの群れは，「定着性」が強く，「食物の量が許すかぎり大編成だった」と考えられる。主食となる食物の違いに応じて，群れが食料を得る方法や生きる環境にも，差異が生じたと考えられるのである。

問四＜文章内容＞パラントロプスにとって，アウストラロピテクスは「単に追い払うべき邪魔者」だった。だが，アウストラロピテクスにとって，パラントロプスは捕食すべき獲物であり，「思わず唾を飲み込むような御馳走」に見え，アウストラロピテクスは，パラントロプスをただ追い払うのではなく，狩猟の対象として襲いかかった可能性がある。その意識と行動の差で，パラントロプスに勝ち目はなかったと思われるのである。

問五＜文章内容＞人間は，プロレスの悪役に「殺人ゴリラ」という名前をつけるなど，ゴリラに対して野蛮というイメージを一方的に抱いている。だが，「ゴリラに近い」容貌のパラントロプスは，人間の祖先であるアウストラロピテクスの攻撃に敗北したと推測されるのである。この敗北の例を挙げることで，人間が自身の攻撃性を無視して，自分と異なる容貌の生物に対し，「人間主義的な偏見」を持っていることを，「ぼく」は皮肉っているのである。

問六＜表現＞人類の祖先アウストラロピテクスは，「同胞の知らぬ生肉の味をおぼえてしまった，非道の異端」であり，正統な進化過程をたどってきたわけではない。だが，その「異端性と，移動本能」によって，「人類の歴史」への道が開かれたのであり，それらは，今後も人類が生存し続けるための，重要な要素になると思われるのである。「パスポート」は，ここではその状況に至るための手段のこと。

問七＜文章内容＞序盤では，アウストラロピテクスとパラントロプスを比較し分析しつつ，パラントロプスが絶滅した理由についての問題提起がされている。中盤では，人間の他の生物たちに対する偏見を見直すという視点で，アウストラロピテクスとパラントロプスの進化についての考え方をとらえ直したうえで，パラントロプスの滅亡の原因が考察されている。終盤は，それまでの論をもとに，人類の「異端性と，移動本能」が，「未来へのパスポート」になりうるという見解が述べられている。

問八＜表現＞A．「直立歩行」によって，「両手，両腕」を歩行に使う必要がなくなったため，アウストラロピテクスは，腕部を自由に思いのまま動かして使用できるようになった。　B．集団は「編成が大きくなればなるほど，集団の構造も複雑になる」ので，「社会化の面」でも，大編成だったパラントロプスの方が，アウストラロピテクスより進歩していたかもしれない。

二〔論説文の読解─芸術・文学・言語学的分野─文学〕出典：池田亀鑑『平安朝の生活と文学』／〔随筆の読解─自伝的分野─生活〕出典：幸田文「習字」。

問一＜古語＞①ここでの「品」は，品位のこと。「いやし」は，品位が劣るさま。「ぬ」は，打ち消しの助動詞「ず」の連体形なので，「品いやしからぬ人」は，品位が劣っていない，上品な人のこと。②「かしづく」は，大切に守り育てる，という意味。

問二．A＜語句＞ここでの「幅」は，威勢がよいこと，権威があること。　B＜慣用句＞「ものになる」は，物事が完成する，成就する，という意味。

問三＜文章内容＞「私」は，字が「下手くそ」だという自覚があり，「劣等感による抵抗」から，「能筆は一生の得」という広告を嫌っていた。今はその広告文を見かけることがなくなり，劣等感を刺激されることもなくなったので，「私」は，「しあわせ」だと感じているのである。

問四＜文章内容＞多くの人は，「おまえの不器用には呆れた」や「これでものになるかしら」などという，自分の不得意分野についての指摘で気持ちがくじけて，挑戦が続かずに「一回の終り」になってしまう。ただ，少数ながらも，そうした指摘に対して「鈍感」で特に気に病むことなく，不得意分野に対して「曲りなりにも形にするまで」努力できる，意志の強い人もいるのである。

問五＜文章内容＞「私」は，夏休みに海岸へ連れていってもらったときに，父宛に葉書を書くように母に言われた。しかし，悪筆で「様」という字をうまく書けず，つくりが「ぶらさがり」になってしまうため，「私」は，その「見苦しい」字を「母の前にさらして点検を受ける情けなさ」を感じて，気が進まなかった。

問六＜文章内容＞世の中の親たちは，「自分が学歴がない」ことで味わった苦労を，子どもにはさせまいと考え，「子供には是非」学歴をつけてほしいと願うことが多い。だが，習字についてはそのような思いを持たず，子どもが悪筆であっても，「あたしの悪筆の血を受けたんだからしかたがない」と言って済ませる親が多いので，「私」は，「ふしぎ」だと感じているのである。

問七＜文章内容＞「私」は，悪筆についての「劣等感を道づれにして」いても始まらないので，「習って多少よくするか，悪筆でもこだわりなく明朗な気持ちでいるようになるか」を選んで，劣等感を克服したいと考えた。そのための機会を「われから設置」するついでに，悪筆であることで，自分と「全く同じ経験」をしている娘にも習字を習わせようと思い，「私」は，習字を習う機会を示した。

問八＜表現＞自分の悪筆に劣等感を抱いたままで「進歩がない」という思いを，一人ではなく，「同類」である親子二人で「了解しあって」笑うことで，「私」は前向きでうれしい気持ちになった。そういった前向きな気持ちがあれば，親が「人造チャンス」をつくらなくても，娘にも自ら苦手な分野を克服し，劣等感にけりをつけようという気持ちが生まれてくると，「私」は考えている。

問九＜心情＞「私」は，悪筆に対する劣等感のような「習字のごたつき」は「一種の埃だから，片付けたほうがいい」と考えていた。そして，同じ「悪筆劣等感」を持っている娘に「押し売りチャンス」を与え，ともに悪筆を克服する「試み」の提案をしたことで，「私」は，長年放置していた劣等感を少しだけ片づけ，整理できた気がしたのである。

問十＜文章内容＞【文章Ⅰ】では，『枕草子』や『今昔物語集』などの平安時代の文学の内容を引用して，「平安時代の女子の教育」では，「習字・音楽・和歌」が，「必修課目のようなもの」として重視されていたと説明されている。**【文章Ⅱ】**では，「すべてペンでいい」時代であるが，今も「書の雑誌は毎月でて」いて，「美しい毛筆の字を書きたいとねがう人」が多いことが述べられている。また，「私」自身も，「美しい毛筆の字」に憧れを持ち，それゆえに自分の悪筆に「劣等感」を抱いていることが語られている。

三〔**漢字**〕

①「企画」と書く。㋐は「希望」，㋑は「軌跡」，㋒は「喜劇」，㋓は「季節」，㋔は「企業」。　②「徹底」と書く。㋐は「家庭」，㋑は「低下」，㋒は「停止」，㋓は「海底」，㋔は「皇帝」。　③「寝食」と書く。㋐は「震える」，㋑は「浸る」，㋒は「寝る」，㋓は「診て」，㋔は「針」。

2024年度 東京成徳大学高等学校・一般入試(特待)

【英　語】 (50分) 〈満点：100点〉

注意：解答は，解答用紙（マークシート）の指定された解答欄にマークしなさい。
各問の 1 2 … 50 が，解答用紙の解答番号にあたる。

1

次の各問で第1アクセントの位置（最も強く発音する場所）が他と**異なるもの**を，(ア)～(エ)よりそれぞれ1つずつ選びなさい。

［問1］ 1

(ア) wonder-land ① ②　(イ) tooth-ache ① ②　(ウ) plas-tic ① ②　(エ) bal-loon ① ②

［問2］ 2

(ア) hab-it ① ②　(イ) sub-urb ① ②　(ウ) ex-tinct ① ②　(エ) jus-tice ① ②

［問3］ 3

(ア) ful-filled ① ②　(イ) high-light ① ②　(ウ) com-fort ① ②　(エ) an-cient ① ②

［問4］ 4

(ア) re-spon-sible ① ② ③　(イ) or-ches-tra ① ② ③　(ウ) in-ven-tor ① ② ③　(エ) pro-fes-sor ① ② ③

［問5］ 5

(ア) do-na-tion ① ② ③　(イ) vol-ca-no ① ② ③　(ウ) elec-tric-ity ① ② ③　(エ) sta-tion-ery ① ② ③

2

次の各問の［　　］に入る最も適切なものを，(ア)～(エ)よりそれぞれ1つずつ選びなさい。

［問1］ We have two Aokis here; one is from Saitama and ［ 6 ］ is from Niigata.

(ア) another　(イ) others　(ウ) the other　(エ) other

［問2］ It depends ［ 7 ］ the weather.　I hope it will not rain.

(ア) across　(イ) on　(ウ) despite　(エ) during

［問3］ Let's stop ［ 8 ］ and take a rest in that café.

(ア) walk　(イ) to walk　(ウ) walked　(エ) walking

［問４］　Our teacher [9] us to study hard.

(ア) told　　(イ) made　　(ウ) kept　　(エ) let

［問５］　If you have a cold, you had better not [10] up late.

(ア) keep　　(イ) stay　　(ウ) catch　　(エ) get

3

次の各問の日本文に合うように語(句)を並べかえて英文を完成させる時，３番目と５番目の[ ]に来る語(句)を,(ア)～(キ)よりそれぞれ１つずつ選びなさい。ただし,文頭に来る語(句)も小文字で始めている。

［問１］　沖縄では泳げるくらい暖かくなっていると思いますか。

Do [ ] [ ] [11] [ ] [12] [ ] [ ] go swimming in Okinawa?

(ア) enough　　(イ) you　　(ウ) to　　(エ) think

(オ) it　　(カ) warm　　(キ) is

［問２］　１着になった人たちは金メダルを受け取りました。

[ ] [ ] [13] [ ] [14] [ ] [ ] medals.

(ア) first　　(イ) received　　(ウ) who　　(エ) those

(オ) gold　　(カ) came　　(キ) in

［問３］　レンは私よりもずっとテニスが上手です。

Ren [ ] [ ] [15] [ ] [16] [ ] [ ] .

(ア) do　　(イ) I　　(ウ) plays　　(エ) than

(オ) better　　(カ) tennis　　(キ) much

［問４］　タクシーでどのくらいかかりますか。

[ ] [ ] [17] [ ] [18] [ ] [ ] ?

(ア) taxi　　(イ) take　　(ウ) by　　(エ) how

(オ) will　　(カ) long　　(キ) it

［問５］　この地域ではほとんどの人が会社の近くに住んでいます。

[ ] [ ] [19] [ ] [20] [ ] [ ] offices.

(ア) near　　(イ) people　　(ウ) this area　　(エ) live

(オ) in　　(カ) their　　(キ) most

［問６］　僕はビーチに行こうと思っていたんだ。

I [ ] [ ] [21] [ ] [22] [ ] [ ] .

(ア) to　　(イ) was　　(ウ) about　　(エ) thinking

(オ) going　　(カ) beach　　(キ) the

4 次の各問の対話文を完成させる時, ☐ に入る最も適切なものを, (ア)～(エ)よりそれぞれ1つずつ選びなさい。

［問1］ A: 23

B: You had lunch at school, didn't you?

A: Yes, but not much.

(ア) I'm so tired, Mom.
(イ) I have a terrible headache.
(ウ) I was late for school today.
(エ) I'm starving, Mom.

［問2］ A: Would you like anything else?

B: 24

(ア) Ok, I will.
(イ) No, thank you.
(ウ) Of course.
(エ) Certainly.

［問3］ A: How long is the camping tour?

B: 25

(ア) In five days.
(イ) At the age of eight.
(ウ) Nine days.
(エ) Three times a day.

［問4］ A: Dinner is ready, Yuma.

B: 26

(ア) I'm coming.
(イ) I hope you like it.
(ウ) They're over there.
(エ) Good idea.

［問5］ A: What's wrong? You don't look very well.

B: 27

(ア) Yes. So I bought my glasses yesterday.
(イ) I think I have a cold.
(ウ) Come here to look closer.
(エ) Let's go to a place where we can see better.

［問6］ A: Do you belong to any clubs at school?
B: 28

(ア) I hear that the soccer team practices hard.
(イ) The tennis club has fewer people than the basketball club.
(ウ) You quit the lacrosse club last month.
(エ) I wanted to, but I decided not to.

5 次の各問の a と b がほぼ同じ意味を表すように，[　　]に入る最も適切なものを，(ア)～(エ)よりそれぞれ 1 つずつ選びなさい。

［問1］ a: He gave me all the money he had with him.
b: He gave me 29 money he had with him.
(ア) what　(イ) much　(ウ) whole　(エ) some

［問2］ a: I'd like to know the way you got it.
b: I'd like to know 30 you got it.
(ア) where　(イ) road　(ウ) how　(エ) why

［問3］ a: Kazu was ill, and so was his father.
b: Kazu was ill, and his father was ill, 31 .
(ア) both　(イ) too　(ウ) either　(エ) so

［問4］ a: I went after him into the room.
b: I 32 him into the room.
(ア) caught　(イ) raised　(ウ) nursed　(エ) followed

［問5］ a: Unless you clean up your room, I'll throw everything away.
b: Clean up your room, 33 I'll throw everything away.
(ア) but　(イ) or　(ウ) and　(エ) so

［問6］ a: His bag was stolen on the train.
b: He 34 his bag stolen on the train.
(ア) lost　(イ) made　(ウ) had　(エ) let

6

次の各問の(ア)〜(エ)には**1か所ずつ誤り**がある。その記号を1つずつ選びなさい。

［問1］ The new(ア) students who(イ) want to join(ウ) this team has(エ) to come here by five. 35

［問2］ Have you ever(ア) heard from(イ) the(ウ) word, global warming(エ)? 36

［問3］ Would you like to(ア) us to(イ) send it(ウ) back to(エ) you? 37

［問4］ I gave up(ア) my seat on(イ) a train with(ウ) an old man who looked(エ) tired. 38

［問5］ How long(ア) hours does it(イ) take to(ウ) drive from(エ) here to Nagoya? 39

［問6］ My uncle and his(ア) friends will(イ) come to(ウ) Tokyo on(エ) next Sunday. 40

7 次のA〜Dの英文を，書き出しの文に続けて意味の通る文章になるように並べかえた場合，正しい順序になるものを(ｱ)〜(ｴ)のうちから１つ選びなさい。

If you look at a map of the Earth and see a lot of water on our planet, you may not believe we could not have enough for everyone.

A. And there is still more water under the ground.

B. Yet 20 billion people did not have safe water in 2020.

C. In fact, there is enough water to fill 100,000 swimming pools for each and every person on the planet.

D. As you know, the oceans alone take up about 70 percent of the world's surface.

The SDGs state that one of the goals the world should achieve by 2030 is to have access to safe and inexpensive drinking water for everyone.

41

(ｱ) A → B → C → D
(ｲ) D → A → C → B
(ｳ) C → B → A → D
(ｴ) A → D → B → C

8 次の英文を読んで後の問に答えなさい。

Old Anthony Rockwall was a retired *manufacturer of soap. He was one of the richest men in the city. One day he talked with his son, Richard.

"Richard, what do you pay for the soap you use?" asked Anthony Rockwall.

Richard was a little surprised. He was not sure of the meaning of his father's question. He thought his father was full of mystery.

"Six dollars *a dozen, I think, dad."

"And for your clothes?"

"Maybe about sixty dollars."

"I've heard young people spend $24 a dozen for soap, and over one hundred dollars for clothes. You need to use more money for your looks. People say that it takes three generations to make a gentleman, but they are wrong. Money will make anything. It will make you a gentleman like me."

"Dad, there is something that money can't buy," said Richard.

Old Anthony looked a little shocked and said, "Now, don't say that. I've checked all my dictionaries to look for something you can't buy with money. Tell me something money won't buy!"

Richard *sighed.

Anthony said to Richard, "*By the way, aren't you worried about something? If you are, I'll give you as much money as you want."

"It's not a bad *guess, dad, but I can't tell you," answered Richard.

"Ah, now I see what your problem is," said Anthony, "what's her name?"

After a few minutes of silence, Richard started talking about his problem.

"Why don't you ask her to marry you?" said old Anthony. "You are richer than any other student. <u>She'll jump at you</u>."

"I haven't had a chance," said Richard.

"Make one. Take her for a walk somewhere."

"She has her own schedule, dad. I can't do that."

Anthony got angry and said, "Are you telling me that such a rich person like you can't get some of a girl's time?"

"I'm too late. She's going to leave for Europe the day after tomorrow. We have planned to go to Wallack's Theater tomorrow. But that's all. The theater is not so far, and her family will be waiting for us there. Do you think she would listen to me in that situation? No, dad. It is impossible to buy even one minute with cash."

"All right, Richard, my boy," said old Anthony, cheerfully. "I'm glad that you told me about your problem."

That night Anthony invited his sister, Aunt Ellen, over to talk about Richard.

"I told him my bank account was at his service, but he said that money couldn't help him," said old Anthony.

"Oh, Anthony," sighed Aunt Ellen, "You should not think so much of money.

*Wealth has no power when it is about true love. Love is all-powerful. But now Richard is too late. He will have no chance to propose to her. All your gold cannot bring happiness to your son."

Next evening at 8 p.m., Aunt Ellen gave a ring to Richard.

"Wear it tonight," she said in a kind voice. "Your mother asked me to give it to you when you found the person you loved. She said it would bring good luck in love."

Richard took the ring and put it into his pocket. He left for Miss Lantry by *cab to take her to the theater.

On their way to the theater, Richard suddenly stopped the cab.

"I've dropped a ring," he said. "It was my mother's, and I don't want to lose it. I will be back in a minute because I saw where it fell."

In less than a minute he was back with the ring. But within that one minute, more and more wagons, trucks, and cabs came. They were caught in a terrible traffic jam. They couldn't move at all.

Richard looked very sad and said, "I'm very sorry but we won't be able to move for an hour. It is my *fault. As I dropped the ring, we—"

"Let me see the ring," said Miss Lantry. "It's not your fault, I don't care. I don't think theaters are interesting, anyway. We have so much time, so let's talk till our cab moves."

At 11 o'clock that night, Aunt Ellen came to her brother, Anthony.

"They're *engaged, Anthony," she said, softly. "That ring gave Richard a chance. He spoke to his girlfriend and won her by himself. True love is better than money. What could your money have done?"

"All right," said old Anthony. "I'm glad my boy has got the thing he wanted."

The next day a young man visited Anthony's house.

"I've paid you $5,000 in cash," said Anthony.

"It cost $300 more, sir," said the young man. "I paid every driver $5 and a police officer told me to pay $50 for the traffic jam!"

"Okay, take this money with you" said Anthony. "By the way, did you see a fat boy with no clothes, who has a *bow and arrow, and wings on his back yesterday?"

The young man answered, "I didn't. If there was a boy like that, maybe the police caught him already."

"You are right, man. Such a boy doesn't *exist. (　　A　　)," laughed Anthony.

（注） manufacturer　工場主　a dozen　1ダース　sighed　ため息をついた
by the way　ところで　guess　推測　wealth　富　cab　馬車
fault　失敗　engaged　婚約した　bow and arrow　弓矢
exist　存在する

［問１］　次の(a)～(c)の英文を本文の内容と合うように完成させる時，[　　]に入る最も適切なものを，(ｱ)～(ｴ)よりそれぞれ１つずつ選びなさい。

(a) Which sentence is true?　[42]

(ｱ) Richard knew his father so well that he could answer his father's question.

(ｲ) Dictionaries showed Anthony that there is a thing that couldn't be bought with money.

(ｳ) Richard visited his father because he wanted to ask for some advice.

(ｴ) Richard thought he could not propose to Lantry in front of her parents.

(b) "She'll jump at you," means　[43]

(ｱ) she will give you some money.

(ｲ) she will fall in love with other student.

(ｳ) she will marry you.

(ｴ) she will make you a gentleman.

(c) Which sentence is true?　[44]

(ｱ) Aunt Ellen gave Richard a ring and told him to give it to Anthony.

(ｲ) Richard spent a few minutes looking for a ring because he didn't know where it was.

(ｳ) Aunt Ellen visited Anthony to tell him that he was right.

(ｴ) Thanks to the power of Anthony's money, Richard and Lantry were able to get engaged.

［問２］　本文中の下線部(　　A　　)に入る最も適切なものを，(ｱ)～(ｴ)より１つ選びなさい。[45]

(ｱ) Money can buy anything

(ｲ) Love is more powerful than money

(ｳ) The ring has a mysterious power

(ｴ) I have to believe in the god of love

［問３］ 本文の内容に合うように，次の英文中の，46 ～ 50 に入る最も適切な語を，(ア)～(コ)より１つずつ選びなさい。

Anthony Rockwall, who used to make soap and is very rich, told his son Richard to 46 more money to look like a gentleman. However, Richard believes that money can't buy everything. One evening, Richard got a special ring from his aunt Ellen, who said it would bring good luck in love. On his way to the theater with his girlfriend, Lantry, Richard 47 the ring. During a traffic jam, they enjoyed their time together and got engaged that night. Aunt Ellen told Anthony that 48 was more powerful than 49 , but in fact, Anthony 50 for the traffic jam and made time for Richard to talk with Lantry.

(ア) paid	(イ) save	(ウ) dropped	(エ) gave
(オ) sold	(カ) spend	(キ) lost	(ク) time
(ケ) money	(コ) love		

【数　学】（50分）〈満点：100点〉

〈編集部注：実際の試験では，大問４は15cm四方の色紙が使用されました。〉

注意：解答は，解答用紙（マークシート）の指定された解答欄にマークしなさい。
各問の $\boxed{\ 1\ }$ $\boxed{\ 2\ }$ … $\boxed{\ 20\ }$ が，解答用紙の解答番号にあたる。
選択肢(ア)～(オ)に正答が全くない場合には，(カ)　<u>その他</u>　をマークすること。
計算は問題用紙の余白を利用しなさい。

1　次の空欄に適する答えをそれぞれ(ア)～(カ)の中から１つずつ選びなさい。

［問１］　$\left(\dfrac{2}{3}+\dfrac{1}{4}\right)\div\left(\dfrac{7}{6}+\dfrac{1}{3}\right)-\left(\dfrac{5}{6}-\dfrac{3}{4}\right)^2\times(-4)^3=$ $\boxed{\ 1\ }$

(ア)　$\dfrac{1}{6}$　　(イ)　$\dfrac{3}{4}$　　(ウ)　$\dfrac{19}{18}$　　(エ)　$\dfrac{17}{12}$　　(オ)　$\dfrac{13}{6}$　　(カ)　その他

［問２］　$\dfrac{-3x+2y}{4}+\dfrac{5y+2z}{6}-\dfrac{x+4z}{8}=$ $\boxed{\ 2\ }$

(ア)　$\dfrac{-21x-32y-4z}{24}$　　(イ)　$\dfrac{-21x-32y+4z}{24}$　　(ウ)　$\dfrac{-24x+32y+12z}{24}$

(エ)　$\dfrac{-21x+32y-4z}{24}$　　(オ)　$\dfrac{-21x+32y+12z}{24}$　　(カ)　その他

［問３］　１次方程式 $\dfrac{5}{8}x+\dfrac{3}{4}\left(x-\dfrac{1}{9}\right)=\dfrac{1}{4}\left(\dfrac{3}{2}x+2\right)+\dfrac{1}{6}$ を解くと $x=$ $\boxed{\ 3\ }$ である。

(ア)　$\dfrac{3}{8}$　　(イ)　$\dfrac{1}{2}$　　(ウ)　$\dfrac{3}{4}$　　(エ)　$\dfrac{4}{3}$　　(オ)　$\dfrac{8}{3}$　　(カ)　その他

［問４］　n を自然数とする。$\sqrt{\dfrac{60}{n^2+4n+3}}$ が整数となるとき，$n=$ $\boxed{\ 4\ }$ である。

(ア)　1　　(イ)　2　　(ウ)　3　　(エ)　4　　(オ)　5　　(カ)　その他

[問5] 連立方程式 $\begin{cases} 0.02x+\dfrac{1}{200}y=0.025 \\ 1.75x+7y=\dfrac{17}{8}-6.5 \end{cases}$ を解くと $\boxed{\quad 5 \quad}$ である。

(ア) $x=-3,\ y=-5$　　(イ) $x=-1,\ y=3$　　(ウ) $x=\dfrac{3}{2},\ y=-1$

(エ) $x=4,\ y=\dfrac{4}{5}$　　(オ) $x=7,\ y=2$　　(カ) その他

[問6] $a>0$ とする。2次方程式 $x^2-(3a+5)x+a(3a+1)=0$ が $x=a$ を解にもつとき，2次方程式 $x^2+(a+2)x+(3a-7)=0$ の解は，$x=$ $\boxed{\quad 6 \quad}$ である。

(ア) $-3\pm\sqrt{14}$　　(イ) $-5,\ -1$　　(ウ) $-3,\ -2$

(エ) $\dfrac{6\pm3\sqrt{6}}{2}$　　(オ) $2,\ 3$　　(カ) その他

[問7] 大，中，小の3つのさいころを同時に投げ，出た目の数をそれぞれ a，b，c とする。$abc=12$ である確率は $\boxed{\quad 7 \quad}$ である。

(ア) $\dfrac{1}{36}$　　(イ) $\dfrac{1}{24}$　　(ウ) $\dfrac{1}{18}$　　(エ) $\dfrac{5}{72}$　　(オ) $\dfrac{1}{6}$　　(カ) その他

[問8] 10点満点の数学の小テストを10人の学生が受けた。最高点10点，最低点4点，最頻値6点であった。10点が2人，6点が3人おり，上位5人の平均点が8.6点，下位5人の平均点が5.4点のとき，中央値は $\boxed{\quad 8 \quad}$ 点である。

(ア) 5.5　　(イ) 6　　(ウ) 6.5　　(エ) 7　　(オ) 7.5　　(カ) その他

2　放物線 $y=ax^2$ $(a \neq 0)$ と正三角形ABCがある。$A(0, 2t)$，$B(-s, -t)$，$C(s, -t)$ であり，$s>0$，$t>0$ とする。次の空欄に適する答えをそれぞれ(ア)~(カ)の中から1つずつ選びなさい。

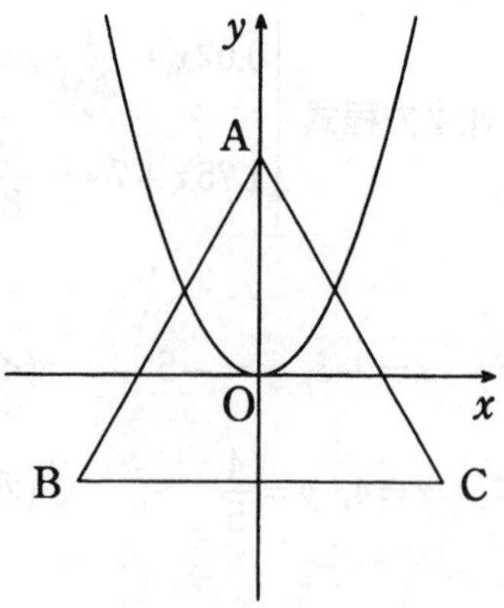

[問1]　放物線が点Bを通り，$t=2$ のとき，

$a=$ $\boxed{9}$ である。

(ア) $-\frac{1}{\sqrt{3}}$　(イ) $-\frac{1}{2}$　(ウ) $-\frac{1}{3}$　(エ) $-\frac{1}{2\sqrt{3}}$　(オ) $-\frac{1}{6}$　(カ) その他

[問2]　線分ABが，放物線との交点と x 軸との交点で3等分されており，$s=3$ のとき，

$a=$ $\boxed{10}$ である。

(ア) $\frac{1}{3}$　(イ) $\frac{1}{\sqrt{3}}$　(ウ) 1　(エ) $\sqrt{3}$　(オ) 3　(カ) その他

[問3]　原点を中心として，3点A，B，Cをそれぞれ時計回りに30°回転させるとできる点をP，Q，Rとする。放物線が点Pを通り，$s=3$ のとき，$a=$ $\boxed{11}$ である。

(ア) $\frac{1}{3}$　(イ) $\frac{1}{\sqrt{3}}$　(ウ) 1　(エ) $\sqrt{3}$　(オ) 3　(カ) その他

[問4]　問3のとき，△ABCと△PQRが重なってできる部分の面積は $\boxed{12}$ である。

(ア) $\frac{63\sqrt{3}}{10}$　(イ) $27-9\sqrt{3}$　(ウ) $9\sqrt{3}-3$

(エ) $\frac{15\sqrt{3}}{2}$　(オ) $9\sqrt{3}-2$　(カ) その他

3　容器Aに濃度 x %の食塩水100 g，容器Bに濃度 y %の食塩水200 gが入っている。次の空欄に適する答えをそれぞれ(ア)~(カ)の中から1つずつ選びなさい。

[問1]　容器A，Bの食塩水をすべて混ぜてできる食塩水の濃度は6%である。このとき，

[13] が成り立つ。

(ア)　$x+2y=0.06$　　(イ)　$x+2y=6$　　(ウ)　$x+2y=18$

(エ)　$50x+100y=0.06$　　(オ)　$50x+100y=6$　　(カ)　その他

[問2]　濃度4%の食塩水300 gを7：5の割合で分け，それぞれ容器A，Bに入れた。

容器A，B内の食塩の量が等しくなるとき，[14] である。

(ア)　$x=4$, $y=2$　　(イ)　$x=5$, $y=3$　　(ウ)　$x=7$, $y=5$

(エ)　$x=8$, $y=4$　　(オ)　$x=8$, $y=5$　　(カ)　その他

4 正方形の紙において各頂点をA，B，C，Dとし，各辺の中点をそれぞれP，Q，R，Sとする。次の【手順】に沿って折り目を作る。

【手順】
(i) PRが折り目になるように折って元に戻す
(ii) QSが折り目になるように折って元に戻す
(iii) 点Aと点Rが重なるように折って元に戻す
(iv) 点Bと点Sが重なるように折って元に戻す
(v) 点Cと点Pが重なるように折って元に戻す
(vi) 点Dと点Qが重なるように折って元に戻す

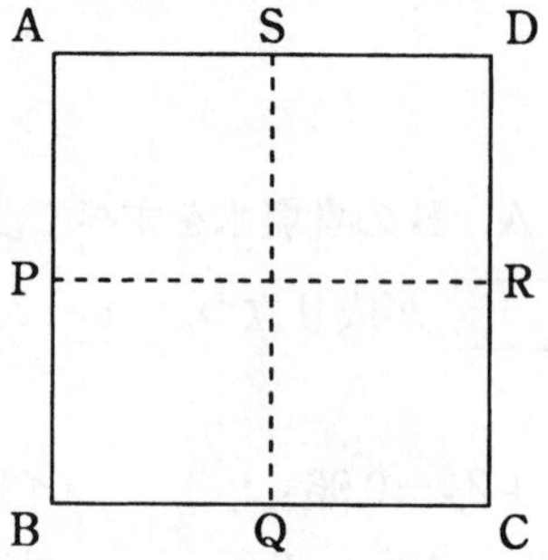

次の空欄に適する答えをそれぞれ(ア)~(カ)の中から1つずつ選びなさい。

[問1] 紙面が折り目によって区切られているとすると，区切られた領域の数は [15] である。

(ア) 16　(イ) 18　(ウ) 20　(エ) 22　(オ) 24　(カ) その他

[問2] 折り目によって作ることができる直角三角形の数は [16] である。

(ア) 16　(イ) 18　(ウ) 20　(エ) 22　(オ) 24　(カ) その他

[問3] 正方形の1辺の長さを8cmとする。手順(iii)~(vi)で作られた折り目で囲まれている部分の面積は [17] cm^2である。

(ア) $\frac{16}{5}$　(イ) $\frac{64}{13}$　(ウ) $\frac{16}{3}$　(エ) $\frac{64}{11}$　(オ) $\frac{32}{5}$　(カ) その他

5

下の図１のように，一辺の長さが $2\sqrt{3}$ m の正三角形 ABC が地面に対して垂直に立っている（ただし，厚みは考えない）。直線 BC が東西の方向を向いており，真南にある太陽から地面に対して 30° で平行な光が △ABC に当たるとき，図１のような影が北向きにできる。次の空欄に適する答えをそれぞれ(ア)～(カ)の中から１つずつ選びなさい。

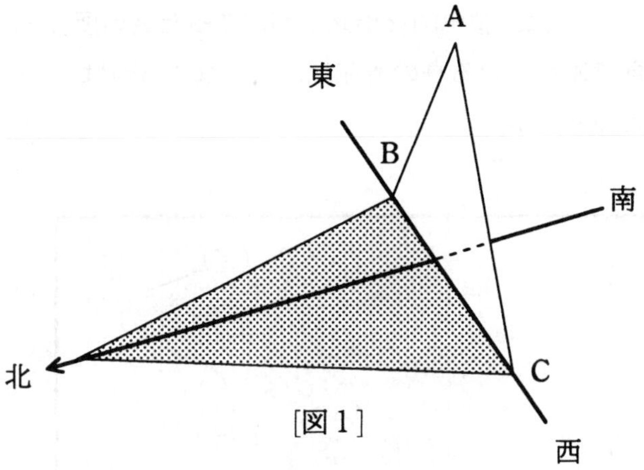

[図１]

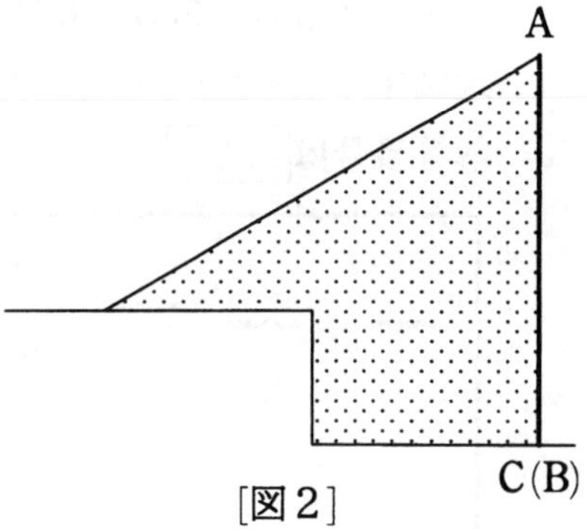

[図２]

[問１]　△ABC の面積は [18] m^2 である。

(ア)　3　　(イ)　$3\sqrt{3}$　　(ウ)　6　　(エ)　$3\sqrt{5}$　　(オ)　$\frac{15}{2}$　　(カ)　その他

[問２]　△ABC がつくる影の面積は [19] m^2 である。

(ア)　9　　(イ)　12　　(ウ)　18　　(エ)　24　　(オ)　27　　(カ)　その他

[問３]　図２のように，直線 BC から北側に $\sqrt{3}$ m 離れた位置に段差を作る。段差は地面から垂直上向きに１m の高さとし，△ABC に対して十分に広い。このとき，△ABC がつくる影の面積は [20] m^2 である。

(ア)　$3+\sqrt{3}$　　(イ)　$2+2\sqrt{3}$　　(ウ)　$4+2\sqrt{3}$
(エ)　$6+\sqrt{3}$　　(オ)　$9+\sqrt{3}$　　(カ)　その他

【社　会】（50分）〈満点：100点〉

注意：解答は、解答用紙（マークシート）の指定された解答欄にマークしなさい。
各問の 1 2 … 46 が、解答用紙の解答番号にあたる。

1　次の各問に答えよ。

［問１］　次のⅠの地図中の（ア）～（エ）は、歴史的な出来事が起こった島の所在地を示したものである。Ⅱの文章で述べている島の所在地に当てはまるのは、地図中の（ア）～（エ）のうちのどれか。
解答番号は 1 。

Ⅰ

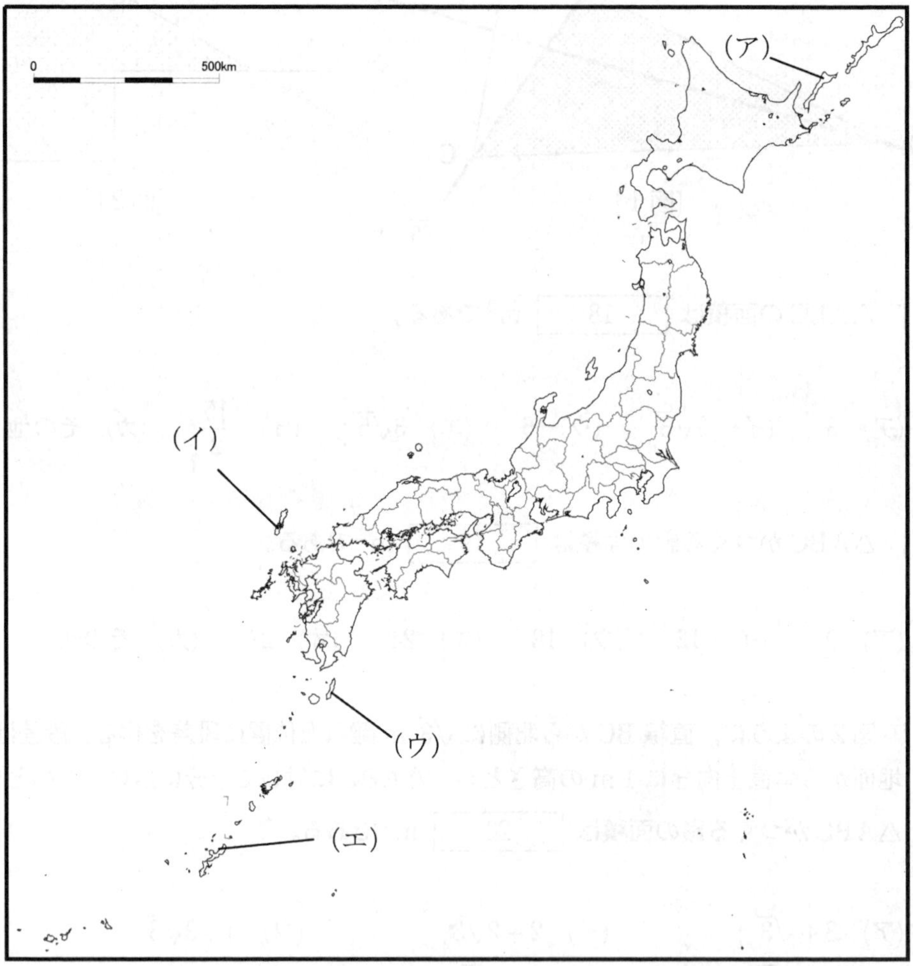

Ⅱ

1543年に1隻《せき》の中国船が黒潮に乗って漂着した。この船に乗っていたポルトガル人により火縄式鉄砲が伝えられた。

［問２］　次の文で述べている人物に当てはまるのは、下の（ア）～（エ）のうちのどれか。解答番号は[2]。

1873年、日本で初めての銀行を設立したこの人物は、富岡製糸場や秩父鉄道、東洋紡績など多くの企業の設立にたずさわり、日本経済発展の基礎を築いたため、「近代日本経済の父」、「日本資本主義の父」などと呼ばれている。

（ア）北里柴三郎
（イ）渋沢栄一
（ウ）野口英世
（エ）福沢諭吉

［問３］　成徳くんは昨年の夏休みに久しぶりに海外旅行をした。数年前に旅行した際には１ドル＝110円だったが、今回は１ドル＝140円だった。前回の旅行と比べて、今回の旅行は円高になっているか、円安になっているか、また、前回と同じものをお土産で買った場合、前回に比べて今回は割高になっているか、割安になっているか、の組み合わせとして適切なものは、次の（ア）～（エ）のうちのどれか。解答番号は[3]。

（ア）円高・割高
（イ）円高・割安
（ウ）円安・割高
（エ）円安・割安

2　次の略地図を見て、あとの各問に答えよ。

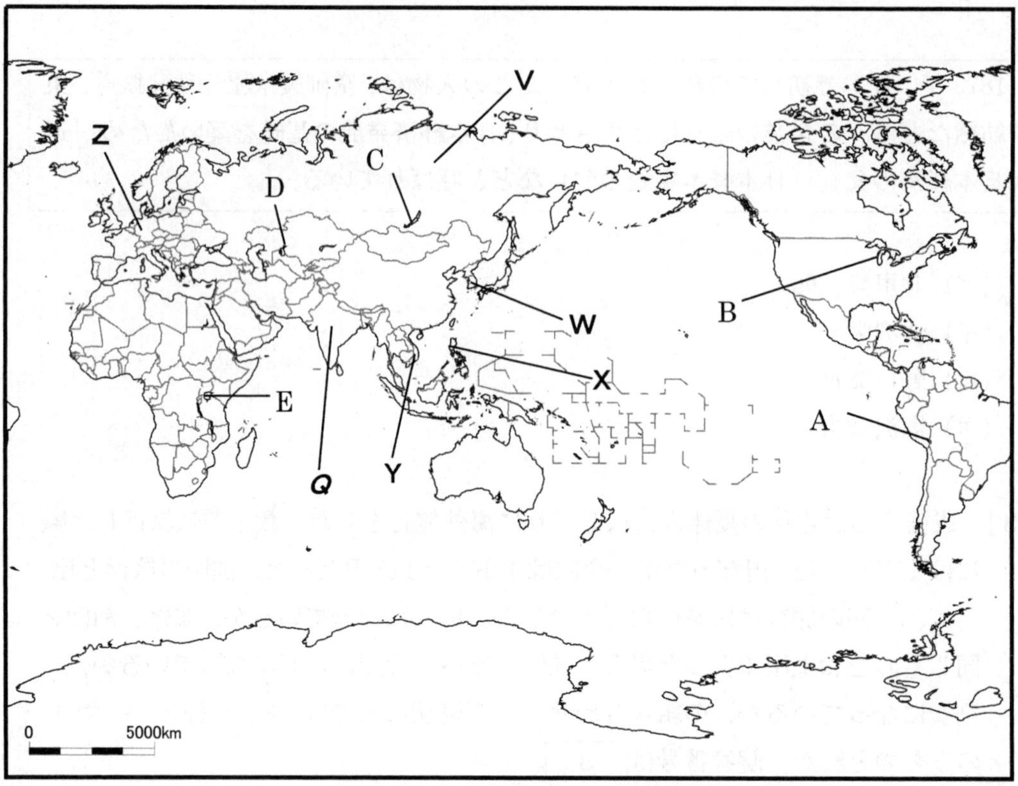

（帝国書院ハイマップマイスターにて作成）

［問１］　次のⅠの文章は、略地図中に**A**～**E**で示したいずれかの湖の面積とその歴史についてまとめたものである。Ⅰの文章で述べている湖に当てはまるのは、略地図中の**A**～**E**のうちのどれか。**A**は（ア）、**B**は（イ）、**C**は（ウ）、**D**は（エ）、**E**は（オ）で答えよ。解答番号は［ 4 ］。

Ⅰ

この湖の面積は約 68800 ㎢である。淡水湖としては世界で２番目に大きく、世界で最も長い河川の源流の一つとされている。周辺の土地が隆起《りゅうき》してできたくぼみに水が溜まってできたため、同じ大陸の他の湖に比べて水深が浅い。 　19 世紀中ごろにイギリス人の探検家が発見し、その当時のイギリス女王の名前から命名された。

［問２］　次のⅢの（ア）～（エ）のグラフは、略地図中Ａ～Ｅの湖周辺地域の、年平均気温と年降水量及び各月の平均気温と降水量を示したものである。次のⅡの文章①・②で述べている湖周辺地域のグラフに当てはまるのは、Ⅲのグラフ（ア）～（エ）のうちのどれか。解答番号は、①は［ 5 ］、②は［ 6 ］。

Ⅱ

① かつては世界第４位の湖沼面積の塩湖だったが、湖に流れ込む内陸河川から大量の農地用水を取水したため、21 世紀には湖沼面積が 10 分の 1 に縮小した。

② 湖沼面積は琵琶湖の約 12 倍ある。15 世紀後半から 16 世紀までインカ帝国の一部であったが、スペインに征服された。リャマやアルパカの飼育、じゃがいもの栽培などが行われている。

Ⅲ

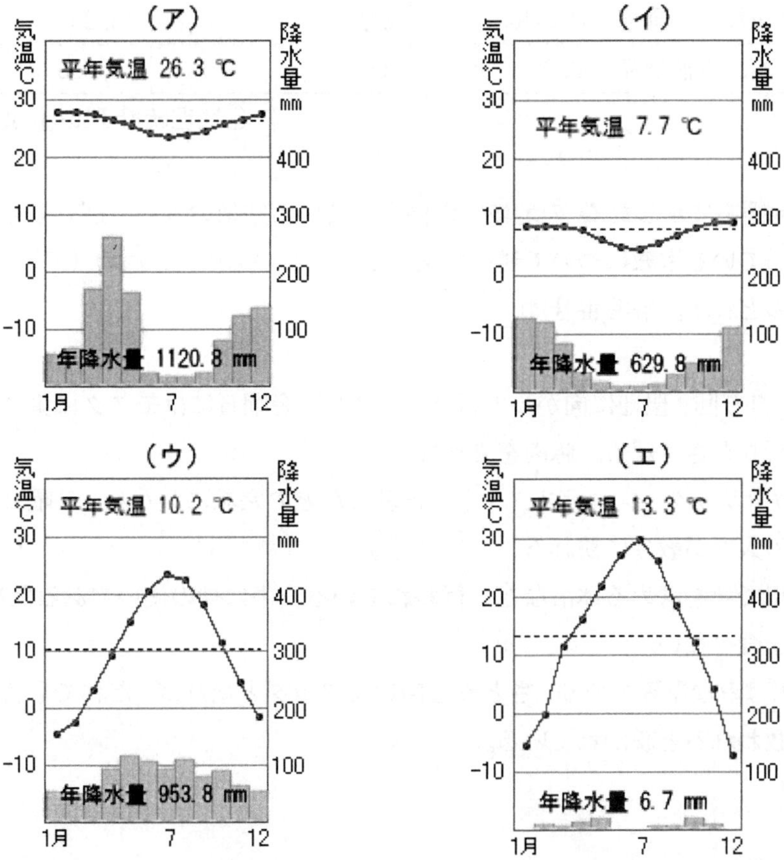

（データブック　オブ・ザ・ワールド 2023、気象庁ホームページより作成）

［問３］ 次の表の（ア）～（オ）は、略地図中に示した**V**～**Z**のいずれかの国の、2019年における主な輸出品のうち上位３品目、造船竣《しゅん》工量（100総トン以上の鋼船）、１人当たりのGDPに関する統計についてまとめたものである。略地図中の**W**と**Y**のそれぞれの国に当てはまるのは、次の表の（ア）～（オ）のうちではどれか。解答番号は、**W**は 7 、**Y**は 8 。

	主な輸出品のうち上位３品目	造船竣工量（千総トン）	１人当たりのGDP（ドル）
日本	機械類、自動車、精密機械	12,937	40,063
（ア）	機械類、自動車、石油製品	18,263	32,143
（イ）	機械類、野菜・果実、精密機械	608	3,324
（ウ）	機械類、衣類、はきもの	579	2,715
（エ）	機械類、自動車、医薬品	291	46,232
（オ）	原油、石油製品、鉄鋼	265	11,606

（『地理統計 Plus』より作成）

［問４］ 略地図中に示した***Q*** の地域で信仰されている宗教のうち、最も多くの人々が信仰している宗教について述べた文として正しいものは、次の（ア）～（エ）のうちのどれか。解答番号は 9 。

（ア）１日５回、聖地に向かって祈りをささげ、金曜日にはモスクに集まり一斉に祈りをささげる。豚肉を食べない。

（イ）カトリック、プロテスタント、正教会などの宗派にわかれ、日曜日には多くの人々が教会に訪れる。

（ウ）川で身を清める沐浴などが行われている。牛は神の使いであるため、牛肉を食べない。

（エ）人はみな平等であり、さとりを開いてブッダとなれば、だれでも苦しみから救われると説かれている。

3　次の各問に答えよ。

帝国書院ハイマップマイスターにて作成

［問1］　上の略地図中にA～Dで示した山は、それぞれ2つの県にまたがっている山である。次の表の（ア）～（エ）は、略地図中にA～Dで示したいずれかの山がまたがっている2つの県の、2022年における人口およびそれぞれの山とその周辺地域の産業の様子についてまとめたものである。略地図中のA～Dのそれぞれの山に当てはまるのは、次の表の（ア）～（エ）のうちのどれか。それぞれの2つの県は、面積の大きいほうを上段、小さいほうを下段に示している。解答番号は、Aは［10］、Bは［11］、Cは［12］、Dは［13］。

<table>
<tr><th></th><th>人口（千人）</th><th>山とその周辺地域の産業の様子</th></tr>
<tr><td rowspan="2">（ア）</td><td>2,020</td><td rowspan="2">山頂の標高は2,899m。フォッサマグナの中にある火山群の一部で、標高が高く、山ろくには国立天文台がある。東側に広がる野辺山高原では、レタスや白菜などの高原野菜の栽培が盛んである。</td></tr>
<tr><td>802</td></tr>
<tr><td rowspan="2">（イ）</td><td>1,041</td><td rowspan="2">山頂の標高は1,841m。活火山で、火口湖である御釜《おかま》や噴気口が見られ、温泉などの観光資源に富んでいる。
東側の県では七夕まつり、西側の県では将棋《しょうぎ》の駒《こま》などの伝統的工芸品が有名である。</td></tr>
<tr><td>2,280</td></tr>
<tr><td rowspan="2">（ウ）</td><td>5,402</td><td rowspan="2">山頂の標高は1,510m。ブナの自然林が残り、イヌワシなども生息する自然豊かな山の斜面は冬季にスキー場になる。北西に位置する平野には、日本最大級の砂丘が見られ、二十世紀ナシなどの特産物で知られる。</td></tr>
<tr><td>544</td></tr>
<tr><td rowspan="2">（エ）</td><td>1,563</td><td rowspan="2">山頂の標高は1,700m。現在も活動が活発な活火山で、そのエネルギーは地熱発電にも利用されている。周辺には、火山灰におおわれたシラスと呼ばれる台地が見られ、畜産が盛んに行われている。</td></tr>
<tr><td>1,052</td></tr>
</table>

（『日本国勢図会』 2023/2024 年版より作成）

［問２］　次のA～Dの文で説明している都道府県にそれぞれ当てはまるものは、下の伝統文化（ア）～（エ）のうちのどれか。

解答番号は、Aは［14］、Bは［15］、Cは［16］、Dは［17］。

A.

世界遺産に登録された国立公園や、火山の噴火によって造られたカルデラに水がたまってできた屈斜路湖などがある。てんさいの収穫はここでのみ行われている。

B.

県内を揖斐川・長良川・木曽川の３本の川が流れており、そのうちの１本では水力発電が行われ、最大出力は全国２位である。世界遺産に登録された集落がある。

C.

世界遺産に登録された城跡があり、さとうきびの収穫量は全国１位、糸満などで栽培されている菊の生産量は全国２位である。

D.

リアス式海岸を有しており、気仙沼などで水揚げされるサメの漁獲量と、名取などで栽培されているセリの収穫量は全国１位である。

（ア）鳴子系こけし

（イ）ムックリ

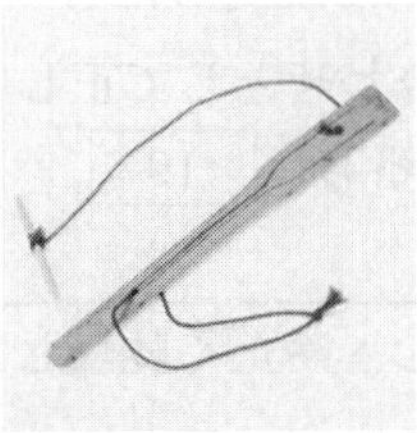

（ウ）琉球紅型

（エ）美濃和紙

［問３］　この地形図を説明した文として**誤っているもの**は、下の（ア）～（エ）のうちのどれか。解答番号は 18 。

（地理院地図より作成）

（ア）岡駅から北方向に鉄道で向かうと、右手に老人ホームが見える。
（イ）交番から郵便局に最短距離で向かうとき、半分以上で田んぼの風景が見える。
（ウ）神社から見てほぼ西の方向には、高校がある。
（エ）平地よりも標高の高い部分では、広葉樹林、針葉樹林、竹林が存在する。

［問４］　次の文は、日本海側の冬の天気について説明したものである。空欄（　Ａ　）（　Ｂ　）に当てはまる語句の組み合わせとして正しいものは、下の（ア）～（エ）のうちのどれか。解答番号は 19 。

冬の時期には、（　Ａ　）高気圧が成長し、冷たく乾燥した空気のかたまりである（　Ａ　）気団ができる。このため、冷たい（　Ｂ　）の季節風が吹く。この風が、日本海側に多くの雪を降らせる原因となる。

（ア）Ａ－小笠原　　Ｂ－南東　　　（イ）Ａ－小笠原　　Ｂ－北西
（ウ）Ａ－シベリア　Ｂ－南東　　　（エ）Ａ－シベリア　Ｂ－北西

4　次の文章を読み、あとの各問に答えよ。

> 古代から近世にかけて、日本では様々な法が制定された。８世紀には、唐の法律にならって（１）律令が制定され、律令国家が成立していった。律令国家は、天皇と貴族となった近畿地方の有力な豪族が中心となって運営された。
>
> 鎌倉時代には、執権となった北条泰時が1232年に、（２）御成敗式目（貞永式目）を定めた。御成敗式目は長く武士の法律の見本となり、戦国大名が独自に定めた分国法にも影響を与えた。
>
> 江戸時代になると、（３）武家諸法度や禁中並公家諸法度、さらには百姓に対する様々な法令など、身分ごとに法が制定された。特に武家諸法度は、原則として将軍の代がわりごとに制定された。また、18世紀中ごろには、増加した裁判に対応するため、それまでの法を整理し、（４）裁判や刑の基準を定めた公事方御定書が制定された。

［問１］　下線部（１）律令が制定され、律令国家が成立していった。とあるが、次の口分田に関する律令の条文を参考にして、口分田についてまとめた以下の文章のそれぞれの空欄に当てはまるのは、下の（ア）～（ウ）のうちのどれか。
解答番号は、（A）は［20］、（B）は［21］、（C）は［22］。

律令の条文

口分田の班給（分け与えること）は、男に２段（約23アール）。女は３分の１減ずること。５歳以下には班給しない。

田は、６年に１度班給すること。もし死亡を以て田を退いた者については、次の班年に至る（班田の年に）ごとに、すぐ収授すること。

> 口分田は、戸籍に登録された［（A）］の［（B）］に与えられた。口分田は売買できず、［（C）］。

（A）（ア）５歳以下　（イ）５歳未満　（ウ）６歳以上

（B）（ア）女性のみ　（イ）すべての人々　（ウ）男性のみ

（C）（ア）死亡後、すぐに回収された。
（イ）死亡後の次の班年の時に回収された。
（ウ）死亡後も回収されることはなかった。

［問２］　下線部（２）御成敗式目に関する次の２つの資料を読んで、内容について述べた文として正しいものの組み合わせは、下の（ア）～（エ）のうちのどれか。解答番号は 23 。

御成敗式目

一、源頼朝の時代に定められた守護の職務は、国内の御家人に京都御所の警備にあたらせること、謀叛《むほん》や殺人などの犯罪人を取りしまることである。

一、地頭が農民からの年貢を差しおさえているということで、荘園領主側からの訴えがあれば、ただちに確認をして、荘園領主の監査を受けること。

一、女性が養子をとることは、律令では許されていないが、源頼朝の時代から現在に至るまで、子どものいない女性が土地を養子にゆずり与える事例は、武士の習慣として数え切れないほどある。

御成敗式目制定の意図

前もって訴訟の裁決の基準を定めて身分の高い低いを問わないで、公平に裁判することができるように、細かいことを記録しておくのである。

律令は漢字を知っている人のために書かれていて、かな文字しか知らない人には分からないものである。この式目は、多くの人に伝わるように定めたもので、武士のためにつくったものである。これによって朝廷や律令の決まりが変わるものではない。

ａ．御成敗式目には、守護と地頭の仕事についての規定がある。

ｂ．御成敗式目によれば女性が養子をとり、さらにその子に土地を譲ることは許されていなかった。

ｃ．御成敗式目は、漢文で書かれた律令のきまりを、誰もが理解できるように、かな交じり文に書き改めたものである。

ｄ．御成敗式目は、公平な裁判を行うための基準となるようにつくられた。

（ア）ａとｃ　　（イ）ａとｄ　　（ウ）ｂとｃ　　（エ）ｂとｄ

［問３］ 下線部（３）武家諸法度に関する次の資料を読んで、内容について述べた文として正しいものは、下の（ア）～（エ）のうちのどれか。解答番号は［24］。

元和令（注１）

一、学問と武芸・武道に、ひたすらはげむようにせよ。

一、城は、たとえ修理であっても必ず幕府に報告せよ。ましてや、新しく城を築くようなことは、かたく禁止する。

一、幕府の許可がなく、かってに婚姻を結んではいけない。

寛永令（注２）

一、学問と武芸・武道に、ひたすらはげむようにせよ。

一、大名が自分の領地と江戸とを交代で住むように定める。毎年４月に江戸へ参勤せよ。従者の人数が最近大変多いようである。これは一つには、領国の支配のうえでの無駄であり、また一方で、領民の負担となる。以後は、身分に応じて人数を減少せよ。

一、新しく城を築くことは禁止する。城の堀や、土塁、石垣などがこわれたときは、幕府の奉行所に届け、その指示を受けるべきこと。

一、500 石以上積める船を、つくることを禁止する。

（注１）元和令：1615 年に家康の命令で作成され、２代将軍秀忠が発布したもの。

（注２）寛永令：1635 年に３代将軍家光の命令で作成され、発布したもの。

（ア）参勤交代は、大名の経済力を削減し、幕府に対する反乱をおこさせないようにすることを目的としていた。

（イ）大名には、武芸・武道だけでなく、学問にもはげむことが求められた。

（ウ）大名は、幕府に届け出なく新たな城を築くことは禁止されたが、城の修理をすることは許されていた。

（エ）武家諸法度は、将軍ごとにまったく新しい内容に改められた。

［問４］　下線部（４）裁判や刑の基準を定めた公事方御定書が制定された。とあるが、公事方御定書の制定を命じた人物がおこなったこととして正しいものは、次の（ア）～（エ）のうちのどれか。解答番号は 25 。

（ア）異国船打払令を出して外国船を追いはらう方針を示し、この方針を批判した蘭学者たちを処罰した。

（イ）収入の中心である年貢米を増やすため、新田開発を進めて豊作や不作に関係なく一定の年貢を取り立て、大名には参勤交代を軽減するかわりに米を献上させた。

（ウ）商工業者たちの株仲間の営業権を認めて税を納めさせた。また、長崎での貿易を活発にするため、銅や俵物とよばれる海産物をさかんに輸出した。

（エ）旗本や御家人の生活難を救うため、町人からの借金を帳消しにした。また幕府の学校で朱子学以外の儒学を禁止し、試験による人材の登用を図った。

5 次のⅠの略年表は、近現代の日中関係に関わる出来事をまとめたものである。あとの各問に答えよ。

Ⅰ

西暦	出来事
1871	日清修好条規が結ばれ、日本と清の間で正式に国交が開かれる
1879	日本が沖縄県を設置したことに対して清が抗議する
1894	日清戦争がおこる
1904	（1）日露戦争がおこり、中国東北部が戦場となる
1914	（2）第一次世界大戦で、日本は中国におけるドイツの拠点を占領する
1931	満州事変がおこる…………………………………………
1937	日中戦争が始まる　↕（3）
1945	第二次世界大戦（アジア・太平洋戦争）が終わる………………
1952	日華平和条約が日本と国民政府（台湾）との間で結ばれる
1972	日中共同声明が日本と中華人民共和国との間で調印される
1978	日中平和友好条約が日本と中華人民共和国との間で結ばれる………
	↕（4）
1998	江沢民国家主席が日本を訪れ、日中共同宣言が発表される…………
2010	尖閣諸島をめぐって日中が対立する

［問１］　下線部（１）日露戦争について述べた文として正しいものは、次の（ア）～（エ）のうちのどれか。解答番号は［26］。

（ア）戦争に勝利した日本は、韓国を併合し植民地とした。
（イ）戦争に勝利した日本は、ロシアから多額の賠償金を獲得した。
（ウ）日英同盟を理由にイギリスが参戦したため、日本はロシアに勝利した。
（エ）日本国内には開戦に反対する人はまったくみられなかった。

［問２］　下線部（２）第一次世界大戦とその後について述べた文として**誤っているもの**は、次の（ア）～（エ）のうちのどれか。解答番号は［27］。

（ア）米騒動によって軍人出身の首相が辞職し、衆議院の第一党の党首であった原敬が内閣を組織し、初めての本格的な政党内閣が誕生した。
（イ）戦後、日本では普通選挙を実現させようとする動きが高まり、満25歳以上の男性に選挙権を与える普通選挙法が成立した。
（ウ）日本では、戦争に必要とされた船舶や鉄鋼などを生産し輸出が輸入を大幅に上まわったため、大戦景気とよばれる好景気となった。
（エ）パリ講和会議で二十一か条の要求の取り消しが認められなかったことを不満とする中国の民衆が、三・一独立運動とよばれる抗議運動を起こした。

［問３］　次のⅡの略年表は、略年表Ⅰ中の（３）の期間に関する出来事を年代の古い順にならべたものである。Ⅱの略年表の空欄（A）～（D）に入る出来事を、下の（ア）～（エ）の中からそれぞれ選べ。

解答番号は、（A）は 28 、（B）は 29 、（C）は 30 、（D）は 31 。

Ⅱ

西暦	出来事
1931	満州事変がおこる
	（A）
	（B）
1937	日中戦争が始まる
	（C）
	（D）
1945	第二次世界大戦が終わる

（ア）関東軍によって、清の最後の皇帝であった溥《ふ》儀《ぎ》を元首とする「満州国」が建国された。

（イ）ドイツのポツダムでアメリカ大統領が提案した、日本の無条件降伏を促す共同宣言にイギリス・中国が同意した。

（ウ）日本軍は、イギリス領マレー半島に上陸するとともに、アメリカの海軍基地があるハワイの真珠湾を奇襲攻撃し、米英との戦争を開始した。

（エ）陸軍の青年将校が大臣などを殺傷し、首相官邸や国会議事堂周辺などを占拠する二・二六事件が起こった。

[問４]　略年表Ｉ中の（４）の期間に起こった出来事について述べた文として正しいものは、次の（ア）～（エ）のうちのどれか。解答番号は［32］。

（ア）ソ連との間に日ソ共同宣言が調印され国交が回復した。この結果、日本の国際連合への加盟が実現した。

（イ）日本の経済は年10％程度の成長を続けた結果、国民総生産（GNP）がアメリカに次ぐ第２位となり、アジアで最初のオリンピックと万国博覧会が開催された。

（ウ）公職選挙法が改正され、選挙権年齢が満18歳以上に引き下げられた。さらに民法も改正され、成年年齢も満18歳に引き下げられた。

（エ）冷戦終結後、各地で地域紛争が起こるようになった。湾岸戦争では日本にも人的支援が求められ、湾岸戦争後、国連平和維持活動（PKO）協力法が成立した。

6　次の表は公民分野の内容を「持続可能な開発目標(SDGs)」の目標と照らし合わせたものである。下線部（1）～（6）について、あとの各問に答えよ。

2. 飢餓をゼロに	人口増加が大きな問題となっている発展途上国では、同時に食料問題も起きている。こうした問題を解決するためにも、「（1）フェアトレード」のあり方が求められている。
8. 働きがいも経済成長も	近年、「働き方改革」などが叫ばれる中で、日本的雇用慣行にも変化が見られるようになり、（2）労働者の労働条件改善が求められている。
9. 産業と技術革新の基盤をつくろう	政府と日本銀行は、（3）景気の変動に対して様々な経済政策（ポリシーミックス）を展開し、経済の安定を目指している。
10. 人や国の不平等をなくそう	裁判所には違憲審査権が与えられており、最高裁判所は「憲法の番人」と呼ばれる。過去には（4）最高裁判所が違憲判決を下した事例があり、そこには共通の法的根拠があった。
11. 住み続けられるまちづくりを	憲法で地方自治が位置付けられていながら、実現ができずにいた。地方自治が叫ばれる中で、（5）地方公共団体のあり方も現在、様々な形で議論されている。
16. 平和と公正をすべての人に	17～18 世紀のヨーロッパで人間は自由で平等な権利を持っているという考え方が生まれた。その時期にロックや（6）モンテスキュー、ルソーなどが登場した。

［問１］　下線部（１）について説明している文として適切なものは、次の（ア）～（エ）のうちのどれか。解答番号は 33 。

（ア）発展途上国を中心として、世界各国の社会・経済発展に貢献するために、様々な技術指導や教育に従事する隊員を派遣する制度のことをいう。

（イ）一人一人の人間に着目し、人権侵害、貧困などの様々な問題から人々を守り、全ての人々が人間らしく安心して生きることができる社会をめざす考え方のことをいう。

（ウ）発展途上国でつくられた農作物や製品を適正な価格で取り引きし先進国の人々が継続して購入することで、発展途上国の生産者の生活を支えようとするしくみのことをいう。

（エ）「その製品がいつ、どこで、だれによって作られたのか」を明らかにすべく、原材料の調達から生産、そして消費または廃棄まで追跡可能な状態にすることをいう。

［問２］　下線部（２）について、次の文は、これから求められる社会について述べたものである。この文と最も関係の深い語句は、下の（ア）～（オ）のうちのどれか。解答番号は 34 。

> 誰もがやりがいや充実感を感じながら働き、仕事の責任を果たす一方で、子育て・介護の時間や、家族、地域、自己啓発《けいはつ》にかける個人の時間を持ち、健康で豊かな生活ができるよう、多様な生き方が選択・実現できる社会をめざすことが大切である。

（ア）ワーク・ライフ・バランス

（イ）バリアフリー

（ウ）インフォームド・コンセント

（エ）オンブズパーソン

（オ）ユニバーサルデザイン

［問３］　下線部（３）について、次の文章は、不景気の時に政府と日本銀行が行う政策について説明したものである。文章中の空欄Ａ～Ｄに当てはまる語句の組み合わせとして正しいものは、下の（ア）～（ク）のうちのどれか。
解答番号は［35］。

不景気のとき、景気の回復をねらって、政府は（　Ａ　）を実施し、消費を促進しようとする。また、公共事業を（　Ｂ　）ことで、雇用を生み出そうとする。
不景気のとき、景気の回復をねらって、日本銀行は一般の銀行が保有する国債などを（　Ｃ　）。すると、一般の銀行は保有する資金が（　Ｄ　）ため、企業へ積極的に貸し出そうとする。

	A	B	C	D
(ア)	増税	増やす	売る	増える
(イ)	増税	増やす	買う	増える
(ウ)	増税	減らす	売る	減る
(エ)	増税	減らす	買う	減る
(オ)	減税	増やす	売る	増える
(カ)	減税	増やす	買う	増える
(キ)	減税	減らす	売る	減る
(ク)	減税	減らす	買う	減る

［問４］　下線部（４）の２つの事例が違憲判決とした共通する根拠として適切なものは、下の（ア）～（オ）のうちのどれか。解答番号は 36 。

違憲判決の例	内容
一票の価値に関して(1985年)	衆議院議員選挙において、選挙区によって一票の価値に大きな格差があるのは憲法に違反している。
子どもの国籍に関して(2008年)	父が日本人で母が外国人の子どもが、父が認知したにもかかわらず両親が結婚していないために日本国籍が得られないのは憲法に違反している。

（ア）「経済活動の自由」に違反しているとして違憲と判断した。
（イ）「法の下の平等」に違反しているとして違憲と判断した。
（ウ）「身体の自由」に違反しているとして違憲と判断した。
（エ）「請願権」に違反しているとして違憲と判断した。
（オ）「生存権」に違反しているとして違憲と判断した。

［問５］　下線部（５）が地域に必要な取り組みを行いやすくするために、日本政府が行った政策について述べた文として適切なものは、次の（ア）～（オ）のうちのどれか。解答番号は 37 。

（ア）累進《るいしん》課税を導入し、税の支払い能力に応じた税負担の仕組みを整えた。
（イ）介護保険制度を導入し、制度への加入と保険料の負担を国民に義務付けた。
（ウ）消費者契約法を制定し、不当な勧誘による契約の取り消しを可能にした。
（エ）地方分権一括《いっかつ》法を制定し、国の仕事の権限を地方公共団体に移した。
（オ）環境影響評価法を制定し、環境破壊の未然防止を目指した。

［問６］　下線部（６）の人物を説明した文として適切なものは、次の（ア）～（オ）のうちのどれか。解答番号は 38 。

（ア）イギリスの思想家で、『統治二論』により専制政治を批判した。
（イ）アメリカの政治家で、民族自決を含む「十四カ条の平和原則」を発表した。
（ウ）フランスの思想家で、『法の精神』により三権分立を説いた。
（エ）ロシアの政治家で、ロシア革命を指導し、社会主義国家を誕生させた。
（オ）ドイツの思想家で、科学的社会主義を主張し、『共産党宣言』を発表した。

7 次の文章を読み、あとの各問に答えよ。

18 世紀にはじまった（1）産業革命以降、人類の社会経済活動が活発化し、石炭、石油、天然ガス等の（2）化石燃料の使用による大気中の二酸化炭素の濃度増大などが主因となり、（3）地球温暖化問題をもたらしている。昨今は、集中豪雨や干ばつ、異常高温などの異常気象や巨大台風などの極端現象の発生が急激に増え、その背景にある地球温暖化に社会の関心が一層高まっている。

人類は、これまで海からさまざまなめぐみを享受してきた。海洋には地球温暖化を緩和する役割があることも認識されてきた。一方で近年では、人間活動に伴う環境変化が、海でもあらゆる形で顕在化しており、漁獲量の大幅な増加に伴う水産資源の枯渇、海洋酸性化、貧酸素化、（4）海洋プラスチック汚染などがある。

2017 年 6 月に、このような海洋の問題解決に向けて、155 の国と地域の代表を含む 4,000 人の代表団が（5）国連本部に集まり、「私たちの海、私たちの未来：持続可能な開発目標 14（SDG14）の達成に向けた連携」というテーマのもと、初の国連海洋会議が開催された。2015 年の国連持続可能な開発サミットにおいて採択された持続可能な開発目標（SDGs）は、世界全体で取り組むべき課題を 17 の目標と 169 のターゲットというかたちで明示しており、海洋に関する独立した目標として SDG14 が設けられている。

［問1］ 下線部（1）産業革命とあるが、この出来事に関連した文として**誤っているもの**は、次の（ア）～（エ）のうちのどれか。解答番号は 39 。

（ア）毛織物をより早くより安く大量に作るために、糸を紡ぐ紡績機や布を織る機織機が発明された。

（イ）石炭を燃料とする蒸気機関が、水力にかわる新しい動力として利用されたので、工業の生産力は大きく向上した。

（ウ）1825 年に、イギリスで世界初の蒸気機関車の鉄道が開通した。

（エ）長い労働時間、子どもや女性の低賃金での重労働、鉱工業による環境汚染、都市の不衛生な生活環境などが問題となった。

［問２］　下線部（２）化石燃料とあるが、化石燃料の用途について説明した文として**誤っているもの**は、次の（ア）～（エ）のうちのどれか。解答番号は［40］。

（ア）化学製品やプラスチックなどの原料として、工業において使用される。
（イ）ガスや灯油は、家庭で調理や暖房に使用される。
（ウ）ガソリンや軽油は、自動車や飛行機などの燃料として使用される。
（エ）火力発電所では、ウランを燃やして蒸気を発生させ、その蒸気でタービンを回して発電する。

［問３］　下線部（３）地球温暖化問題に関連して、次の（ア）～（エ）は、循環型社会に向けた法律について述べたものである。法律が制定された時期の古いものから順に記号を並べよ。
解答番号は、時期の古いものから順に［41］、［42］、［43］、［44］。

（ア）ごみ問題の解決に向けた３Ｒに取り組むことの重要性から、循環型社会形成推進基本法が制定された。
（イ）地球環境問題への対策を進めるため、環境基本法が制定された。
（ウ）破壊・汚染された自然を取り戻すための住民運動が日本各地で広がり、環境権が主張されるようになったことを受けて、公害に関する法整備が進んだ結果、環境庁が設置され、自然環境保全法が制定された。
（エ）有害物質を含んだ排煙や廃水が工場から大気や河川に排出されたが、対応を怠った結果四大公害をはじめ多くの環境汚染が発生したため、企業や政府の責任が厳しく問われるようになり、公害対策基本法が制定された。

［問４］　下線部（４）海洋プラスチック汚染とあるが、次のⅠの略年表は、1964 年から 2005 年までの海洋ごみにかかわる出来事についてまとめたものである。Ⅱの文章で述べていることが起こったのは、略年表中の（ア）～（エ）の時期のうちのどれか。解答番号は 45 。

Ⅰ

西暦	海洋ごみにかかわる出来事	
1964	ミズウオによるプラスチックの飲み込みが確認される。	
1966	コアホウドリによるレジンペレットの飲み込みが確認される。	↕（ア）
1975	海鳥の胃内容物からレジンペレットが発見される。	
1983	オットセイの網からまりが調査される。	↕（イ）
1984	第１回マリンデブリ国際会議が開催される。	
1989	第２回マリンデブリ国際会議が開催される。	↕（ウ）
1990	市民活動団体、研究者、各省庁による海洋ごみ調査が開始される。	
2000	離島ごみサミット会議が開催される。	↕（エ）
2005	第１回 NOWPAP 海洋ごみ国際ワークショップが開催される。	

Ⅱ

沖縄返還協定の議決の際には、核兵器を「持たず、つくらず、持ち込ませず」という非核三原則が、衆議院で決議された。

［問５］ 下線部（５）国連本部のある都市として正しいものは、下の（ア）～（オ）のうちのどれか。解答番号は 46 。

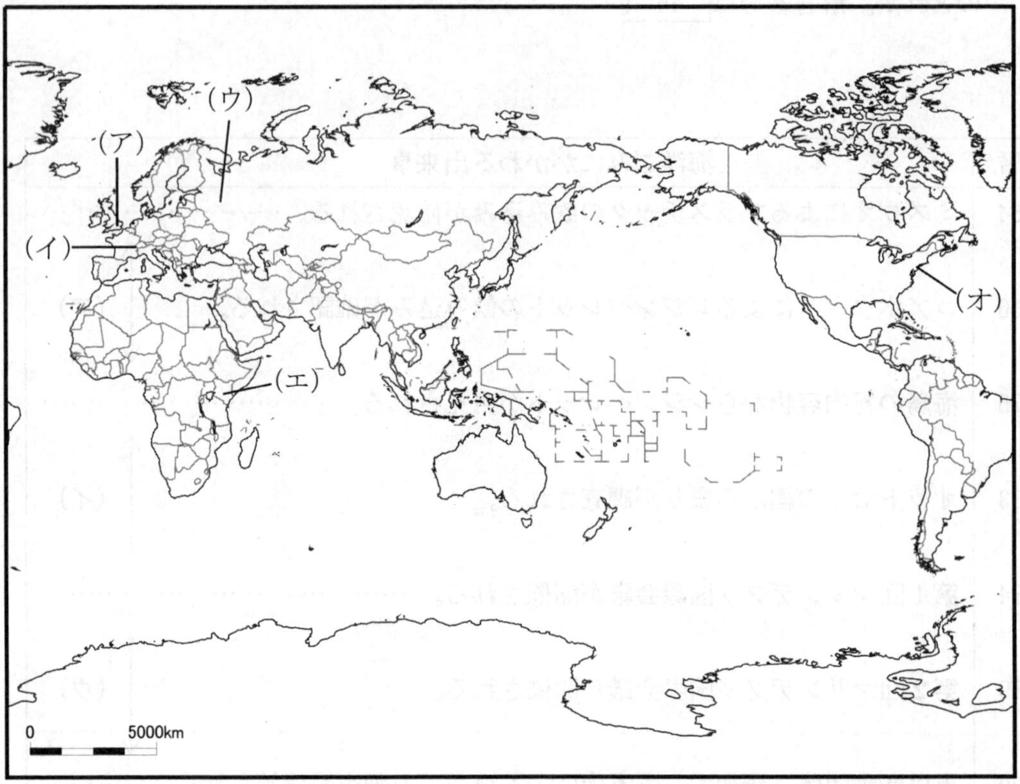

（帝国書院　ハイマップマイスターにて作成）

【理　科】 (50分) 〈満点：100点〉

注意：解答は，解答用紙（マークシート）の指定された解答欄にマークしなさい。

各問いの[1] [2] … [32]が，解答用紙の解答番号にあたる。

1

以下の各問いに答えなさい。

［問１］　私たちの住む日本は世界的に地震の発生が多い場所である。近年では，プレートの動きから南海トラフ地震の発生が予想され，静岡県から宮崎県では震度７となる可能性があり，東京都でもその被害は大きいとされている。現在想定されている南海トラフ地震の発生メカニズムを説明した次の文章の空欄に入る適当な語句の組み合わせとして最も適当なものを，次の中から選びなさい。[1]

[Ⅰ] プレートがユーラシアプレートの下に沈み込んで，[Ⅱ] プレートを引きずり込む。ひずみが限界を迎えると [Ⅲ] プレートが元に戻ろうとして地震が発生する。

選択肢	Ⅰ	Ⅱ	Ⅲ
(ア)	フィリピン海	ユーラシア	ユーラシア
(イ)	フィリピン海	ユーラシア	北アメリカ
(ウ)	フィリピン海	北アメリカ	ユーラシア
(エ)	フィリピン海	北アメリカ	北アメリカ
(オ)	太平洋	ユーラシア	ユーラシア
(カ)	太平洋	ユーラシア	北アメリカ
(キ)	太平洋	北アメリカ	ユーラシア
(ク)	太平洋	北アメリカ	北アメリカ

［問２］　次の文章に当てはまる語句の組み合わせとして最も適当なものを，次の中から選びなさい。［２］

地下で岩石が溶けると高温の溶岩になる。地表近くの比較的浅いところで岩石が溶けるには［Ⅰ］℃程度が必要である。溶けた溶岩の一部は噴火によって，噴火口から地表に現れる。噴火では溶岩以外に火山ガスが放出される。火山ガスの主成分は水蒸気であるが，２番目に多く含まれる物質は［Ⅱ］である。

選択肢	Ⅰ	Ⅱ
(ア)	900～1200	硫化水素
(イ)	900～1200	二酸化炭素
(ウ)	900～1200	二酸化硫黄
(エ)	5800～6000	硫化水素
(オ)	5800～6000	二酸化炭素
(カ)	5800～6000	二酸化硫黄

［問３］　下の図は，以下の**【実験】**の様子を示している。

【実験】

丸い種子をつくる純系(AA)のエンドウの花粉と，しわのある種子をつくる純系(aa)のエンドウのめしべを受粉させ，得られた子世代はすべて丸い種子だった。また，できた子の代の種子を自家受粉し，得られた孫世代は丸い種子としわのある種子がどちらも現れた。

親世代から出された生殖細胞の遺伝子の組み合わせと，孫世代の丸い種子としわのある種子の現れる比として正しいものはどれか。最も適当なものを，次の中から選びなさい。ただし，今回の**【実験】**では遺伝子の突然変異や染色体の変異などはなかった。［３］

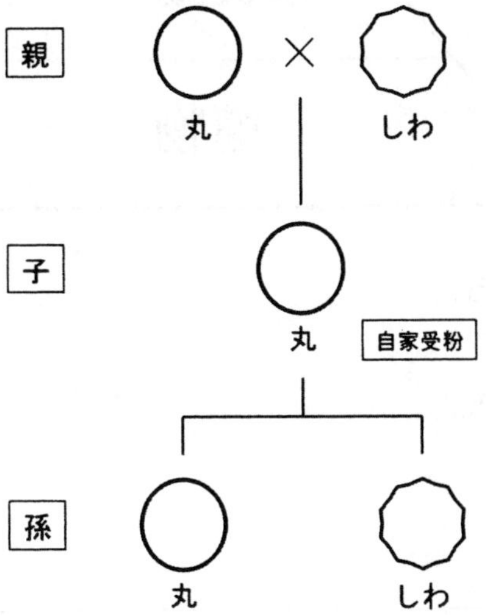

選択肢	生殖細胞の遺伝子	孫世代の 丸：しわ
(ア)	AA と aa	3 ： 1
(イ)	AA と aa	1 ： 1
(ウ)	Aa と Aa	3 ： 1
(エ)	A と A	3 ： 1
(オ)	A と a	1 ： 1
(カ)	A と a	3 ： 1

［問４］　図は，ある生態系における，植物，草食動物，肉食動物の数量関係を表したものである。図のようなピラミッドの形は，この生態系内の釣り合いが取れている状態を示している。この時，何らかの影響によって植物が大幅に減少した場合，この後起こり得る各生物の数量変化について正しい順番に並べたものはどれか。最も適当なものを，次の中から選びなさい。 4

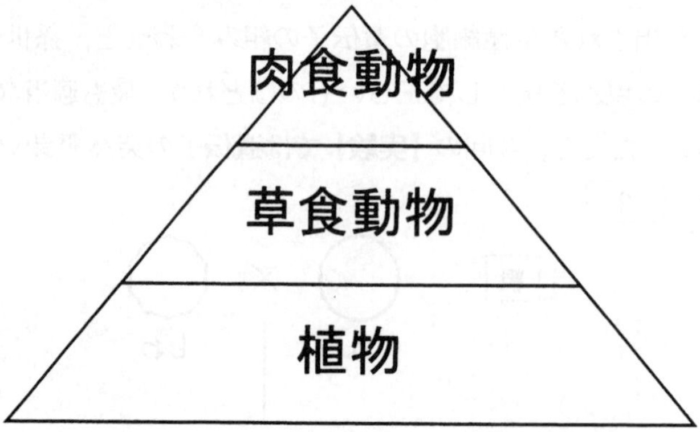

A)　草食動物が増える。

B)　草食動物が減る。

C)　肉食動物が増える。

D)　肉食動物が減る。

E)　植物が増える。

F)　植物が減る。

選択肢	順　　序				
	1	2	3	4	5
(ア)	A	C	E	D	B
(イ)	A	D	F	C	B
(ウ)	A	C	E	B	D
(エ)	B	D	E	A	C
(オ)	B	C	F	A	D
(カ)	B	D	E	C	A

［問５］　有機物として最も適当なものを，次の中から選びなさい。 5

(ア)　炭素　　(イ)　プラスチック　　(ウ)　マグネシウム

(エ)　硫黄　　(オ)　食塩　　(カ)　水酸化ナトリウム

［問６］　右の表は 100.0 g の水へのミョウバンの溶解度を示している。80 ℃の水 200.0 g で飽和水溶液を作った。この溶液を 20 ℃まで冷やしたとき，析出する結晶は何 g か。最も適当なものを，次の中から選びなさい。 6

温度［℃］	溶解度
0	3.0
20	5.9
40	11.7
60	24.8
80	71.0

(ア)　5.9 g　　(イ)　11.8 g　　(ウ)　65.1 g
(エ)　71.0 g　　(オ)　130.2 g　　(カ)　142.0 g

［問７］　空気中からガラスに向かって光を当てると，光が屈折した。屈折光の進み方として最も適当なものを，次の中から選びなさい。 7

(ア)
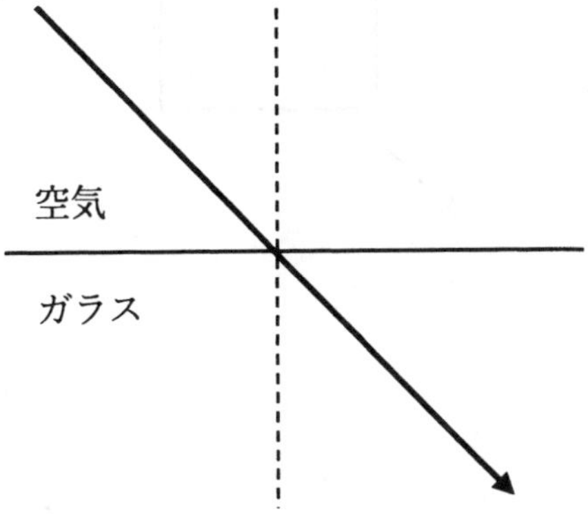

(イ)
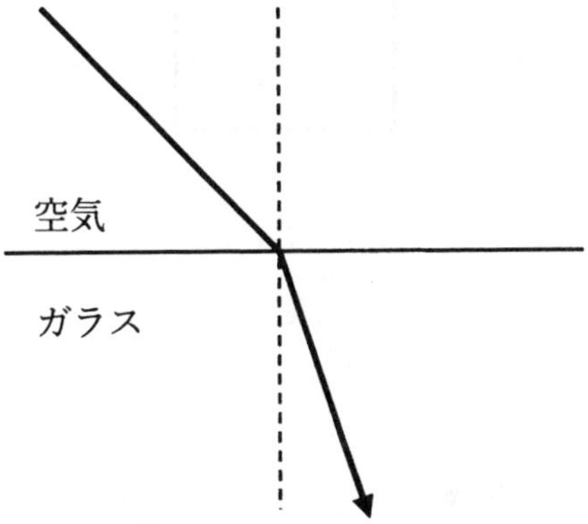

(ウ)
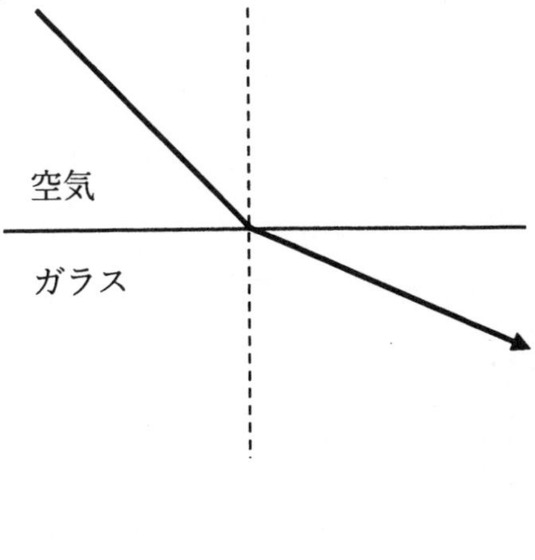

(エ)
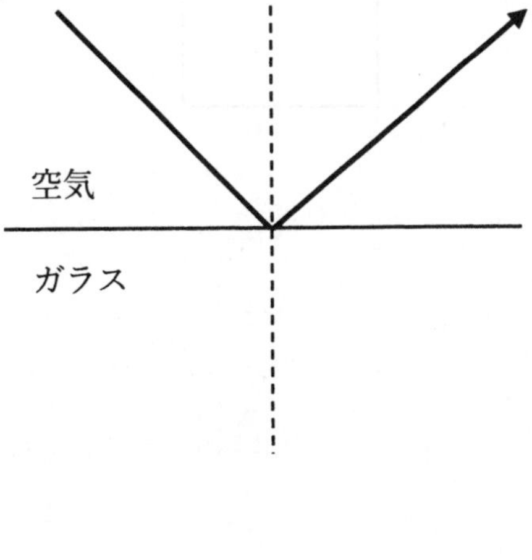

［問８］　１つの物体に２つの力を加えた。矢印は力の向きと大きさを表している。力がつり合っている状態の図として最も適当なものを，次の中から選びなさい。 8

(ア)

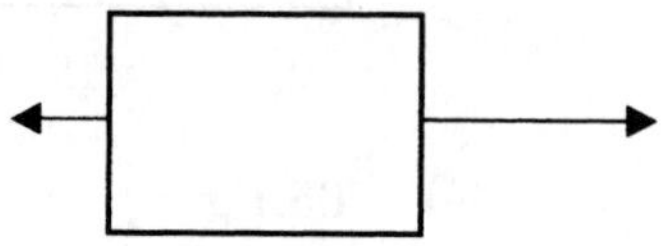

(イ)

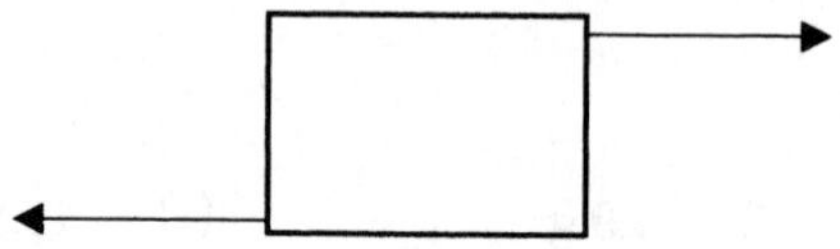

(ウ)

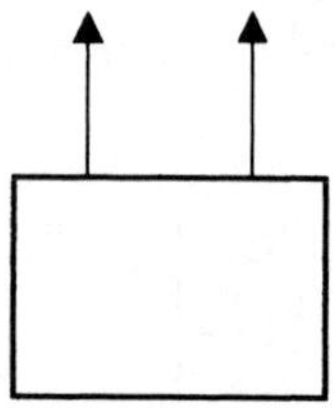

(エ)

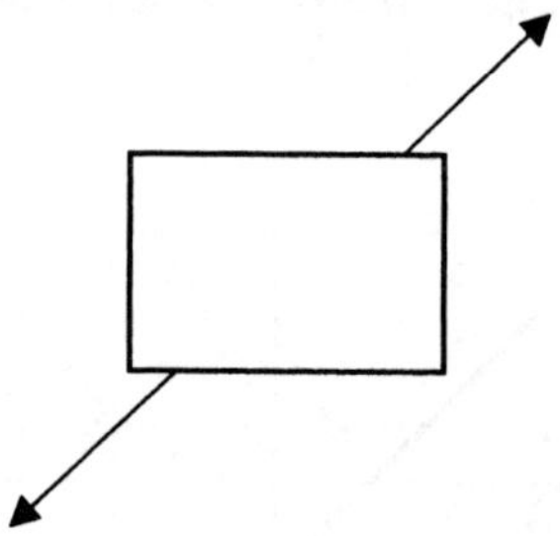

(オ)

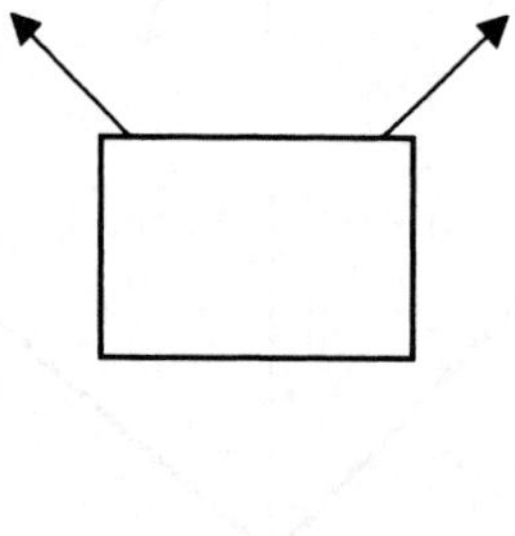

2

Sさんは，同じ時刻でも星の見える位置が異なることに関心を持っており，2週間ほどにわたって同じ場所，同じ時刻で星空の観察を続けた。

［問1］　次の①から⑤の記述は，太陽系の惑星についてのものである。正しい記述の組み合わせとして最も適当なものを，次の中から選びなさい。 9

① 地球よりも大きさが小さな惑星は2つである。
② 地球よりも太陽に近い惑星は2つである。
③ 惑星の中には，真夜中には決して観察できないものがある。
④ 宵(よい)の明星や明けの明星と呼ばれるものは，非常に明るい木星である。
⑤ 太陽から最も遠い惑星は天王星である。

選択肢

(ア) ①②　(イ) ②③　(ウ) ①②③　(エ) ①④⑤
(オ) ①③⑤　(カ) ②③④　(キ) ①③④⑤　(ク) ①②③④⑤

［問2］　普段，私たちが生活している「1日」という時間の基準として，最も適当なものを，次の中から選びなさい。 10

(ア) 日の出から，次の日の出までの時間の長さ
(イ) 太陽が南中してから，次の南中までの時間の長さ
(ウ) 月が満月となってから，次の満月までの時間の長さ
(エ) 月の公転に要する時間を30で割ったもの
(オ) 地球の公転に要する時間を365で割ったもの
(カ) 地球の1回の自転に要する時間

［問３］　次の①から④の記述の中で，年間を通じて徐々に変化していくものの組み合わせとして最も適当なものを，次の中から選びなさい。 11

① 太陽の南中高度　　② 太陽の南中時刻
③ 日の出の時刻　　④ オリオン座の南中時刻

選択肢

(ア) ①②	(イ) ①③	(ウ) ②③	(エ) ①④
(オ) ①②③	(カ) ①③④	(キ) ②③④	(ク) ①②③④

［問４］　下の**図１**は，ある日の20：00にＳさんが南の空を観察して描いたスケッチである。**図２**は，何日か後，再び20：00に南の空を観察して描いたスケッチである。この２つの図を比較すると，惑星が２つ観察されていたことがわかる。惑星に当たるものは，**図１**のａからｈのいずれか。最も適当なものを，次の中から選びなさい。

12

図１

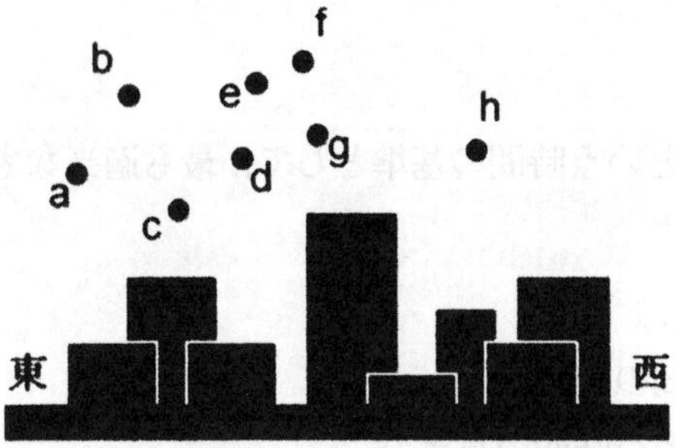

図２

(ア) ａとｅ	(イ) ａとｇ	(ウ) ｂとｄ	(エ) ｂとｈ
(オ) ｃとｆ	(カ) ｃとｈ	(キ) ｄとｆ	(ク) ｅとｇ

観察

Sさんは，目立っていた恒星の1つに注目して観察を続けた。
ある日，右の図3のように，南にある目印となるビルに達した時刻は 19：51 であった。
4日後，同じ恒星が目印のビルに達する時刻を予想し，結果と比較することにした。

図3

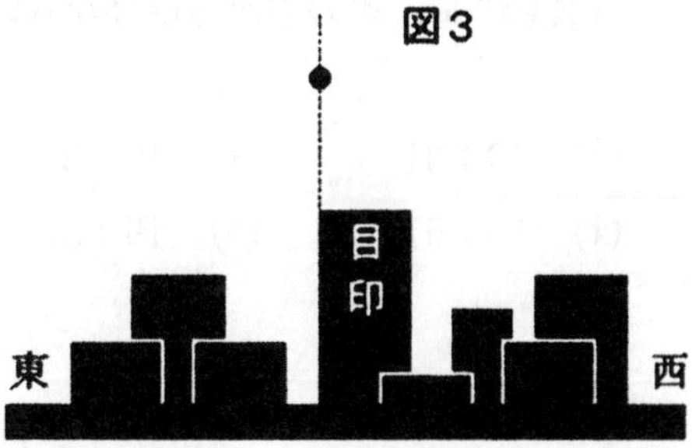

［問5］ 右の**図4**は，地球が自転しながら太陽の周りを公転している様子を模式的に示したものである。図の**S**は太陽を示す。地球が**E1**の状態から自転をすると，その時間中に地球は公転し，**E2**の位置に移動する。次の文中の［　　］に入る角度の値として最も適当なものを，次の中から選びなさい。 13

図4

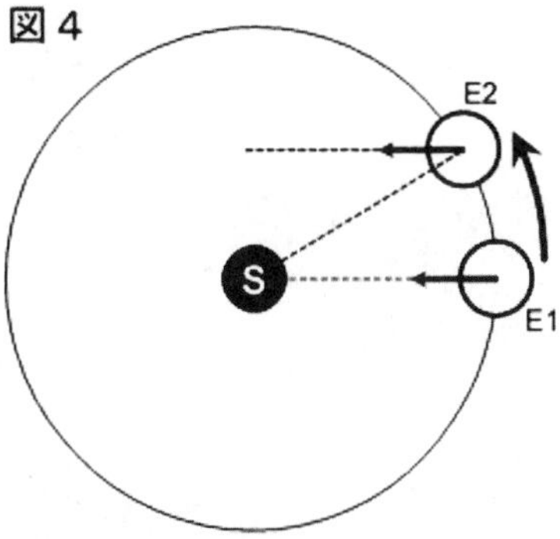

『地球は1年間で太陽の周囲を［ Ⅰ ］° 公転することから，1日当たり太陽の方向は，約［ Ⅱ ］° 変化する。したがって，地球が1日かけて自転し，再び太陽が南中するためには，約［ Ⅲ ］° 自転することになる。』

選択肢	Ⅰ	Ⅱ	Ⅲ
(ア)	360	24	360
(イ)	360	24	361
(ウ)	361	24	360
(エ)	365	24	360
(オ)	360	1	360
(カ)	360	1	361
(キ)	361	1	360
(ク)	365	1	360

［問6］　4日後にこの恒星が，目印のビルに達する時刻はいつ頃と考えられるか。最も適当なものを，次の中から選びなさい。 14

(ア)　19：31　　(イ)　19：35　　(ウ)　19：39　　(エ)　19：45

(オ)　19：51　　(カ)　19：57　　(キ)　20：03　　(ク)　20：07

3

動物は光合成によって栄養分を自ら作ることができない。そのため，外部から有機物を取り込み，それを分解・吸収することで全身の細胞に必要な物質を作り出している。

ヒトも体内で消化液を利用して，食物を分解および吸収している。代表的なものとしてだ液・胃液・すい液・胆汁が挙げられる。

Sさんは唾液のはたらきを調べるために以下の**実験1**を行った。

実験1

操作①　試験管Aにデンプンとだ液，試験管Bにデンプンと水を入れ，よく振って混ぜる。

操作②　試験管A・Bを40℃の湯の中で10分間放置する。

操作③　試験管Aの液を別の試験管に半分移し，試験管Cとする。同様に試験管Bの液も別の試験管に半分移し，試験管Dとする。

操作④　試験管A・Bにヨウ素溶液を入れ，色の変化を観察する。

操作⑤　試験管C・Dにベネジクト液を入れ，ガスバーナーで加熱し，色の変化を観察する。

［問1］　文中の下線部について，次の文のうち誤っているものはどれか。最も適当なものを，次の中から選びなさい。 15

(ア) 胃液にはペプシンという酵素を含み，タンパク質の分解を促進する。

(イ) すい液はトリプシンという酵素を含み，タンパク質の分解を促進する。

(ウ) 胆汁はリパーゼという酵素を含み，脂肪の分解を助ける。

(エ) 消化液にはpHが中性だけでなく，酸性のものやアルカリ性のものがある。

［問2］　今回の実験操作の注意事項として，次の文のうち誤っているものはどれか。最も適当なものを，次の中から選びなさい。 16

(ア) 実験操作中は常に試験管内に唾液が入らないようにマスクをつける。

(イ) 対照実験用に用いた試験管Bには水でなく40℃のお湯を用いても良い。

(ウ) 試験管C・Dを加熱する際に，事前に沸騰石を試験管内に入れておく。

(エ) 試験管C・Dをガスバーナーで加熱する際に，試験管ばさみを用いて，試験管を動かさないように気を付けて加熱する。

［問３］　**実験１**の操作①において，質量パーセント濃度が 1%のデンプン溶液を作る際のデンプンと水の質量の組み合わせとして最も適当なものを，次の中から選びなさい。 17

選択肢	デンプン［g］	水［g］
(ア)	0.01	100
(イ)	0.01	99.99
(ウ)	0.2	200
(エ)	2	198
(オ)	5	500
(カ)	10	1000

［問４］　以下の文は，**実験１**の操作④・⑤で観察した結果をまとめたものである。文中の空欄に適当な語の組み合わせとして，最も適当なものを，次の中から選びなさい。
18

試験管Ａの溶液の色は Ⅰ こと，試験管Ｂの溶液の色は Ⅱ ことから，だ液にはデンプンを分解する作用があることが考察できる。

また試験管Ｃは青色から赤褐色に変化したが，試験管Ｄは青色のままであった。実験の結果から，だ液にはデンプンを Ⅲ に分解する可能性があることがわかる。

選択肢	Ⅰ	Ⅱ	Ⅲ
(ア)	変化しなかった	青紫色に変化した	アミノ酸
(イ)	変化しなかった	青紫色に変化した	モノグリセリド
(ウ)	変化しなかった	青紫色に変化した	麦芽糖
(エ)	青紫色に変化した	変化しなかった	アミノ酸
(オ)	青紫色に変化した	変化しなかった	モノグリセリド
(カ)	青紫色に変化した	変化しなかった	麦芽糖

消化によって，食物は小さなものに分解されることを学んだSさんは，学習内容の確認のために次のような**実験2**を行った。ただし，セロハンは目に見えない大きさの小さな穴が無数にあいている。

実験2

操作① セロハンでできたチューブを1%デンプン溶液と1%ブドウ糖溶液の混合液で満たす。

操作② チューブを水で満たしたビーカーに沈め，24時間静置する。

操作③ チューブ内の溶液を試験管E・Fに，ビーカーの水を試験管G・Hに取り出す。

操作④ 試験管E・Gにヨウ素溶液，試験管F・Hにベネジクト液を入れ加熱し，それぞれ反応の様子を確認する。

［問5］ この**実験2**の結果として最も適当なものを，次の中から選びなさい。 19

(ア) 試験管E・Gはどちらとも青紫色に変化し，試験管F・Hはどちらとも赤褐色に変化した。

(イ) 試験管Eは青紫色に変化し，試験管Gは赤褐色に変化した。

(ウ) 試験管Eは青紫色に変化し，試験管Hは赤褐色に変化した。

(エ) 試験管Gは青紫色に変化し，試験管Fは赤褐色に変化した。

(オ) 試験管Gは青紫色に変化し，試験管Hは赤褐色に変化した。

［問6］ ヒトの体では吸収された栄養分は血液に運ばれて全身の細胞に届けられる。血液は栄養分以外にも酸素を全身に運ぶ役目を持ち，肺でガス交換を行う。ヒトが息を吸うときの横隔膜と，ろっ骨の動きとして最も適当なものを，次の中から選びなさい。 20

(ア) 息を吸うときに，横隔膜が上がるとともに，ろっ骨が上がることで肺が膨らみ，空気が取り込まれる。

(イ) 息を吸うときに，横隔膜が上がるとともに，ろっ骨が下がることで肺が膨らみ，空気が取り込まれる。

(ウ) 息を吸うときに，横隔膜が下がるとともに，ろっ骨が上がることで肺が膨らみ，空気が取り込まれる。

(エ) 息を吸うときに，横隔膜が下がるとともに，ろっ骨が下がることで肺が膨らみ，空気が取り込まれる。

4

おやつにカルメ焼きを作ったSさんは，カルメ焼きを作るために，煮つめた砂糖水に炭酸水素ナトリウムを加えることを疑問に思った。炭酸水素ナトリウムを加熱したときにどのように変化するか，次のような**実験1**を行って調べることにした。

実験1

操作①　炭酸水素ナトリウム2.0gを乾燥させた試験管に入れた。

操作②　試験管を加熱して，発生した気体を試験管に集めた。

操作③　加熱後に，試験管に残った固体を観察した。

［問1］　炭酸水素ナトリウムを加熱する際，注意事項として，液体が発生することがあげられる。この実験における試験管とガスバーナーでの加熱部を模式的に表した図として最も適当なものを，次の中から選びなさい。 21

(ア)

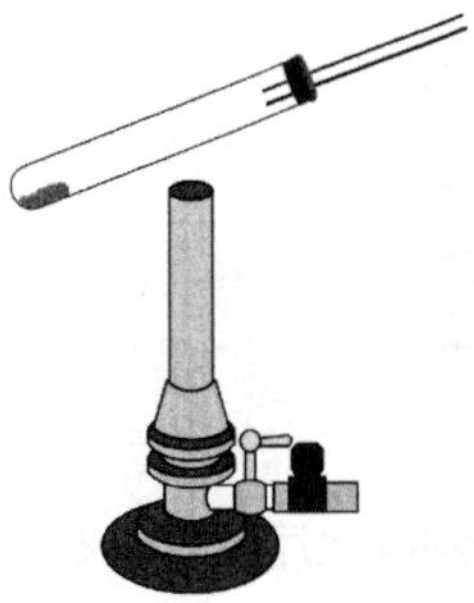

(イ)

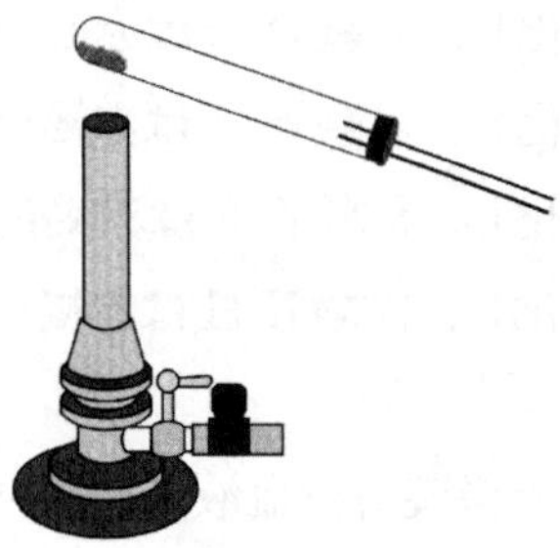

(ウ)

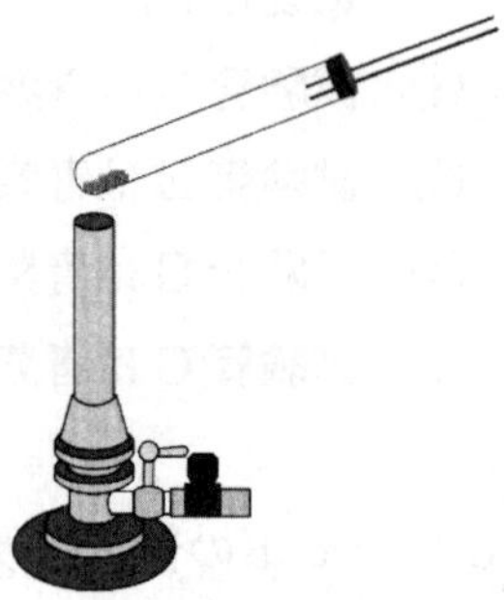

(エ)

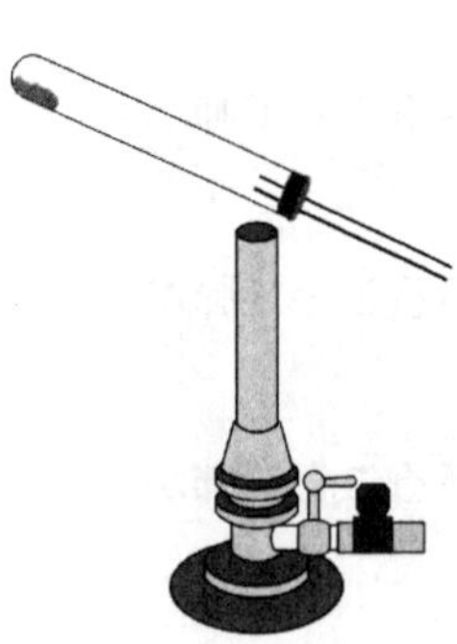

(オ)

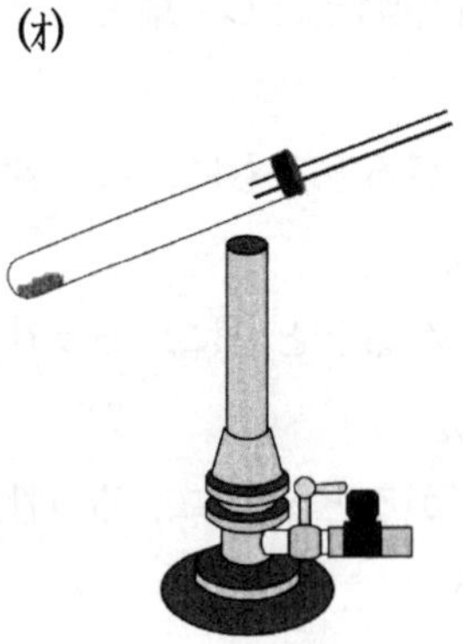

(カ)

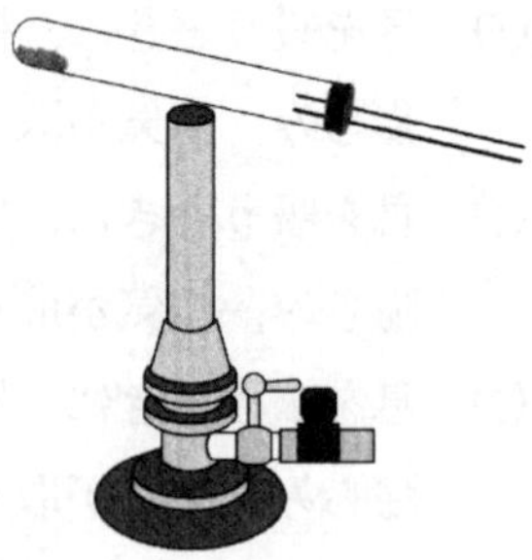

［問２］　集めた気体を調べた結果，発生する気体は二酸化炭素であることが分かった。二酸化炭素が発生したことを確かめるための方法と，その捕集方法として最も適当な組み合わせを，次の中から選びなさい。 22

選択肢	発生を確かめる方法	捕集方法
(ア)	石灰水を入れてよく振る。	水上置換法
(イ)	塩化コバルト紙を近づける。	下方置換法
(ウ)	マッチの火を近づける。	上方置換法
(エ)	石灰水を入れてよく振る。	上方置換法
(オ)	塩化コバルト紙を近づける。	水上置換法
(カ)	マッチの火を近づける。	下方置換法

さらに調べていく中で，加熱後に残った白い物質も，別の物質に変化していることが分かった。この物質が炭酸水素ナトリウムと別の物質であることを判断するために，以下の**実験２**を行った。

実験２

操作①　加熱後の白い物質を0.5 g 用意し試験管に入れたあと，水 5.0 cm^3 に溶かした。

操作②　そこに**薬品Ａ**を数滴入れて，その様子を確認した。

操作③　その後，**液体Ｂ**を入れた試験管を用意し，操作②と同様の操作を行い色や色の濃さの違いを観察した。

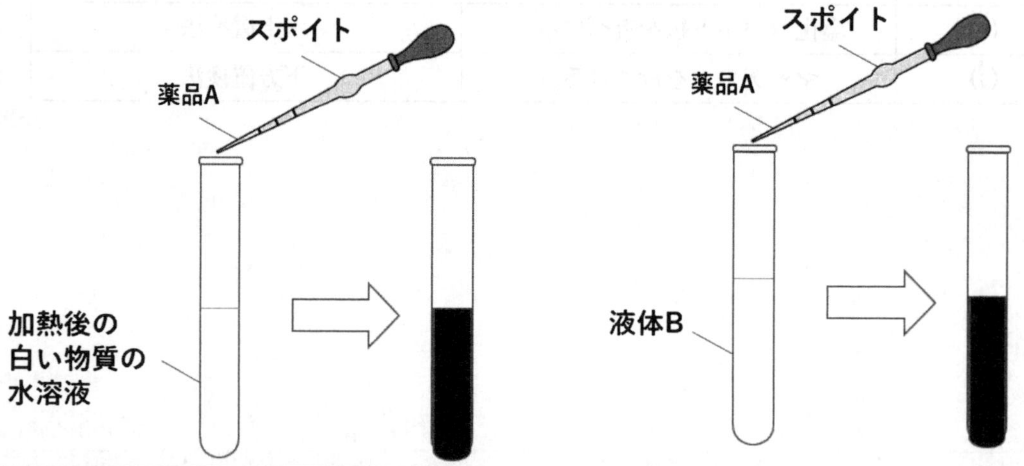

［問３］　**実験２**において，**薬品Ａ**と**液体Ｂ**の最も適当な組み合わせを，次の中から選びなさい。 23

選択肢	薬品Ａ	液体Ｂ
(ア)	酢酸オルセイン	水 5.0 cm^3
(イ)	ベネジクト液	炭酸水素ナトリウムを 0.5 g 用意し，水 5.0 cm^3 に溶かした溶液。
(ウ)	フェノールフタレイン溶液	炭酸水素ナトリウムを 0.5 g 用意し，水 5.0 cm^3 に溶かした溶液。
(エ)	酢酸オルセイン	塩化ナトリウムを 0.5 g 用意し，水 5.0 cm^3 に溶かした溶液。
(オ)	ベネジクト液	塩化ナトリウムを 0.5 g 用意し，水 5.0 cm^3 に溶かした溶液。
(カ)	フェノールフタレイン溶液	水 5.0 cm^3

［問４］　次の文章は，実験の後，Ｓさんが考察をまとめたものである。この文章を読み，［Ⅰ］，［Ⅱ］に当てはまる最も適当な組み合わせを，次の中から選びなさい。［24］

実験１，２を行った結果，炭酸水素ナトリウムは加熱すると，炭酸ナトリウムと二酸化炭素に分解することが分かった。この反応は化学反応式で書くと［Ⅰ］となる。したがって，カルメ焼きがふくらむ理由は，この二酸化炭素が発生したことによるものだと考えられる。

もし砂糖水を 90.0 g 用意し，その中に 8.4 g の炭酸水素ナトリウムを溶かして加熱したとして，反応によって生じた水が 0.9 g，炭酸ナトリウムが 5.3 g であったとすると，発生した二酸化炭素は［Ⅱ］g となるはずである。

選択肢	Ⅰ	Ⅱ
(ア)	$2NaHCO_3 \rightarrow Na_2CO_3 + CO_2 + H_2O$	92.2
(イ)	$Na_2CO_3 \rightarrow 2NaHCO_3 + CO_2 + H_2O$	14.6
(ウ)	$2NaHCO_2 \rightarrow Na_2CO_2 + CO_2 + H_2O$	2.2
(エ)	$2NaHCO_3 \rightarrow Na_2CO_3 + CO_2 + H_2O$	14.6
(オ)	$Na_2CO_3 \rightarrow 2NaHCO_3 + CO_2 + H_2O$	75.4
(カ)	$2NaHCO_2 \rightarrow Na_2CO_2 + CO_2 + H_2O$	92.2
(キ)	$2NaHCO_2 \rightarrow Na_2CO_2 + CO_2 + H_2O$	75.4
(ク)	$2NaHCO_3 \rightarrow Na_2CO_3 + CO_2 + H_2O$	2.2

実験をしたことで質量変化に対して興味を持ったSさんは，さらに知識を深めるために**実験3**を行った。

実験3

操作①　5.0％ 塩酸 10.0g と炭酸水素ナトリウム 1.0g を容器に別々に入れ，密閉容器全体の質量をはかった 。

操作②　その後，容器を傾けて2つの薬品を反応させ，気体を発生させた。

操作③　密閉した状態で反応後の質量をはかった。

操作④　その後，ふたを開けて質量を再度はかりなおした。

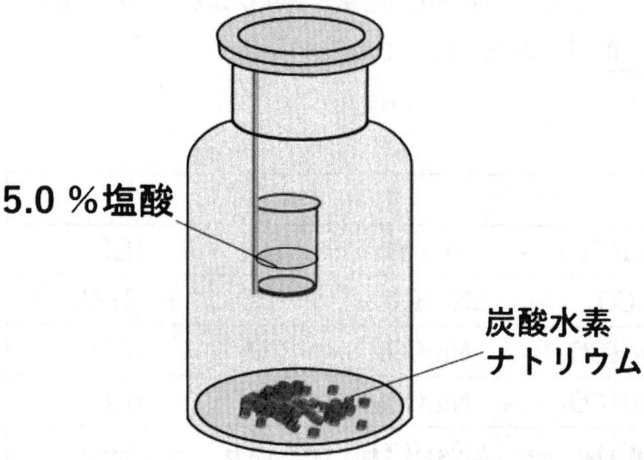

［問5］　操作①で密閉容器全体の質量をはかると，111.0g であった。操作①の質量に対しての操作③での密閉容器全体の質量と，操作④での容器全体の質量の関係として最も適当な組み合わせを，次の中から選びなさい。 25

選択肢	実験3操作③での質量	実験3操作④の質量
(ア)	111.0g より重い。	111.0g と同じ。
(イ)	111.0g と同じ。	111.0g より重い。
(ウ)	111.0g より軽い。	111.0g より軽い。
(エ)	111.0g より重い。	111.0g より軽い。
(オ)	111.0g と同じ。	111.0g より軽い。
(カ)	111.0g より軽い。	111.0g と同じ。
(キ)	111.0g と同じ。	111.0g と同じ。
(ク)	111.0g より軽い。	111.0g より重い。

［問６］　**実験３**に関連して，物質の質量変化をみるために銅の加熱を行った。化合した酸素の質量と銅の質量を示すと下のグラフのようになった。8.0 g の銅を加熱して，3 分ごとに銅の質量変化を測定したところ，表のような質量の変化が観察できた。15 分後の質量に当てはまると予想される値として，最も適当なものを，次の中から選びなさい。 26

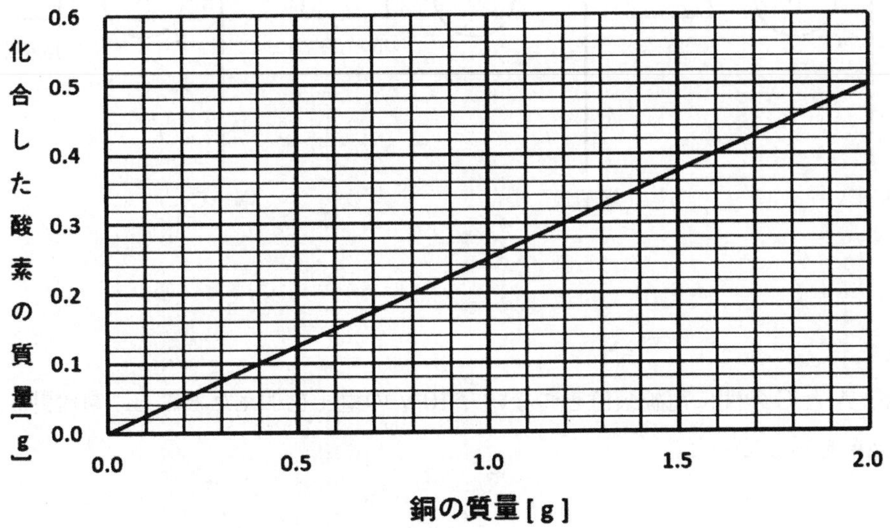

	3 分後	6 分後	9 分後
銅の質量	8.5 g	9.0 g	9.5 g

選択肢	15 分後の質量 [g]
(ア)	9.5
(イ)	10.0
(ウ)	10.5
(エ)	11.0
(オ)	11.5
(カ)	12.0

5

抵抗器X，Y，Zと電流計a，b，cを次の図のように接続して，いくつかの実験を行った。次の問いに答えなさい。ただし，抵抗器X，Y，Z以外の抵抗は考えないものとする。

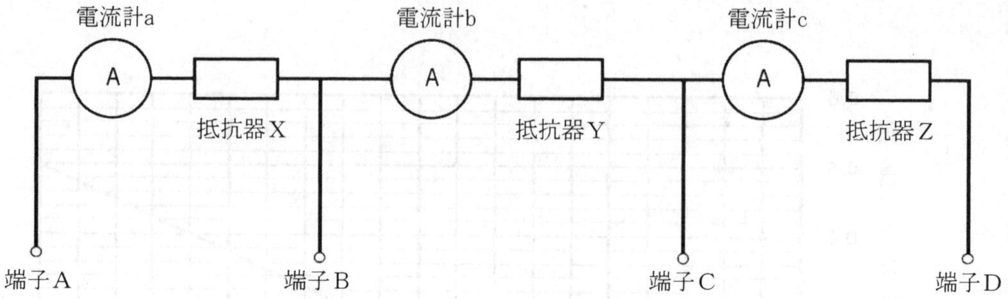

実験1

端子AとCの間に電源装置をつないで10 Vの電圧を加えたところ，電流計aは2 mAを示していた。

実験2

端子BとDの間に電源装置をつないで12 Vの電圧を加えたところ，電流計bは2 mAを示していた。

実験3

端子BとCの間を導線で結び，端子AとDの間に電源装置をつないで8Vの電圧を加えたところ，電流計aは2 mAを示していた。

実験4

端子AとDの間に電源装置をつないで15 Vの電圧を加えた。

［問１］　**実験１**において電流計 b が示す値を求め，最も適当なものを，次の中から選びなさい。 27

(ア)　0 mA　　(イ)　1.0 mA　　(ウ)　2.0 mA　　(エ)　4.0 mA

［問２］　**実験１**において回路全体の抵抗を求め，最も適当なものを，次の中から選びなさい。 28

(ア)　2.0 kΩ　　(イ)　5.0 kΩ　　(ウ)　10 kΩ　　(エ)　20 kΩ

［問３］　**実験２**において電圧を変化させたところ，電流計 c が 4mA 示した。このときの電源装置の電圧を求め，最も適当なものを，次の中から選びなさい。 29

(ア)　20 V　　(イ)　24 V　　(ウ)　28 V　　(エ)　32 V

［問４］　**実験３**において電流計 b が示す値を求め，最も適当なものを，次の中から選びなさい。 30

(ア)　0 mA　　(イ)　1.0 mA　　(ウ)　2.0 mA　　(エ)　4.0 mA

［問５］　**実験４**において電流計 a が示す値を求め，最も適当なものを，次の中から選びなさい。 31

(ア)　0 mA　　(イ)　1.0 mA　　(ウ)　2.0 mA　　(エ)　4.0 mA

［問６］　抵抗器 Z の抵抗値を求め，最も適当なものを，次の中から選びなさい。 32

(ア)　1.0 kΩ　　(イ)　1.5 kΩ　　(ウ)　2.0 kΩ　　(エ)　2.5 kΩ

［問七］本文の内容や特徴について述べたものを、次の（ア）～（オ）の中から一つ選べ。解答番号は 28

（ア）「蛇であろうと考える者は当分の間いなかった」という一文によって、許仙の妻が蛇である可能性を否定し、許仙の妻の正体について読者が考える余地を与えている。

（イ）「暗い沈んだ心を抱いて戻ってきた」など、語り手が義兄の心境を細やかに描くことで、許仙の妻に対する義兄の思いが次第に暗く重々しいものに沈潜する過程が表現されている。

（ウ）「フト」や「チト」などに代表されるカタカナでの表記は、本文全体に独特のおもしろみを与え、不気味な内容に軽妙さを加味している。

（エ）「つまりあまり理想的でヘンなのである」という一文は、本作品の語り手が客観的に述べることで、作中人物の心情を論理的に分析している。

（オ）「蛇」や「ゲジゲジ虫」、「さそり」といった生き物の死骸のなかで、艶っぽく微笑する許仙の妻の姿を描くことによって、幻想的な世界を効果的に現出させている。

［問六］ 本文中で「許仙」と「義兄」とはどのように描かれているか。適当なものを、次の（ア）～（カ）の中から二つ選べ。

解答番号は 26 、 27

（ア）許仙はおとなしく善良で、簡単に人を信用してしまう人物である。そのため、妻の素性や義兄の言うことに疑問を持たずに日々を送っている。

（イ）許仙は特別な商才があるわけではないが、正直で優しい人物である。妻とともに生活する中で、常に妻のことを思い、妻に尽くしている。

（ウ）許仙は一生懸命でまっすぐな人物である。しかし、商売となるとあまりその長所が生かされないため、義兄と妻の忠告をよく聞き、骨を折って仕事に励んでいる。

（エ）義兄は、許仙を支配し、思うままにあやつりたいと思っている。何の取り柄もない許仙に非難すべきところがない妻ができたことに嫉妬し、許仙と許仙の妻の仲を裂こうとしている。

（オ）義兄は身分の低い小役人であったが、働き者であらゆることに気配りができる人物である。そのため、許仙の妻の働きぶりに感心しつつ、超人的な作用から妻のことを怪しんでいる。

（カ）義兄は、注意深く周囲を観察するが、一度思い込むとこだわりすぎる傾向がある。そのため許仙の妻を蛇であると疑い、独断で許仙の妻の正体を確かめる薬を試そうと意気込んでいる。

［問五］ 傍線部④「義兄一人はその笑いをつくづくおそろしいと感じた」とあるが、なぜか。最も適当なものを、次の（ア）～（オ）の中から一つ選べ。解答番号は 25

（ア） 故郷で耳にした蛇の化身のように、許仙の妻が自然を操ることで薬屋の集客につなげたことを見た義兄は、許仙の妻の正体は蛇ではないかと疑うようになったから。

（イ） 活気づく店の様子を見れば、許仙の妻が頼もしいものに思われるが、義兄には薄暗い店の奥で平然と笑みを浮かべる妻の姿が故郷の蛇の化身と重なるように思われたから。

（ウ） 夫の気づく前に仕事をこなし、繁盛する薬屋の奥で夫の手柄を立てるように上品に笑う許仙の妻の疲れを知らぬその様子が、あまりにも完璧でヘンだと思ったから。

（エ） 元来許仙の妻の正体を疑っていた義兄は、許仙の父親が蛇を助けた経験があることを知り、常軌を逸することが身近で起きてしまったように思われたから。

（オ） 蛇、ゲジゲジ虫やさそり等に囲まれる中で見せた許仙の妻の笑みは、あまりに美しく神秘的であり、義兄は彼女のぞっとするような魅力に引き込まれそうになったから。

［問三］傍線部②「こ気味よさそうに相手は言った」とあるが、なぜか。最も適当なものを、次の（ア）～（オ）の中から一つ選べ。解答番号は 23

（ア）平凡な男が多くの災難を被ることになったきっかけが、偶然蛇を助けた父親の行動にあると知り、この不幸が自らの身にふりかからなかったことに安心したから。

（イ）蛇の化身である妻の正体に気付かず満足げに暮らしていた平凡な男に嫌悪感を抱いていたが、その後夫婦関係が破綻した様子を見て、清々したから。

（ウ）完璧な美人と結ばれた凡庸な男に対して嫉妬の感情を抱いていたが、女の正体におののいている男の姿を見て、優越感を覚えたから。

（エ）あまりにも申し分のない美女が平凡な男の妻になったことを不審に思っていたが、その正体が人間ではなかったことを知り、以来男が病気がちになったことにも得心したから。

（オ）尋常の人間に思えないような行動をする男の妻を不審に思っていたが、この妻が蛇の化身であったことを知り、いままでの妻の行動に対する疑念が晴れたから。

［問四］傍線部③「不幸は急に冷い手で、義兄の背なかをなぜた」で用いられている表現技法と同じ表現技法が用いられているものを、次の（ア）～（オ）の中から一つ選べ。解答番号は 24

（ア）去年《こぞ》今年貫く棒の如きもの

（イ）金剛の露ひとつぶや石の上

（ウ）海に出て木枯帰るところなし

（エ）春の町帯のごとくに坂を垂れ

（オ）たましひのたとえば秋のほたる哉《かな》

［問二］ 傍線部①「義兄の心境の変化」とは、どのような変化か。最も適当なものを、次の（ア）～（オ）の中から一つ選べ。
解答番号は 22

（ア） 許仙にはもったいないほど非の打ちどころのない完璧な嫁に喜んでいたが、その妻の超人的な姿を目の当たりにし、尋常の人間ではないと思うようになった。
（イ） 許仙の妻が想像以上に働き者であったため感心していたが、欠点のない奇妙さから精気の薄い許仙の身を心配するようになった。
（ウ） 思いがけない幸運による許仙の成功を妬ましく思っていたが、許仙の妻が店の費用として多額の銀を持参した経緯から、その身元を不審に思うようになった。
（エ） 働き者で美しい許仙の女房を多少うらやましく思う心境だったが、故郷で起こった蛇事件の話を聞き、その素性に疑念を抱くようになった。
（オ） 目を見張るほど美しい姿である許仙の妻に驚きを隠せずにいたが、蛇の超人的作用を目の当たりにし、その本性は蛇ではないかと疑うようになった。

（武田泰淳『人間以外の女』より）

＊下廻りの役……下働きの仕事。
＊端午節……旧暦の五月五日、現在の六月頃。
＊かい性もない……経済力もない。
＊命数……寿命。
＊膏薬……ぬり薬。

［問二］　空欄 A に入る最も適当なものを、次の（ア）～（オ）の中から一つ選べ。解答番号は 21

（ア）言を左右にしてはいけないよ
（イ）世間はわたれないよ
（ウ）世なれすることはよくないよ
（エ）うまく立ち回ってはだめだよ
（オ）身をふることはできないよ

許仙の店が一年分の儲けを四、五日で収めたあと、義兄はなにげなく弟にたずねた。「お前、なにか子供の時でも蛇をどうかしたことないか。助けたとか、放してやったとか」
「蛇って、別に」と弟はしばらく考えていたが、フト思い出したように「わたしは別にありませんが、そう言えば死んだおやじが、水車の輪でおしつぶされた大きな蛇を拾って、沼へ放してやったことがあるそうですよ」と答えた。
「そうか、やっぱり」とうなずくと、義兄は緊張したおももちで黙り込んでしまった。
それから二、三日、青い顔をして考えあぐねていた義兄は、その頃学識深いので有名な金山寺の僧侶のもとへ出かけた。そして自分の日頃の心配を打ち明けた。弟の嫁のあやしい模様など、いちぶしじゅうを聴きとった僧はいかにも経験を積んだ、智慧のゆたかな顔をむずかしげにしかめながら、親切に話してくれた。
「その女が蛇であるとは、今すぐ、わしには断言できぬな。だが、いずれにしても、異常のものにはちがいないのじゃ。一般に女というものは欠点の多いものじゃ。ところがこの女には全くそれがない。これはチト奇妙じゃ。わしの今までの体験で言うとそのような完全すぎる女人というものは概して尋常の人間ではない。男にとって最も危険なしろものじゃ。ことにお前の弟のように精気のうすい男の場合、体力や才能が格段と強い女のため破滅をこうむることは考えられるな」
「それでは、一体どうしたらよろしいものでしょうか」
「蛇であるかどうかためす薬はある。それを持ちかえってその女に飲ませ、お前が自分でみとどけるより仕方がない。しかし、よく言っておくがな」と僧は賢そうな眼を細めながらつけ加えた。「その女が蛇とか、何か人間以外のものであっても、夫婦がうまく行く場合がまれにある。うまく行く場合は世間の人々の問題にもならぬから、公にはわからんのじゃ。わしも悪い場合にかぎり相談されるので、良い場合は取扱ったことがないのでな。お前の弟嫁の場合も、たとえそれがうまく行っていても、なお、おそろしいのなら薬を飲ませなさい。さもなければ、やめる。その点は弟ともよく相談するのじゃな」
義兄は厚く礼をのべてたちかえったが、もう考える余地はなかった。人間以外の女を妻として無事にすむわけがない。この夫婦がうまく行く、そういう異例な幸福が許されるとは彼の人生哲学が承知できない。四十余年の生活の与えた常識をくずすわけにはいかないのである。

ただであの男の女房になるはずがありませんや。どう考えたって、あの女、人間としちゃヘンでした。ともかく、人間には過ぎてましたな。それに気づかずにいたのは、こっちがうかつです。恩がえしか、たたったのかわかるもんですか。えらいもんに見込まれたもんでさ。あの息子も可哀そうに、あれ以来、病気がちです。無理もねえ、いくら恩がえしでも、蛇を女房に持った以上、ながもちはしますまい。いい迷惑でさ。いくら利口でも、根が畜生、こちとら人間なみのつきあいが出来るはずがありませんや。馬鹿々しい」

②ご気味よさそうに相手は言った。義兄はすっかり、暗い沈んだ心を抱いて戻って来たのである。

「人間どうしのことなら、何とでも始末がつくが、ひょっとして弟の女房が人間以外の奴だったら」彼は湖心に青黒いうねりを巻いて動き去った蛇の鱗を想像して、背すじが寒くなる。常識を絶したことがこの世にあるとしても、それだけなら我慢はできる。それが自分の身近で起きられては、いてもたってもいられない。どうせ弟一人の身ですむことではあるまい。③不幸は急に冷い手で、義兄の背なかをなぜた。

　薬屋はあまりはやらない。むしろほとんど客足が絶えている。このままでは店じまいするばかりであった。許仙は店をはやらせるすべを知らない。元気のない夫をなぐさめたり、はげましたりしていた女房は、夕方手がすくと外出する。空の色のうつりかわり、河の水色の濃さうすさ、畠の泥の小虫たちのうごく方向など、澄んだ瞳をこらして眺めては家へもどる。それが二、三日続いた。ある日突然、熱心に下痢《げり》の薬をこしらえはじめた。あまり見かけない調合法である。朝からつくり出して一日中手を休めない。夕食がすみ、夫が床に入っても自分は燈火をかきたて、眠ろうともせず、丸めた丸薬を袋に入れる仕事をつづけていた。夜半から風雨となり、それが天地も崩れんばかりの荒れかたである。村里では水も出たらしい。

　一夜明けると、客がポツポツ来る。どれも下痢の薬を買う。その薬が効くと見え、昼頃からぞくぞくと客がつめかけ、ひきもきらない。許仙はすっかり喜んで小僧を指図し商売にはげむ。干しかためた茶褐色の蛇や、黒光りするゲジゲジ虫や、さそり、*膏薬《こうやく》の甕《かめ》に貼られた紅色の紙、粉薬を包んでぶらさげた金紙銀紙、薬材や線香の匂いを発散させる薬だんすの金具の光、その黒ずんだうす暗い店の奥で、青く見えるほど白い頬の肉をほころばせ④許仙の妻は珍しい店の活気をしとやかに眺めている。その口もとの笑いは、神秘的ともいえる。やさしく、たのもしいともいえる。義兄一人はその笑いをつくづくおそろしいと感じた。

兄の故郷は沼沢《しょうたく》が多い、沼地が村と村の間に満ち、雲霧に閉された季節がつづく。昔から蛇の物語がそこに伝わっているのはその風土のためである。兄も子供時代、よく蛇の物語をきかされた。子供心に、蛇の超人的作用をおそれたものである。その後北へうつり、平凡な雑務に追い使われて年をとるにつれ、これら非現実的な物語は、いつか彼の頭から消え去っていた。

ところが久しぶりに故郷へもどり、葬式をすませた日に、彼は偶然この村に最近起きた蛇事件をきかされた。その事件は、蛇がたたるのではなく人を助ける話だった。その村のある老人が子供時代、悪童に苦しめられている蛇を助けてやった。後にその老人の息子が、非常な美女を妻にした。その妻が蛇の化身だったというのである。

この妻は、話の様子では、弟の女房によく似ているな、と義兄はフト思い当った。完全な美女で疲れを知らない。普通人なら土地者でもけだるくなる*端午節の頃でも、まるで湿気を感じないように、むしろ湿気に元気づけられるように、生き生きと艶《つや》っぽい。そして村のいざこざ、家庭のもめごとがいくらはげしくても、それにかかわりなく、微笑をうかべて平気で暮す。叱られても、ほめられても気にしない。食物が不足しようと、寒暑がひどかろうと、他の女房に我慢ならぬことが何でもない。夫の命令どおり、むしろ夫の気づかぬ前に、仕事をすます。醜い、*かい性もない夫に不足がましいことも言わず、母が子を、姉が弟をいたわるように仕える。夫が何かせっぱつまると、自分でだまって解決してしまう。つまりあまり理想的でヘンなのである。

ヘンではあるがこの場合にも、誰一人この女房が蛇だとは気がつかなかった。それがこの八月、夫婦で河へ出た。隣村に用があったのである。昼すぎから空模様があやしくなり、小さい舟が小川から湖に出るころ、風となった。風のためか小舟は風雨の中を、岸によらずに、次第に湖心に近づいた。雨の光、風の声は小舟めがけて四方から集った。舟が転覆して水中に没してから漂着したその息子の話では、女房がその風雨を駆使したものらしい。その物おそろしい暴風雨の中でも、女房は少しもあわてず、夫の顔をしげしげと眺めてしずかに語った。私はあなたのお父様にたすけられた蛇の化身です。今日まで御恩がえしにと思って、おそばに居りましたが、*命数が参りましたからおいとまいたします。かげながらあなた様の御幸福を祈って居ります。そう語り終ると、女房は湖面に身をおどらせ、青黒い水がたちまち大きくうねり巻くと、大蛇の鱗《うろこ》らしきものが、ギラリギラリと波間に光った。息子はそのまま気をうしない、気がついたときは、自分の村の小川の岸に漂着していた。

「それはそのはずですよ」義兄にこの蛇事件を話してきかせた村の者は、こう言ったそうである。「第一、あんな申分のない女が、

二　次の文章を読んで、あとの問に答えよ。

薬屋の許仙《きょせん》はとりたてて能のある男ではない。気もやさしい、正直な人柄だが、商売の腕はさっぱりない。ただ彼が噂の種になるのは、女房が美人だからである。

女房は非の打ちどころのない、いい女である。働き者で、よく気がつく。ただの人間にしては、綺麗さがあまりに徹底しているほどだ。夫の許仙はもちろん、街の者は彼女にほれこみ感服している。

「だが、何故こんな見ごとな女が許仙などの妻になったのか」という一種の不満は誰にでもあった。しかし、この女が人間以外のもの、まして蛇であろうと考え出す者は当分の間いなかったのである。

ただ一人そんな疑いを起した男がいた。許仙の姉の夫である。ごく身分の低い小役人であった。両親のない許仙を何かにつけてめんどう見てくれるのは、この義理の兄一人。姉も弟同様おひとよしで、あまり働きのある方ではないから、義理の兄は万事に気をつける。*下廻りの役を永年勤めただけに、世間ひととおりの義理人情もわきまえ、つらい暮し、不自由なしきたりに、どうやら堪え忍んで行く知恵は身につけていた。

「どうもお前は、血のめぐりが悪い。それで［A］」などと弟に忠告することがある。「人間、ぼんやりしてると、色々の目に遇う。いつでも気をつけているのが大切だ。気をつけて、骨惜しみさえしなけりゃ、悪いことも起きずにすむ」

この兄も、最初旅先から弟が嫁をつれて帰った時には、さすがに眼を見はった。できたらこんな女をと思っていたそっくりそのままの、むしろ望外ないいかみさんである。よくもお前がと、女房ともども大いに喜んだ。

「一寸《ちょっと》綺麗すぎるがな」そう妻に向って冗談を言ったが、それは不吉の意をこめてではない。多少うらやましい程度の気持だった。許仙の姉などは弟の嫁の働きぶりにただただ感心させられるばかりである。思いもかけぬ多額な銀を持参して、店びらきの費用にと差し出されたが、その素性を疑ったことはない。

①義兄の心境の変化は、彼が故郷へもどった際に起きたのである。弟の妻の挙動に特に注意するようになったのは、それ以後である。

［問十二］ 二重傍線部A・Bの、本文中における意味として正しいものを、それぞれの（ア）～（オ）の中から一つずつ選べ。
解答番号は、Aは 19 、Bは 20

A 頰をあからめた
（ア） 興奮し躍り上がって喜ぶ
（イ） 恥ずかしがってはにかむ
（ウ） 困惑してその場にいたたまれない
（エ） あまりにも失礼な態度にあきれる
（オ） あっけにとられて返事ができない

B 戦慄すべき
（ア） 冷静沈着ながら血も涙もないような
（イ） 将来にわたって語り継がれるであろう
（ウ） 力強い勇ましさが想像されるような
（エ） 本当は人に知られるべきではない
（オ） 恐ろしくてからだが震えるような

［問十］　次の（1）～（7）で、文章Ⅰについて述べたものはア、文章Ⅱについて述べたものはイ、どちらでもないものはウを選べ。

解答番号は、1は 12 、2は 13 、3は 14 、4は 15 、5は 16 、6は 17 、7は 18

（1）雑念なく純粋に恋愛を楽しもうとする男女の姿を、ほほえましく受け入れる歌と考えている。
（2）言語の意味の歴史的な移り変わりなどを踏まえて、歌の成立過程を解明しようとしている。
（3）描かれている場面の季節感など、その場の雰囲気からの情緒的な解釈を試みている。
（4）高い身分であるところの天皇が、見知らぬ女性との交歓を求める意外性を楽しむ歌ととらえている。
（5）単純で力強いリズムが古代の純朴な喜びを表す、万葉集を代表する典型的な歌のひとつとしている。
（6）文法上の観点による論理的解釈によって、歌の背景を読み取ろうと試みている。
（7）伝聞で伝えられる不確かな情報はすべて排除し、万葉集独自の構成に従って歌の内容を分類している。

［問八］傍線部⑦「この長歌を媒体として私たちが感じうる情景は、さながら一枚の童画である」とあるが、筆者がそのように述べる理由を説明した文として最も適当なものを、次の（ア）～（オ）の中から一つ選べ。
解答番号は 10

（ア）春のうららかな風景の中、気高く実直な青年が、純朴そうな少女に初々しく語りかけているから。
（イ）一国の統治者である帝王が、自分の社会的地位を忘れて、一人の女性に夢中になっているから。
（ウ）神話の時代から続く由緒ある丘で、わずらわしい現実を忘れて遊ぶ男女の姿が、のどかでかわいらしいから。
（エ）暖かい日差しの下で自由を楽しむ天皇の姿が、ふだんの厳しい様子からは想像できないものであったから。
（オ）国中の女性が憧れる男性から求愛された女性の、天にも昇るような喜びが素直に表現されているから。

［問九］文章Ⅰと文章Ⅱとでは、文中の和歌の解釈が異なる部分があるが、それはどの部分か。最も適当なものを、次の（ア）～（オ）の中から一つ選べ。なお、和歌の表記は文章Aのものである。解答番号は 11

（ア）籠もよ　御籠持ち　掘串もよ
（イ）この丘に　菜摘ます子　家告らせ　名告らさね
（ウ）そらみつ　倭の国は　おしなべて
（エ）吾こそ居れ　しきなべて　吾こそ座せ
（オ）吾こそは告らめ　家をも　名をも

［問六］　傍線部⑤「そういう威力」とは、どのような「力」か。最も適当なものを、次の（ア）～（オ）の中から一つ選べ。
解答番号は 8

（ア）自分こそがこの国の支配者であると告げることで、不安な相手を安心させるような力。
（イ）天皇によって発唱されることで、全ての人が命令に従わざるを得なくなるような力。
（ウ）予想外の展開が許されない神聖なる結婚の場において、結婚の成立を確実にする力。
（エ）その人が発した言葉なのだから、確かに効果があるのだろうと人々を納得させるような力。
（オ）単なる男女の恋の駆け引きではなく、歌に「歴史的背景」を持たせるような力。

［問七］　傍線部⑥「枕ことば」とは、和歌の修辞法の一つであるが、おもにどのような働きをするものか。最も適当なものを、次の（ア）～（オ）の中から一つ選べ。解答番号は 9

（ア）特定の場所への旅を想像させる表現で、情感に現実味を加える。
（イ）よく似た意味を持つ語を重ねることで、主題を強調する。
（ウ）同じ母音のことばを用いて、表現におもしろみを付ける。
（エ）調子を整えたり、連想の効果によって味わいを深めたりする。
（オ）同音異義のことばを使って、一語で同時に二つの意味を持たせる。

[問四] 傍線部③「そういう場合」とはどのような場合か。最も適当なものを、次の(ア)～(オ)の中から一つ選べ。

解答番号は 6

(ア) 天皇が丘を散策して、結婚相手となる女性を探しているような場合。
(イ) 一人前の女性となるために、数人で山に籠って寝起きする場合。
(ウ) 結婚する準備をしている女性に対して、男性が歌いかける場合。
(エ) みずからこの国を統治していることを告げ、正式に宣言する場合。
(オ) 結婚のために設けられた場で、高い身分の女性に話しかける場合。

[問五] 傍線部④「遠から」の文法上の説明として、最も適当なものを、次の(ア)～(オ)の中から一つ選べ。

解答番号は 7

(ア) シク活用の形容詞の已然形
(イ) ク活用の形容詞の未然形
(ウ) 四段活用の動詞の未然形
(エ) 下二段活用の動詞の連用形
(オ) カ行変格活用の動詞の命令形

[問二]　傍線部①「吾こそ居れ」で用いられている表現技法の名称として正しいものを、次の（ア）～（オ）の中から一つ選べ。
解答番号は 4

（ア）体言止め
（イ）縁語
（ウ）倒置法
（エ）掛詞
（オ）係り結び

[問三]　傍線部②「丘で摘み草をしている娘に、行きずりにからかいかけた、という光景を想像させるけれども、それは違う」とあるが、筆者がそのように述べる理由を説明した文として最も適当なものを、次の（ア）～（オ）の中から一つ選べ。
解答番号は 5

（ア）天皇が、身分もわからない見ず知らずの女性に語りかけることはありえないから。
（イ）摘み草をしていた女性は、気軽に話しかけられるような雰囲気の相手ではなかったから。
（ウ）春の丘での摘み草は、結婚の資格を得るための重要な行事のひとつであったから。
（エ）天皇の発言といえども、恋の告白といった私的な事象を記録することは不自然だから。
（オ）結婚の準備のために娘たちだけで籠っている山で、男性と出会うことは現実的でないから。

＊相聞……恋慕や親愛の情を詠み合う歌。
＊雑歌……題材や内容で明確に分類できない歌。
＊逍遥……気ままにあちこち歩きまわる。
＊諡……敬意を表して死後に名前を贈る。
＊表を上って……日本を統一した過程を示す文書を送る。

［問二］ 空欄 A ・ B ・ C に入る最も適当なものを、それぞれの（ア）～（オ）の中から一つずつ選べ。
解答番号は、 A は 1 、 B は 2 、 C は 3 。

A
（ア）そうした様式を重んじる　（イ）その実際の場所における
（ウ）歴史上ではありえない　（エ）身分違いなど気にかけない
（オ）無邪気でおおらかな性格の

B
（ア）女性的な、みやびやかな　（イ）力強く躍動的な
（ウ）技巧の多い、表面的な　（エ）言葉の響きを最優先する
（オ）青白く弱々しい

C
（ア）つまり　（イ）しかも
（ウ）そして　（エ）さらに
（オ）ただし

える。「籠」は摘んだ菜を入れるカゴ、「み籠」の「み」は美称、よい籠の意である。「掘串」は土を掘る道具。「そらみつ」は大和の⑥枕ことば。神代《かみよ》のむかし、饒速日命《にぎはやひのみこと》という神が、天磐船《あめのいわふね》に乗って空をかけめぐり、大和の国を空から見て、あまくだってきたという伝説にもとづく。

『籠よ。よい籠を持ち、掘り串よ、よい掘り串を持ち、この春の丘べに若菜をつんでいる愛らしい娘さん。あなたの家が聞きたいな。おしえてくれないか。私はこの大和の国を一面に従えている男だ。このあたり一帯には、統治者として私こそが君臨しているのだ。さあ、このたのもしい男、私にこそ、娘さんよ、おしえてくれるね。そなたの家と、そして名とを・・・・・』

愉快な歌である。家や名をたずねるのは、求愛の意思表示であり、乙女がそれに答えれば、男の愛を受け入れたことになる。

陽炎ゆらぐ若草の丘べ・・・・・。この歌の詠み手である大泊瀬稚武天皇《おおはつせわかたけのすめらみこと》はおそらく従者などわずかしかつれない気がるな姿で、あたたかな日ざしの下を＊逍遙《しょうよう》していたにちがいない。よびかけられた乙女も、小道に立ちどまった青年貴人を天皇とは知らず、不意の求愛にびっくりし、A頬をあからめたことと思う。家や名を告げたかどうかは、想像のかぎりではないが、⑦この長歌を媒体として私たちが感じうる情景は、さながら一枚の童画である。

C、歌から離れ、日本書紀の記載に拠って大泊瀬稚武天皇をながめ直すと、そこにあらわれてくるのは一個の残虐な専制君主の像だ。

雄略帝と＊諡《おくりな》されたこの天皇は、五世紀後半の日本を支配し、多くの、B戦慄すべき逸話をのこした。彼の即位前後までに、大和朝廷による統一国家がだいたいできあがり、中国南朝の宋の順帝へも表を＊上《たてまつ》って、日本の統治者たる認証をうけている。

（杉本苑子『私の万葉集』より）

【文章Ⅱ】

「ますらを」とは、いったい何だろう。単に〝男〟を意味する場合もある。〝たをやめ〟に対する〝ますらを〟、女に対する男の謂《い》いである。

また、特に「ますらを」というと、男の中の男、雄々しく、いさぎよく、弱い者にはやさしいスーパーマン的男性をさす場合も多い。武人の意味もあろう。

もともと「ますらを」とは、マスアラヲをつめた言葉で、漢字では益荒男、あるいは丈夫、大丈夫などとも書き、これにマスラヲと傍訓をふっている。

古今、新古今以降の［B］詠《よ》みくちに対して、万葉の歌のつよさは、一般に「ますらをぶり」という表現でよばれてきた。もっとも万葉びとじたいは自分たちの作を、「ますらをぶり」などと評してはいない。この言葉は江戸時代の国学者が、万葉集を性格づけ、価値づける必要から作り出した造語といえる。

この章でとりあげる歌も、彼ら国学者たちの感覚にならって、「ますらを」という言葉がはいっていなくても、たとえば恋の歌、女性の作であっても、調べが堂々として、おおらかな明るさ、つよさに満ちているものならば、すべて『ますらをぶり』と考えて鑑賞することにした。はじめにまず、次の有名な長歌をあげてみよう。

籠もよ　み籠持ち　掘串もよ　み掘串持ち　この岳《おか》に　菜摘ます児　家聞かな　告らさね
そらみつ　大和の国は　おしなべて　われこそ居れ　しきなべて　われこそ座せ
われこそは　告らめ　家をも名をも

万葉に関心を持たない人でも、この歌の出だし二、三句はたいてい諳《そら》んじている。それほどしたしまれている作品である。

巻の一の、冒頭に置かれているのも、目につきやすい理由のひとつだが、なんといっても一国の統治者――帝王が、野の草つみ乙女にむかって無邪気に、率直に語りかけているおもしろさ、その古代の心の素朴さが人を打つのだろう。ますらをぶりの歌と言大意には問題がないようだが、どうして、丘で摘み草をしている娘に、天皇が名を問いかけたりしたのだろうか、という疑問がおこるし、また、どうしてそういう天皇の告白が書き記されて伝わったのか、という疑問も生じる。それに、こう言いかけられた娘は、何にも答えなかったのか、それとも、答えたのだがその歌がなくなってしまった、というのだろうか。

②丘で摘み草をしている娘に、行きずりにからかいかけた、という光景を想像させるけれども、それは違う。天皇が「菜摘ます子」と敬語を使っているのだから、相手も立派な身分の女性である。倭のある豪族の娘といったような身分の者であって、その娘が、一人前の女性となるために、つまり結婚の資格を得るために、ある時期に、③村里の生活を離れて、娘たちだけで山に籠《こも》って寝起きする。そういう生活にいる娘に偶然行き逢《お》うた、と解すべきである。そして、そういう場合、男が身分を名告り、女の家名を問うことは、求婚の儀礼であると見るべきである。

この歌に出て来る「告る」という語は、「言う」の敬語であるが、そう固定する前に、神(およびその資格者)が宣言する、命令するという語であった。「名告《なの》り」④も、単に名前を言うというのではなく、きまった形式によって、ある効果を予期して身分を発唱することばであった――後の「遠からんものは音にも聞け」なども、名告りの形式である――。有力なことばを言いかけられると、相手は口をひらかざるを得なくなる。すなわち、家も名も名告り、男の求婚に応ぜざるを得なくなるのだ。

しかしこの歌は、[A]雄略天皇の制作ではなく、後世、神聖なる結婚の場所において、結婚の成立の効果をもたらすものとして、発唱された儀式の歌であろう。そしてそういう効果をもたらす威力を、この歌が持っているのは、⑤かつてそれが、雄略天皇によって発唱されたという歴史によって、保証されているのである。伝承的史伝の上における雄略天皇は、そういう威力をそなえた天皇として伝えられている。だからこの歌は、男の、女に対する言いかけであるのに、＊相聞《そうもん》の部類には属さずに、＊雑歌《ぞうか》に属するものとして分類されている。平安朝以後になると、歌の分類の名称が細かくなって来て、そうなってから、そのどれにも属さない歌を集めて、「くさぐさの歌」といったような意味で「雑歌」の中に入れるようになったが、萬葉集にはむしろもっとも本格的な歌が雑歌の部類の中に収められている。すなわち、雑歌とは「歴史的背景をもった歌」である。

(山本健吉『萬葉百歌』より)

二〇二四年度 東京成徳大学高等学校・一般入試(特待)

【国　語】 〈五〇分〉 〈満点：一〇〇点〉

注意……解答は、解答用紙（マークシート）の指定された解答欄にマークしなさい。
各問の 1 、 2 …… 28 が、解答用紙の解答番号にあたる。

一　次の【文章Ⅰ】、【文章Ⅱ】を読んで、あとの問に答えよ。

【文章Ⅰ】

籠《こ》もよ　御籠《みこ》持ち
掘串《ふくし》もよ　御掘串持ち
この丘に　菜摘ます子
家《や》告《の》らせ　名告らさね
そらみつ　倭《やまと》の国は
おしなべて　①吾こそ居れ
しきなべて　吾こそ座《ま》せ
吾こそは告らめ　家をも　名をも　（巻一・一）

この、萬葉集巻頭第一首目の歌は、歌の大意にはさして問題がない。いれ物を持ち、へらを持って、菜（副食物）を採っている娘に天皇が言いかけて、どこの家の子で、名は何と言うのか、と問うた。それについて、天皇みずから名を名のり、自分こそはこの倭の国のあるじである、と告げたのである。

2024年度／東京成徳大学高等学校・一般入試(特待)

英語解答

1 問1 (エ)　問2 (ウ)　問3 (ア)

問4 (イ)　問5 (エ)

2 問1 (ウ)　問2 (イ)　問3 (エ)

問4 (ア)　問5 (イ)

3 問1 11…(オ)　12…(カ)

問2 13…(カ)　14…(ア)

問3 15…(キ)　16…(エ)

問4 17…(オ)　18…(イ)

問5 19…(オ)　20…(エ)

問6 21…(ウ)　22…(ア)

4 問1 (エ)　問2 (イ)　問3 (ウ)

問4 (ア)　問5 (イ)　問6 (エ)

5 問1 (ア)　問2 (ウ)　問3 (イ)

問4 (エ)　問5 (イ)　問6 (ウ)

6 問1 (エ)　問2 (イ)　問3 (ア)

問4 (ウ)　問5 (ア)　問6 (エ)

7 (イ)

8 問1 (a)…(エ)　(b)…(ウ)　(c)…(エ)

問2 (ア)

問3 46…(カ)　47…(ウ)　48…(コ)　49…(ケ)

50…(ア)

数学解答

1 問1 (ウ)　問2 (エ)　問3 (ウ)

問4 (イ)　問5 (ウ)　問6 (イ)

問7 (エ)　問8 (ウ)

2 問1 (オ)　問2 (エ)　問3 (ウ)

問4 (イ)

3 問1 (ウ)　問2 (オ)

4 問1 (ウ)　問2 (ウ)　問3 (ア)

5 問1 (イ)　問2 (ア)　問3 (エ)

社会解答

1 問1 (ウ)　問2 (イ)　問3 (ウ)

2 問1 (オ)　問2 ①…(エ)　②…(イ)

問3 W…(ア)　Y…(ウ)　問4 (ウ)

3 問1 A…(イ)　B…(ア)　C…(ウ)　D…(エ)

問2 A…(イ)　B…(エ)　C…(ウ)　D…(ア)

問3 (ウ)　問4 (エ)

4 問1 (A)…(ウ)　(B)…(イ)　(C)…(イ)

問2 (イ)　問3 (イ)　問4 (イ)

5 問1 (ア)　問2 (エ)

問3 (A)…(ア)　(B)…(エ)　(C)…(ウ)　(D)…(イ)

問4 (エ)

6 問1 (ウ)　問2 (ア)　問3 (カ)

問4 (イ)　問5 (エ)　問6 (ウ)

7 問1 (ア)　問2 (エ)

問3 (エ)→(ウ)→(イ)→(ア)　問4 (ア)

問5 (オ)

理科解答

1 問1 (ア) 問2 (イ) 問3 (カ)
問4 (エ) 問5 (イ) 問6 (オ)
問7 (イ) 問8 (エ)

2 問1 (イ) 問2 (イ) 問3 (カ)
問4 (ウ) 問5 (カ) 問6 (イ)

3 問1 (ウ) 問2 (エ) 問3 (エ)
問4 (ウ) 問5 (ウ) 問6 (ウ)

4 問1 (イ) 問2 (ア) 問3 (ウ)
問4 (ク) 問5 (オ) 問6 (イ)

5 問1 (ウ) 問2 (イ) 問3 (イ)
問4 (ア) 問5 (ウ) 問6 (エ)

国語解答

一 問一 A…(イ) B…(ア) C…(オ)
問二 (オ) 問三 (ア) 問四 (ウ)
問五 (イ) 問六 (エ) 問七 (エ)
問八 (ア) 問九 (オ)
問十 (1)…ウ (2)…ア (3)…イ (4)…イ (5)…ウ (6)…ア (7)…ウ
問十一 A…(イ) B…(オ)

二 問一 (イ) 問二 (エ) 問三 (エ)
問四 (ウ) 問五 (イ) 問六 (ア), (カ)
問七 (ウ)

2023年度 東京成徳大学高等学校・一般入試(第1回)

【英　語】 (50分) 〈満点：100点〉

注意：解答は，解答用紙（マークシート）の指定された解答欄にマークしなさい。
各問の[1] [2] … [39]が，解答用紙の解答番号にあたる。

1

次の(ア)～(コ)の語の中で，**最も強く発音する部分が②になるもの**を3つ選びなさい。解答の順序は問わない。 [1] [2] [3]

(ア) for-eign　① ②
(イ) sur-prise　① ②
(ウ) jun-ior　① ②
(エ) ex-cuse　① ②
(オ) hun-dred　① ②
(カ) en-joy　① ②
(キ) doc-tor　① ②
(ク) care-ful　① ②
(ケ) din-ner　① ②
(コ) pur-ple　① ②

2

次の各問の[　　]に入る最も適切なものを，(ア)～(エ)よりそれぞれ1つずつ選びなさい。

［問1］ It [4] rainy tomorrow.
(ア) will　(イ) will be　(ウ) is going to　(エ) has

［問2］ [5] TV for a long time is not good for your eyes.
(ア) You watch　(イ) Watch　(ウ) Watching　(エ) Watched

［問3］ What [6] you doing then?
(ア) have　(イ) were　(ウ) do　(エ) did

［問4］ The town is famous [7] its beautiful park.
(ア) in　(イ) by　(ウ) with　(エ) for

［問5］ How [8] books do you read a month?
(ア) many　(イ) much　(ウ) long　(エ) often

3　次の各問の日本文に合うように語(句)を並べかえて英文を完成させる時，３番目と５番目の[　　]に来る語(句)を，(ｱ)～(ｷ)よりそれぞれ１つずつ選びなさい。ただし，文頭に来る語(句)も小文字で始めている。

［問１］　彼は妹の誕生日に時計を買ってくれました。

He [　　] [　　] [9] [　　] [10] [　　] [　　] birthday.

(ｱ) my　　(ｲ) for　　(ｳ) bought　　(ｴ) watch
(ｵ) a　　(ｶ) sister　　(ｷ) her

［問２］　どのくらいその本を借りていてもいいですか。

[　　] [　　] [11] [　　] [12] [　　] [　　] for ?

(ｱ) can　　(ｲ) book　　(ｳ) how　　(ｴ) I
(ｵ) long　　(ｶ) the　　(ｷ) borrow

［問３］　私の妹は料理に興味がありません。

[　　] [　　] [13] [　　] [14] [　　] [　　] .

(ｱ) has　　(ｲ) interest　　(ｳ) cooking　　(ｴ) no
(ｵ) my　　(ｶ) in　　(ｷ) sister

［問４］　電車はまだ駅に着いていません。

The [　　] [　　] [15] [　　] [16] [　　] [　　] yet.

(ｱ) at　　(ｲ) train　　(ｳ) arrived　　(ｴ) not
(ｵ) has　　(ｶ) station　　(ｷ) the

［問５］　私は彼女にもう一度それを試してもらいたい。

[　　] [　　] [17] [　　] [18] [　　] [　　] .

(ｱ) again　　(ｲ) try　　(ｳ) her　　(ｴ) I
(ｵ) want　　(ｶ) to　　(ｷ) it

4 次の各問の対話文を完成させる時, [　　] に入る最も適切なものを, (ア)〜(エ)よりそれぞれ１つずつ選びなさい。

［問１］ A: How was your weekend?
B: I went to the zoo, but it rained heavily and I didn't bring my umbrella.
A: [19]

(ア) I'm glad to hear that.
(イ) I hope you'll enjoy it.
(ウ) That is a great idea.
(エ) That's too bad.

［問２］ A: It's already 6 p.m.　He is always late!
B: Maybe he is in trouble.
A: Okay, [20]

(ア) I can't find our meeting place.
(イ) let's look for a map.
(ウ) I'll call him.
(エ) he lost his camera.

［問３］ A: This food is delicious!　I've never tried it before.
B: I'm glad you like it.　It's very famous here.
A: [21]

(ア) What's the name of the dish?
(イ) Where do you often go?
(ウ) How long does it take?
(エ) Why are you famous?

［問４］ A: Let's go out for lunch.
B: Okay, where shall we go?
A: [22]
B: But that is too far.　I don't want to take a long walk because it's raining.

(ア) Let's make something delicious.
(イ) How about the café in our building?
(ウ) I have my own lunch and I can share with you.
(エ) Let's go to the famous Italian restaurant.

［問５］ A: I lost my student ID!
B: Where did you last see it?
A: [23]

(ア) There is a table in the corner.
(イ) I put it on my desk this morning.
(ウ) You should check your pocket.
(エ) It was the last one.

5 次の各問の a と b がほぼ同じ意味を表すように，[ ]に入る最も適切なものを，(ア)～(エ)よりそれぞれ１つずつ選びなさい。

［問１］ a: It is very cold today. So we can't swim.
b: It is [24] cold to swim today.
(ア) very (イ) as (ウ) so (エ) too

［問２］ a: I don't know how many students there are in his class.
b: I don't know the [25] of students in his class.
(ア) size (イ) age (ウ) member (エ) number

［問３］ a: Saki is a girl who has long hair.
b: Saki is a girl [26] long hair.
(ア) with (イ) in (ウ) on (エ) by

［問４］ a: Hurry up, or you will miss the train.
b: [27] you don't hurry up, you will miss the train.
(ア) While (イ) Since (ウ) If (エ) Because

［問５］ a: The cat sleeps in front of the radio.
b: There is a radio [28] the sleeping cat.
(ア) under (イ) over (ウ) behind (エ) next to

6

次の英文(ア)～(コ)の中から**誤りを含むもの**を３つ選びなさい。解答の順序は問わない。 29 30 31

(ア) Can you help me with my homework?

(イ) It is getting dark.

(ウ) I have known to Angie since she was a child.

(エ) Yuki has a bag which was made in Italy.

(オ) It began to snow when I leave home.

(カ) No one in my class can sing as well as John.

(キ) Would you like another cup of coffee?

(ク) We went to New York to watch a baseball game.

(ケ) Where you going to visit this weekend?

(コ) You have to finish this work by Friday.

7　次の英文を読んで後の問に答えなさい。

Each country is different from one another, but have you ever heard about the culture of the Philippines? The Philippines is a country in *Southeast Asia and has [32] culture and tradition because of its history.

For more than 300 years, Spanish was the official language in the country under the Spanish rule. Many people spoke Spanish in the early 20th century. But in the early 1900s the Americans *took over the country and English became more common. In 1935, English and Spanish became the official languages. In 1939, *Tagalog, which is the major native language of the Philippines, became a national language, too. It *was renamed "Pilipino" in 1959 and finally "Filipino" in 1973. Now, they have chosen Filipino and English as the country's official languages. *In addition to that, it is said that there are more than 100 *dialects of Filipino. It is not [33] because the Philippines *consists of more than 7,000 islands. Because of this, English is taught in all schools and is used <u>(　　A　　)</u>.

Also, Filipinos, like people from many other Asian countries, give great importance to family. They often live together with their families in large groups. For example, children usually live with their parents until they get married, and many generations also live together. These large families are usually supported by the women. In the Philippines, not only in the family but also at work, the women have a very [34] influence. For example, they often have higher *positions in companies and in the government. You may know the famous Filipino, *Corazon Aquino, who became the first *female president of the Philippines in 1986. Also, many successful Filipino businesses *are run by women.

Another great thing to know about the Filipino culture is that Filipinos love festivals and celebrations. It is very common for people to bring all of their family and friends together to celebrate one's birthday with a lot of food, singing and dancing. Also, the Philippines is the largest *Christian nation in Asia, and the country is known to have the longest Christmas celebration in the world. They start preparing for the holiday season as early as September. For example, they decorate their homes and shopping malls and play Christmas songs in restaurants. This Filipino culture and tradition is known all over the world and is one of the main reasons foreigners love spending their holidays in the country.

Finally, in the Philippines, basketball is one of the most [35] sports and is played both for fun and at a professional level. The country's professional league, The Philippines Basketball *Association, is Asia's first basketball league, and the second oldest in the world after North America's NBA. Ever since the sport was introduced in the country by Americans during the *colonial era, it has never stopped growing.

These are just a part of the unique Filipino culture, and you can find out more about the cultural differences if you visit the country.　Isn't it fun to learn about other cultures and traditions?

(注)　Southeast Asia　東南アジア　　took over　～の支配権を得た
Tagalog　タガログ語　　was renamed　改名された
in addition to　～に加えて　　dialects　方言　　consists of　～から成る
positions　役職　　Corazon Aquino　コラソン・アキノ　　female　女性の
are run　経営されている　　Christian　キリスト教の
Association　協会　　colonial era　植民地時代

［問1］　本文中の[32]～[35]に入る最も適切な語を次の(ア)～(エ)より1つずつ選びなさい。同じ記号は一度しか使えない。

[32]　[33]　[34]　[35]

(ア) popular　　(イ) strong　　(ウ) unique　　(エ) surprising

［問2］　本文中の下線部(　A　)に入る最も適切なものを，(ア)～(エ)より1つ選びなさい。　[36]

(ア) to learn different languages
(イ) to take over the dialects from other islands
(ウ) to know more about the Filipino culture
(エ) to communicate with people with different dialects

［問3］　Which of the following sentences is true about the Philippines?　[37]

(ア) Spanish is one of the official languages now.
(イ) No one spoke Spanish in the early 1900s.
(ウ) English became an official language after Spanish.
(エ) The Philippines does not have their own language.

［問４］ Which of the following sentences is true about the Philippines? 38

(ア) Filipinos usually do not leave the house until they get married.
(イ) The Filipino family usually live in a large room.
(ウ) All of the women are successful.
(エ) Women can be president but do not have a power in the family.

［問５］ Which of the following sentences is NOT true about the Philippines? 39

(ア) Filipino culture has been influenced by Spain and the US.
(イ) They celebrate Christmas for more than three months.
(ウ) Many foreigners enjoy celebrating Christmas in the Philippines.
(エ) The Philippines has the oldest basketball league in the world.

【数　学】 (50分) 〈満点：100点〉

注意：解答は，解答用紙（マークシート）の指定された解答欄にマークしなさい。

各問の 1 2 … 20 が，解答用紙の解答番号にあたる。

選択肢(ア)～(オ)に正答が全くない場合には，(カ) その他 をマークすること。

計算は問題用紙の余白を利用しなさい。

1 次の空欄に適する答えをそれぞれ(ア)～(カ)の中から1つずつ選びなさい。

[問1] $-3\times\frac{1}{5}+\left(-\frac{1}{2}\right)^3\div\left(-\frac{1}{4}\right)=$ 1

(ア) -14　(イ) $-\frac{8}{5}$　(ウ) $-\frac{11}{10}$　(エ) $-\frac{1}{10}$　(オ) $\frac{2}{5}$　(カ) その他

[問2] $\frac{a-2b}{3}-\frac{-a+5b}{6}=$ 2

(ア) $\frac{a-9b}{2}$　(イ) $\frac{a-3b}{2}$　(ウ) $\frac{3a+b}{6}$

(エ) $\frac{a+b}{2}$　(オ) $\frac{3a-3b}{2}$　(カ) その他

[問3] 1次方程式 $2(2x-1)-\frac{1}{3}x=\frac{3}{4}$ を解くと $x=$ 3 である。

(ア) $\frac{5}{22}$　(イ) $\frac{3}{10}$　(ウ) $\frac{2}{3}$　(エ) $\frac{3}{4}$　(オ) 3　(カ) その他

[問4] $\sqrt{2}\div\sqrt{4}\times(-\sqrt{8}\times\sqrt{16}+\sqrt{32})=$ 4

(ア) -12　(イ) -4　(ウ) $-\frac{1}{8}$　(エ) 0　(オ) 2　(カ) その他

[問５]　連立方程式 $\begin{cases} 3x-5y=1 \\ -\dfrac{3}{5}x+\dfrac{5}{3}y=1 \end{cases}$ を解くと，$\boxed{\quad 5 \quad}$ である。

（ア）　$x=-1$，$y=-\dfrac{4}{5}$　　（イ）　$x=\dfrac{5}{3}$，$y=\dfrac{6}{5}$　　（ウ）　$x=\dfrac{10}{3}$，$y=\dfrac{9}{5}$

（エ）　$x=\dfrac{11}{3}$，$y=2$　　（オ）　$x=15$，$y=6$　　（カ）　その他

[問６]　$(x+2)^2+12(x+2)+20$ を因数分解すると $\boxed{\quad 6 \quad}$ である。

（ア）　$(x+2)(x+11)$　　（イ）　$(x-2)(x-10)$　　（ウ）　$(x+4)(x+5)$

（エ）　$(x+12)(x+4)$　　（オ）　$(x-3)(x+16)$　　（カ）　その他

[問７]　n を正の整数とする。$\sqrt{\dfrac{1944}{n}}$ が正の整数となるとき，n は $\boxed{\quad 7 \quad}$ 個である。

（ア）　4　　（イ）　5　　（ウ）　6　　（エ）　7　　（オ）　8　　（カ）　その他

[問８]　$\boxed{1}$，$\boxed{2}$，$\boxed{3}$，$\boxed{4}$，$\boxed{5}$，$\boxed{6}$，$\boxed{7}$ の７枚のカードから連続で２枚引く。カードに書かれた数の和が偶数となるのは $\boxed{\quad 8 \quad}$ 通りである。

（ア）　6　　（イ）　9　　（ウ）　18　　（エ）　25　　（オ）　36　　（カ）　その他

2 曲線 C：$y=\dfrac{k}{x}$ と直線 ℓ：$y=ax+5$ の交点を，x 座標が小さいものから順に A，B とする。$k>0$，$a<0$ とするとき，次の空欄に適する答えをそれぞれ(ア)～(カ)の中から１つずつ選びなさい。

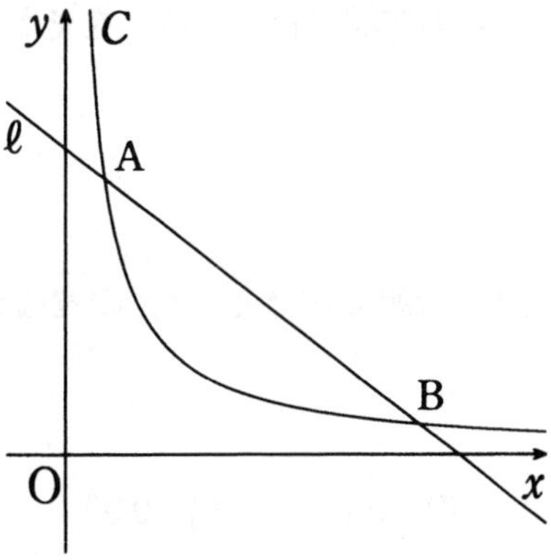

［問１］ $k=4$，$a=-1$ のとき，B の座標は [9] である。

(ア) (1，4)　(イ) (4，1)　(ウ) (4，2)
(エ) $\left(5,\ \dfrac{4}{5}\right)$　(オ) (5，1)　(カ) その他

［問２］ A と B の x 座標が $\dfrac{2}{3}$ と 6 であるとき，k の値は [10] である。

(ア) $\dfrac{3}{8}$　(イ) $\dfrac{3}{4}$　(ウ) 3　(エ) $\dfrac{25}{4}$　(オ) 8　(カ) その他

［問３］ 問２において，C 上の x 座標が t である点を P，$\dfrac{9t}{4}$ である点を Q とする。
△PAB の面積と △QAB の面積が等しくなるとき，t の値は [11] である。
ただし，$t>\dfrac{2}{3}$ とする。

(ア) $\dfrac{3}{4}$　(イ) $\dfrac{7}{9}$　(ウ) $\dfrac{4}{3}$　(エ) $\dfrac{5}{3}$　(オ) 4　(カ) その他

3 次の空欄に適する答えをそれぞれ(ア)~(カ)の中から1つずつ選びなさい。

[問1] 990 g の水と 10 g の食塩を混ぜてできる食塩水の濃度は [12] % である。

(ア) 0.1　(イ) 0.99　(ウ) 1　(エ) 9.9　(オ) 10　(カ) その他

[問2] 濃度が 10 % の食塩水 150 g と濃度が 8 % の食塩水 250 g を混ぜでできる食塩水の濃度は [13] % である。

(ア) 8.25　(イ) 8.5　(ウ) 8.75　(エ) 9　(オ) 9.25　(カ) その他

[問3] 食塩が 15 g 入った容器に，毎分 100 g の割合で水を入れる。食塩水の濃度が 10 % となるのは，水を入れ始めて [14] 後である。ただし，食塩は水を入れることによって完全に溶けるものとする。

(ア) 1分21秒　(イ) 1分30秒　(ウ) 1分35秒
(エ) 1分50秒　(オ) 1分51秒　(カ) その他

4 △ABCにおいて，点Aから辺BCに垂線APを引き，点Bから辺ACに垂線BQを引く。線分APと線分BQの交点をRとし，∠ABQ＝45°，∠ARQ＝77°のとき，次の空欄に適する答えをそれぞれ(ア)～(カ)の中から1つずつ選びなさい。

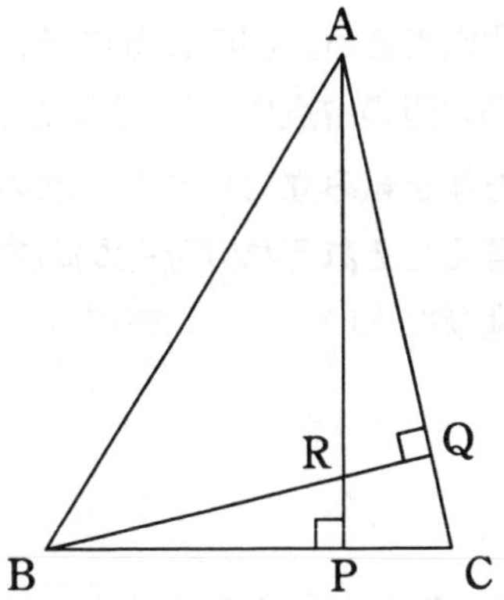

[問1] ∠CBQの大きさは [15] である。

(ア) 13°　(イ) 18°　(ウ) 23°　(エ) 31°　(オ) 37°　(カ) その他

[問2] ∠PRCの大きさは [16] である。

(ア) 18°　(イ) 28°　(ウ) 38°　(エ) 48°　(オ) 58°　(カ) その他

[問3] AQ＝4 cm，BR：RQ＝5：2のとき，△RBCの面積は [17] cm^2である。

(ア) $\frac{32}{49}$　(イ) $\frac{8}{7}$　(ウ) $\frac{80}{49}$　(エ) $\frac{16}{7}$　(オ) $\frac{32}{7}$　(カ) その他

5　右の図は，一辺の長さが 2 cm の立方体の展開図である。図のように A，B，…，F と，一部の辺の中点に M_1，M_2 をとる。この立方体を組み立てたとき，次の空欄に適する答えをそれぞれ(ア)～(カ)の中から 1 つずつ選びなさい。

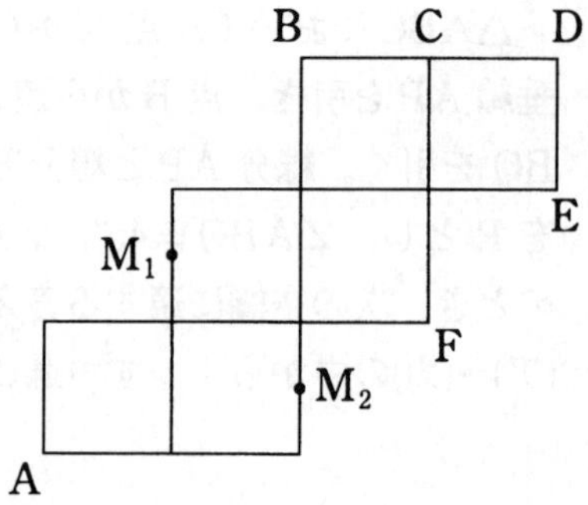

[問 1]　点 A と重なる点は［ 18 ］である。

(ア)　B　　(イ)　C　　(ウ)　D　　(エ)　E　　(オ)　F　　(カ)　その他

[問 2]　線分 AM_1 の長さは［ 19 ］cm である。

(ア)　1　　(イ)　$\sqrt{3}$　　(ウ)　$\sqrt{5}$　　(エ)　3　　(オ)　$\sqrt{13}$　　(カ)　その他

[問 3]　3 点 B，D，M_2 を通る平面で立方体を切ったときの断面積は［ 20 ］cm^2 である。

(ア)　$2\sqrt{2}$　　(イ)　3　　(ウ)　$\sqrt{10}$　　(エ)　$\frac{3\sqrt{19}}{4}$　　(オ)　$\frac{9}{2}$　　(カ)　その他

三

①～③の傍線部と同じ漢字を含むものを、それぞれの（ア）～（オ）の中から一つずつ選べ。

① シンサに通る。　解答番号は 28

（ア）シンボウ強い人。
（イ）試合のシンパン。
（ウ）シンリンを守る。
（エ）シンドウを感じる。
（オ）シンコクな事態。

② スイジ洗濯を手伝う。　解答番号は 29

（ア）病院でのマスイ。
（イ）スイソウ楽部の活動。
（ウ）スイマに襲われる。
（エ）スイタイする文明。
（オ）ジスイで生活する。

③ 永久トウド。　解答番号は 30

（ア）ニげ足が速い。
（イ）割合がヒトしい。
（ウ）裏面がスける。
（エ）コゴえる寒さ。
（オ）金品をヌスむ。

［問八］　本文中の二重傍線部（ア）～（オ）の表現の中で、他と性質の異なるものを一つ選べ。解答番号は［25］

（ア）ゆらゆら揺れながら
（イ）がっしりした体格
（ウ）それぞれ好みが違っていて
（エ）ぐっしょり濡れる
（オ）がつがつしないで

［問九］　本文で言及される「雅」とはどのようなことを指しているか。最も適当なものを、次の（ア）～（カ）の中から二つ選べ。
解答番号は［26］、［27］

（ア）何よりも目標の達成を第一に考え、日々努力すること。
（イ）物事を行う上で、あるべき伝統的な作法を身に付けていること。
（ウ）満足するために目的に向かい、達成に喜びを感じること。
（エ）必要最低限の作法を早くに学び、物事の経験を積むこと。
（オ）人生に楽しみを見出すため、熱中できるものを探すこと。
（カ）余裕を持って、人生を楽しもうとする姿勢を持っていること。

[問六] 傍線部⑤「義清の顔には、緊張の表情があった」とあるが。なぜか。最も適当なものを、次の(ア)～(オ)の中から一つ選べ。解答番号は 23

(ア) 急に自分たちを屋敷に呼んで説教じみたことを言う重実の行動に、抑えようのない怒りを感じているから。
(イ) 身分が高貴な重実に相対する状況で気後れしており、尋ねる所作に間違いがないかどうか不安を覚えているから。
(ウ) 自分と重実の騎射争いに対する考えの違いに困惑し、これまでの努力が無駄だったのかと自問自答しているから。
(エ) これまで感じたことのない価値観に触れて詳細を知りたいと願っており、張りつめた思いで質問に臨んだから。
(オ) 今までは一つのことに無我夢中で挑むことを実践してきたが、「雅」という考えが理解できず困惑しているから。

[問七] 傍線部⑥「たぶんそうだろうね」とあるが、この時の義清はどのような心情か。最も適当なものを、次の(ア)～(オ)の中から一つ選べ。解答番号は 24

(ア) 重実殿は自身に雅であることの重要さを説いてくれたが、常朝の教えをこれまで守ってきたこともあり、やはり矢は的に当てることを最優先とし、それでこそ楽しいものであるという考えに至っている。
(イ) あることに熱中して目的を達するために全力を尽くし、時に誰かと競い合うことの大切さを知っていたつもりであったが、重実殿の話から雅であることの楽しさにも気付き、その喜びを感じ始めている。
(ウ) 重実殿が、父を亡くして作法を知らない自分を気にかけて接してくれたことに感謝し、これからはまず正式な作法を身に付け、教えてもらった雅の心を意識して楽しく生きていくべきであると決意している。
(エ) 流鏑馬の作法は大切だが、それよりも物事を楽しもうとする姿勢を持つことの方が大切であるという重実殿の教えを聞き、これまで自分が意識していた競争心や目的の達成にはこだわらなくて良いと悟っている。
(オ) 重実殿から教わった雅の心と自身がこれまで重視していた的に矢を当てることは正反対で、どちらかを選ぶことが出来ないが、せめて頭の片隅でもう片方の考えを残しておくことが必要だと感じている。

[問四] 傍線部③「疾風に乗っているのではなく疾風のなかに身体が一つに溶けている感じ」とあるが、これはどのような状態か。最も適当なものを、次の(ア)～(オ)の中から一つ選べ。解答番号は 21

(ア) 裸馬に見られる特有の扱いづらさを全く感じさせず、馬具でさえ必要としていないような状態。
(イ) 乗り手である義清が疾風を完全に支配しており、自分の手足のように自由に動かしているような状態。
(ウ) 通常の乗馬のように馬を人間が操っている主従関係ではなく、走る馬に人間が同居しているような状態。
(エ) 義清が馬を人間と同じように捉えており、疾風を乗り物ではなく友人として大切にしているような状態。
(オ) 馬に乗る際に必要な技術を持ち併せていなくても、馬の心を理解し寄り添う姿勢を持ち続けているような状態。

[問五] 傍線部④「人間の面白さと思っているふしがあった」とあるが、ここでの「人間の面白さ」に該当する四字熟語を、次の(ア)～(オ)の中から一つ選べ。解答番号は 22

(ア) 以心伝心
(イ) 二者択一
(ウ) 行雲流水
(エ) 三者三様
(オ) 千載一遇

［問二］ 傍線部①「この己は何をしていたんだろう」とあるが、これは義清のどのような性格を表しているか。最も適当なものを、次の（ア）～（オ）の中から一つ選べ。解答番号は 19

（ア） 自身を客観的に見つめ、冷静であろうとする性格。
（イ） 物事に疑問が生じると、納得するまで考え込んでしまう性格。
（ウ） 一旦熱中してしまうと、好き勝手に行動してしまう性格。
（エ） 一度始めたことは、最後までやり遂げようとする性格。
（オ） 一つのことに夢中になると、際限なくのめり込んでしまう性格。

［問三］ 傍線部②「そんなもの」とは、何を指すか。最も適当なものを、次の（ア）～（オ）の中から一つ選べ。
解答番号は 20

（ア） 一般的に公の乗り方とされていた作法
（イ） 馬と一体になるために必要な伝統的な手法
（ウ） 疾風のような野生に近い馬を手懐ける技
（エ） 馬術の際に必要となる基礎的な知識
（オ） 宮廷での中でのみ通用する古い伝統

［問一］ 空欄 X Y Z に入る最も適当なものを、それぞれの（ア）～（オ）の中から一つずつ選べ。
解答番号は、X は 16 、Y は 17 、Z は 18

X

（ア） 見違えたように
（イ） 思い出したように
（ウ） 忘れないように
（エ） とってつけたように
（オ） よみがえるように

Y

（ア） 外形から
（イ） 面白さから
（ウ） 本音から
（エ） 本能から
（オ） 信念から

Z

（ア） つまり
（イ） たとえば
（ウ） さらに
（エ） こうして
（オ） しかし

「そうだよ、できることなら、両方とりたい。矢は的に当てる。だが、同時に雅であること……」

「それが重実殿の本当の心かもしれない」

⑥「たぶんそうだろうね」

わたしたちは三条の義清の屋敷の前で別れた。当時、義清の屋敷は、三条界隈《かいわい》でも立派な構えを誇る家の一つだった。義清の一族は、紀ノ川のほとりに広大な所領があるので、とくに豊かだったのである。

（辻邦生『西行花伝』より）

＊簀子……竹や木を一定の間隔を取って、打ち付けたもの。

＊蹴鞠……平安時代に貴族の間で流行した遊び。皮で作られた球体が地面に落ちないよう蹴って競う。

＊白河……白河法皇が住んでいた場所。

＊黒駒……毛色が黒く、古くから有名な産地として知られた甲斐の国に由来を持つ馬。

＊唐鞍……馬を操るために必要な道具である鞍の中でも、正式とされているもの。

＊鏑矢……先端に細工を施しており、射る際に音を発する矢。

＊鐙……乗馬の際、馬に装着する道具。

＊箙……矢を入れるために使う道具。

＊鳥羽院四天王……平安時代に権力を持っていた四人の人物。

＊殿上人……位が高く、殿上に上がることを許された人物。

の目的ができる。たとえばある在地領主が一番荘を手に入れる。すると、二番荘が欲しくなる。そしてそれが目的となる。そこで二番荘を手に入れる。こんどは三番荘が目的となる。 Z つねに目的にむかって息せき切って走っていて、決して満足するときがない。満足とは留まることだ。自分の居場所に気づくことだ。この世を楽しむには、まず留まることが必要なのだ。矢を射るとき、的に当てることだけを考える人は、目的を追う人だ。だが、矢を射ることそのことが好きな人、当れば嬉しいが、当らなくても嬉しい人、そういう人こそが、留まる人、つまり雅である人だ」

「当らなくても嬉しいのですか」

「当らなくても嬉しいのだ。矢を射ることそのことが楽しいからだ」

　義清は黙って重実殿の顔をじっと見つめていた。

「分らなくても無理もない」重実殿は柔和な微笑を浮べた。「雅であることは、今の世では、＊殿上人《てんじょうびと》のなかにも、失われているからの」

　帰る道々、義清はぽつりと「矢が当らなくても嬉しいのか。こんなことを言ったら、隼常朝が怒るだろうね。常朝は、何が何でも、矢は当らなければならない、と考えているからね」と言った。

「義清はどうなんだ」

「私か」義清は何か考えるようにしばらく黙っていた。「私は常朝の考えが正しいと思う。矢は的に当らなければならない。目的は達せられなければならない……」

「では、重実殿の言葉には反対なのだね」

「いや、それも大事だ。その、雅であることも……」

「両方をとるのか」

をと思った。作法は早く身につけておいたほうが、自然の所作のように身につく。もしその心の理解が無理なようなら、［Y］学ぶがいい。心は、大人になればおのずと納得されよう」

「私はさっき仰ったこの世の花ということが知りたいのです。どうして矢が的を射ぬくより、雅であることが大切なのか、詳しくお教え下さい」

「いずれ大人になれば………」

「私は父がおりませぬ。家では私が主人でございます。私は若輩ではございますが、大人の務《つとめ》を果しております」

「おう、それは存じあげずに失礼したな」重実殿は柔和な顔で笑うと言った。「では説明いたそう。矢を射る人は、的に当てようと思う。もっと広く言えば、何かしようとする人は、その目的を達しようとする。大事なのは、目的を達することだ。このことは分るね」

「分ります」義清は大きくうなずいた。

「目的を達しようとする人は、目的を達したとき初めてほっとする。満足する。そうではないかね」

「的に矢が当ったとき、嬉しいと思います」

「それだ。目的を達したとき、人は満足し自分や自分の周囲を見まわす余裕ができる。もはやオがつがつしないですむ。おしゃれもしたくなる。おいしいものも食べる気になる。花見にもいってみようと思う。だが、がつがつしていたら、こうはならない。余裕があったとき、初めてこの世を楽しもうという気になる。この楽しもうと思う心が雅なのだ。雅とは余裕の心のことだ。分るかね」

「そこまでは分りました。でも、分らないのは、どうして矢が的に当ることより、雅であることが大事か、ということです」

「それは、目的に達して満足した人が、かならずしも花を楽しみ、雅であるわけにゆかないからだ。目的に達しても、またすぐ次違って自在に疾風を操れたから、裸馬でも鞍をつけても、矢を射ることができたが、わたしは鞍なしでは、手を離すこともできない。しかし鞍をつけ、*鐙《あぶみ》にしっかり足を掛けていると、馬の動揺がかなりあっても、矢を射ることができた。これには一種のこつがあって、それが体得できると、ある程度までうまくゆく。わたしは流鏑馬だけは義清と競ってもそう敗けることがなかった。そんなわたしと争うのが義清も楽しかったのであろう。葵馬場《あおいのばば》で朝から日が暮れるまで夢中になって馬を走らせ矢を放った。*箙《えびら》に十本の矢を背負い、十個の的を順々に狙ってゆく。わたしが勝つこともあれば、義清が勝つこともある。どちらが勝っても、すぐ次の勝負にとりかかる。最後には馬の毛並が汗でぐっしょり濡れるほどであった。

　わたしたちの騎射は正式の流鏑馬ではなかった。鏑矢を使わなかったし、作法も何一つ知らなかったからだ。ただ騎乗の楽しさと弓の面白さを組み合わせて遊んでいたにすぎない。わたしたちがそれを改めることができたのは*鳥羽院四天王の一人源重実《しげざね》が葵馬場を通りがかり、わたしたちの騎射争いを見たからだった。重実殿はわたしたちを改めて屋敷に呼んでこう教えられた……流鏑馬には一定の作法があり、弓の握り方、鏑矢の支え方、弦《つる》の引き方、的への向い方など、どれ一つをとっても、すべてあるべき型が定まっていて、それから外れると、いかに矢が的を射ぬいても、それは雅《みやび》な匂いを失うことになる。ここで大事なのは、的を射ぬくということと同時に、雅であるということなのだ。どちらが大事かといえば、的に当ることより、むしろ雅であるということだろう。なぜなら雅であるとは、この世の花を楽しむ心だからだ……。

　義清は重実殿の顔を息を殺すようにじっと見つめていた。⑤義清の顔には、緊張の表情があった。

「もうすこし詳しくお話いただきとう存じます」

　義清は重実殿に低いかすれた声で言った。緊張すると声がかすれるのは義清の癖であった。

「そう、あなたはこの世の花がお分りになるにはまだお若過ぎるかもしれぬな」上品な重実殿は義清のほうを微笑しながら眺めた。

「馬場であなたがたの見事な騎乗ぶりを見ていると、とても十四やそこらの若者の身のこなしとは思えなかった。そこでつい作法そんな義清がとくに好んだのは馬であった。三条の屋敷には白に灰色の斑点《はんてん》の散った疾風《はやて》と呼ばれる馬がいた。父上康清《やすきよ》殿が残した馬であったが、義清も疾風を自分の同胞のように可愛がっていた。馬の師範をしていたのは甲斐国篠原荘で朝廷へ献上する*黒駒《くろこま》を飼育していた男で、馬とともに京に上り、そのまま都に居ついてしまったのである。康清殿がどういう経緯でこの隼常朝《はやぶさのつねとも》と知り合い、家人《かじん》として召し抱えたのか分らないが、常朝が年少時の義清の馬の師範を引き受けていた。

もちろん常朝は華麗な宮廷馬術を正式に習ったことなどはない。この男には②そんなものは存在しなかった。常朝の馬は甲斐の牧に育てられていた黒駒だった。黒駒は広大な草原に放牧される。それを裸馬に乗って集めたり、一定の場所へ移動させたりする。それがこの男の仕事だった。

裸馬に乗って山野を疾駆《しっく》することにかけてはこの男の右に出る者はなかった。常朝の馬術で大事なのは馬と一つになって走ることだけだった。常朝は義清がごく年少の頃からそれしか教えなかった。わたしが初めて義清と馬で遠乗りをしたとき、その騎乗がいかにも自然なのにまず驚かされた。義清は、③疾風に乗っているのではなく疾風のなかに身体が一つに溶けている感じだった。（中略）

常朝は、馬に乗っていて自在に動けるようにするのが馬具の目的で、美しく飾りたてた*唐鞍《からくら》や、ぽってり厚手に作った大和鞍《やまとぐら》は、見るだけのものであって、実際に使うべきものではない、と考えていた。この考えは幼少時から義清の心に叩き込まれていた。わたしは義清がこうした見てくれの虚飾に関心を示したのを見たことがない。といって、それを愛でる人を嫌ったり、非難したりしたこともない。義清は、ウ人はそれぞれ好みが違っていて、その違うのが④人間の面白さだと思っているふしがあった。

義清は、自分の生活は質素で、必要なもの以外は身のまわりに置かなかったが、といって貴族の邸《やしき》にいって、豪華で贅《ぜい》を尽した調度の中に身を置くのも決して嫌ってはいなかった。（中略）

わたしが義清と一時は熱病にかかったように熱中したのは、馬を走らせながら的に*鏑矢《かぶらや》を射る流鏑馬《やぶさめ》であった。義清はわたしと

二

次の文章は、平安時代末期の著名な歌人であった西行が、出家する前に佐藤義清という名前であった頃の話である。

京の街ではもう桜は散り、若い葉桜となっていたが、それでも高燈台のあかりがアゆらゆら揺れながら照らす*簀子《すのこ》の上に、時おりひらひらと X 花びらがどこからか白く舞い落ちていた。

義清《のりきよ》はいつ遊びにいっても馬か*蹴鞠《けまり》か弓か、どれかをたゆむことなく稽古していた。師範がきて、その作法を厳しく教えているところを見たことがあるが、義清は全身の注意を集中していて、わたしがそこで見ているのに最後まで気がつかなかった。蹴鞠などは何度も同じところで失敗して蹴り損なう。すると、その同じ動作を繰り返し繰り返しつづける。師範のほうが根負けするくらいであった。

義清は疲れということを知らなかった。*白河から馬と競走したときと同じように、稽古を見ていても、義清は頑強であり不屈であった。

蹴鞠の技術は、血すじということもあるが、信じられないほど上達が早く、身体を翻《ひるがえ》して、うしろ向きに蹴上げたり、脇へ流れる鞠を追って横飛びざまに蹴ったりする軽業《かるわざ》じみた蹴り方まで習熟するようになった。（中略）

義清が何かに熱中すると、限度というものを知らなかった。普通の人が疲労困憊《こんぱい》するところを、義清の頑健な体力は平気で乗りきった。事実、身体も大きく、十四歳の頃すでに十八歳のイがっしりした体格をしていた。いつかわたしは弓場で弓を持ったまま眠っている義清を見たことがある。聞いてみると、二日二晩、ぶっ通して矢を射つづけていたというのであった。しかも本人は眠ったことに気付かず、気持のなかでは、まだ矢を射つづけているつもりだったのだ。

わたしに起されると、手に持った弓とわたしとを半々に見て①「この己は何をしていたんだろう」とまるでわけがわからないような顔をしたのである。

［問十一］　波線部③「うつつ」に当てる漢字として適当なものを、次の（ア）～（エ）の中から一つ選べ。解答番号は 14

（ア）現　（イ）頂　（ウ）想　（エ）願

［問十二］　「時知らぬ」の和歌についての説明として適当なものを、次の（ア）～（エ）の中から一つ選べ。
解答番号は 15

（ア）この和歌は三句切れの和歌である。
（イ）この和歌には倒置法が用いられている。
（ウ）この和歌は富士山に季節外れの雪が降っている様子を詠んだものである。
（エ）この和歌は季節外れの時期に富士山を訪れてしまったことを風刺して詠んだ和歌である。

［問八］　波線部①「男」の足跡として適当なものを、次の（ア）～（エ）の中から一つ選べ。解答番号は 11

（ア）京都府　→　長野県　→　山梨県
（イ）京都府　→　愛知県　→　静岡県
（ウ）東京都　→　静岡県　→　愛知県
（エ）東京都　→　山梨県　→　長野県

［問九］　空欄 X に入る語として適当なものを、次の（ア）～（エ）の中から一つ選べ。解答番号は 12

（ア）ふじのはな　（イ）さるすべり　（ウ）かすみそう　（エ）かきつばた

［問十］　波線部②「その人」と同じ人物として適当なものを、二重傍線部（ア）～（エ）の中から一つ選べ。解答番号は 13

[現代語訳]

昔ある男がいた。その男は、我が身を必要のない人間と思い込んで、都にはいるまい、東国の方に住むのに良い国を探しに、と考えて出かけていった。以前から友としている人、一人二人とともに行った。道を知っている人もいなくて迷いながら行った。三河の国の八橋という所に着いた。そこを八橋といったのは、水の流れる川が蜘蛛の足のように分かれているので、橋を八つ渡してあることによって、八橋というのであった。その沢のほとりの木の陰に下りて座って、乾飯を食べた。その沢に X がとても美しく咲いている。それを見て、ある人が言うことには、「 X 、という五文字を和歌の句の上に据えて、旅の心を詠め。」と言ったので、詠んだ。

　から衣着つつなれにしつましあればはるばるきぬる旅をしぞ思ふ

と詠んだので、皆、乾飯の上に涙を落として、ふやけてしまった。

どんどん進んで行って、駿河の国に着いた。宇津の山に着いて、自分が分け入って行こうとする道は、とても暗く細いうえに、蔦や、楓が茂り、何となく心細く、思いがけなくつらい目に遭うことだと思っていると、修行者に出会った。「このような道に、どうしていらっしゃるのですか。」と言うのを見ると、見知った人であった。その人のお手もとにと思って、手紙を書いて言づけた。

　駿河なる宇津の山べのうつつにも夢にも人にあはぬなりけり

富士の山を見ると、五月の末に、雪がとても白く降り積もっている。

　時知らぬ山は富士の嶺いつとてか鹿の子まだらに雪の降るらむ

その山は、都で例えるならば、比叡山を二十ほど積み上げたくらいの高さであって、形は塩尻のようであった。

【B】

昔、①男ありけり。その男、身を要なきものに思ひなして、京にはあらじ、東の方に住むべき国求めにと行きけり。もとよりア友とする人、ひとりふたりして行きけり。道知れる人もなくて、惑ひ行きけり。三河の国八橋といふ所に至りぬ。そこを八橋といひけるは、水行く川の蜘蛛手なれば、橋を八つ渡せるによりてなむ、八橋といひける。その沢のほとりの木の陰に下りゐて、乾飯食ひけり。その沢に、[X]いとおもしろく咲きたり。それを見て、イある人のいはく、「[X]、といふ五文字を句の上に据ゑて、旅の心を詠め。」と言ひければ、詠める。

　から衣着つつなれにしつましあればはるばるきぬる旅をしぞ思ふ

と詠めりければ、みな人、乾飯の上に涙落として、ほとびにけり。

行き行きて、駿河の国に至りぬ。宇津の山に至りて、わが入らむとする道は、いと暗う細きに、蔦、楓は茂り、もの心細く、すずろなるめをみることと思ふに、修行者会ひたり。「かかる道は、いかでかいまする。」と言ふを見れば、ウ見し人なりけり。京に、②その人の御もとにとて、文書きてつく。

　駿河なる宇津の山べの③うつつにも夢にもエ人にあはぬなりけり

富士の山を見れば、五月のつごもりに、雪いと白う降れり。

　時知らぬ山は富士の嶺いつとてか鹿の子まだらに雪の降るらむ

その山は、ここにたとへば比叡の山を二十ばかり重ね上げたらむほどして、なりは塩尻のやうになむありける。

［問七］　本文の構成として最も適当なものを、次の（ア）～（オ）の中から一つ選べ。解答番号は 10

（ア）冒頭で恋愛文学の前提を述べ、展開部で檸檬、伊勢物語、源氏物語を対比しながら筆者の主張を述べ、そこで抽出した要点を最後にまとめている。

（イ）導入部で伊勢物語の特徴について語った上で、伊勢物語と源氏物語の関係から主題を展開し、最後にその功罪について語っている。

（ウ）冒頭で筆者の主張と論拠を述べ、伊勢物語と源氏物語の具体例を列挙して共通点を見いだし、結論部で紫式部の特徴についてまとめている。

（エ）前半部において、人が抱える恋愛観についての問題提起を行い、それを踏まえて後半部では伊勢物語と源氏物語に描かれる恋愛観について筆者の主張が述べられている。

（オ）伊勢物語や源氏物語などの恋愛文学が抱える問題点を列挙しながら主題を展開し、最後に具体例を挙げて説明を行っている。

〔問六〕 傍線部⑤「『古典の再生』ではなく、『古典の否定』へと近代文学者は突っ走った」とあるが、その理由について説明したものとして最も適当なものを、次の（ア）～（オ）の中から一つ選べ。解答番号は 9

（ア） 西洋文学が、伊勢物語や源氏物語が確立した日本文学の構成原理にある欠点を指摘し、新たな文学の構成原理を提唱するかのように日本に流入してきたから。

（イ） 日本の恋愛文学を支配していた構成原理は伊勢物語と源氏物語が形作ったものであったが、時代の流れとともに恋愛文学の様式について見直しがなされたから。

（ウ） 古典様式の基礎を形成した伊勢物語や源氏物語のような大作を描ける作者が現れず、構成原理の異なる西洋文学をまねた物語制作の方が容易であったから。

（エ） 伊勢物語と源氏物語が作り出した構成原理が日本文学の完成形であると考えられていたが、日本の文明開化とともに西洋文学の構成原理が主流となったから。

（オ） 伊勢物語と源氏物語が優れていたため亜流ばかりが支配していた日本文学のなかに、日本の古典とは異なる構成原理を持つ西洋文学が持ち込まれて急速な広がりを見せたから。

［問四］　傍線部③「紫式部」と同時期に活躍した人物として最も適当なものを、次の（ア）～（オ）の中から一つ選べ。
解答番号は 6

（ア）柿本人麻呂　（イ）額田王　（ウ）藤原定家　（エ）清少納言　（オ）松尾芭蕉

［問五］　傍線部④「恋愛文学における新機軸」とあるが、「新機軸」に該当するものを、次の（ア）～（カ）の中から二つ選べ。
解答番号は 7 、 8

（ア）多くの和歌によって、恋をする男性のきらびやかな感情を表現したこと。
（イ）男女の関係についてあらゆる面から考察し、あらゆる恋愛の様式を描いたこと。
（ウ）主人公が、男女の苦悶を通して成熟した人格を形成するまでの過程を躍動的に描いたこと。
（エ）男女が積極的に行動することで、多くの壁を乗り越える姿を描いたこと。
（オ）主人公の心情だけではなく、女性視点の恋うる気持ちも描くことで、物語に彩りを加えたこと。
（カ）恋愛によって生じる登場人物たちの感情を詳細に描き、多面的な文学の定型をつくり上げたこと。

［問二］　傍線部①「そこ」とは何を指しているか。最も適当なものを、次の（ア）～（オ）の中から一つ選べ。解答番号は 4

（ア）男が女を思う正直な感情
（イ）男女が織りなす人間関係
（ウ）男女の思いが通じ合うこと
（エ）人を結びつける運命の力
（オ）恋をすることの哀しみ

［問三］　傍線部②「伊勢物語の恍惚たる呪縛」とあるが、その説明として最も適当なものを、次の（ア）～（オ）の中から一つ選べ。解答番号は 5

（ア）伊勢物語の読者は在原業平の美しい恋の様式になぞらえて自身の恋愛観をつくってしまうため、自分の思いに対して素直な恋愛ができなくなってしまうこと。
（イ）伊勢物語が全ての恋愛について語り尽くしてしまったので、新たな恋愛の様式を考えることができなくなってしまうということ。
（ウ）物語作者の多くが伊勢物語のきらびやかな恋愛様式に憧れたため、伊勢物語の構成原理をそのまま用いて物語を作成してしまうこと。
（エ）伊勢物語をはじめ恋愛物語の多くは男性の視点を中心に語られるため、女性目線での執筆が不可能となってしまったということ。
（オ）伊勢物語の読者は伊勢物語の世界に魅了されてしまったので、物語の世界と現実世界との違いに苦しめられたということ。

［問一］ 空欄 X ・ Y ・ Z に入る最も適当なものを、それぞれの（ア）～（オ）の中から一つずつ選べ。
解答番号は、 X は 1 、 Y は 2 、 Z は 3 。

X

（ア）肥大化　（イ）対象化
（ウ）明文化　（エ）一般化
（オ）合理化

Y

（ア）変換　（イ）結合
（ウ）踏襲　（エ）保存
（オ）擁護

Z

（ア）たとえば　（イ）そして
（ウ）しかし　（エ）つまり
（オ）むしろ

によって静止画面で析出しようとする。かなり欲張った考えだから、相当な「剛腕作家」でないと、この試みは失敗する。それが、源氏物語以後に「伊勢物語と源氏物語の＊亜流」ばかりが量産されてしまった理由である。

日本文学は、この二大傑作の＊不肖の子だらけの観がある。伊勢物語が開発し源氏物語が完成させた④「恋愛文学における新機軸」の黎明期《れいめいき》が過ぎ去ったあと、待望久しかった恋愛文学のルネッサンス期は、まったく別の構成原理をもつ西洋文学が怒濤《どとう》のごとくなだれこんだ明治時代まで待たねばならなかった。

それはあまりにも長く日本人を縛りつづけていた古典様式の破壊へとつながった。⑤「古典の再生」ではなく、「古典の否定」へと近代文学者は突っ走った。その反省が、昨今の「古典ブーム」となっているのだろう。

（島内景二『源氏物語と伊勢物語』）

＊析出……分析して、ある物質を取り出すこと。
＊絢爛……きらびやかで美しいさま。
＊昂揚……高まり強くなること。
＊檸檬……梶井基次郎は短編小説『檸檬』の中で檸檬を美と破壊の象徴として描いている。
＊源氏物語……光源氏を主人公とする長編物語。
＊ミクロコスモス・マクロコスモス……小さな視点（ミクロコスモス）と大きな視点（マクロコスモス）の対立概念。
＊換骨奪胎……他人の構想をうまく利用し、その着想・形式をまねながら、自分の作品とすること。
＊亜流……第一の人にまね従い、独創的ではなく劣っていること。
＊不肖の子……親に似ずおろかな子のこと。

る。むろん源氏物語は五十四帖からなるので、*ミクロコスモス的には五十四個の短編の集合体であるとの見方もできる。しかし*マクロコスモス的に観察すれば、源氏物語の最大の魅力が光源氏というただ一人の人間性の成熟と変貌のプロセスにあることは、誰の目にも明らかだろう。

伊勢物語では章段間の接続がパサパサしていて、ある時には緊密な全体性が見失われてしまいかねなかった。互いに矛盾するような内容の章段も、平気で併存している。源氏物語は、一本の強靭《きょうじん》な構想の糸によってネバネバとした長編となったのである。けれども、長編である源氏物語ですら、「男と女」の恋愛《ラブ・アフェア》関係が波紋として巻き起こす喜怒哀楽の感情を精緻《せいち》に描くものであるがために、基本的発想は伊勢物語を越えることはなかった。すなわち、「伊勢物語十二の愛」は、光源氏の恋愛模様に大いなる影響を与えたのである。

源氏物語は、伊勢物語の長所を貪欲《どんよく》に取り込みつつ、そのうえで伊勢物語の内包していた欠陥を修正しようとした。紫式部という文学者は、一筋縄ではいかない。

今は、源氏物語の作者のような天才ですら「伊勢物語に書かれていない愛の様式」をほとんど開発できなかったという点を強調しておきたい。臣下の男性と天皇の后《きさき》との不義密通の恋にしても、俗人の男性と神に奉仕する処女(尼を含めてもよい)との宗教的タブーを乗り越えた恋にしても、既に伊勢物語で典型例が確立していたのである。だから、源氏物語の愛読者は、そこに登場している女君たちのほとんどすべてを「伊勢物語に当てはめれば○○だな」と同一化できる。

愛の様式だけではない。光源氏の前半生の最大のターニング・ポイントである須磨・明石への旅立ちは、伊勢物語九段で語られていた在原業平の東下りの*換骨奪胎《かんこつだったい》である。伊勢物語は短編だから、ダイナミックなストーリー展開能力はその短い章段の内部だけでしか有効に機能しない。Z、めまぐるしく流転するストーリーではなく、ふと立ち止まって思索する(恋をして苦悩する)男の一瞬一瞬の「思い」を和歌として結晶させようとする。ストーリーの流れを中断させて静止させた「写真」のような切断面が、伊勢物語にちりばめられている珠玉《しゅぎょく》の和歌なのである。源氏物語は長編であるから、「光源氏の一代記」を完成させるために、ストーリー展開能力を全面的に作動させる。なおかつ、ある場面ある場面での男と女の瞬間的な思いをも、適切に挿入してある和歌人間関係の成立によって発生する。比喩的に言えば、「男と女」という場合の「と」の位置にこそ、絶望的な至福感が生成するのである。たとえ相思相愛の男女が運命の力によって引き裂かれてしまったとしても、男が女を恋うる大いなる真情が実在すれば、①そこに生きることの価値と充足感が得られるはずなのである。

現実の恋愛生活を通して「生の充足感」の端緒をつかんだ人間は、その感情を純粋培養して*昂揚《こうよう》させるために、言語表現の旅に出る。こうして、誇張にみちた恋愛日記が書き記されることになる。恋する人間が、文学者へと変貌する一瞬である。その恋愛日記には、自己神話化と虚構《きょこう》化が極限まで推し進められている。それによって［X］した恋ゆえの嘆きが、純粋結晶体として定着されることになる。

純粋な結晶体として析出された人間感情は、作者個人の手を離れ、不特定多数の読者の側へと手渡される。そして、幸福にあこがれる読者たちの渇いた心の中に染み込んでゆき、彼らの心の夜空で花火のように炸裂《さくれつ》する。

伊勢物語は、ある意味で梶井基次郎が夢想したような「*檸檬=時限爆弾」なのである。読者は、この物語を読んでしまえば心の中に時限爆弾を抱え込んでしまう。ある時には花火のように美しく自分の心の夜空できらめくが、ある時には自分自身の人生すら破壊されかねない。伊勢物語の様式にのっとって、自分自身の恋愛観をかたちづくってしまうからである。彼らは現実に恋をしても、自分の素朴な感情で異性を愛しているのではなく、在原業平朝臣《あそん》の恋の様式に当てはめて異性を見てしまうのである。

伊勢物語が成立してのちの物語作者たちも、伊勢物語の様式にあこがれ、男と女の関係をとことんみつめることで人間の幸福を発見しようとした。ところが、伊勢物語があまりにも典型的に恋の種々相を結晶させていたので、そこに「女の恋愛観」が書き込めないという欠陥があったとしても、もはや新機軸を開発することなどできない。これを、②伊勢物語の恍惚《こうこつ》たる呪縛と呼ぼう。

③紫式部の創作した*源氏物語は、基本戦略として伊勢物語の骨格をそのまま［Y］している。在原業平が経験した多種多様な恋愛絵巻が伊勢物語だったように、光源氏の華麗な恋愛遍歴を語るのが源氏物語だからである。

ただし、野心的な文学者だった紫式部は、個別的恋愛をその場その場で語る散発的な短編ではなくて、大波がうねるような長編を書く新しい試みに挑戦した。全部で一二五段からなる伊勢物語を、たった一つの章段へと書き換えて源氏物語を執筆したのであ

二〇二三年度
東京成徳大学高等学校・一般入試（第1回）

【国　語】（五〇分）〈満点：一〇〇点〉

注意……解答は、解答用紙（マークシート）の指定された解答欄にマークしなさい。
　各問の 1 2 …… 30 が、解答用紙の解答番号にあたる。

一

次の文章【A】は、平安時代に書かれた「伊勢物語」についての評論の一部である。筆者は男女両性の人生が、主人公とされる在原業平の男性視点からのみ描かれている点を指摘し、「伊勢物語」の致命的な欠陥としている。文章【B】は、「伊勢物語第九段」の「東下り」の原文と、その現代語訳である。この内容に続く後の問に答えよ。

【A】

文芸としての伊勢物語には致命的な欠陥がある。にもかかわらず言わせてもらえば、男と女の結び付きのありとあらゆる側面に光を当てて、「恋」という名の純粋で美的な結晶体を正十二面体で*析出《せきしゅつ》しようとしたところに、伊勢物語のすばらしさがあった。その結晶体を口に含んでみると（美しい表現を味読すれば）、そこにはかすかに血のにおいがする。人を恋してしまったがためにこの世の修羅を見てしまった人間たちの、*絢爛《けんらん》たる苦悩こそが、この結晶体の内部に封じ込められている。恋の喜びではなく、異性を恋うる哀しみが、この物語の読者には痛いほどに伝わってくる。

人は、なぜ文学を書こうとする欲求にとらえられてしまうのだろうか。そして、人はなぜ文学作品を読まずにはいられないのだろうか。そもそも、人間の幸福とはいったいどこを探せば得られるものなのだろうか。

王朝物語の最初の傑作の一つである伊勢物語は、このような永遠の謎に対して解答を与えようとした。人間の幸福は、男と女の

2023年度／東京成徳大学高等学校・一般入試(第１回)

英語解答

1 (イ), (エ), (カ)

2 問１　(イ)　問２　(ウ)　問３　(イ)
　問４　(エ)　問５　(ア)

3 問１　9…(カ)　10…(エ)
　問２　11…(ア)　12…(キ)
　問３　13…(ア)　14…(イ)
　問４　15…(エ)　16…(ア)
　問５　17…(ウ)　18…(イ)

4 問１　(エ)　問２　(ウ)　問３　(ア)
　問４　(エ)　問５　(イ)

5 問１　(エ)　問２　(エ)　問３　(ア)
　問４　(ウ)　問５　(ウ)

6 (ウ), (オ), (ケ)

7 問１　32…(ウ)　33…(エ)　34…(イ)　35…(ア)
　問２　(エ)　問３　(ウ)　問４　(ア)
　問５　(エ)

1〔単語のアクセント〕

(ア) fór-eign　(イ) sur-príse　(ウ) jún-ior　(エ) ex-cúse　(オ) hún-dred
(カ) en-jóy　(キ) dóc-tor　(ク) cáre-ful　(ケ) dín-ner　(コ) púr-ple

2〔適語(句)選択〕

問１．tomorrowがあるので未来の文。未来の文は‘will＋動詞の原形’または‘be going to＋動詞の原形’で表せる。後に続くのが形容詞rainyなので，動詞の原形を含む(イ)のwill beを選ぶ。It is rainy.に未来を表す助動詞willが入り，isが原形のbeになった形。　「明日は雨が降るだろう」

問２．後に動詞isがあるので，その前までが主語だと考える。選択肢の中で主語になるのは(ウ)のWatching。これは「～すること」という意味を表す動名詞(～ing)。　「長時間テレビを見るのは目に良くない」

問３．後のdoingから進行形であることが，また，thenから過去の文であることがわかる。疑問詞で始まる過去進行形‘was/were＋～ing’の疑問文。　「あなたはそのとき何をしていたのですか」

問４．be famous for ～で「～で有名だ」という意味。　「その町は美しい公園で有名だ」

問５．後に名詞の複数形のbooksが続くことから，‘how many＋名詞の複数形’「いくつの～」の形だとわかる。a monthのaは「～につき」という意味で用いられている。　「あなたは１か月につき何冊の本を読みますか」

3〔整序結合〕

問１．主語の後は‘buy＋人＋物’「〈人〉に〈物〉を買う」の語順にする。「誕生日に」は「彼女の誕生日のために」と読み換え，for her birthdayとする。「〈人〉に〈物〉を買う」は‘buy＋物＋for＋人’でも表せるが，本問ではforをfor her birthdayで使うので‘buy＋人＋物’の語順にする。　He bought my sister a watch for her birthday.

問２．「どのくらい(長く)」と‘期間’を尋ねているので，how longで文を始める。その後は助動詞canの疑問文の語順‘can＋主語＋動詞…’を続ける。本問のようにhow longは‘期間’を表す前置詞for「～の間」を伴うこともある。　How long can I borrow the book for?

問３．「～に興味がない」はhave no interest in ～で表せる。このinterestは「興味，関心」という意味の名詞。　My sister has no interest in cooking.

問４．「まだ～していない」は，‘完了’を表す現在完了形の否定文‘have/has not＋過去分詞’で表すことができる。　not ～ yet「まだ～ない」　arrive at ～「～に着く」　The train has not arrived at the station yet.

問５．主語Ｉの後に‘want＋人＋to ～’「〈人〉に～してもらいたい」の形を続ける。　I want her to try it again.

4〔対話文完成―適文選択〕

問１．Ａ：週末はどうだった？／Ｂ：動物園に行ったけど，ひどく雨が降っていて，傘を持っていかなかったんだ。／Ａ：それはお気の毒に。／／That's too bad. は‘同情’を示す定型表現。

問２．Ａ：もう午後６時だ。彼はいつも遅刻だね！／Ｂ：彼はトラブルに巻き込まれているのかもしれないな。／Ａ：わかった，彼に電話するよ。／／Ｂのトラブルの可能性に関する発言から，Ａは彼に確認の電話をかけると考えられる。　in trouble「トラブル状態で，困った状態で」

問３．Ａ：この食べ物はおいしいです！　これまで一度も食べたことがありません。／Ｂ：気に入ってくれてうれしいです。ここではとても有名なんです。／Ａ：この料理の名前は何ですか？／／空所前のやりとりから，Ａは話題の食べ物についてよく知らないことがわかる。ここからＡは料理の名前を尋ねたと考えられる。　dish「料理，皿」

問４．Ａ：昼食に出かけよう。／Ｂ：わかった，どこに行こうか。／Ａ：有名なイタリアンレストランに行こう。／Ｂ：でも，それは遠すぎるよ。雨が降っているから，長い距離を歩きたくないな。／／直後の「それは遠すぎる」という発言から，空所には遠くにある場所を表す語が入るとわかる。take a long walk「長い距離を歩く，長時間歩く」

問５．Ａ：学生証をなくしちゃった！／Ｂ：それを最後に見たのはどこ？／Ａ：今朝，それを机の上に置いたんだけど。／／最後に学生証を見た場所を尋ねられたときの応答として適当なものを選ぶ。

5〔書き換え―適語(句)選択〕

問１．ａ．「今日はとても寒い。だから私たちは泳げない」→ｂ．「今日は寒すぎて泳げない」　‘too ～to …’「…するには～すぎる，～すぎて…できない」を使って書き換える。

問２．ａ．「私は彼のクラスに何人の生徒がいるか知らない」→ｂ．「私は彼のクラスの生徒の数を知らない」　‘how many＋名詞の複数形’「いくつの～」は‘数’を尋ねる表現なので，number「数」を選ぶ。上の文の how many students there are ～ は間接疑問。students の後が肯定文の語順になっていることも確認したい。

問３．ａ，ｂともに「サキは長い髪を持っている〔長い髪の〕少女だ」という意味。前置詞 with には「～を持っている」という意味がある。　*cf.* the boy with blue eyes「青い目を持っている〔青い目の〕少年」

問４．ａ．「急ぎなさい。そうしないとあなたは電車に乗り遅れるでしょう」→ｂ．「もし急がなければ，あなたは電車に乗り遅れるでしょう」　‘命令文, or ～’で「～しなさい。さもないと…」という意味。これを，‘条件’を表す接続詞 if「もし～なら」を使って書き換える。

問５．ａ．「そのネコはラジオの前で眠る」→ｂ．「眠っているネコの後ろにラジオがある」　in front of ～「～の前に」⇔ behind ～「～の後ろに」

6〔正誤問題〕

(ア)…○　‘help＋人＋with ～’「〈人〉の～を手伝う」　「私の宿題を手伝ってくれませんか」　(イ)…○　‘get＋形容詞’「～(の状態)になる」「暗くなってきている」　(ウ)…×　know は他動詞(前置詞なしで目的語をとる動詞)なので to が不要。　(エ)…○　「ユキはイタリア製のバッグを持っている」　(オ)…×　過去形の began が使われているので，when に続く文の動詞 leave も過去形の left にする。　leave－left－left　(カ)…○　‘No＋単数名詞＋(助)動詞＋as ～ as …’「…ほど～な―はない」　「クラスの誰もジョンほど上手に歌うことができない」　(キ)…○　「コーヒーをもう一杯いかがですか」　(ク)…○　「私たちは野球の試合を見るためにニューヨークに行った」　(ケ)…×　疑問詞 where で始まる be going to ～「～するつもりだ」の疑問文にする。Where are you going to ～？が正しい。　(コ)…○　この by は「～までに」という‘期限’を表す。「～まで(ずっと)」という‘継続’を表す till〔until〕との違いに注意。　「あなたはこの仕事を金曜日までに終わらせなければならない」

7〔長文読解総合―説明文〕

≪全訳≫❶国はそれぞれ異なりますが，フィリピンの文化について聞いたことがありますか？　フィリピンは東南アジアの国で，その歴史から独特な文化と伝統があります。❷300年以上にわたり，スペイン統治下にあり，スペイン語が国の公用語でした。20世紀初頭，多くの人々がスペイン語を話していました。しかし，1900年代初頭にアメリカ人が国の支配権を得て，英語がより一般的になりました。1935年，英語とスペイン語が公用語になりました。1939年には，フィリピンの主要な母国語であるタガログ語も公用語になりました。それは1959年に「ピリピノ語」と改名され，1973年，最終的に「フィリピノ語」になりました。現在，彼らはフィリピノ語と英語を国の公用語としています。それに加えて，フィリピノ語の方言は100以上あると言われています。フィリピンは7000以上の島々からなるので，それは驚くことではありません。このため，英語は全ての学校で教えられ，異なる方言の人々とコミュニケーションをとるために使われています。❸また，フィリピン人は，他の多くのアジアの国の人々と同様に，家族をとても大切にします。彼らはしばしば，家族と大きな集団で生活します。例えば，子どもは結婚するまで親と同居することが多く，多くの世代も一緒に暮らしています。これらの大家族はたいてい，女性によって養われています。フィリピンでは，家庭だけでなく仕事においても，女性に強い影響力があります。例えば，彼女たちが企業や政府で高い役職についていることがよくあります。皆さんは有名なフィリピン人，コラソン・アキノを知っているかもしれません。彼女は1986年にフィリピン初の女性大統領になりました。また，多くの成功したフィリピン企業は女性によって経営されています。❹フィリピンの文化に関して知っておくべきもう１つのすばらしいことは，フィリピン人はお祭りや祝いが大好きだということです。家族や友人全員を集め，多くの食べ物と歌や踊りで人の誕生日を祝うのはとても一般的です。また，フィリピンはアジア最大のキリスト教国で，世界で最も長くクリスマスを祝うことで知られています。彼らは９月には休暇シーズンの準備を始めます。例えば，彼らは家やショッピングモールを飾り，レストランでクリスマスソングを演奏します。このフィリピンの文化と伝統は世界中で知られており，外国人がこの国で休暇を過ごすのが大好きである主な理由の１つです。❺最後に，フィリピンでは，バスケットボールが最も人気のあるスポーツの１つで，趣味，プロレベルの両方でプレーされています。フィリピンのプロリーグ，フィリピン・バスケットボール協会は，アジア初のバスケットボールリーグで，北米の NBA に次いで世界で２番目に古いリーグです。このスポーツは植民地時代にアメリカ人によってフィリピンに紹介されて以来，成長が止まったことはありません。6 これらは独特なフィリピン文化のほんの一部であり，フィリピンを訪れれば，文化の違いについてもっと知ることができます。他の文化や伝統について学ぶのは楽しいと思いませんか？

問１＜適語選択＞32．第１段落第１文「国はそれぞれ異なるが，フィリピンの文化について聞いたことがあるか」などから，フィリピンは他の国と文化，伝統が異なるといった内容になると考えられる。unique は「独特な」という意味。第６段落第１文にも，These are just a part of the unique Filipino culture とある。　33．空所を含む文の It は前文の that 以下を指す。フィリピンは7000以上の島からなるので，フィリピノ語の方言が100以上あることは「驚きではない」のである。34．直後の文の「女性が会社や政府で高い役職についている」という内容から，フィリピンの女性には「強い」影響力があることがわかる。 influence「影響(力)」　35．空所を含む文の後半に「(バスケットボールは)趣味，プロレベルの両方でプレーされる」とある。ここからバスケットボールは最も「人気のある」スポーツの１つだとわかる。

問２＜適語句選択＞公用語のフィリピノ語に100以上の方言がある(≒同じ国の人でも互いの言葉をうまく理解できないことがある)という状況なので，英語が学校で教えられ，「異なる方言の人々とコミュニケーションをとるために」使われていると考えられる。

問３＜英問英答―内容真偽＞「次の文のうち，フィリピンについて正しいものはどれか」 (ア)「現在，スペイン語は公用語の１つである」…×　第２段落第７文参照。現在の公用語はフィリピノ語と英語。　(イ)「1900年代初頭，スペイン語を話した人は誰もいなかった」…×　第２段落前半参照。(ウ)「英語はスペイン語の後に公用語になった」…○　第２段落第１～４文参照。スペイン語はスペイン統治下の300年間以上フィリピンの公用語であり，その後アメリカに支配権が移ってから，1935年に英語も公用語となった。　(エ)「フィリピン人は自分たちの言語を持っていない」…×　第２段落第５，６文参照。

問４＜英問英答―内容真偽＞「次の文のうち，フィリピンについて正しいものはどれか」 (ア)「フィリピン人は普通，結婚するまで家を出ない」…○　第３段落第３文に一致する。　(イ)「フィリピン人の家族は普通，大きな部屋に住んでいる」…×　(ウ)「全ての女性が成功している」…×　(エ)「女性は大統領になれるが，家族の中では力がない」…×

問５＜英問英答―内容真偽＞「次の文のうち，フィリピンについて正しくないものはどれか」 (ア)「フィリピンの文化はスペインとアメリカの影響を受けている」…○　言葉やバスケットボールなどに，その影響は見られる。　(イ)「人々は３か月以上クリスマスを祝う」…○　第４段落第３，４文に一致する。９月から準備を始める。　(ウ)「多くの外国人がフィリピンでクリスマスを祝うことを楽しむ」…○　第４段落最終文に一致する。　(エ)「フィリピンには世界で最も古いバスケットボールリーグがある」…×　第５段落第２文参照。フィリピンのバスケットボールリーグはアジアで最初のもので，世界では NBA に次いで２番目に古いリーグである。

数学解答

1 問１ (エ)　問２ (イ)　問３ (エ)　問４ (イ)　問５ (ウ)　問６ (エ)　問７ (ウ)　問８ (ウ)

2 問１ (イ)　問２ (ウ)　問３ (ウ)

3 問１ (ウ)　問２ (ウ)　問３ (ア)

4 問１ (ア)　問２ (オ)　問３ (ウ)

5 問１ (イ)　問２ (ウ)　問３ (オ)

1 〔独立小問集合題〕

問１＜数の計算＞与式 $=-3\times\frac{1}{5}+\left(-\frac{1}{8}\right)\times\left(-\frac{4}{1}\right)=-\frac{3}{5}+\frac{1}{2}=-\frac{6}{10}+\frac{5}{10}=-\frac{1}{10}$

問２＜式の計算＞与式 $=\frac{2(a-2b)-(-a+5b)}{6}=\frac{2a-4b+a-5b}{6}=\frac{3a-9b}{6}=\frac{a-3b}{2}$

問３＜一次方程式＞両辺を12倍して，$24(2x-1)-4x=9$，$48x-24-4x=9$，$48x-4x=9+24$，$44x=33$　$\therefore x=\frac{3}{4}$

問４＜数の計算＞与式 $=\sqrt{2}\div2\times(-2\sqrt{2}\times4+4\sqrt{2})=\sqrt{2}\div2\times(-8\sqrt{2}+4\sqrt{2})=\sqrt{2}\div2\times(-4\sqrt{2})=-\frac{\sqrt{2}\times4\sqrt{2}}{2}=-\frac{8}{2}=-4$

問５＜連立方程式＞$3x-5y=1$……①，$-\frac{3}{5}x+\frac{5}{3}y=1$……②とする。②×15より，$-9x+25y=15$……②′　①×3より，$9x-15y=3$……①′　①′＋②′より，$-15y+25y=3+15$，$10y=18$　$\therefore y=\frac{9}{5}$

これを①に代入して，$3x-5\times\frac{9}{5}=1$，$3x-9=1$，$3x=10$　$\therefore x=\frac{10}{3}$

問６＜式の計算―因数分解＞与式 $=x^2+4x+4+12x+24+20=x^2+16x+48=(x+12)(x+4)$

≪別解≫ $x+2=A$ とおくと，与式 $=A^2+12A+20=(A+10)(A+2)$ となる。A をもとに戻して，与式 $=(x+2+10)(x+2+2)=(x+12)(x+4)$ である。

問７＜数の性質＞$\sqrt{\frac{1944}{n}}=\sqrt{\frac{2^3\times3^5}{n}}$ となるから，$\sqrt{\frac{2^3\times3^5}{n}}$ が正の整数となるとき，k を自然数とすると，$\frac{2^3\times3^5}{n}=k^2$ となる。よって，このとき，$k^2=1^2$，2^2，3^2，3^4，$2^2\times3^2$，$2^2\times3^4$ となるから，それぞれについて，$n=2^3\times3^5$，2×3^5，$2^3\times3^3$，$2^3\times3$，2×3^2，2×3 である。したがって，n は全部で6個ある。

問８＜場合の数―カード＞7枚のカードから連続で2枚のカードを引くとき，カードに書かれた数の和が偶数となるのは，(i)2枚とも奇数の場合，(ii)2枚とも偶数の場合である。(i)の場合，奇数は1，3，5，7の4枚だから，1枚目の引き方は4通りあり，2枚目は1枚目以外の3通りある。よって，$4\times3=12$(通り)ある。(ii)の場合，偶数は2，4，6の3枚だから，1枚目の引き方は3通りあり，2枚目は1枚目以外の2通りある。よって，$3\times2=6$(通り)ある。(i)，(ii)より，2枚のカードに書かれた数の和が偶数となるのは，$12+6=18$(通り)ある。

2 〔関数―一次関数と反比例のグラフ〕

≪基本方針の決定≫問３　等積変形を利用する。

問１＜座標＞$k=4$，$a=-1$ のとき，曲線Cの式は $y=\frac{4}{x}$，直線 l の式は $y=-x+5$ となる。点Bは曲線Cと直線 l の交点だから，2式から y を消去して，$\frac{4}{x}=-x+5$ となり，両辺を x 倍して，$4=-x^2$

$+5x$, $x^2-5x+4=0$, $(x-1)(x-4)=0$ より，$x=1$, 4 となる。2 点 A, B の x 座標は点 B の方が大きいので，$x=4$ となり，これを $y=-x+5$ に代入して，$y=-4+5=1$ となる。よって，B(4, 1)である。

問２＜比例定数＞右図で，2 点 A, B は曲線 $y=\frac{k}{x}$ 上にあり，x 座標はそれぞれ $\frac{2}{3}$, 6 だから，$y=k\div\frac{2}{3}=k\times\frac{3}{2}=\frac{3k}{2}$, $y=\frac{k}{6}$ より，$A\left(\frac{2}{3},\ \frac{3k}{2}\right)$, $B\left(6,\ \frac{k}{6}\right)$ と表せる。2 点 A, B は直線 $y=ax+5$ 上の点でもあるので，$x=\frac{2}{3}$, $y=\frac{3k}{2}$ を代入して，$\frac{3k}{2}=a\times\frac{2}{3}+5$, $\frac{3k}{2}=\frac{2a}{3}+5$……①となり，$x=6$, $y=\frac{k}{6}$ を代入して，$\frac{k}{6}=a\times6+5$, $\frac{k}{6}=6a+5$……②となる。①，②を連立方程式として解く。①×6 より，$9k=4a+30$, $9k-4a=30$……①′　②×6 より，$k=36a+30$, $k-36a=30$……②′　①′×9−②′ より，$81k-k=270-30$, $80k=240$　$\therefore k=3$

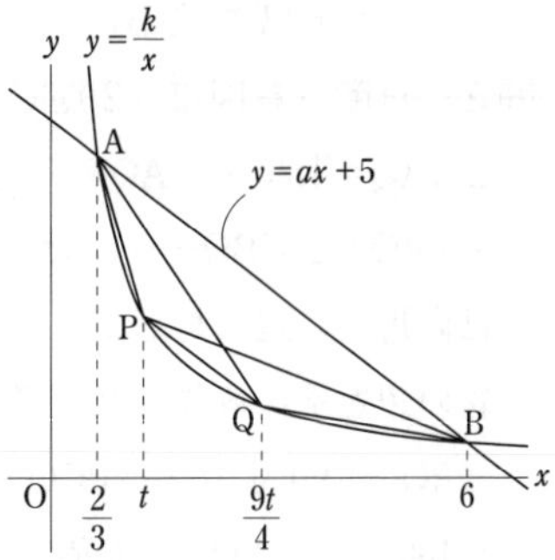

問３＜x 座標＞右上図で，問２より，$k=3$ だから，これを問２の②′ に代入して，$3-36a=30$, $-36a=27$ より，$a=-\frac{3}{4}$ となる。これより，曲線 C の式は $y=\frac{3}{x}$, 直線 l の式は $y=-\frac{3}{4}x+5$ となる。△PAB と △QAB の底辺を AB と見ると，△PAB＝△QAB となるとき，高さが等しいから，AB∥PQ である。よって，直線 PQ の傾きは直線 AB と等しく，$-\frac{3}{4}$ となる。2 点 P, Q は曲線 $y=\frac{3}{x}$ 上にあり，x 座標はそれぞれ t, $\frac{9t}{4}$ だから，$y=\frac{3}{t}$, $y=3\div\frac{9t}{4}=3\times\frac{4}{9t}=\frac{4}{3t}$ より，$P\left(t,\ \frac{3}{t}\right)$, $Q\left(\frac{9t}{4},\ \frac{4}{3t}\right)$ となる。これより，直線 PQ の傾きは $\left(\frac{4}{3t}-\frac{3}{t}\right)\div\left(\frac{9t}{4}-t\right)=-\frac{5}{3t}\div\frac{5t}{4}=-\frac{4}{3t^2}$ となるから，$-\frac{4}{3t^2}=-\frac{3}{4}$ が成り立つ。これを解くと，$\frac{4}{3t^2}=\frac{3}{4}$, 両辺に $12t^2$ をかけて，$16=9t^2$, $t^2=\frac{16}{9}$, $t=\pm\frac{4}{3}$ となり，$t>\frac{2}{3}$ より，$t=\frac{4}{3}$ となる。

〔編集部注：点 Q が曲線 C 上の点 A から点 B の間にあるものとして考えた。〕

3 〔独立小問集合題〕

問１＜数量の計算＞990g の水と 10g の食塩を混ぜてできる食塩水の量は 990＋10＝1000(g)である。よって，求める濃度は $\frac{10}{1000}\times100=1$(%)である。

問２＜数量の計算＞10%の食塩水 150g に含まれる食塩の量は $150\times\frac{10}{100}=15$(g)，8%の食塩水 250g に含まれる食塩の量は $250\times\frac{8}{100}=20$(g)である。これより，10%の食塩水 150g と 8%の食塩水 250g を混ぜてできる食塩水の量は 150＋250＝400(g)となり，含まれる食塩の量は 15＋20＝35(g)となる。よって，求める濃度は $\frac{35}{400}\times100=8.75$(%)である。

問３＜数量の計算＞含まれる食塩の量が 15g で食塩水の濃度が 10%となる食塩水の量は $15\div\frac{10}{100}=150$(g)である。これより，入れる水の量は 150−15＝135(g)となる。毎分 100g の割合で水を入れるので，食塩水の濃度が 10%となるのは，水を入れ始めて $135\div100=\frac{27}{20}=1\frac{7}{20}$(分)後となり，$\frac{7}{20}$ 分は $60\times\frac{7}{20}=21$(秒)だから，1 分 21 秒後である。

4 〔平面図形―三角形〕

≪基本方針の決定≫問2　三角形の合同より，RQ＝CQ を利用して角度を求める。

問1＜角度＞右図で，対頂角は等しいので，$\angle BRP=\angle ARQ=77^\circ$ となる。$\triangle BPR$ の内角の和は 180° だから，$\angle CBQ=180^\circ-\angle RPB-\angle BRP=180^\circ-90^\circ-77^\circ=13^\circ$ である。

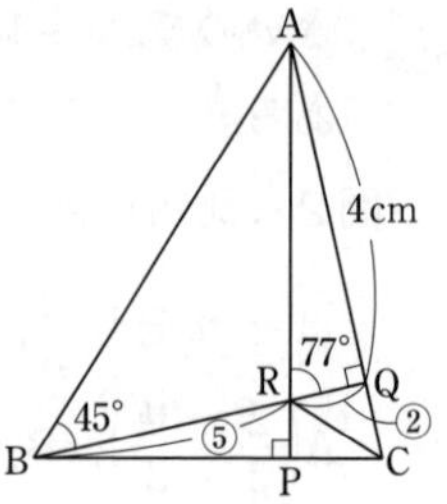

問2＜角度＞右図で，2点C，Rを結ぶ。$\triangle ARQ$ の内角の和は 180° だから，$\angle RAQ=180^\circ-\angle AQR-\angle ARQ=180^\circ-90^\circ-77^\circ=13^\circ$ である。これより，$\angle RAQ=\angle CBQ$……(i)となる。また，$\angle AQR=\angle BQC=90^\circ$……(ii)，$\triangle ABQ$ は直角二等辺三角形より，AQ＝BQ……(iii)だから，$\triangle ARQ$ と $\triangle BCQ$ について，(i)，(ii)，(iii)より，1組の辺とその両端の角がそれぞれ等しくなり，$\triangle ARQ\equiv\triangle BCQ$ となる。よって，RQ＝CQ となり，$\angle RQC=90^\circ$ より，$\triangle RCQ$ は直角二等辺三角形となる。これより，$\angle QRC=45^\circ$ となるので，$\angle PRC=180^\circ-\angle ARQ-\angle QRC=180^\circ-77^\circ-45^\circ=58^\circ$ である。

問3＜面積＞右上図で，$\triangle ABQ$ は直角二等辺三角形だから，BQ＝AQ＝4 となり，BR：RQ＝5：2 より，$RQ=\frac{2}{5+2}BQ=\frac{2}{7}\times4=\frac{8}{7}$ となる。また，問2より，$\triangle RCQ$ は CQ＝RQ の直角二等辺三角形だから，$CQ=RQ=\frac{8}{7}$ となる。よって，$\triangle RBC=\triangle BCQ-\triangle RCQ=\frac{1}{2}\times CQ\times BQ-\frac{1}{2}\times CQ\times RQ=\frac{1}{2}\times\frac{8}{7}\times4-\frac{1}{2}\times\frac{8}{7}\times\frac{8}{7}=\frac{80}{49}(\mathrm{cm}^2)$ である。

5 〔空間図形―立方体〕

≪基本方針の決定≫問2　2点A，M_1 をともに含む立方体の面の上で，三平方の定理を利用する。

問3　等脚台形の4辺の長さから，三平方の定理を利用してその高さを求める。

問1＜重なる点＞右図1の展開図を組み立てると，右下図2のような立方体になる。よって，点Aと重なる点は点Cである。

図1

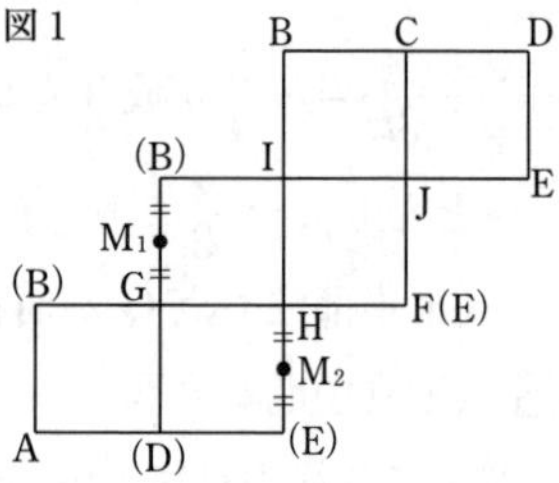

問2＜長さ＞右図1のように，4点G，H，I，Jを定めると，立方体は右下図2のようになる。図1より，点 M_1 は，辺BGの中点となる。図2で，$BM_1=\frac{1}{2}BG=\frac{1}{2}\times2=1$ となり，$\angle ABM_1=90^\circ$ だから，$\triangle ABM_1$ で三平方の定理より，$AM_1=\sqrt{AB^2+BM_1{}^2}=\sqrt{2^2+1^2}=\sqrt{5}$ (cm)である。

問3＜面積＞右上図1より，点 M_2 は辺EHの中点となる。右図2で，3点B，D，M_2 を通る平面で立方体を切ったとき，この平面と辺HIの交点をKとすると，〔面BADG〕∥〔面IJEH〕より，$BD\parallel KM_2$ となる。よって，3点B，D，M_2 を通る平面で立方体を切ったときの断面の図形は，$BD\parallel KM_2$ の台形 $KBDM_2$ となる。$\triangle BDG$ は BG＝DG の直角二等辺三角形だから，$BD=\sqrt{2}BG=\sqrt{2}\times2=2\sqrt{2}$ となる。$BD\parallel KM_2$ より，$\angle KM_2H=\angle BDG=45^\circ$ となるので，$\triangle KM_2H$ は $HK=HM_2$ の直角二等辺三角形となる。これより，点Kは辺HIの中点となり，$HK=IK=\frac{1}{2}HI=\frac{1}{2}\times2=1$，$KM_2=\sqrt{2}HK=\sqrt{2}\times1=\sqrt{2}$ となる。さらに，3点K，M_2，M_1 は立方体の辺の中点だから，$IK=EM_2=BM_1$ となり，BI＝DE＝AB，$\angle BIK=\angle DEM_2=\angle ABM_1=90^\circ$ より，2組の辺とその間の角がそれぞれ等しいので，$\triangle BIK\equiv\triangle DEM_2\equiv\triangle ABM_1$ となり，$BK=DM_2=AM_1=\sqrt{5}$ である。ここで，2点K，M_2 から，線分BDに

図2

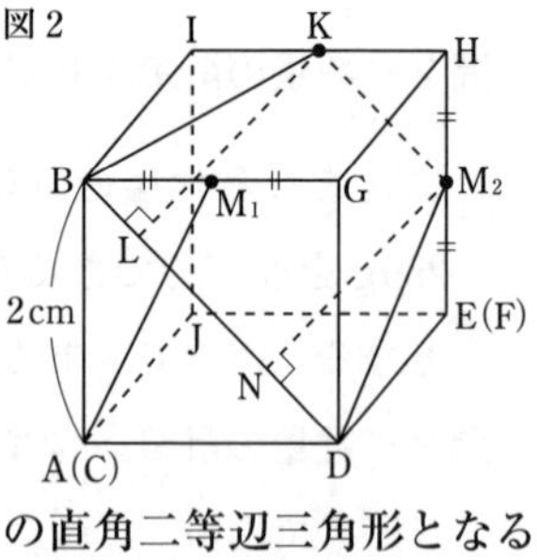

それぞれ垂線KL，M_2Nを引くと，四角形$KLNM_2$は長方形となるので，$LN=KM_2=\sqrt{2}$である。また，$\angle KLB=\angle M_2ND=90^\circ$，$BK=DM_2$，$KL=M_2N$より，直角三角形の斜辺と他の1辺がそれぞれ等しいので，$\triangle KBL\equiv\triangle M_2DN$となる。したがって，$BL=DN=(BD-LN)\div 2=(2\sqrt{2}-\sqrt{2})\div 2=\dfrac{\sqrt{2}}{2}$となるから，△KBLで三平方の定理より，$KL=\sqrt{BK^2-BL^2}=\sqrt{(\sqrt{5})^2-\left(\dfrac{\sqrt{2}}{2}\right)^2}=\sqrt{\dfrac{9}{2}}=\dfrac{3\sqrt{2}}{2}$である。以上より，〔四角形$KBDM_2$〕$=\dfrac{1}{2}\times(KM_2+BD)\times KL=\dfrac{1}{2}\times(\sqrt{2}+2\sqrt{2})\times\dfrac{3\sqrt{2}}{2}=\dfrac{9}{2}(cm^2)$である。

═読者へのメッセージ═

④で，線分APと線分BQの交点をRとしましたが，点Cから辺ABに垂線を引くと，この線分も点Rを通ります。このように，三角形の各頂点から対辺に引いた3本の垂線の交点を「垂心」といいます。

2023年度／東京成徳大学高等学校・一般入試(第１回)

国語解答

一　問一　X…(ア)　Y…(ウ)　Z…(オ)
問二　(イ)　問三　(ア)　問四　(エ)
問五　(ウ), (オ)　問六　(オ)　問七　(イ)
問八　(イ)　問九　(エ)　問十　(エ)
問十一　(ア)　問十二　(ウ)

二　問一　X…(イ)　Y…(ア)　Z…(エ)
問二　(オ)　問三　(ア)　問四　(ウ)
問五　(エ)　問六　(エ)　問七　(イ)
問八　(ウ)　問九　(イ), (カ)

三　①　(イ)　②　(オ)　③　(エ)

一〔説明文の読解—芸術・文学・言語学的分野—文学〕出典；島内景二『源氏物語と伊勢物語　王朝文学の恋愛関係』／『伊勢物語』。

≪本文の概要≫伊勢物語は，男と女の結びつきのあらゆる側面に光を当てて，「恋」という名の結晶体を正十二面体で析出しようとした点にすばらしさがあった。源氏物語は，伊勢物語の骨格を受け継いでいるが，紫式部は長編を書く試みに挑戦した。そして，伊勢物語の長所を貪欲に取り込みつつ，女の恋愛観が書き込めないという伊勢物語の欠陥を修正しようとした。だが，源氏物語の作者ですら，伊勢物語に書かれていない愛の様式をほぼ開発できなかった。伊勢物語は，短編だから，めまぐるしく流転するストーリーではなく，ふと立ち止まって思索する男の一瞬の思いを和歌として結晶させようとする。源氏物語は，ストーリー展開能力を全面的に作動させ，男と女の瞬間的な思いも和歌によって析出しようとする。これは剛腕作家でないと失敗する試みで，源氏物語以後，「伊勢物語と源氏物語の亜流」が量産された理由である。伊勢物語と源氏物語による，恋愛文学の新機軸の黎明期が去った後，恋愛文学のルネッサンス期の到来は，西洋文学が流れ込む明治時代まで待たねばならなかった。それは古典様式の破壊へとつながった。その反省が，昨今の「古典ブーム」なのだろう。

問一．X＜文章内容＞「誇張にみちた恋愛日記」では，「自己神話化と虚構化が極限まで」推し進められ，「恋ゆえの嘆き」が極端に大きくなる。　Y＜表現＞「光源氏の華麗な恋愛遍歴」を語る『源氏物語』は，「在原業平が経験した多種多様な恋愛絵巻」である「伊勢物語の骨格をそのまま」受け継いでいる。　Z＜接続語＞『伊勢物語』は，「ダイナミックなストーリー展開能力はその短い章段の内部だけでしか有効に機能」せず，逆に「めまぐるしく流転するストーリー」よりも，「ふと立ち止まって思案する」男の「一瞬一瞬の『思い』を和歌として結晶させようと」する。

問二＜指示語＞人間の幸福は，「男と女の人間関係の成立」から発生するものであり，「男が女を恋うる大いなる真情」があれば，「男と女の人間関係」の中に生きることの「価値と充足感」が得られるはずである。

問三＜文章内容＞『伊勢物語』に憧れる読者は，「伊勢物語の様式にのっとって，自分自身の恋愛観をかたちづくってしまう」ため，現実の恋であっても，『伊勢物語』に描かれる恋愛の様式から逃れられなくなる。読者は，「自分の素朴な感情」で相手を率直に愛するのではなく，「在原業平朝臣の恋の様式」に自分の感情を当てはめて，相手を見てしまうのである。

問四＜文学史＞清少納言と紫式部は，ともに平安時代中期に活躍した。柿本人麻呂と額田王は，飛鳥時代の歌人。藤原定家は，鎌倉時代の歌人。松尾芭蕉は，江戸時代の俳人。

問五＜文章内容＞紫式部は，『伊勢物語』の骨格を受け継ぎつつも，『源氏物語』を長編として執筆し，恋愛の苦悩を通して，「光源氏というただ一人の人間性の成熟と変貌のプロセス」を描いた(…(ウ))。『伊勢物語』には，「『女の恋愛観』が書き込めないという欠陥」があった。その欠陥を，紫式部は『源氏物語』において「修正しようと」試みて，場面場面での「男と女の瞬間的な思い」を，挿入した和歌によって表した(…(オ))。

問六＜文章内容＞日本文学においては，『伊勢物語』と『源氏物語』という二大傑作の影響があまりに大きく，「伊勢物語と源氏物語の亜流」ばかりが「量産」された。明治時代になって，古典とは「まったく別の構成原理をもつ西洋文学」がなだれ込んで広く受容されたため，その新しい様式を受け入れた近代文学者たちは「古典の否定」へと走り，それが「古典様式の破壊」へとつながったのである。

問七＜要旨＞冒頭では「『恋』という名の純粋で美的な結晶体」を析出しようとしたという「伊勢物語のすばらしさ」を挙げ，『伊勢物語』の特徴が説明されている。そのうえで，『伊勢物語』と『源氏物語』とを比較しながら，『源氏物語』が『伊勢物語』の骨格を受け継ぎ，「欠陥を修正」して恋愛文学の「新機軸」を完成させたことが述べられ，この二大傑作の功績が説明されている。そして，この二つの作品の影響力の強さゆえに，「亜流」が「量産」されることになったという弊害が説明されている。

問八＜古文の内容理解＞男は「京にはあらじ，東の方に住むべき国求めに」と考えて，京都を出発し，東へと旅して，「三河の国八橋といふ所」に着いた。その後，さらに進んで，「駿河の国」に着いた。「三河の国」は，現在の愛知県東部。「駿河の国」は，現在の静岡県中部。

問九＜古文の内容理解＞男は，「ある人」に沢に咲いている花の名の「五文字を句の上に据ゑて，旅の心を詠め」と言われて，「から衣着つつなれにしつましあればはるばるきぬる旅をしぞ思ふ」という歌をよんだ。五七五七七のそれぞれの句の上に据えられた字は，「か」「き」「つ」「は」「た」である。

問十＜古文の内容理解＞男は，見知った修行者に会い，「その人」に届けてもらうように，手紙を託した。その手紙に，駿河にある宇津の山辺という名前のとおり，現実でも夢でもあなたには会えないことだ，という意味の歌を書きつけた。

問十一＜古典の知識＞「うつつ」は，目が覚めた状態や，現実のこと。歌では，「うつつにも夢にも」と，現実と夢が対比されている。

問十二＜和歌の技法・内容理解＞時節を知らない山は富士の嶺《みね》であるよ，今をいつと思って鹿の子模様のようにまだらに雪が降っているのだろうか，という意味の歌。「時知らぬ山は富士の嶺」で意味が切れるので，二句切れである((ア)…×)。倒置法は使われていない((イ)…×)。「五月」は，旧暦では夏であり，季節外れの雪が富士山にまだらに降り積もっている様子がよまれている((ウ)…○，(エ)…×)。

二 〔小説の読解〕出典；辻邦生『西行花伝』。

問一．Ｘ＜表現＞「京の街ではもう桜は散り，若い葉桜」となり，花は見かけなくなったが，ときおり急に「花びらがどこからか白く舞い落ちて」いた。　Ｙ＜文章内容＞「作法」の本質や意味といった「心の理解」が無理ならば，表面的な所作を「学ぶがいい」と重実が言った。　Ｚ＜接続語＞「一番荘を手に入れる」と，「二番荘が欲しく」なり，「二番荘を手に入れる」と，「こんどは三番荘が目的となる」というようにして,「つねに目的にむかって息せき切って走っていて,決して満足するときがない」のである。

問二＜文章内容＞義清は,「熱中すると,限度」を知らず,弓場で「二日二晩,ぶっ通して矢を射つづけて」いた。その場で眠り込んでも「気持のなかでは,まだ矢を射つづけているつもり」で,義清は,起きたときには自分が何をしていたかわからなくなるほど,我を忘れてのめり込んでいた。

問三＜指示語＞常朝の馬術は,裸馬に乗って,「広大な草原に放牧」されている黒駒を集めたり移動させたり,「山野を疾駆」したりするためのものであり,公式な乗り方として宮廷で認められた「華麗な宮廷馬術」ではなかった。

問四＜表現＞義清の馬術は,常朝の馬術で大事とされた「馬と一つになって走ること」という教えのとおり,人間が馬を一方的に支配して操るのではなく,馬と一体化してともに走っているかのようだった。

問五＜四字熟語＞「三者三様」は,考え方や行動の仕方などは人それぞれだということ。義清は,人は「それぞれ好みが違って」いるもので,その違いが「人間の面白さ」だと受け止めている。「以心伝心」は,言葉で言い表さなくても,気持ちが通じ合うこと。「二者択一」は,二つの事柄のうち,どちらか一つを選択するしかない状況であること。「行雲流水」は,物事にこだわらず,自然の成り行きに身を任せて動くこと。「千載一遇」は,めったに訪れない好機のこと。

問六＜文章内容＞義清は,流鏑馬の作法も知らず,「騎乗の楽しさと弓の面白さを組み合わせて遊んでいた」だけで,「矢が的を射ぬく」ことが大切だと当然のように考えていた。だが,重実が「的に当ることより,むしろ雅であるということ」が大事だという考え方を示したので,義清は驚き,その考え方について詳しく知りたいと思って,「緊張」するほど真剣に重実に質問したのである。

問七＜心情＞義清は,今まで「目的は達せられなければならない」と考え,目的を果たすことに熱中していた。だが,「目的を追う」よりも,「雅であること」が大事だという重実の考えに強く心をひかれ,義清は,「目的を追う」ことも「雅であること」も,「両方とりたい」と考え始めている。

問八＜表現＞「ゆらゆら」「がっしり」「ぐっしょり」「がつがつ」は,物事の様子をそれらしく表現する擬態語である。「それぞれ」は,擬態語ではなく,複数ある物事の一つ一つのこと。

問九＜文章内容＞重実は,義清と「わたし」に,流鏑馬は「すべてあるべき型が定まって」いて,作法から外れると「雅な匂いを失う」と語り,物事の作法を身につけていることが「雅」だと教えている(…(イ))。また,次々と目的を追って,それを達成するのではなく,目的を達して「満足し自分や自分の周囲を見まわす余裕」を持ったときに生まれる,「この世を楽しもう」と思う心が,「雅」だとも教えている(…(カ))。

三 〔漢字〕

①「審査」と書く。(ア)は「辛抱」,(イ)は「審判」,(ウ)は「森林」,(エ)は「振動」,(オ)は「深刻」。　②「炊事」と書く。(ア)は「麻酔」,(イ)は「吹奏」,(ウ)は「睡魔」,(エ)は「衰退」,(オ)は「自炊」。　③「凍土」と書く。(ア)は「逃(げ足)」,(イ)は「等(しい)」,(ウ)は「透(ける)」,(エ)は「凍(える)」,(オ)は「盗(む)」。

2023年度 東京成徳大学高等学校・一般入試(特待)

【英　語】（50分）〈満点：100点〉

注意：解答は，解答用紙（マークシート）の指定された解答欄にマークしなさい。

各問の［ 1 ］［ 2 ］…［ 50 ］が，解答用紙の解答番号にあたる。

1

次の各問で第１アクセントの位置（最も強く発音する場所）が他と**異なるもの**を，(ア)〜(エ)よりそれぞれ１つずつ選びなさい。

［問１］［ 1 ］

(ア) dis-ap-pear　①②③　(イ) char-ac-ter　①②③　(ウ) pas-sen-ger　①②③　(エ) tem-pera-ture　①②③

［問２］［ 2 ］

(ア) for-eign-er　①②③　(イ) man-ag-er　①②③　(ウ) par-ticu-lar　①②③　(エ) in-stru-ment　①②③

［問３］［ 3 ］

(ア) in-tro-duce　①②③　(イ) com-fort-able　①②③　(ウ) gov-ern-ment　①②③　(エ) tech-ni-cal　①②③

［問４］［ 4 ］

(ア) sur-vive　①②　(イ) traf-fic　①②　(ウ) re-duce　①②　(エ) ma-chine　①②

［問５］［ 5 ］

(ア) es-pe-cial-ly　①②③④　(イ) en-vi-ron-ment　①②③④　(ウ) pho-tog-ra-pher　①②③④　(エ) in-ter-est-ing　①②③④

2

次の各問の［　　］に入る最も適切なものを，(ア)〜(エ)よりそれぞれ１つずつ選びなさい。

［問１］　I'm going to call the police ［ 6 ］ you give me my bicycle back.

(ア) if　(イ) unless　(ウ) and　(エ) for

［問２］　This is the last e-mail ［ 7 ］ I wrote her in English.

(ア) who　(イ) whose　(ウ) whom　(エ) that

［問３］　There are ［ 8 ］ oranges in the basket.

(ア) no　(イ) another　(ウ) much　(エ) none

［問４］　I can speak Korean a little but [9] you do.

(ア) not so better than　　(イ) not so better as
(ウ) not as well as　　(エ) not well as

［問５］　I don't know [10] .

(ア) where went she　　(イ) where did she went
(ウ) where did she go　　(エ) where she went

3　次の各問の日本文に合うように語(句)を並べかえて英文を完成させる時，３番目と５番目の[　　]に来る語(句)を，(ア)～(キ)よりそれぞれ１つずつ選びなさい。ただし，文頭に来る語(句)も小文字で始めている。

［問１］　駅からあなたの学校までどのくらいですか。

[　] [　] [11] [　] [12] [　] [　] your school?

(ア) from　　(イ) it　　(ウ) is　　(エ) far
(オ) to　　(カ) how　　(キ) the station

［問２］　彼女が毎朝散歩に連れていく犬は，道ばたの草を食べるのが好きです。

[　] [　] [13] [　] [14] [　] [　] every morning likes eating the grass by the road.

(ア) takes　　(イ) dog　　(ウ) a　　(エ) the
(オ) she　　(カ) walk　　(キ) for

［問３］　パーティーに招待された人々のほとんどは私の友だちでした。

[　] [　] [15] [　] [16] [　] [　] my friends.

(ア) were　　(イ) most　　(ウ) the party　　(エ) of
(オ) invited　　(カ) the people　　(キ) to

［問４］　向こうで手を振っている男の子はケンの弟に違いありません。

[　] [　] [17] [　] [18] [　] [　] .

(ア) over there　　(イ) waving　　(ウ) the boy　　(エ) his
(オ) hands　　(カ) must be　　(キ) Ken's brother

［問５］　シャインマスカットは彼女が最も好きな食べ物です。

Shine Muscat [　] [　] [19] [　] [20] [　] [　] .

(ア) likes　　(イ) that　　(ウ) the best　　(エ) the
(オ) she　　(カ) is　　(キ) food

［問６］ これらは私がロンドンで撮った写真だ。

[　] [　] [21] [　] [22] [　] [　] in London.

(ア) the　(イ) which　(ウ) these　(エ) took
(オ) are　(カ) photos　(キ) I

4 次の各問の対話文を完成させる時，[　] に入る最も適切なものを，(ア)～(エ)よりそれぞれ１つずつ選びなさい。

［問１］ A: How was your day?
B: [23]

(ア) Let me see. It's Friday.
(イ) Great. I finally finished my project.
(ウ) I mean, that's good to hear.
(エ) How nice! It sounds great.

［問２］ A: Please carry this sofa to my room for me.
B: Sure, but why?
A: [24]
B: Oh, I see.

(ア) Because it's not useful in my room.
(イ) Because I don't want this sofa in my room.
(ウ) Because there is another sofa in my room.
(エ) Because it's too heavy for me.

［問３］ A: You look tired.
B: I did a lot of homework. [25]

(ア) I could only stay in the library for a short time.
(イ) It took lots of time to finish.
(ウ) You look so busy with your homework.
(エ) I can't find my lost diary yet.

［問４］ A: Hello. Nice to meet you. I'm Dorothy.
B: Hello, Dorothy. I'm Mamiko.
A: [26]
B: Mamiko. M-A-M-I-K-O. Call me Mami.

(ア) Please call me later.
(イ) What's your friend's name?
(ウ) Can I speak more slowly?
(エ) Could you say that again?

［問５］ A: What are you doing?
B: I've just finished my homework.
A: What did you do for your homework?
B: [27]

(ア) We will ask our teacher later.
(イ) We were told to write something about the environment in English.
(ウ) I used this pencil you gave me last year.
(エ) I spent three hours doing my homework.

［問６］ A: I'm thirsty. Will you give me something to drink?
B: Sure. [28]
A: No, thank you.

(ア) What do you usually say when you say thank you?
(イ) Which do you like better, tea or water?
(ウ) Do you want something to eat, too?
(エ) Do you think I need a cup of tea?

5 次の各問の a と b がほぼ同じ意味を表すように，[　　] に入る最も適切なものを，(ア)～(エ)よりそれぞれ１つずつ選びなさい。

［問１］ a: If you eat too much, you will be sick.
b: Eating too much will [29] you sick.
(ア) let　(イ) have　(ウ) make　(エ) take

［問２］ a: I want to visit Kyoto while I'm in Japan.
b: I do not want to leave Japan [30] visiting Kyoto.
(ア) without　(イ) on　(ウ) when　(エ) through

［問３］ a: I have the same number of dresses as Yuki.
b: Yuki has [31] I do.
(ア) as many dresses as　(イ) as much as dresses
(ウ) dresses as many as　(エ) dress as much as

［問４］ a: You and I have different ideas.
b: My idea is different [32] yours.
(ア) of　(イ) for　(ウ) by　(エ) from

［問５］ a: I do not believe you are telling me the truth.
b: I think that you are telling [33] .
(ア) a lie　(イ) a word　(ウ) a branch　(エ) an edge

［問６］ a: He was tired, but he kept walking.
b: He was tired, but he [34] walking.
(ア) complained　(イ) continued　(ウ) compared　(エ) confused

6 次の各問の(ア)～(エ)には**１か所ずつ誤り**がある。その記号を１つずつ選びなさい。

［問１］ Mickey is one of the dogs that my friend is kept for three years. [35]
(ア) is　(イ) of　(ウ) that　(エ) is kept

［問２］ "Do kind to others" is something I learned from my father. [36]
(ア) Do　(イ) others　(ウ) something　(エ) from

［問３］ Mr. Mori is more popular than any other teachers in our high school. [37]
(ア) is　(イ) more　(ウ) teachers　(エ) in

［問４］ They're popular not only in Japan and also in foreign countries. [38]
(ア) They're　(イ) not　(ウ) and　(エ) in

［問５］ Tim used the computer without ask her, so she got very angry about it. [39]
(ア) used　(イ) ask　(ウ) so　(エ) got

［問６］ People in England like drink tea with breakfast. [40]
(ア) in　(イ) drink　(ウ) tea　(エ) breakfast

7 次の A～D の英文を，意味の通る文章になるように並べかえた場合，正しい順序になるものを(ア)～(エ)のうちから１つ選びなさい。

Every Saturday Daniel and his family went to the beach. They lived far from the beach, but once a week the family got into the car and Daniel's father drove for hours until they arrived at the beach.

A. One day Daniel's parents said, "We love going to the beach every week, but living so far away is a problem. However, we have found a solution. We are moving closer to the beach!"

B. Daniel and his sister were very sad. They wanted to go to the beach, but it was difficult. They tried going to the swimming pool, but it was not the same thing.

C. Daniel and his sister were very happy to live near the beach. They could go to the beach every day.

D. But it was a problem to go to the beach every week. Daniel's father got tired from driving for so many hours. The rest of the family got tired from sitting in the car for so long.

41

(ア) B → C → A → D
(イ) B → D → C → A
(ウ) D → A → B → C
(エ) D → B → A → C

8 次の英文を読んで後の問に答えなさい。

Have you ever thought about why people cry? Perhaps no one has never cried before. We cry when we are happy or sad. We also cry when we are moved by movies or sporting events. We may also *shed tears when we cut onions. We cry in many different situations. However, why do we cry?

A scientist has been trying to find the answer to this question. According to his research, tears that come out when *harmful substances enter the eyes are different from those that come out when we feel sad. He has found that there are two types of tears.

The first type of tears are tears to protect the eyes. These tears keep our eyes wet. Tears are not just for wetting the eyes but they also have an important role of keeping the eyes clean. Some of you may have cried because of the pain when something got into your eyes. These tears protect your eyes from substances such as smoke, dust, or sand. We also cry when we cut onions. Some of you may have heard that it is good to wear swimming goggles when cutting onions, or to cut them while having bread in your mouth. People are usually wetting their eyes with about 1 to 3 *milliliters of tears a day from their *lachrymal glands. Thanks to the tears that wet the eyes, the eyeballs do not dry out or become hard. People are crying without realizing it, *in order not to dry and damage the *cornea on the surface of the eyes.

The other type of tears is produced when we become *emotional. The researcher found that these tears *contain more protein than the first type of tears. When we become stressed, our bodies produce certain *chemicals, including protein. He believes that crying helps our bodies to remove these chemicals. This might explain why we often feel refreshed after a good cry. Have you ever felt refreshed after crying? When you have a hard time, you may cry while your family and friends listen to you. You may feel like crying when you see people working hard in a difficult situation. The researcher found that the *parasympathetic nerve works stronger in people's heads after crying. This *switch to the nerve *circuit is like when the body is resting while sleeping at night, *even if it is in the daytime when the brain is active. In other words, even if we are awake when we cry, our nerves react similarly to the way they do when we are resting or sleeping. Therefore, (A). Crying relaxes us and removes stress and negative emotions. It is said that the effect is large enough to be equal to one night's sleep. When the mind is emotionally moved by sadness, the parasympathetic nerve switches and the stress *is relieved. Some scientists say that only humans shed this type of tears.

In this way, it's important for humans to shed tears, both for our *physical and mental health. *As people grow, they may have less chance to cry and may find it *embarrassing to cry in public. But sometimes it may be necessary to cry hard for good health. There are various reasons why people cry, and crying is not always a bad thing.

（注） shed 流す　harmful substances 有害物質　milliliters ミリリットル
lachrymal glands 涙腺　in order not to ～しないように
cornea 角膜　emotional 感情的な　contain ～を含む
chemicals 化学物質　parasympathetic nerve 副交感神経
switch 切り替え　circuit 回路　even if たとえ～でも
is relieved 軽減される　physical and mental health 心身の健康
as ～につれ　embarrassing 恥ずかしいこと

［問１］　本文中の下線部(　A　)に入る最も適切なものを，(ア)～(エ)より１つ選びなさい。 42

(ア) negative emotions make you cry
(イ) relaxing brings tears
(ウ) crying makes you feel refreshed
(エ) sleeping a lot is important

［問２］　次の(a)～(c)の英文を本文の内容と合うように完成させる時，[　　]に入る最も適切なものを，(ア)～(エ)よりそれぞれ１つずつ選びなさい。

(a) Which sentence is true? 43
(ア) Crying too much will dry your eyes.
(イ) People shed two different types of tears: when they are sad and when they are happy.
(ウ) Some people don't cry even when the cornea on the surface of the eye is dried or damaged.
(エ) Tears when you get dust in your eyes are different from tears when you're sad.

(b) Which sentence is NOT true? 44
(ア) If we don't have tears, the eyes will become dry and damaged.
(イ) The best thing to do when cutting onions is to wear swimming goggles.
(ウ) Humans produce about 1 to 3 milliliters of tears each day.
(エ) People may shed tears when they are moved.

(c) In order to stay healthy, we [45]

(ｱ) may need to cry sometimes.
(ｲ) must try our best for a good cry.
(ｳ) should not dry our eyes.
(ｴ) have to produce much tears.

［問３］ 本文の内容に合うように，次の英文中の，[46] ～ [50] に入る最も適切な語を，(ｱ)～(ｺ)より１つずつ選びなさい。

We cry in many different situations. A scientist studied the reasons why we cry and he found there are two types of tears. According to his study, tears that come out when any harmful substances enter the eyes are [46] from those in sad times. One is to prevent drying and to [47] our eyes when something goes into them. The [48] is produced when we became emotional. This kind of tears contain more protein than the first one, so they relieve [49] and keep people [50]. This is why it's important for people to shed tears.

(ｱ) dry	(ｲ) tears	(ｳ) protect	(ｴ) other
(ｵ) stress	(ｶ) present	(ｷ) healthy	(ｸ) different
(ｹ) produce	(ｺ) another		

【数　学】（50分）〈満点：100点〉

注意：解答は，解答用紙（マークシート）の指定された解答欄にマークしなさい。

各問の $\boxed{1}$ $\boxed{2}$ … $\boxed{20}$ が，解答用紙の解答番号にあたる。

選択肢(ア)～(オ)に正答が全くない場合には，(カ) <u>その他</u> をマークすること。

計算は問題用紙の余白や裏面を利用しなさい。

1 次の空欄に適する答えをそれぞれ(ア)～(カ)の中から１つずつ選びなさい。

［問１］ $\dfrac{1}{3}-\left(\dfrac{3}{4}-\dfrac{1}{6}\right)^2\div\left(\dfrac{3}{2}-\dfrac{4}{5}\right)-\left(-\dfrac{1}{2}\right)^3=\boxed{\quad 1 \quad}$

(ア) $-\dfrac{3}{8}$　(イ) $-\dfrac{1}{36}$　(ウ) $\dfrac{1}{36}$　(エ) $\dfrac{3}{8}$　(オ) $\dfrac{5}{8}$　(カ) その他

［問２］ $\dfrac{x+2y}{3}-\dfrac{y+z}{5}-\dfrac{-x+2z}{10}=\boxed{\quad 2 \quad}$

(ア) $\dfrac{7x+14y-12z}{30}$　(イ) $\dfrac{13x+14y-12z}{30}$　(ウ) $\dfrac{13x+14y}{30}$

(エ) $\dfrac{13x+14y+12z}{30}$　(オ) $\dfrac{13x+26y-12z}{30}$　(カ) その他

［問３］ １次方程式 $x+\dfrac{1}{3}\left\{x-\dfrac{1}{4}(x+1)\right\}=2x-\dfrac{1}{2}$ を解くと $x=\boxed{\quad 3 \quad}$ である。

(ア) $\dfrac{5}{9}$　(イ) $\dfrac{11}{9}$　(ウ) $\dfrac{19}{15}$　(エ) $\dfrac{8}{3}$　(オ) $\dfrac{11}{3}$　(カ) その他

［問４］ $\left(\dfrac{20}{\sqrt{8}}+\dfrac{3}{\sqrt{12}}-\sqrt{32}-\sqrt{3}\right)\left(\sqrt{2}+\sqrt{27}+\dfrac{6}{\sqrt{18}}-\dfrac{10}{\sqrt{3}}\right)=\boxed{\quad 4 \quad}$

(ア) $\dfrac{7}{2}-\dfrac{4\sqrt{6}}{3}$　(イ) $\dfrac{9}{2}-\dfrac{4\sqrt{6}}{3}$　(ウ) $\dfrac{7}{2}+\dfrac{4\sqrt{6}}{3}$

(エ) $\dfrac{9}{2}+\dfrac{4\sqrt{6}}{3}$　(オ) $36-\dfrac{4\sqrt{6}}{3}$　(カ) その他

[問5] 連立方程式 $\begin{cases} 0.05x+\dfrac{1}{4}y=0.3 \\ -0.07x-0.1y=\dfrac{2}{25} \end{cases}$ を解くと [5] である。

(ア) $x=-4,\ y=2$　(イ) $x=-4,\ y=8$　(ウ) $x=3,\ y=2$

(エ) $x=4,\ y=\dfrac{4}{5}$　(オ) $x=8,\ y=-\dfrac{2}{5}$　(カ) その他

[問6] $a>0$ とする。x の2次方程式 $x^2+6x+a=0$，$x^2-ax+7=0$ はそれぞれ2つの整数解をもつ。それらの解の総和は [6] である。

(ア) -2　(イ) -1　(ウ) 0　(エ) 1　(オ) 2　(カ) その他

[問7] 大，中，小の3つのさいころを同時に投げ，出た目の数をそれぞれ a，b，c とする。$\dfrac{ab}{2}=c$ である確率は [7] である。

(ア) $\dfrac{1}{18}$　(イ) $\dfrac{13}{216}$　(ウ) $\dfrac{7}{108}$　(エ) $\dfrac{5}{72}$　(オ) $\dfrac{17}{216}$　(カ) その他

[問8] 10点満点の数学の小テストを10人の学生が受けた。最高点9点，最低点5点，中央値7点，最頻値9点であった。このとき，10人の小テストの点数の合計が最も大きくなるのは [8] 点のときである。

(ア) 71　(イ) 72　(ウ) 73　(エ) 74　(オ) 75　(カ) その他

2 放物線 $y=x^2$ と直線 $y=ax+2\,(a>0)$ の2つの交点にそれぞれ中心を持つ円 C_1，C_2 がある。円 C_1 は x 軸と y 軸，円 C_2 は y 軸と接している。また，直線 $y=2$ が円 C_1，C_2 と接している。次の空欄に適する答えをそれぞれ(ア)~(カ)の中から1つずつ選びなさい。ただし，円周率は π とする。

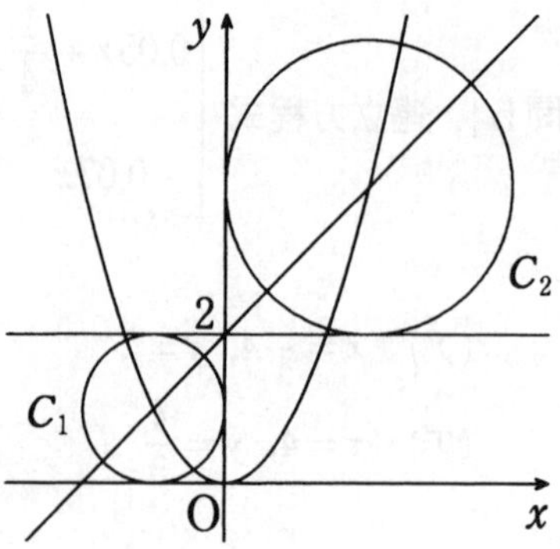

［問1］ 円 C_1 の中心の点の x 座標は [9] である。

(ア) -2　(イ) $-\frac{3}{2}$　(ウ) $-\frac{5}{4}$　(エ) -1　(オ) $-\frac{1}{2}$　(カ) その他

［問2］ 円 C_2 の中心の点の x 座標は [10] である。

(ア) $\frac{1}{2}$　(イ) 1　(ウ) $\frac{3}{2}$　(エ) $\frac{5}{3}$　(オ) 2　(カ) その他

［問3］ 円 C_1，C_2 について，y 軸と接する点を P，Q とし，直線 $y=2$ と接する点を R，S とする。線分 PS，線分 QR，$\overset{\frown}{PR}$，$\overset{\frown}{QS}$ で囲まれた部分の図形の面積は [11] である。ただし，$\overset{\frown}{PR}$，$\overset{\frown}{QS}$ はそれぞれの円周上の短い方とする。

(ア) $7-\frac{5}{4}\pi$　(イ) $7-\frac{3}{4}\pi$　(ウ) $9-\frac{5}{4}\pi$

(エ) $9-\frac{3}{4}\pi$　(オ) $9+\frac{3}{4}\pi$　(カ) その他

［問4］ 問3のとき，四角形 PSQR を直線 $y=ax+2$ の周りで一回転させてできる立体の体積は [12] である。

(ア) $\frac{3\sqrt{2}}{4}\pi$　(イ) $\frac{5\sqrt{2}}{4}\pi$　(ウ) $\frac{7\sqrt{2}}{4}\pi$

(エ) $\frac{9\sqrt{2}}{4}\pi$　(オ) $\frac{11\sqrt{2}}{4}\pi$　(カ) その他

3　容器Aに濃度5％の食塩水 x g，容器Bに濃度7％の食塩水 y g が入っている。$x>y$ のとき，次の空欄に適する答えをそれぞれ(ア)～(カ)の中から1つずつ選びなさい。

［問1］ A，Bの食塩水と水220 g を混ぜてできる食塩水の濃度は4％である。このとき，［ 13 ］が成り立つ。

(ア) $x+3y=220$　(イ) $x+3y=440$　(ウ) $x+3y=880$
(エ) $5x+7y=220$　(オ) $5x+7y=880$　(カ) その他

［問2］ A，Bの食塩水が同じ量になるように，AからBに食塩水をうつした。新しく容器Bにできた食塩水に含まれる食塩の量が16 g のとき，［ 14 ］である。

(ア) $x=140,\ y=100$　(イ) $x=180,\ y=150$　(ウ) $x=200,\ y=150$
(エ) $x=240,\ y=200$　(オ) $x=280,\ y=200$　(カ) その他

4　片面が白色，もう一方が青色である正方形の紙の各頂点をA，B，C，Dとする。図のように各辺の中点をそれぞれP，Q，R，Sとし，線分PR，QSの交点をOとする。白色が表になるように紙を置き，次の【手順】に沿って谷折りにする。

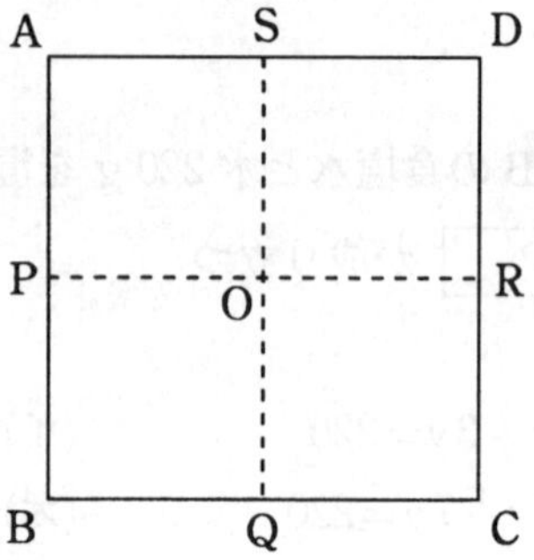

【手順】
(i)　点Aを点Oと重ねる
(ii)　線分DSを線分PSに重ねる
(iii)　線分PSを線分QSに重ねる

正方形の1辺の長さを2cmとするとき，次の空欄に適する答えをそれぞれ(ア)~(カ)の中から1つずつ選びなさい。

[問1]　手順(ii)の後，(ii)の折り目と線分DSがつくる角度の大きさは［ 15 ］である。

(ア)　55°　(イ)　60°　(ウ)　62.5°　(エ)　67.5°　(オ)　75°　(カ)　その他

[問2]　手順(ii)の後，見えている白色の部分の面積は［ 16 ］cm^2である。

(ア)　1　(イ)　$\frac{5-2\sqrt{2}}{2}$　(ウ)　$\frac{5}{4}$
(エ)　$\frac{6\sqrt{2}}{7}$　(オ)　$\frac{4-\sqrt{2}}{2}$　(カ)　その他

[問3]　手順(iii)の後，紙の両面を見たとき，見えている青色の部分の面積の和は［ 17 ］cm^2である。

(ア)　3　(イ)　$\frac{35}{11}$　(ウ)　4　(エ)　$\frac{13}{3}$　(オ)　$\frac{48}{11}$　(カ)　その他

5 一辺の長さが 4 cm の立方体 ABCD－EFGH がある。辺 AB，BF，CG，DC 上に，AP＝FQ＝GR＝DS＝1 cm となる点 P，Q，R，S をそれぞれとる。次の空欄に適する答えをそれぞれ(ア)～(カ)の中から 1 つずつ選びなさい。

[問 1] 四角形 PFGS の面積は [18] cm^2 である。

(ア) $4\sqrt{7}$　(イ) 12　(ウ) 16　(エ) 20　(オ) 25　(カ) その他

[問 2] 立方体を面 PFGS と面 AQRD が切断面になるように切る。点 E を含む立体の体積は [19] cm^3 である。

(ア) 12　(イ) 13　(ウ) $\frac{200}{7}$　(エ) $\frac{256}{7}$　(オ) 42　(カ) その他

[問 3] 問 2 の立体の内部におさまる球のうち，最大のものを考える。このとき，球の半径は [20] cm である。

(ア) $\frac{2}{3}$　(イ) 1　(ウ) $\frac{4}{3}$　(エ) $\frac{5}{3}$　(オ) 2　(カ) その他

【社　会】 (50分) 〈満点：100点〉

注意：解答は、解答用紙（マークシート）の指定された解答欄にマークしなさい。
各問の[1] [2] … [40]が、解答用紙の解答番号にあたる。

[1] 次の各問に答えよ。

［問１］　次のⅠの地図中の（ア）～（エ）は、世界遺産に登録されている、我が国の主な自然遺産の所在地を示したものである。Ⅱの文章で述べている自然遺産の所在地に当てはまるのは、地図中の（ア）～（エ）のうちのどれか。
解答番号は[1]。

Ⅰ

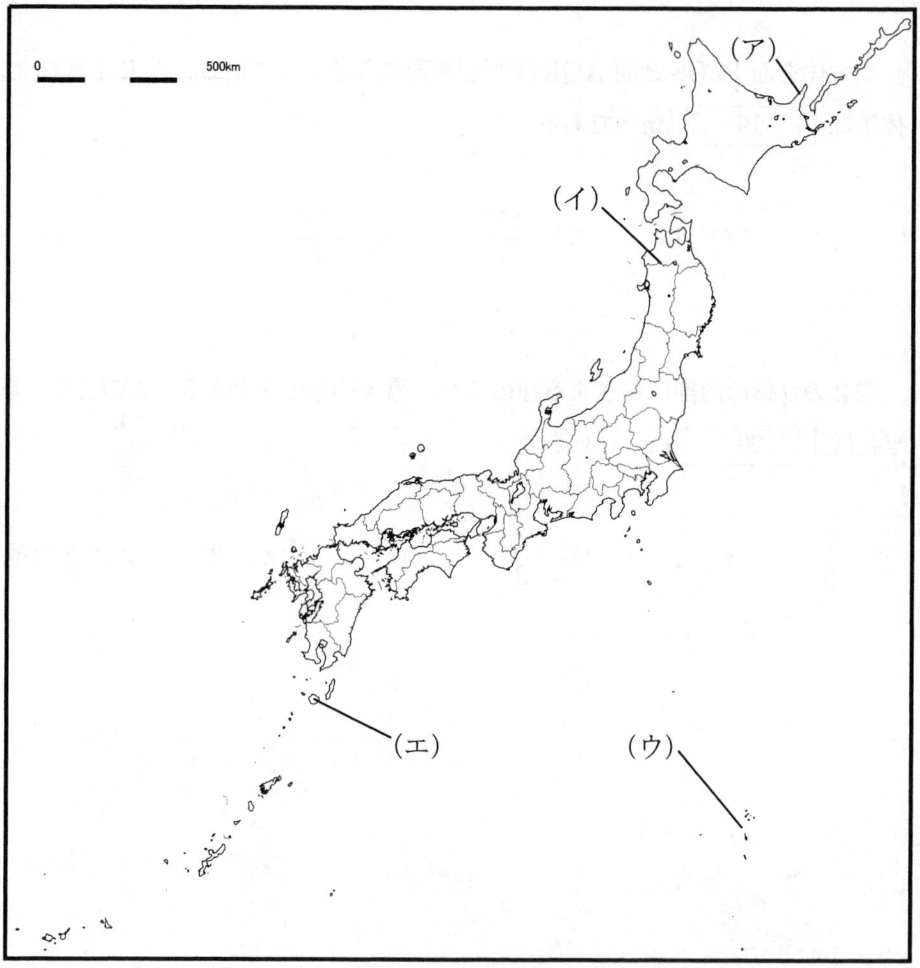

Ⅱ

人の手が加えられていない広大なぶなの原生林など、豊かな自然が残っており、その中心地域が 1993 年に世界自然遺産に登録された。

［問２］　次に示した日本の農業の様子と同じ時期のことが書かれているものは、次の（ア）〜（エ）のうちのどれか。解答番号は［2］。

戦乱のない時代が訪れ、人口が急速に増加したため、新田開発が進み、農地の面積が急増した。また、千歯《せんば》こきや備中鍬《びっちゅうぐわ》などの新しい農具が開発され、農作業の効率を高めた。干鰯《ほしか》や油かすなどの、より栄養価の高い肥料を農民が購入して使うようにもなった。

（ア）絹や茶を西方に運んだ唐には、ペルシャ付近で作られたガラス器がシルクロードを通じて持ちこまれ、日本にも伝えられた。

（イ）元の皇帝フビライに仕えたマルコ･ポーロが、『世界の記述（東方見聞録《とうほうけんぶんろく》）』という書物の中で、日本を「黄金の国ジパング」としてヨーロッパに紹介した。

（ウ）コロンブスがアメリカ大陸に到達した後、アメリカ大陸原産の作物であるとうもろこしがヨーロッパに持ちこまれ、日本にも伝えられた。

（エ）ジャワ島を根拠地にして東南アジアでコーヒーや砂糖を生産し、ヨーロッパ諸国へ販売していたオランダが、ヨーロッパで唯一、日本との貿易を行っていた。

［問３］　次の資料は、17 世紀以降の市民革命ののちにつくられた、宣言や憲法にかかわるものの一部である。資料に当てはまるのは、次の（ア）〜（オ）のうちのどれか。解答番号は［3］。

第 151 条 経済生活の秩序は、すべての人に人間に値する生存を保障することをめざす、正義の諸原則にかなうものでなければならない。　（部分）

（ア）アメリカ独立宣言

（イ）世界人権宣言

（ウ）大日本帝国憲法

（エ）フランス人権宣言

（オ）ワイマール憲法

2　次の各問に答えよ。

［問１］　次の建物A～Cは、ある地域の気候や生活の特徴を踏まえた建物の図である。地図中のA～Cはそれぞれ、建物の存在する場所と対応している。①～③の説明についての組み合わせとして正しいものは、次の（ア）～（ク）のうちのどれか。解答番号は［ 4 ］。

建物A

建物B

建物C

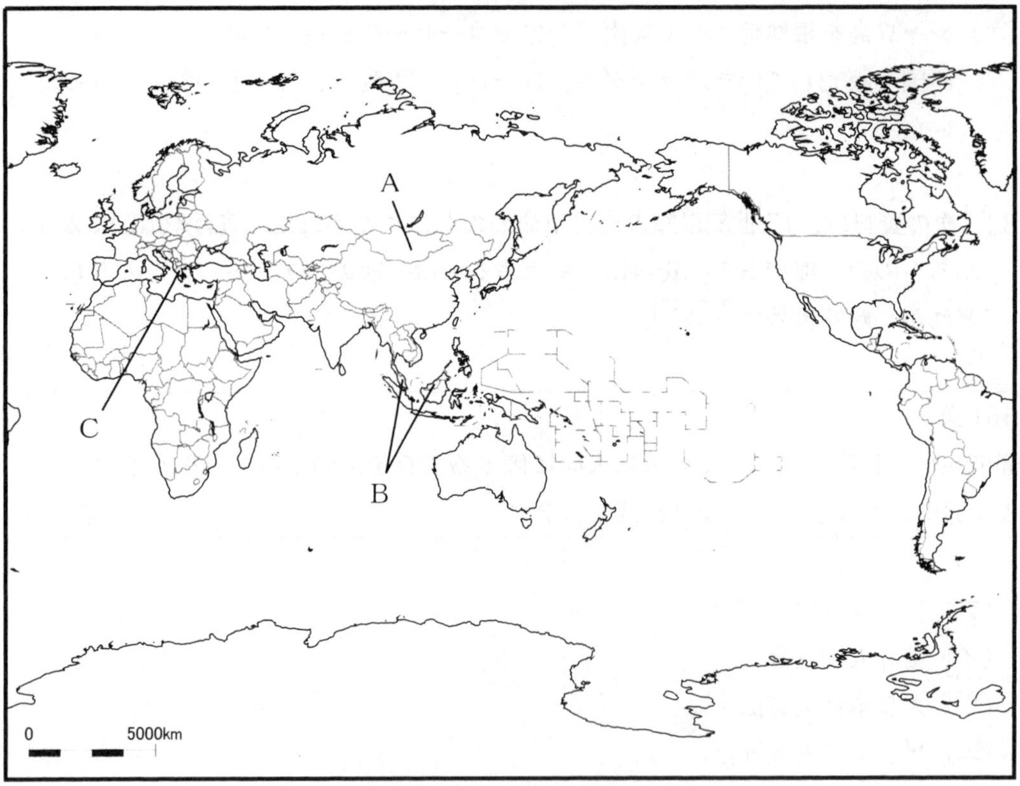

（帝国書院ハイマップマイスターにて作成）

① 建物Aがある、Aの地域で見られる農業

② Bの地域で見られる建物Bが高床式である理由

a．平屋建てとなっており、家根瓦《がわら》は塗装でしっかりと固められている。夏から秋にかけての台風による被害を防ぐための工夫がなされている。

b．風通しをよくして、暑さや湿気をやわらげる工夫がなされている。動物の侵入を防ぐようにもなっている。

③ Cの地域で見られる建物Cの壁が白く、屋根の傾斜がない理由

c．日差しが強く雨が少ない気候区分だから。

d．太陽の光を少しでも集め、多くの降水を集めるため。

	①	②	③
(ア)	焼畑	a	d
(イ)	焼畑	b	c
(ウ)	焼畑	a	c
(エ)	焼畑	b	d
(オ)	遊牧	a	d
(カ)	遊牧	b	c
(キ)	遊牧	a	c
(ク)	遊牧	b	d

［問２］ 次の文章は、アフリカ大陸について述べたものである。文章中の空欄Ａ～Ｃに当てはまる語句や文の組み合わせとして正しいものは、下の（ア）～（ク）のうちのどれか。解答番号は 5 。

> アフリカ大陸は鉱産資源に恵まれており、南アフリカ共和国の金、ボツワナのダイヤモンドなどが重要な輸出品となっています。さらに、近年はスマートフォンなどにも使われる（　Ａ　）が注目され、採掘《さいくつ》が進んでいます。
>
> アフリカ大陸の多くの国は、カカオやダイヤモンドといった特定の農産物や鉱産資源の輸出にたよった（　Ｂ　）の国となっています。こうした農産物や鉱産資源は、（　Ｃ　）という問題を生み出します。

空欄Ｃ の選択肢

① 作業用の機材の発展を生み出し、工業化が進展するため、環境破壊が起こる

② 天候や他国との関係の影響を受けやすく、国の収入が安定しない

	Ａ	Ｂ	Ｃ
（ア）	バイオ燃料	アグリビジネス	①
（イ）	バイオ燃料	モノカルチャー経済	①
（ウ）	バイオ燃料	アグリビジネス	②
（エ）	バイオ燃料	モノカルチャー経済	②
（オ）	レアメタル	アグリビジネス	①
（カ）	レアメタル	モノカルチャー経済	①
（キ）	レアメタル	アグリビジネス	②
（ク）	レアメタル	モノカルチャー経済	②

［問３］ 2022年２月、ロシアからの侵攻を受けた国には、世界有数の穀倉《こくそう》地帯としても知られている地域がある。その地域と同じ気候区分の雨温図と、その地域の代表的な農作物の組み合わせとして正しいものは、下の（ア）～（ケ）のうちのどれか。解答番号は 6 。

（A）

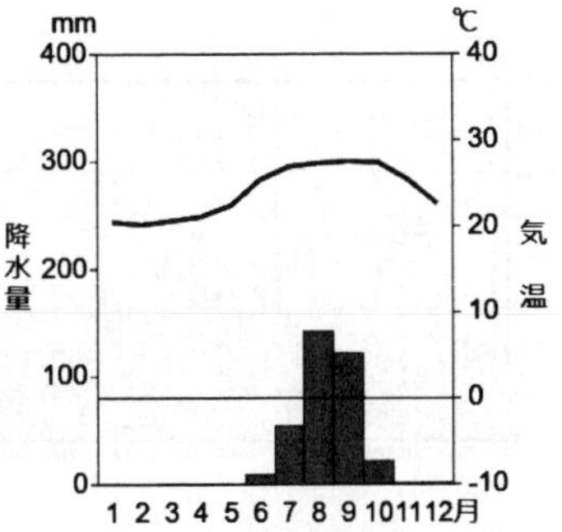

年平均気温:23.9℃　年降水量:351.5mm

（B）

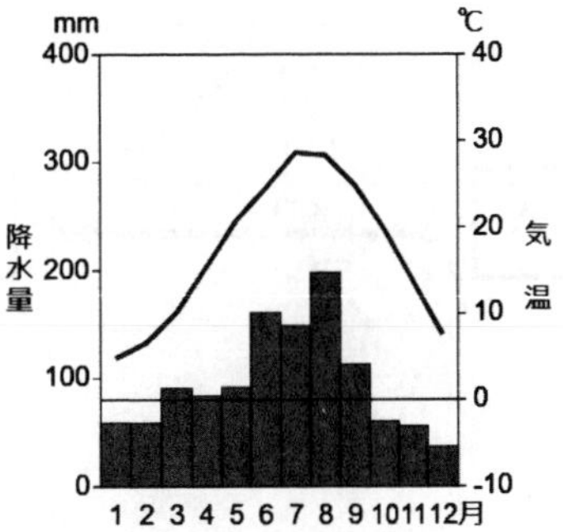

年平均気温:17℃　年降水量:1157mm

（C）

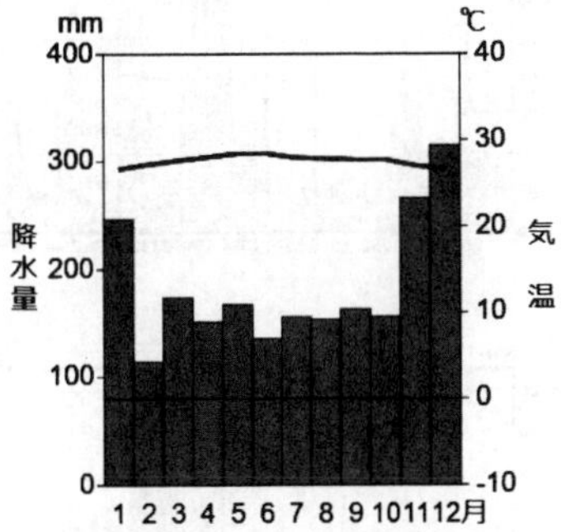

年平均気温:27.5℃　年降水量:2199mm

（気象庁ホームページのデータより作成）

	雨温図	代表的な農作物名
（ア）	（A）	小麦
（イ）	（A）	米
（ウ）	（A）	とうもろこし
（エ）	（B）	小麦
（オ）	（B）	米
（カ）	（B）	とうもろこし
（キ）	（C）	小麦
（ク）	（C）	米
（ケ）	（C）	とうもろこし

［問４］　次の地図中の地点Ａ～Ｂの断面図としてふさわしいものを、次の①～④のうちから選び、線ＡＢが示す線の名称との組み合わせとして正しいものは、次の（ア）～（ク）のうちのどれか。解答番号は［７］。

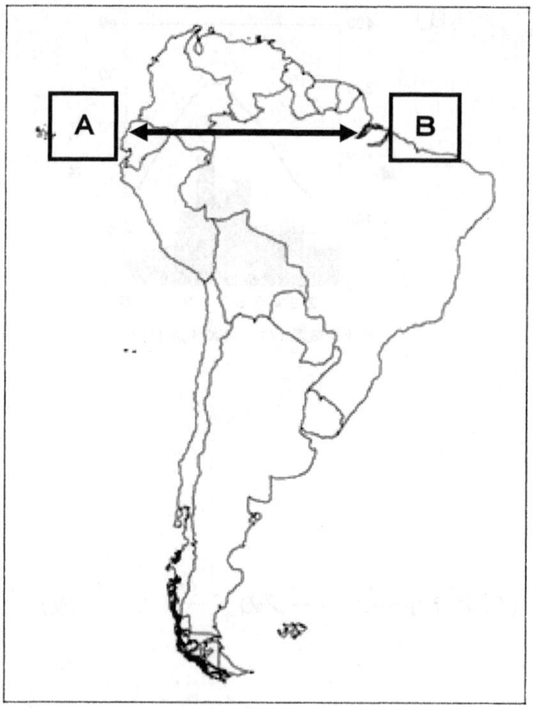

（地理院地図から作成）

①

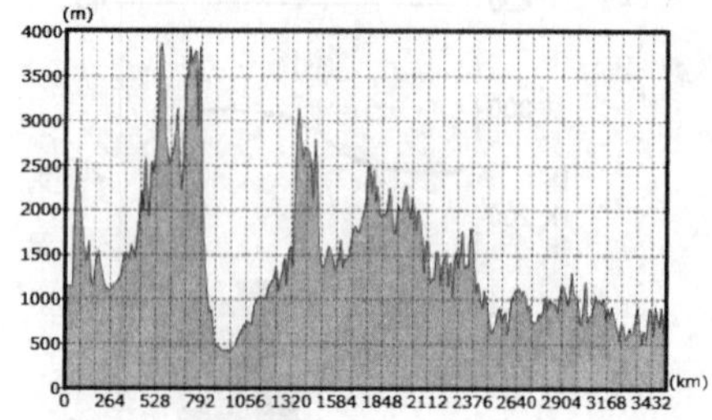

②

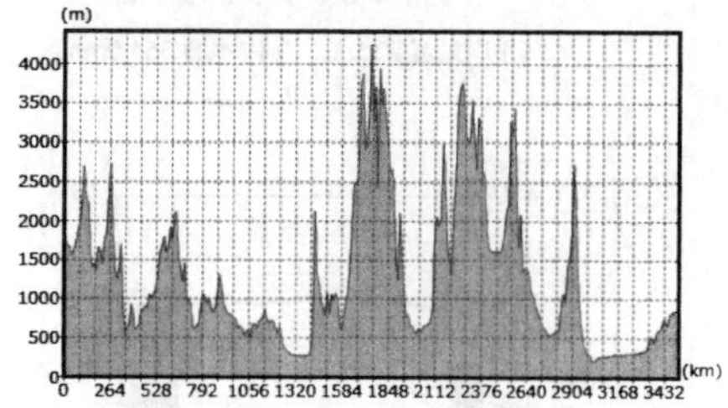

③

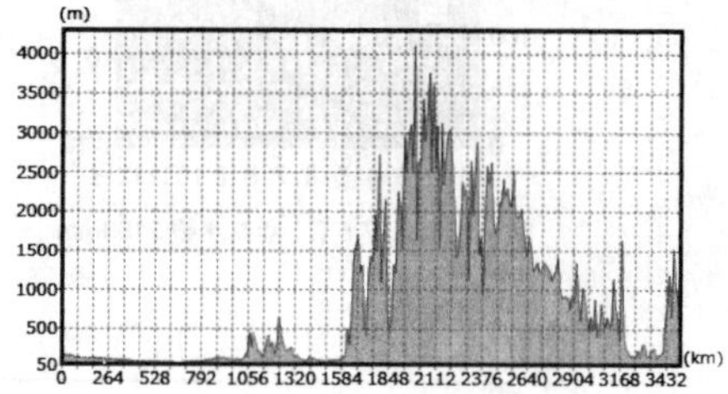

④

	断面図	線
(ア)	①	赤道
(イ)	①	南回帰線
(ウ)	②	赤道
(エ)	②	南回帰線
(オ)	③	赤道
(カ)	③	南回帰線
(キ)	④	赤道
(ク)	④	南回帰線

3　次の各問に答えよ。

［問１］ 次の文は名称に「山」の字が使われている県の説明文である。それぞれの県の説明文Ａ～Ｄと、工芸品①～④の組み合わせとして正しいものは、（ア）～（ク）のうちのどれか。解答番号は［ 8 ］。

A.

深い湾を持ち、高低差4000ｍの変化に富んだ地形を有しており、美しく豊かな自然環境に恵まれ、冬には豪雪《ごうせつ》地帯になるなど、四季の移り変わりが鮮明である。

B.

北部は降水量が少なく、南部は１年を通して暖かい気候である。世界遺産に登録された霊場があり、みかんの生産量は全国１位である。

C.

瀬戸内海に面しており、「晴れの国」と呼ばれ、降水量１㎜未満の日数が全国１位である。温暖な気候や豊かな自然に恵まれ、フナ漁獲高全国１位である。

D.

穏やかな瀬戸内海と荒々しい日本海の両方に面している。歴史的にも交通の要所であり、最も多くの総理大臣を輩出《はいしゅつ》している。

①　高岡銅器

②　萩《はぎ》焼

③　備前《びぜん》焼

④　紀州漆器《しっき》

	A	B	C	D
（ア）	①	③	②	④
（イ）	①	③	④	②
（ウ）	①	④	②	③
（エ）	①	④	③	②
（オ）	②	③	①	④
（カ）	②	③	④	①
（キ）	②	④	①	③
（ク）	②	④	③	①

[問２] 表中のＡ～Ｅは、北海道・青森県・秋田県・大分県・鹿児島県のいずれかを示している。①～③の内容にふさわしい都道府県の組み合わせとして正しいものは、（ア）～（ク）のうちのどれか。解答番号は 9 。

都道府県名	人口密度	農業産出額(億円)			
	1㎢につき人	米	野菜	果物	畜産
A	66.9	1,279	2,114	61	7,279
B	174.4	221	657	95	3,162
C	179.1	247	334	115	457
D	129.2	513	780	790	915
E	83.0	1,007	279	69	366
長野県	151.1	472	840	625	300

（『日本国勢図会 2021/22』より作成）

① 人口 10 万人あたりの生乳生産量国内１位

② 竿燈《かんとう》祭りなどの伝統文化

③ 地熱発電量国内１位

	①	②	③
（ア）	A	B	E
（イ）	A	C	E
（ウ）	A	D	C
（エ）	A	E	C
（オ）	B	A	E
（カ）	B	C	E
（キ）	B	D	C
（ク）	B	E	C

［問３］ 次の図はある地域を略地図にまとめたものである。「まきおさんが到着した建物や施設の地図記号」、「略地図中にない土地利用」、「最も広範囲の土地利用」の組み合わせとして正しいものは、下の（ア）～（ク）のうちのどれか。
解答番号は［10］。

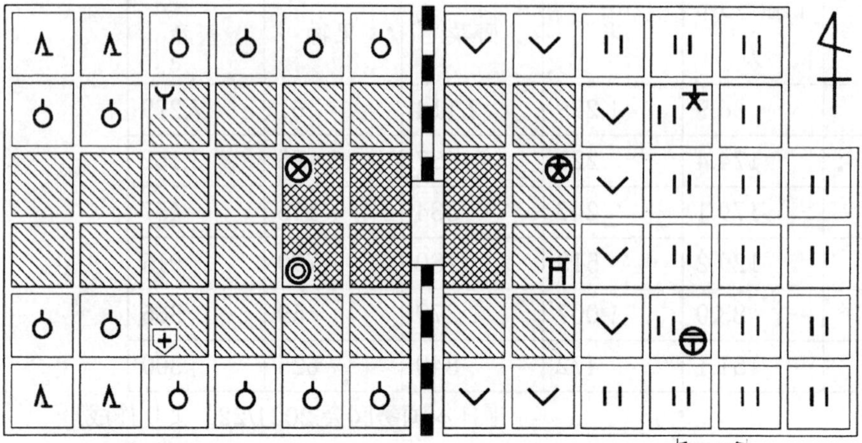

・縮尺は2万5千分の1である。
・区画の大きさはすべて（例）と同じである。

（例）

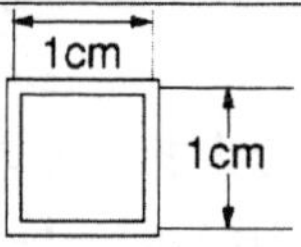

まきおさんは駅より東へ1000m進み、その交差点を右に曲がり、さらに500m進んで、ある建物・施設に到着した。

	まきおさんの到着地	略地図中にない土地利用	最も広範囲の土地利用
（ア）	消防署	桑畑	果樹園
（イ）	消防署	桑畑	田
（ウ）	消防署	針葉樹林	果樹園
（エ）	消防署	針葉樹林	田
（オ）	郵便局	桑畑	果樹園
（カ）	郵便局	桑畑	田
（キ）	郵便局	針葉樹林	果樹園
（ク）	郵便局	針葉樹林	田

［問４］ 次の文章はハザードマップの説明文である。 2011年3月11日に発生した東日本大震災の甚大《じんだい》な被害をうけて作成されたハザードマップの説明として正しいものは、次の（ア）～（エ）のうちのどれか。解答番号は［11］。

（ア） 火山噴火により噴石、火砕流《かさいりゅう》、融雪型《ゆうせつがた》火山《かざん》泥流《でいりゅう》等の影響が及ぶ範囲を表した地図。万一の際に住民の生命・財産を守るための対策を事前に立てておくことができます。

（イ） 下水道などの排水能力を超えた大雨が降った際に想定される浸水域や浸水深を表示した地図。出水時の水防活動や避難行動等に活用することができます。

（ウ） 地震時に海水が大規模な波（海水の塊）となって陸上に押し寄せたときの浸水域や浸水深を表示した地図。住民の自衛力の向上、円滑かつ確実な避難等に活用することができます。

（エ） 土砂災害（急傾斜地の崩壊、土石流《どせきりゅう》、地滑り）の発生危険地域などを示した地図。危険箇所の確認や避難経路検討の際に活用することができます。

（国土交通省 国土地理院　ハザードマップ・ポータル パンフレットより）

4 次の表は、古代から近世の日中関係に関わる出来事をまとめたものである。あとの各問に答えよ。

出来事	
倭は100ほどの国があり、中国に使節を派遣する国があった	
奴国の王が中国に使節を派遣する	
（1）邪馬台国の女王が中国に使節を派遣する	
倭の王たちが中国へたびたび使節を派遣する	
遣隋使が派遣される	
遣唐使が派遣される	
遣唐使の派遣を停止する……………………	↑
２度にわたって元が日本に襲来する	A
（2）足利義満が明との間に国交を樹立する……………………	↓
（3）豊臣秀吉の２度にわたる朝鮮への出兵に対して、明は朝鮮へ援軍を派遣する	
（4）江戸幕府は中国船の寄港地《きこうち》を長崎に制限する	

［問１］　下線部<u>（1）邪馬台国の女王が中国に使節を派遣する</u>とあるが、この出来事について述べた文として最も適当なものは、次の（ア）～（エ）のうちのどれか。
解答番号は 12 。

（ア）女王は、中国から「漢委奴国王」の称号と金印、銅鏡 100 枚を受け取った。
（イ）女王は、中国の進んだ政治のしくみや文化を取り入れるため、中国との正式な国交の樹立をめざし、使節を派遣した。
（ウ）女王は、倭の王としての地位と朝鮮半島南部の軍事的な指揮権とを中国に認めてもらうため使節を派遣した。
（エ）女王は、倭の王の地位を得ることによって、倭のほかの国に対して優位にたとうとして使節を派遣した。

［問２］　中国との国交がなかったＡの期間にも、民間の交流は続いていた。この期間について述べた文として正しいものは、次の（ア）～（エ）のうちのどれか。
解答番号は 13 。

（ア）種子島に漂着した中国人の倭寇《わこう》の船に乗っていたポルトガル人によって、日本に鉄砲が伝わった。
（イ）中国人の商人によって、日本に書籍や陶磁器《とうじき》や銅銭が日本にもたらされ、日本の経済や文化に影響を与えた。
（ウ）中国に渡った最澄と空海は、仏教の新しい教えである天台宗と真言宗を日本に伝えた。
（エ）中国の僧侶である鑑真が日本に渡ってきて、正しい仏教の教えを広め、寺院を建立した。

［問３］ 下線部（２）足利義満、（３）豊臣秀吉とあるが、２人について述べた文として**誤っているもの**は、次の（ア）～（エ）のうちのどれか。解答番号は 14 。

（ア） 足利義満は、将軍をやめて出家したのちに京都の北山に移り住み、金閣を建立した。
（イ） 足利義満は、並び立っていた二つの朝廷を統一させ、60年間近く続いた南北朝の動乱を終わらせた。
（ウ） 豊臣秀吉は、検地を実施して、ものさしやますを統一し、全国の田畑の面積や収穫高を調べ、石高《こくだか》であらわした。
（エ） 豊臣秀吉は、仏教勢力をおさえ、南蛮貿易の利益を得るために、キリスト教の宣教師を優遇《ゆうぐう》した。

［問４］ 下線部（４）江戸幕府は中国船の寄港地《きこうち》を長崎に制限するとあるが、江戸時代の日本の外交・貿易について述べた文として正しいものは、次の（ア）～（エ）のうちのどれか。解答番号は 15 。

（ア） アイヌの人々は、交易の不満が高まったことから松前藩との戦いを起こしたが、敗れた。
（イ） 中国人とオランダ人は、貿易のためであれば日本国内を自由に行き来することができた。
（ウ） 対馬には、朝鮮の商人がやってきて、日本に朝鮮にんじんや木綿《もめん》をもたらした。
（エ） 琉球からは、将軍の代がわりごとに、通信使と呼ばれる使節が派遣された。

5　次の文章を読み、あとの各問に答えよ。

日本は、2022年に鉄道が開業してから150年を迎えた。最初の鉄道は、政府によって（１）1872年に新橋～横浜間で開業された。２年後には大阪～神戸間が開業した。この２つの鉄道は1889年に東海道線（新橋～神戸間）として結ばれることになった。

1881年に最初の民営鉄道である日本鉄道会社が設立されて以降、全国各地で鉄道会社の設立が相次いだことにより、（２）1890年には開業距離で民営鉄道が官営を追い越していったが、1906年に運輸の疎通や運搬力の増加を図るため国有化がおこなわれた。1914年には東京駅が開業した。

第一次世界大戦までに、日本では産業の重化学工業化が進展し、東京や大阪などの大都市圏では都市化と郊外化が進んだ。大都市間交通を国有鉄道が、都市と郊外を私鉄が結んだ。また、市電や地下鉄などの都市内交通も発展し、鉄道は貨物・旅客輸送において重要な役割を果たした。

しかし、（３）日中戦争がはじまると軍事輸送が優先され、さらに太平洋戦争開戦後はさらなる軍事輸送で酷使され、空襲によって鉄道は甚大な被害を受けた。

敗戦後も、鉄道は貨物や人々の移動に欠かせない交通機関であった。（４）1949年には日本国有鉄道（国鉄）が設立されたが、1960年代以降、自動車が貨物や旅客輸送で中心的な役割を担うようになると国鉄はその影響を受けて赤字経営となり、1987年に民営化がおこなわれ、現在のＪＲ７社の体制に転換することになった。

［問１］　下線部（１）1872年に新橋～横浜間で開業された。２年後には大阪～神戸間が開業した。この２つの鉄道は1889年に東海道線（新橋～神戸間）として結ばれることになった。とあるが、この期間は日本が立憲政治を確立する時期と重なる。日本の立憲政治の確立について述べた文として正しいものは、次の（ア）～（エ）のうちのどれか。解答番号は［16］。

（ア）国会開設に備えて政党の結成が進み、大隈重信を党首とする自由党と、板垣退助を党首とする立憲改進党が結成された。

（イ）衆議院議員の選挙権が与えられたのは、直接国税を15円以上納める満25歳以上の男性で、有権者は総人口の約1.1％にすぎなかった。

（ウ）政府は、板垣退助らが提出した民撰《みんせん》議院設立の建白書を受け入れて、直ちに国会を開設することを決定した。

（エ）民間で作成された、多くの憲法草案を参考にして、政府は大日本帝国憲法を作成した。

［問２］　下線部（２）1890 年には開業距離で民営鉄道が官営を追い越していったが、1906 年に運輸の疎通や運搬力の増加を図るため国有化がおこなわれた。1914 年には東京駅が開業した。とあるが、下の表はこの期間の日本の対外関係に関する出来事を年代の古い順にならべたものである。表中の空欄（A）～（D）に当てはまるのは、下の文（ア）～（エ）のうちのどれか。

解答番号は、（A）は 17 、（B）は 18 、（C）は 19 、（D）は 20 。

出来事
・日英通商航海条約を結び、領事裁判権の撤廃に成功する。
（A）
（B）
（C）
（D）
・第一次世界大戦が勃発《ぼっぱつ》した。

（ア）韓国を併合し、日本の植民地とした。

（イ）日米通商航海条約が結ばれ、日本は関税自主権を回復し、欧米諸国との条約改正がすべて達成された。

（ウ）東アジアでの利害関係が一致したイギリスとの間で日英同盟が結ばれた。

（エ）ロシアがドイツ・フランスをさそい、獲得した遼東半島を清に返すように日本にせまった。

［問３］　下線部（３）日中戦争がはじまると軍事輸送が優先され、さらに太平洋戦争開戦後はさらなる軍事輸送で酷使され、空襲によって鉄道は甚大な被害を受けた。とあるが、日中戦争開始から太平洋戦争終結までの間の出来事や様子について述べたもので内容の正しいものは、次の（ア）～（エ）のうちのどれか。
解答番号は 21 。

（ア）国際連盟を脱退し、さらにワシントン・ロンドンの軍縮条約の期限も切れてしまったことで、日本は国際的な孤立を深めることになった。

（イ）日本では国家総動員法が制定され、政府は議会の承認を得なければ、労働力や物資を動員することができなくなった。

（ウ）ソ連との間に中立条約を結んだ日本は、北方の安全を確保した後に南進を行ってフランス領インドシナの南部に軍を進め、さらに、ヨーロッパでのドイツの優勢を見て、日本は日独伊三国同盟を結んだ。

（エ）広島に原爆が投下され、ヤルタ秘密協定に基づきソ連が中立条約を破って宣戦布告し、さらに長崎に原爆が投下されたことで日本はポツダム宣言を受け入れて降伏することを決めた。

［問４］　下線部（４）1949年には日本国有鉄道（国鉄）が設立されたが、1960年代以降、自動車が貨物や旅客輸送で中心的な役割を担うようになると国鉄はその影響を受けて赤字経営となり、1987年に民営化がおこなわれて、現在のＪＲ７社の体制に転換することになった。とあるが、Ⅱの文章①・②で述べている出来事がおこっていた時期に当てはまるのは、Ⅰの鉄道の戦後に関する略年表中の**（ア）**～**（オ）**の時期のうちのどれか。解答番号は、①は 22 、②は 23 。

Ⅰ

西暦	鉄道の戦後に関する主な出来事	
1949	・日本国有鉄道（国鉄）が設立される	
1954	・戦後最初の地下鉄となる丸ノ内線が開業する	
		（ア）
1964	・東海道新幹線（東京～新大阪間）が開業する	
		（イ）
1975	・山陽新幹線（新大阪～博多間）が全線開業する	
1982	・東北・上越新幹線が開業する	（ウ）
1984	・最初の第三セクター鉄道となる三陸鉄道が開業する	
1987	・国鉄は分割民営化され、JR 体制が発足する	（エ）
1991	・東北・上越新幹線上野～東京間が開業する	
		（オ）
2002	・JR 東日本が完全民営化を達成する	
2022	・鉄道開業 150 周年を迎える 西九州新幹線（長崎～武雄温泉間）が開業する	

Ⅱ

① 大気汚染と水質汚濁が深刻化するなかで、四大公害裁判が起こされ、全て被害者側が勝訴した。政府も対応をせまられ、公害対策基本法を制定し、環境庁を設置した。

② 冷戦の終結によって保守勢力と革新勢力の対立が弱まったことや自民党の政治家の汚職《おしょく》事件もあり、自民党は選挙で過半数を獲得することができずに、自民党以外の政党による連立政権が誕生し、長く続いた 55 年体制が崩壊した。

6 次の文章を読み、あとの各問に答えよ。

次の表はヒロタカさんの学級で行った公民的分野の調べ学習において、班ごとのテーマをまとめたものである。これを見て、あとの各問に答えよ。

A班	国会議員の仕事
B班	核軍縮
C班	労働基準法
D班	社会保障
E班	株式会社
F班	消費者問題

［問1］ A班のテーマについて、国会議員に関する文として**誤っているもの**は、次の（ア）～（エ）のうちのどれか。解答番号は 24 。

（ア）国会議員は、いずれかの常任委員会の委員を務める。

（イ）国会議員は、国から相当額の歳費を受け取る。

（ウ）国会議員は、国会内の演説や採決について責任を問われない。

（エ）国会議員は、その任期中、逮捕《たいほ》されない。

［問2］ B班のテーマについて、核軍縮に関する文として適切なものは、次の（ア）～（エ）のうちのどれか。解答番号は 25 。

（ア）1968年に採択された核拡散防止条約では、すでに核兵器を保有していた7か国以外に核兵器を持つことを禁止した。

（イ）1998年には核拡散防止条約に未加入のインドとパキスタンが核実験を強行した。

（ウ）2017年に採択された核兵器禁止条約は、核兵器の開発や保有などを禁止しており、日本も賛同し批准している。

（エ）日本は核兵器を「もたず、つくらず、もちこませず」という非核三原則を日本国憲法に明記し、厳守している。

［問３］　Ｃ班のテーマについて、労働条件を定めた労働基準法と照らし合わせ、使用者の行為として適切なものは、次の（ア）～（エ）のうちのどれか。
解答番号は［26］。

（ア）１日の労働時間が７時間だったので、45 分の休憩《きゅうけい》時間を与えた。
（イ）給与が 20 万円だったので、会社の都合で 20 万円分の商品券で支払った。
（ウ）繁忙期《はんぼうき》のため、満 18 歳未満の深夜労働を保護者の同意を得て命じた。
（エ）労働者本人の承諾《しょうだく》をとり、時間外労働を命じ、規定通りの賃金を支払った。

［問４］　Ｄ班のテーマについて、下図は 2019 年の各国の国民負担率（国民所得に対する租税負担と公的年金や公的医療保険の保険料などの合計負担額の割合）を表したものである。X国、Y国、Z国の組み合わせとして適切なものは、下の（ア）～（カ）のうちのどれか。解答番号は［27］。

国名	租税負担率	社会保障負担率	国民負担率
フランス	43.1%	23.9%	67.0%
X国	51.3%	5.2%	56.5%
ドイツ	32.0%	22.9%	54.9%
イギリス	35.5%	11.0%	46.5%
Y国	25.8%	18.6%	44.4%
Z国	23.9%	8.5%	32.4%

（財務省 HP より作成）

（ア）X国－アメリカ　　Y国－日本　　Z国－スウェーデン
（イ）X国－アメリカ　　Y国－スウェーデン　　Z国－日本
（ウ）X国－日本　　Y国－アメリカ　　Z国－スウェーデン
（エ）X国－日本　　Y国－スウェーデン　　Z国－アメリカ
（オ）X国－スウェーデン　　Y国－アメリカ　　Z国－日本
（カ）X国－スウェーデン　　Y国－日本　　Z国－アメリカ

［問5］ E班のテーマについて、株式会社に関する文として適切なものは、次の（ア）～（エ）のうちのどれか。解答番号は 28 。

（ア）企業の利益の大きさに関わりなく、株主に一定額の配当が支払われる。
（イ）株式を購入した人は株主総会に出席して議決に参加する。
（ウ）株主には、無限責任を負う者と有限責任を負う者がいる。
（エ）大規模な株式会社では、一般に大株主が経営者に就任している。

［問6］ F班のテーマについて、日本の消費者問題と消費者行政について述べた次の文①～④のうち正しいものの組み合わせは、次の（ア）～（エ）のうちのどれか。解答番号は 29 。

①相手を呼び出し高額な商品やサービスを売りつけるというマルチ商法が問題となっている。
②申し込みをしていない商品を送りつけ代金を請求するというネガティブ・オプションが問題となっている。
③製造者の重大な過失が認められた場合に限り、消費者は製造者の賠償責任を問うことができる。
④消費者行政を統一的、一元的に行うため、内閣府の外局として2009年に消費者庁が設置された。

（ア）①・③
（イ）①・④
（ウ）②・③
（エ）②・④

7 次の文章を読み、あとの各問に答えよ。

現在の社会においては、経済の国際化が進み、（１）情報通信技術の発達によって、刻々と変化する外国為替市場や（２）証券取引所などの情報が世界各地に伝えられ、各国の経済活動などに影響を与えている。

（３）テレビなどのマスメディアは、大衆化が進むにつれて発達した。1990年代後半からはインターネットが普及し、文字・音声・画像など大量の情報を、国境をこえて高速で双方向にやりとりできるようになった。2000年代に携帯電話向けインターネットサービスが成長し、2010年代に入るとスマートフォンの保有率が高まった。その結果、インターネット・ショッピングが広がり、さまざまなソーシャル・ネットワーキング・サービス（SNS）が登場した。

SNSを通じて（４）紛争の様子が世界各国に報道されたことにより、（５）国際的な関心が高まり、紛争後の復興支援活動には各国政府とともにNGO（非政府組織）なども福祉・医療活動や地雷除去活動などさまざまな形で参加した。

［問１］ 下線部（１）情報通信技術の発達に関連して、次の（ア）～（エ）は、19世紀前半から20世紀前半までの情報の伝達手段の発達について述べたものである。時期の古いものから順に記号を並べよ。解答番号は、時期の古いものから順に 30 、 31 、 32 、 33 。

（ア） イギリスでは、アヘン戦争が起こった年に全国均一料金で郵便が送れる国営郵便制度が発足し、同じころ海外との連絡のために蒸気船などが郵便船として派遣されるようになった。

（イ） アメリカ合衆国では、大統領選挙の開票速報をきっかけに本格的なラジオ放送がはじまり、日本で起こった関東大震災のニュースなど、世界各地の情報も伝えられた。

（ウ） デンマークの電信会社が、明治維新直後に長崎と上海との間に電信線を敷設したことにより、ヨーロッパと東アジアを結ぶ世界的な電信ネットワークが形成された。

（エ） 日本は、イギリスの無線通信技術を、ロシアとの戦争に際して軍艦《ぐんかん》同士の連絡手段として実用化し、戦争後は民間船舶《せんぱく》の外国航路でも活用しはじめた。

[問２]　下線部（２）証券取引所とあるが、Ｉの表の（ア）～（エ）の[redacted]は、下の地図中に示したA～Dのいずれかの都市にある証券取引所の、取引の開始から終了までの時間帯を、１月の日本時間を基準にして示したものである。IIの文章で述べている都市の証券取引所に当てはまるのは、Ｉの表の(ア)～(エ)のうちのどれか。解答番号は 34 。

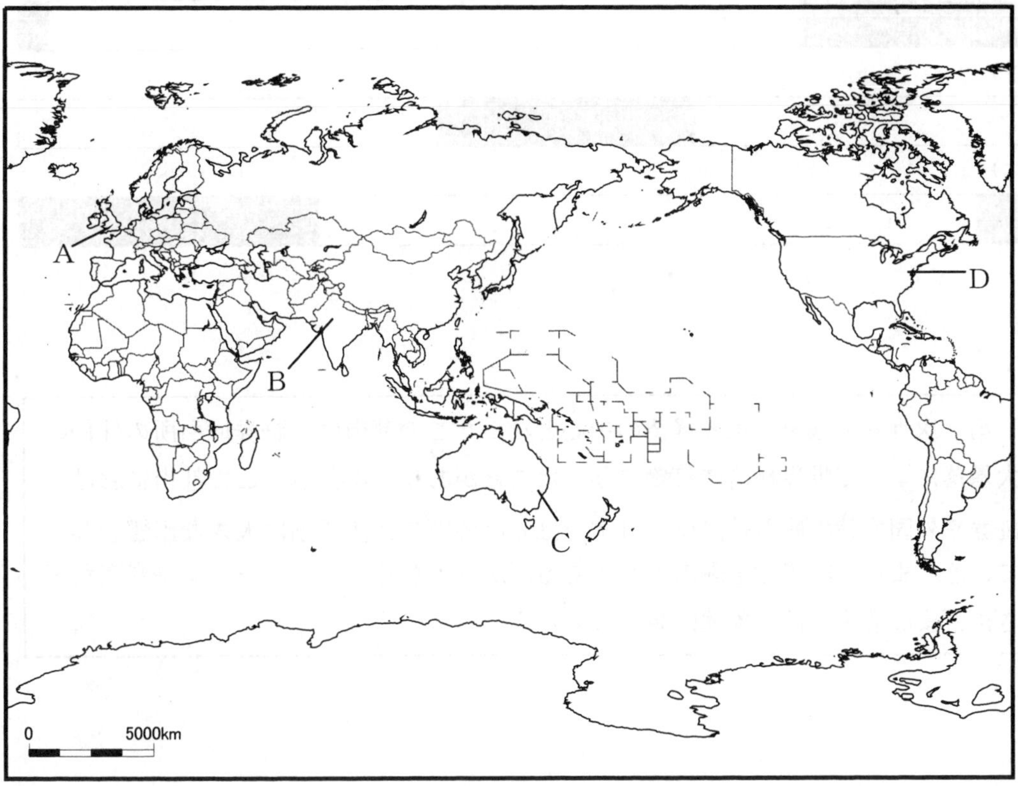

（帝国書院　ハイマップマイスターにて作成）

I

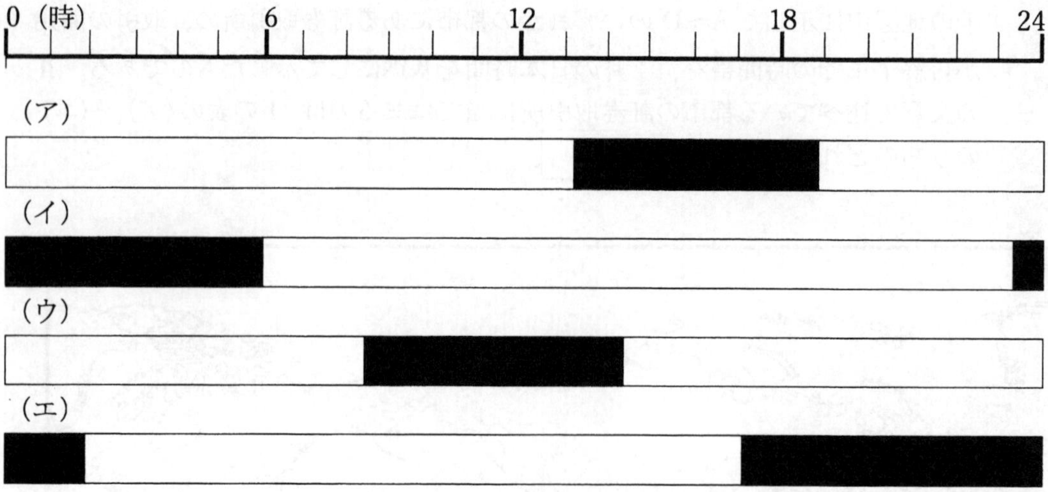

II

> 第一次世界大戦後、世界経済の中心となったこの都市は、証券取引所の株価の大暴落によって世界経済に打撃を与えたことがあり、現在も、この都市における証券や外国為替《かわせ》の取引結果は、日本をはじめ各国の経済活動に大きな影響を与えている。また、経済や金融の中心であるばかりでなく、ファッションや音楽などさまざまな情報を世界各地に発信している。

［問３］　下線部（３）テレビとあるが、次のⅢの略年表は、1953年から2011年までの日本のテレビにかかわる出来事についてまとめたものである。Ⅳの文章で述べていることが起こったのは、Ⅲの略年表中の**（ア）**～**（オ）**の時期のうちのどれか。解答番号は［35］。

Ⅲ

西暦	日本のテレビにかかわる出来事
1953	テレビ放送がはじまった。
1960	カラー放送がはじまった。
	↕ **（ア）**
1964	東京オリンピックの模様が中継放送された。
1969	アポロ11号による月面着陸の模様が中継放送された。
	↕ **（イ）**
1971	すべてのテレビ局の番組がカラーで放送されるようになった。
1975	家庭用ビデオテープレコーダーが登場した。
	↕ **（ウ）**
1984	衛星放送(BS)を利用した試験放送がはじまった。
1989	ベルリンの壁が取り壊される模様が中継放送された。
	↕ **（エ）**
2000	衛星放送(BS)を利用したデジタル放送がはじまった。
2002	日本と大韓民国の共同開催のサッカーワールドカップの模様が中継放送された。
	↕ **（オ）**
2006	全国都道府県庁所在地で地上デジタルテレビ放送が開始された。
2011	アナログテレビ放送が終了した。

Ⅳ

> EUの発足など地域統合の取組みが進められる一方で、東ヨーロッパや西アジアなどではユーゴスラビア紛争やルワンダ内戦などの地域紛争や民族紛争が多発した。

［問４］　下線部（４）紛争とあるが、下の表の（ア）～（エ）の文章は、下の地図中に示したＡ～Ｄのいずれかの紛争地帯についてまとめたものである。Ａ～Ｄの国のそれぞれに当てはまるものは、下の表の（ア）～（エ）のうちのどれか。
解答番号は、Ａは 36 、Ｂは 37 、Ｃは 38 、Ｄは 39 。

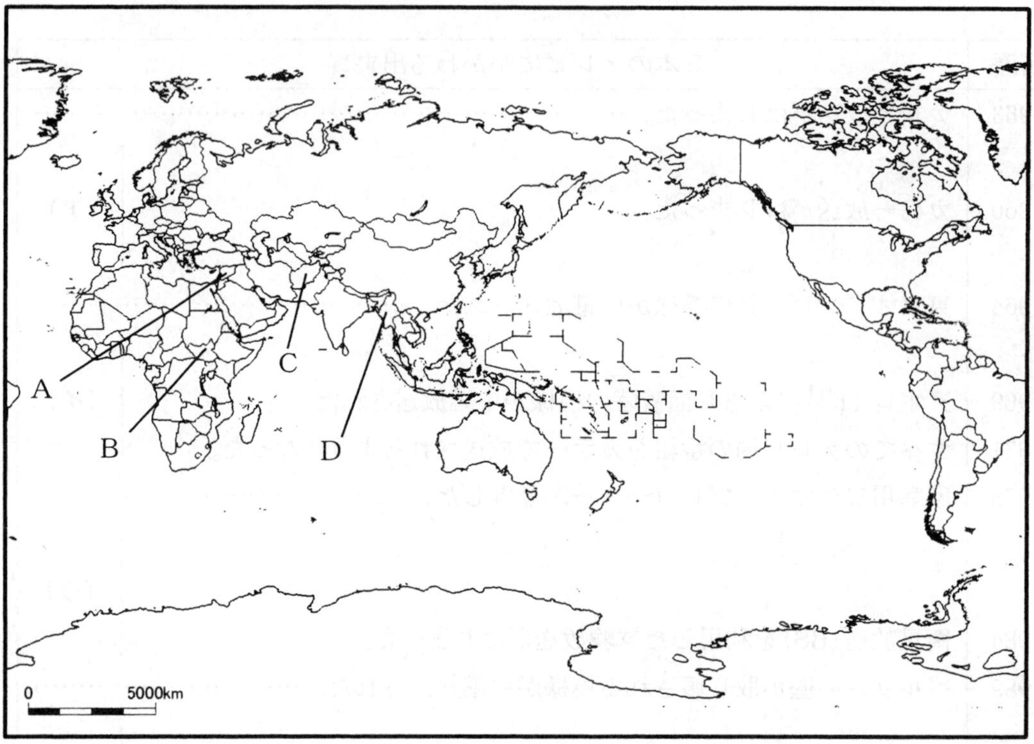

（帝国書院　ハイマップマイスターにて作成）

	紛争地帯に関する記述
（ア）	アフガニスタンでは、タリバンの復権による混乱のさなかで自爆テロ事件が相次いで起こり、多くの難民や国内避難民が発生している。
（イ）	シリアでは、民主化を求める民衆と政府との間の対立から激しい紛争が続いて、多くの難民が発生している。
（ウ）	南スーダンは、内戦を経てスーダンから独立したものの、再び内戦状態になり、多くの難民が発生している。
（エ）	ミャンマーでは、軍と抵抗勢力との戦闘が激化し、少数民族も巻き込んだ激しい内戦状態が続き、多くの難民が発生している。

［問５］　下線部（５）国際的な関心のうち、水問題に関する記述として、**誤っているもの**は、次の（ア）～（エ）のうちのどれか。解答番号は［40］。

（ア）国や地域によっては、かつて豊富にあった水が枯渇し、砂漠化したため、以前の生活が保てなくなっている。

（イ）人口の増加や産業の発展に伴い、飲料水だけでなく、漁業や農業、河川の船の航行、工業用水などにも、水の需要は高まっている。

（ウ）水資源をめぐる国際問題のうち、インダス川の水の所有権をめぐって、インドとパキスタンで水紛争が起こっている。

（エ）地球上には、現在多くの水が存在しているが、人間が直接飲用できる水の方が飲用できない水よりも多い。

【理　科】（50分）〈満点：100点〉

注意：解答は，解答用紙（マークシート）の指定された解答欄にマークしなさい。

各問いの 1 2 … 31 が，解答用紙の解答番号にあたる。

1

以下の各問いに答えなさい。

［問１］ ある地域で観測された天候の様子は，雲量３，風向きは南西の風，風力は４であった。この地域の天候を天気図で用いる記号で表したものとして最も適当なものを，次の中から選びなさい。ただし，図中の方位は下図の通りとする。 1

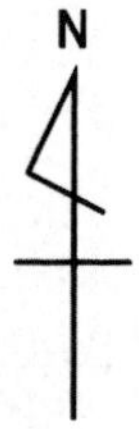

(ア)

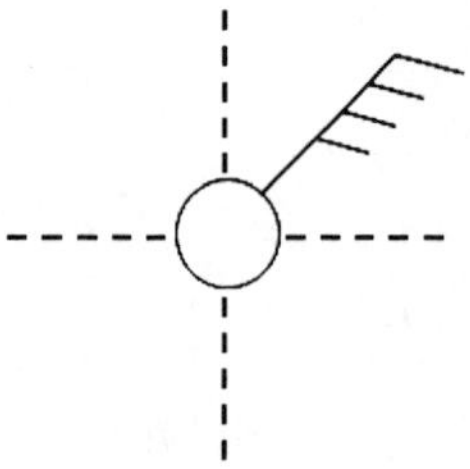

(イ)

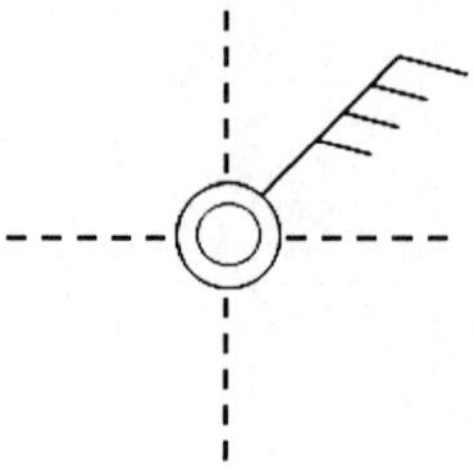

(ウ)

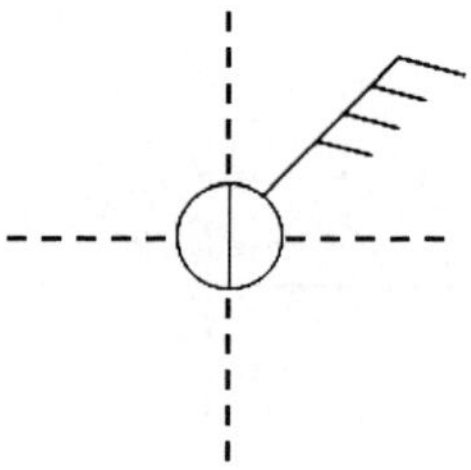

(エ)

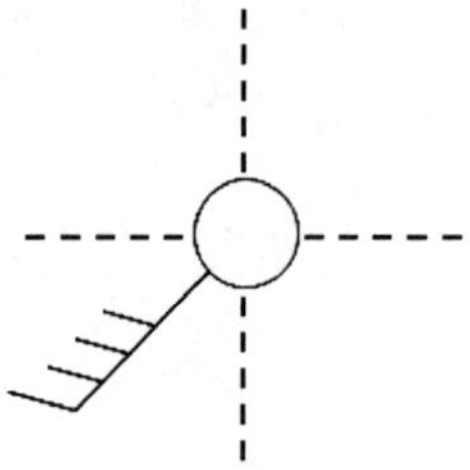

(オ)

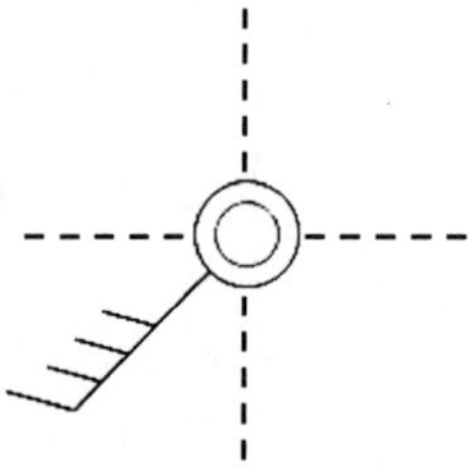

(カ)

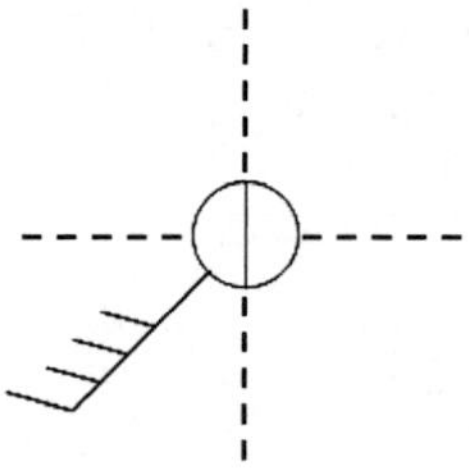

［問２］　ある日，都内のある場所で日の出前に南東の空を観察していると，光を放つ天体Aを発見した。空が明るくなるまで観察を続けたとき，天体Aは図中のどの矢印方向に移動するか。最も適当なものを，次の図中から選びなさい。 [2]

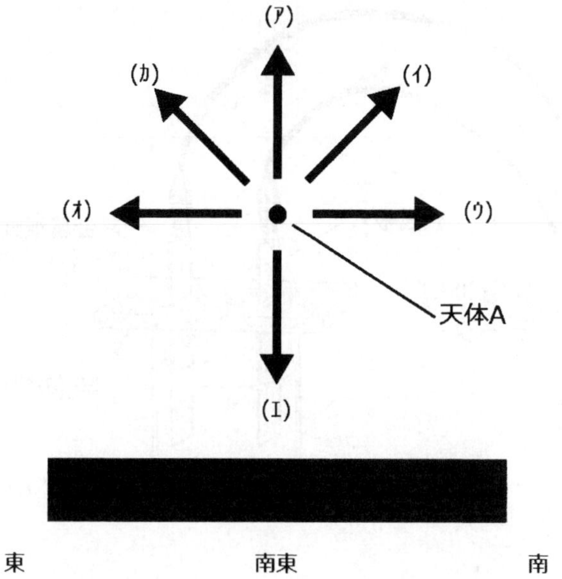

［問３］　下の図は，顕微鏡でゾウリムシを観察したときの視野とプレパラートを示したものである。ゾウリムシを視野の中央に移動させたいとき，動かす向きはどれか。最も適当なものを，次の中から選びなさい。 [3]

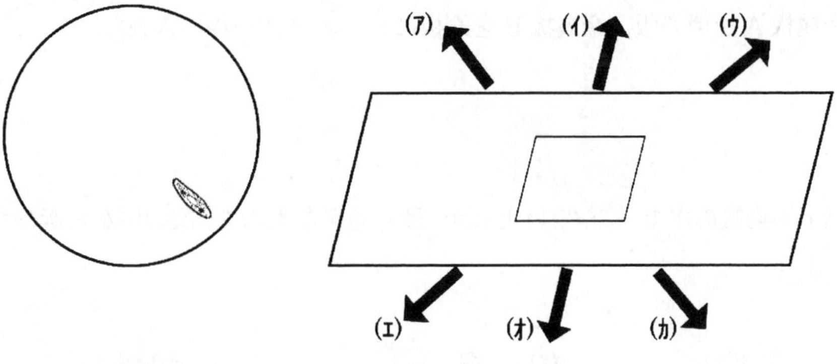

［問４］　植物には，維管束のあるものと維管束のないものがある。維管束のない植物はどれか。最も適当なものを，次の中から選びなさい。 [4]

(ア)　タンポポ	(イ)　ゼニゴケ	(ウ)　ドクダミ
(エ)　ソテツ	(オ)　アサガオ	(カ)　トウモロコシ

［問５］　図のような装置を用いて，ある水溶液に金属板Ａと金属板Ｂを入れてクリップつき導線をつないだところ，光電池用モーターにつけたプロペラが回った。これについて正しく述べたものを，次の中から選びなさい。 **5**

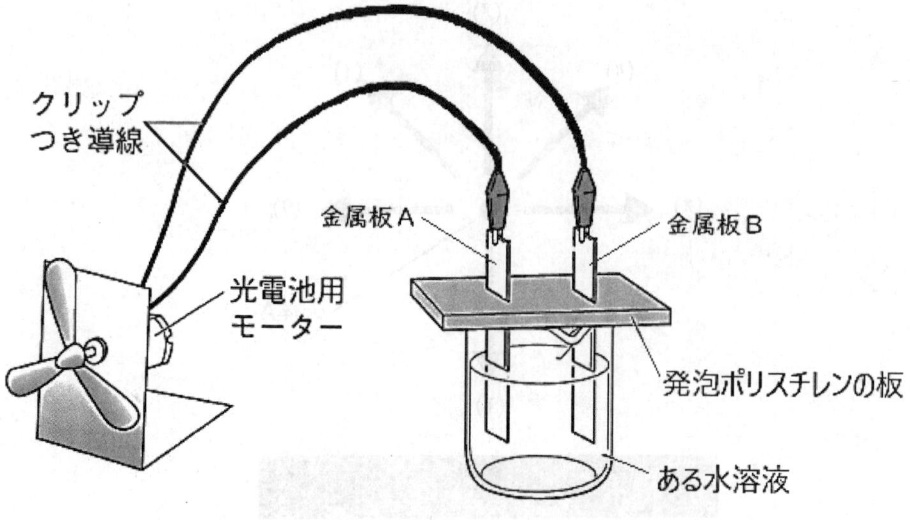

(ア)　金属板Ａと金属板Ｂのどちらも亜鉛板にし，うすい塩酸に入れた。
(イ)　金属板Ａと金属板Ｂのどちらも銅板にし，うすい塩酸に入れた。
(ウ)　金属板Ａを亜鉛版，金属板Ｂを銅板にし，うすい塩酸に入れた。
(エ)　金属板Ａと金属板Ｂのどちらも亜鉛板にし，エタノールに入れた。
(オ)　金属板Ａと金属板Ｂのどちらも銅板にし，エタノールに入れた。
(カ)　金属板Ａを亜鉛版，金属板Ｂを銅板にし，エタノールに入れた。

［問６］　以下の物質の中で，電解質はどれか。最も適当なものを，次の中から選びなさい。
6

(ア)　蒸留水	(イ)　銅	(ウ)　砂糖水
(エ)　塩化銅	(オ)　小麦粉	(カ)　エタノール

［問７］　打ち上げ花火を観測すると，花火が開くのが見えてから４秒後に音が聞こえた。音の伝わる速さを 340 m/s とすると，花火から観測者までの距離［m］として最も適当なものを，次の中から選びなさい。 7

(ア)　34 m
(イ)　85 m
(ウ)　170 m
(エ)　340 m
(オ)　1360 m
(カ)　1700 m

［問８］　発泡（はっぽう）ポリスチレンの小球A，Bを用意し，それぞれちがう種類の布で別々にこすり合わせて糸でつるし，小球のようすを調べた。静電気が生じ，小球A，Bは，下のようになった。小球Aと同じ種類の電気を帯びているものをすべて選んだ解答として最も適当なものを，次の中から選びなさい。 8

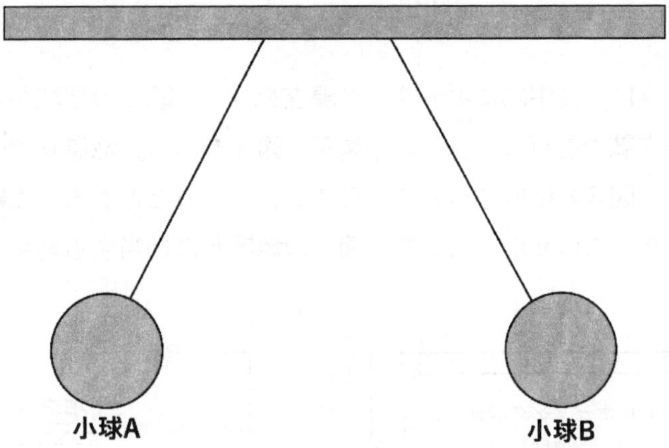

(ア)　小球B
(イ)　小球Aをこすった布
(ウ)　小球Bをこすった布
(エ)　小球B，小球Aをこすった布
(オ)　小球B，小球Bをこすった布
(カ)　小球Aをこすった布，小球Bをこすった布

2

ある地域の地層の構造がどのようになっているかを調べるために，集中的にボーリング調査を行った。左下の**図1**の**a〜g**は，ボーリング調査を行った地点を示す。この地域は平坦で各地点の標高は同じであり，断層やしゅう曲は見られない。

地点a，**地点c**，**地点e**，および**地点f**のボーリング調査の結果は右下の**図2**のようであった。同じ模様は同じ地層であることを示す。

図1

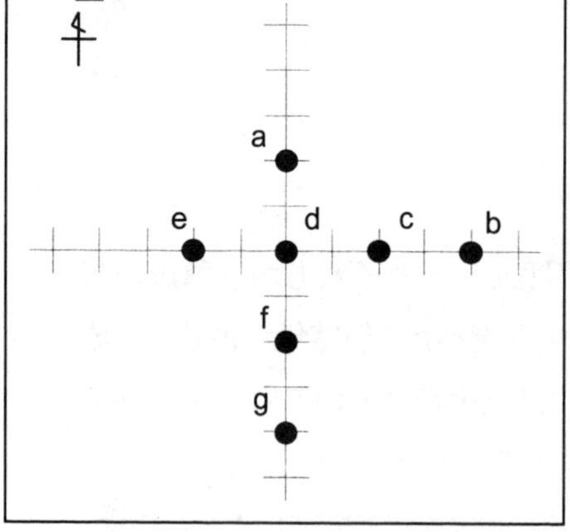

図2

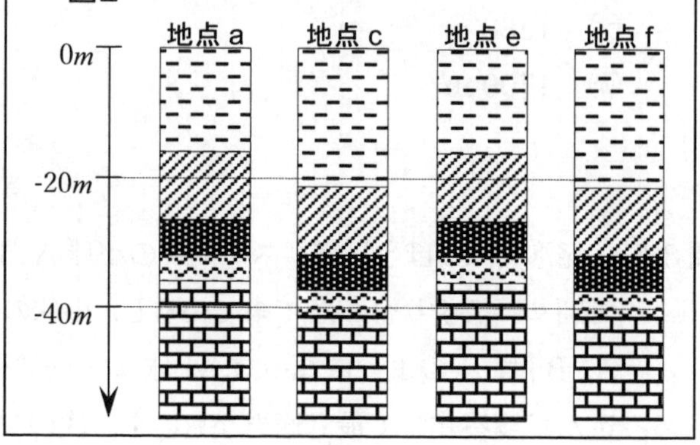

さらに**図3**のように，集中的にボーリング調査を行った**図1**の地域から，少し離れた**地点h**でもボーリング調査を行った。その結果が，**図4**である。**地点h**でのボーリング調査の結果を踏まえて，**図3**の地域についてさらに調査を行ったところ，**点線k**のような断層が見つかった。また，この断層によって，**図4**の**地層あ**に相当する地層は，断ち切られてはいなかった。

図3

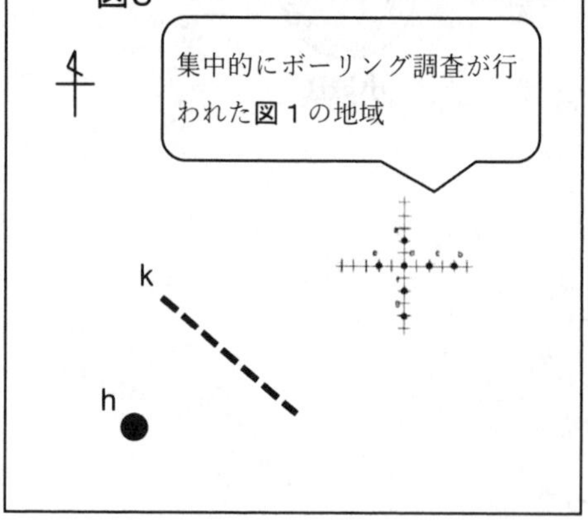

図4

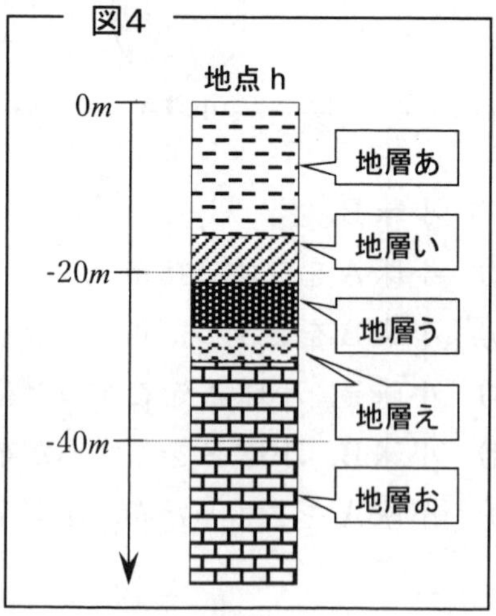

［問１］　陸地に降った雨水や流水によって，A地表面は削られ，B下流に運ばれ，流れが緩やかなところでC積もっていく。下線部ＡからＣの作用としてふさわしい組み合わせとして最も適当なものを，次の中から選びなさい。 9

選択肢	A	B	C
(ア)	風化作用	運搬作用	堆積作用
(イ)	風化作用	輸送作用	堆積作用
(ウ)	風化作用	輸送作用	続成作用
(エ)	侵食作用	運搬作用	堆積作用
(オ)	侵食作用	運搬作用	続成作用
(カ)	侵食作用	輸送作用	堆積作用

［問２］　この地域の地層は緩やかに傾斜していると考えられる。傾斜している方位（下がっていく方角）として最も適当なものを，次の中から選びなさい。 10

(ア)　北　　(イ)　北東　　(ウ)　東　　(エ)　南東
(オ)　南　　(カ)　南西　　(キ)　西　　(ク)　北西

［問３］　**地点ｄ**および**地点ｇ**でのボーリング調査の結果としてふさわしいものはＷ〜Ｚのいずれか。最も適当なものを，次の中から選びなさい。 11

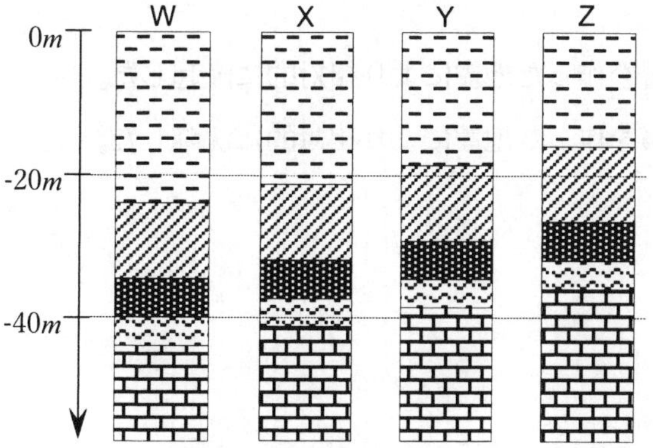

選択肢	地点ｄ	地点ｇ
(ア)	X	W
(イ)	X	X
(ウ)	Y	W
(エ)	Y	X
(オ)	Y	Z
(カ)	Z	W
(キ)	Z	X
(ク)	Z	Z

［問4］ **図4**において，不整合が生じている部分はあるか。最も適当なものを，次の中から選びなさい。 12

(ア) **地層あ**と**地層い**の間

(イ) **地層い**と**地層う**の間

(ウ) **地層う**と**地層え**の間

(エ) **地層え**と**地層お**の間

(オ) すべて整合で不整合は無い

［問5］ **断層 k** によって，**図3**の地域にはどのようなことが起こったと推測されるか。最も適当なものを，次の中から選びなさい。 13

隆起とは「その土地が持ち上がって標高が増すこと」を意味し，反対に沈降とは「その土地が沈んで標高が下がること」を示す。

(ア) **地点 h** の周辺地域は，この断層を作った地震により相対的に水平に北東方向に移動した。

(イ) **地点 h** の周辺地域は，この断層を作った地震により相対的に水平に南西方向に移動した。

(ウ) **地点 h** の周辺地域は，この断層を作った地震により相対的に水平に北西方向に移動した。

(エ) **地点 h** の周辺地域は，この断層を作った地震により相対的に水平に南東方向に移動した。

(オ) **地点 h** の周辺地域は，この断層を作った地震により相対的に隆起した。

(カ) **地点 h** の周辺地域は，この断層を作った地震により相対的に沈降した。

［問6］ **図4**を参考に，**地点 h** ではどのようなことが起こったと推測されるか。最も適当なものを，次の中から選びなさい。 14

(ア) **地層あ**が積もった後に隆起した。

(イ) **地層い**が積もった後に沈降し，その後，隆起して**地層あ**が積もった。

(ウ) **地層お**が積もった後に隆起した。

(エ) **地層う**が積もった後に沈降し，その後，隆起して**地層い**が積もった。

(オ) **地層い**が積もった後に沈降した。

(カ) **地層い**が積もった後に隆起し，その後，沈降して**地層あ**が積もった。

3

S 君は細胞の増え方や遺伝の仕組みを調べるために根の細胞の観察とエンドウの交配実験を行った。エンドウの種子を丸い形にする遺伝子を A, しわの形にする遺伝子を a とする。

実験 1

種子の形が丸型で純系の P_1 としわ型で純系の P_2 を交配させ F_1 を得た。

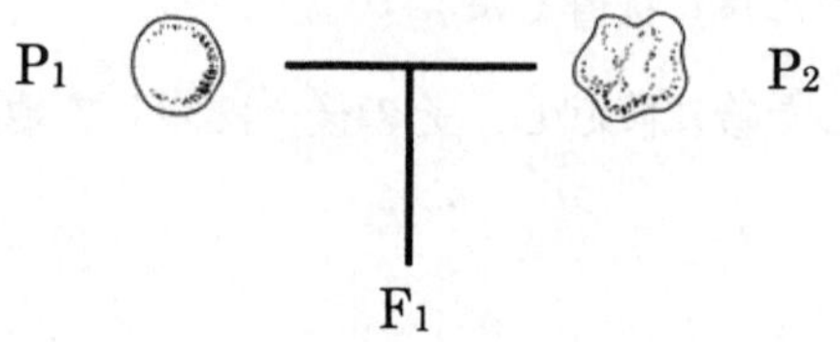

実験 2

種子の形が丸型で遺伝子の組み合わせが不明な P_3 としわ型で純系の P_4 を交配させ F_2 を得た。さらに F_2 どうしをかけ合わせて得られた種子の形を数えると丸型が 2378 個, しわ型が 793 個であった。

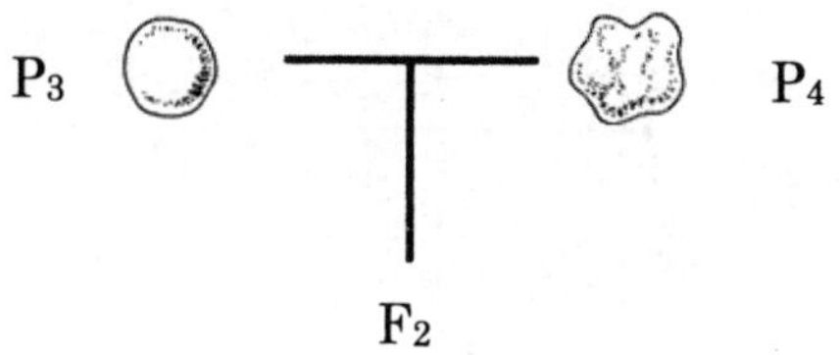

実験 3

遺伝子の組み合わせが不明な P_5 と P_6 を交配させ F_3 を得た。そのときの種子の形を数えると丸型としわ型が 1 : 1 であった。

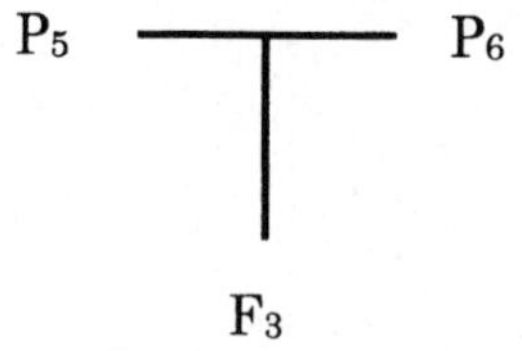

［問１］　根の先端付近を顕微鏡で観察したところ，細胞分裂の過程で見られる異なる段階の細胞の様子が観察された。下図に示した①～⑥を①を始まりとして正しい細胞分裂の並び順として最も適当なものを，次の中から選びなさい。 15

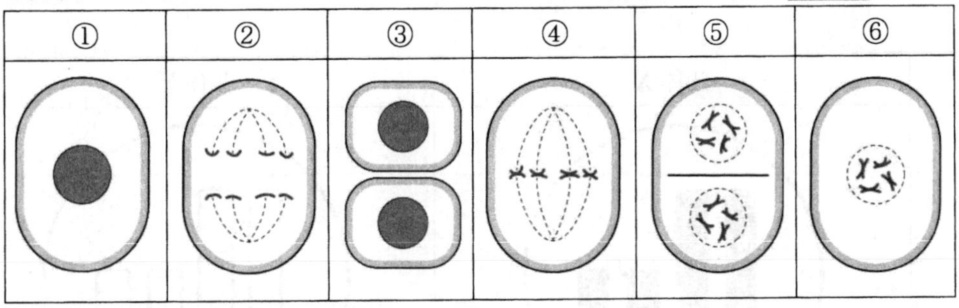

(ア)　① → ④ → ⑥ → ⑤ → ② → ③
(イ)　① → ⑥ → ④ → ⑤ → ② → ③
(ウ)　① → ② → ④ → ⑤ → ⑥ → ③
(エ)　① → ④ → ② → ⑥ → ⑤ → ③
(オ)　① → ⑥ → ④ → ② → ⑤ → ③
(カ)　① → ② → ④ → ⑥ → ⑤ → ③

［問２］　ある細胞は体細胞分裂を完了させるまでに20分かかる。この細胞１個が３時間後に何個になっているか。ただし，体細胞分裂が完了後，すぐに次の体細胞分裂が始まるものとする。最も適当なものを，次の中から選びなさい。 16

(ア)　10　　(イ)　20　　(ウ)　50
(エ)　100　　(オ)　200　　(カ)　500

［問３］　下図のような染色体数が４本のある生物の個体Ｘと個体Ｙを交配した際に，次世代の細胞が持つ染色体の組み合わせとして，最も適当なものを，次の中から選びなさい。 17

個体Ｘ	個体Ｙ
	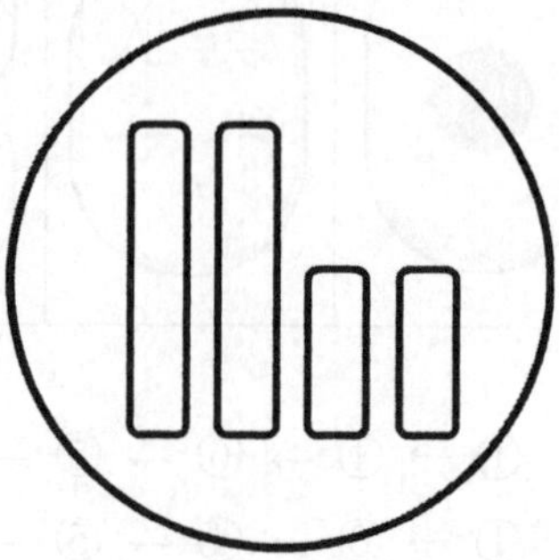

(ア) 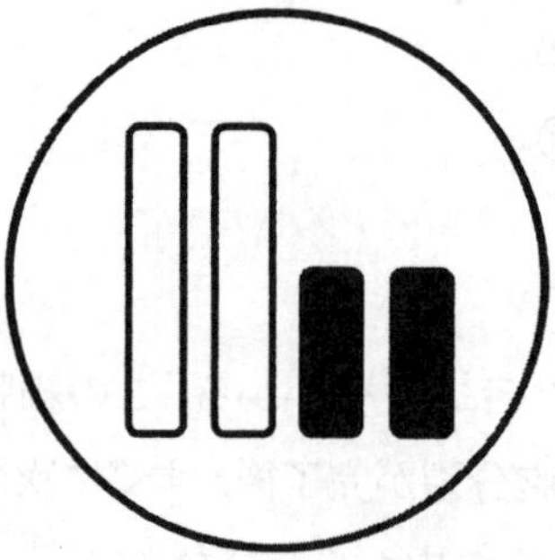

(イ) 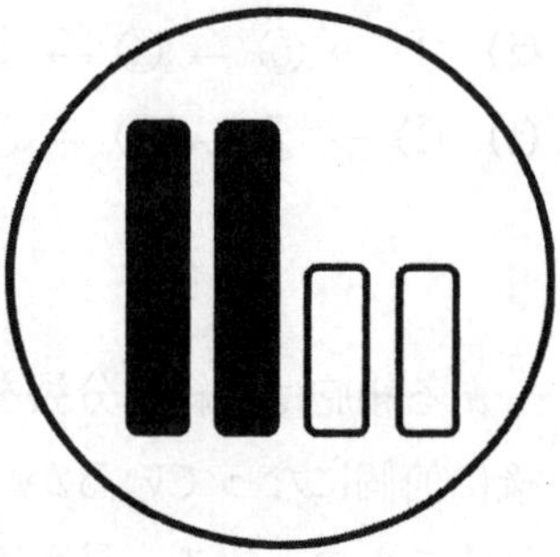

(ウ) 

(エ) 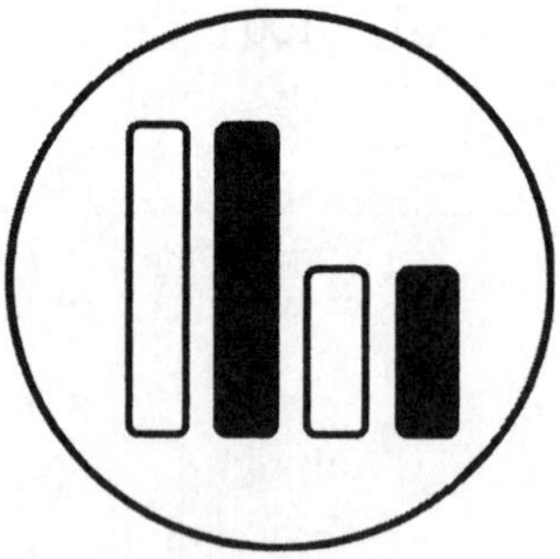

［問４］　**実験１**の結果から，F_1 が持つ遺伝子の組み合わせとその種子の形として最も適当なものを，次の中から選びなさい。 18

選択肢	遺伝子	種子の形
(ア)	AA	丸型
(イ)	AA	しわ型
(ウ)	Aa	丸型
(エ)	Aa	しわ型
(オ)	aa	丸型
(カ)	aa	しわ型

［問５］　**実験２**で得られた F_2 どうしをかけ合わせて得た種子のうち，F_1 と同じ遺伝子の組み合わせを持つ種子の割合として最も適当なものを，次の中から選びなさい。

19

(ア)　100 %　　(イ)　67 %　　(ウ)　50 %

(エ)　33 %　　(オ)　25 %

［問６］　**実験３**の結果から，P_5 と P_6 の持つ遺伝子の組み合わせとして最も適当なものを，次の中から選びなさい。 20

選択肢	P_5	P_6
(ア)	AA	AA
(イ)	AA	Aa
(ウ)	aa	AA
(エ)	aa	Aa
(オ)	aa	aa

4

気体の性質や，物質の状態変化に興味を持ったＳさんは，まずは身近な水に注目して**実験１**を行った。

実験１

(1) 水の温度変化と状態変化を確認するために，氷をゆっくりと加熱した。

(2) 加熱した時間と温度との関係を模式的に表すと**図１**のようになった。

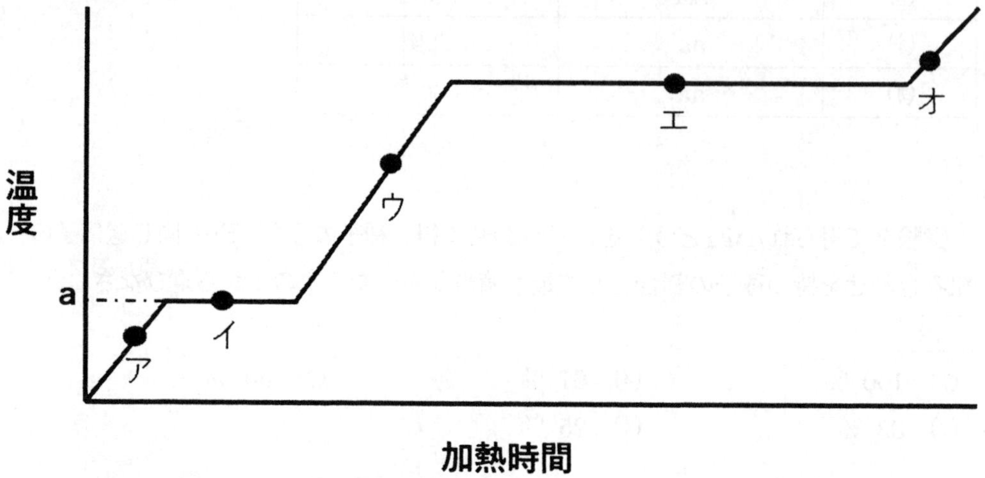

図１

［問１］ 水から水蒸気への状態変化が起きていると考えられる選択肢はどれか。最も適当なものを，**図１**の**ア～オ**の中から選びなさい。 21

［問２］ **図１**において**a** の温度と，その名称の組み合わせとして，最も適当なものを，次の中から選びなさい。 22

選択肢	aの温度［℃］	名称
(ｱ)	0	融点
(ｲ)	50	沸点
(ｳ)	100	融点
(ｴ)	0	沸点
(ｵ)	50	融点
(ｶ)	100	沸点

Sさんは水について調べるうちに，水に何か不純物が混ざっている時には，**図1**のような温度変化と異なっていることに気付いた。そこで，**実験2**を行った。

実験2

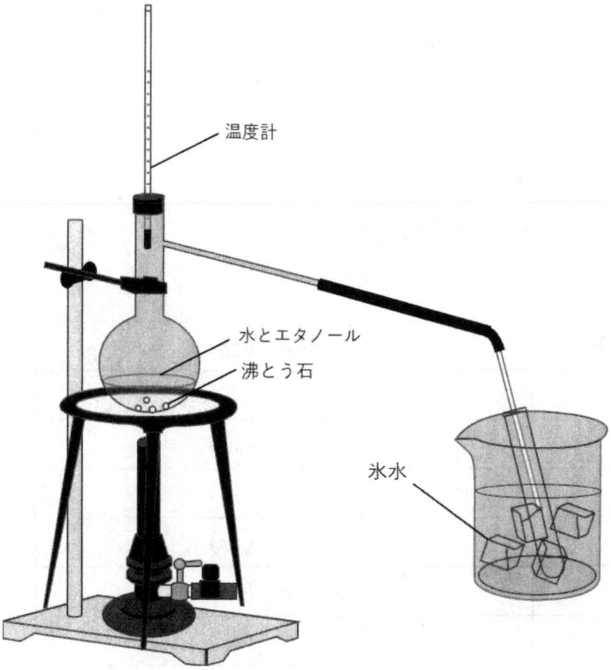

図2

(1) 水 20 cm^3 とエタノール 5 cm^3 の混合物を枝付きフラスコに入れる。

(2) 水とエタノールの混合物を**図2**のような装置で加熱し，枝付きフラスコ内を観察する。

(3) 出てきた液体を3本の試験管に約 3 cm^3 ずつ，試験管を変えながら集める。

(4) 加熱を始めてから1分ごとに温度を測り，3本の試験管に集め終わったら加熱をやめる。

［問３］ **実験２**において，試験管に集めた液体を蒸発皿に少量取り，性質を調べることにした。このとき，集めた液体の中にエタノールが多く含まれていることを確認するために必要な操作として，最も適当な組み合わせを，次の中から選びなさい。

23

（ｉ）　マッチの火を近づける。

（ⅱ）　蒸発皿の液体をなめる。

（ⅲ）　液体を冷蔵庫で長時間冷やす。

（ⅳ）　手の甲につける。

（ｖ）　塩化コバルト紙の上にたらす。

選択肢	**組み合わせ**
㋐	（ｉ）と（ⅱ）
㋑	（ⅱ）と（ⅲ）
㋒	（ｉ）と（ⅲ）
㋓	（ⅲ）と（ⅳ）
㋔	（ⅳ）と（ｖ）
㋕	（ｉ）と（ⅳ）
㋖	（ｉ）と（ｖ）
㋗	（ⅱ）と（ⅳ）

［問４］ **実験２**において，加熱時間と測った温度との関係をグラフに表した時，最も適当なものを，次の中から選びなさい。ただし，エタノールが蒸発する温度を 78 ℃とし，実験が始まった時の液体の温度は 20 ℃であったとする。 24

(ア)

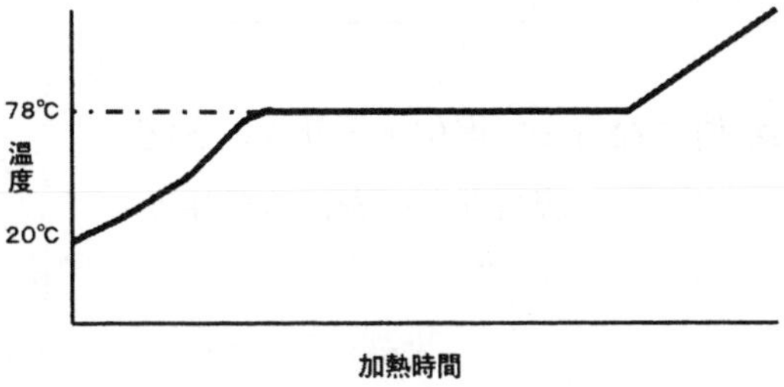

(イ)

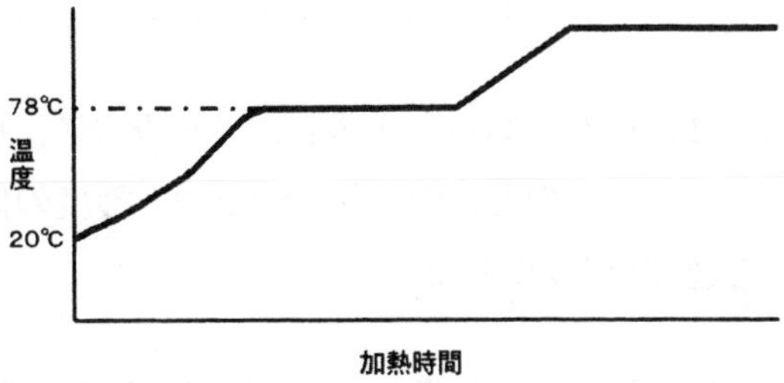

(ウ)

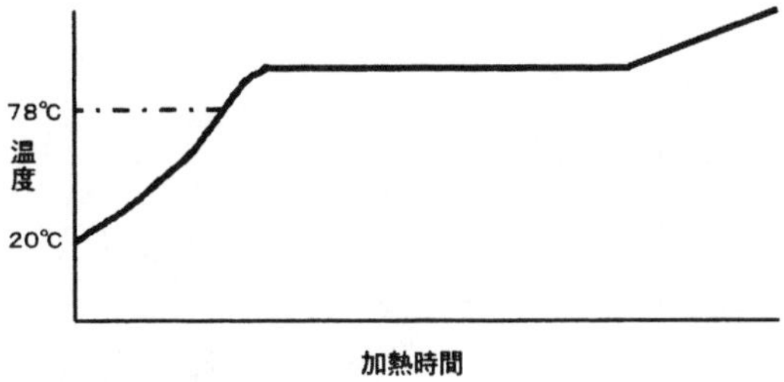

(エ)

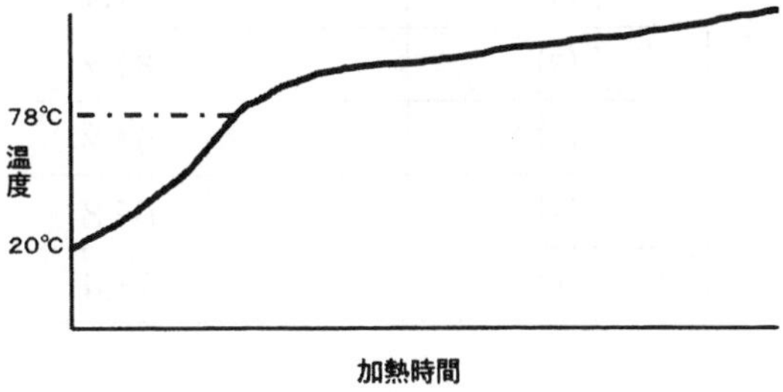

Sさんは，さらに水の性質を調べる中で，水の温度によって溶ける物質の量が変わることに気付いた。下の表は，100 g の水に溶ける物質の量を，Sさんが実験で調べてまとめたものである。

水の温度　[℃]	20	40	80
硝酸カリウム　[g]	31.8	62.5	168.1
塩化ナトリウム　[g]	36.1	37.2	39.4

［問5］ 40 ℃の水 200 g を入れたビーカーに，飽和状態になるまで塩化ナトリウムを溶かした。このときの質量パーセント濃度の値として，最も適当なものを，次の中から選びなさい。 25

選択肢	質量パーセント濃度[%]
(ア)	18.6
(イ)	27.1
(ウ)	37.2
(エ)	54.2
(オ)	65.8
(カ)	74.4

［問6］ 80 ℃の水 250 g を入れたビーカーに，飽和状態になるまで硝酸カリウムを溶かした。その後，この水溶液の温度を 20 ℃まで下げると，約何 [g]の硝酸カリウムの固体が出てくるか。値として，最も適当なものを，次の中から選びなさい。 26

選択肢	硝酸カリウムの質量[g]
(ア)	8.3
(イ)	105.6
(ウ)	136.3
(エ)	264.0
(オ)	340.8
(カ)	388.5

5

次の**図 1** は質量 5.0 kg の物体を水平面から高さ 0.2 m の A に置いた様子を表したものである。そっと手をはなすと物体は斜面をすべり降り，続いて水平面を移動した。A から D までは摩擦力がはたらかない面であり，D から先は摩擦力がはたらく面になっている。D を通過した物体はしだいに減速し，0.5 m 先の E で止まった。ただし，水平面における位置エネルギーは 0 J，A における位置エネルギーは 10 J である。また，C では斜面と水平面はなめらかにつながっており，速さの変化はないものとする。

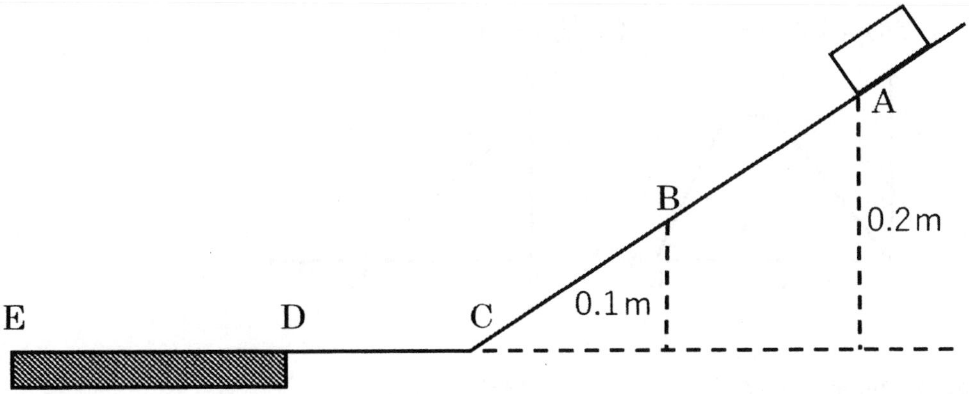

図 1

［問 1］ 運動エネルギーと高さの関係を表すグラフとして最も適当なものを，次の中から選びなさい。 27

(ア)
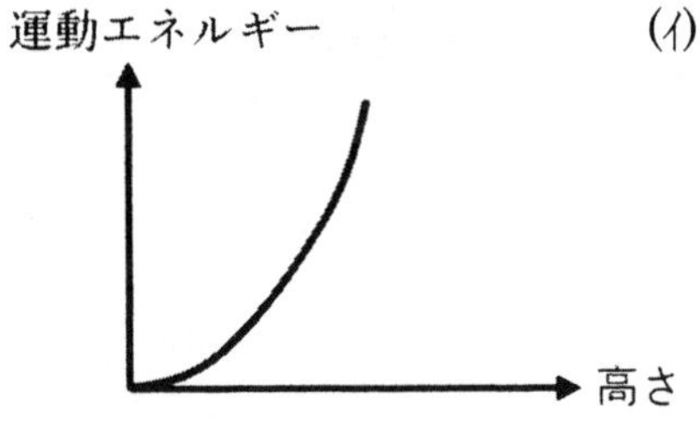

(イ)
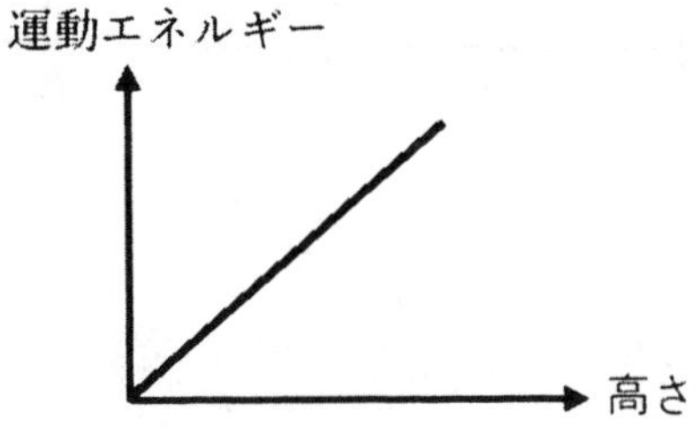

(ウ)
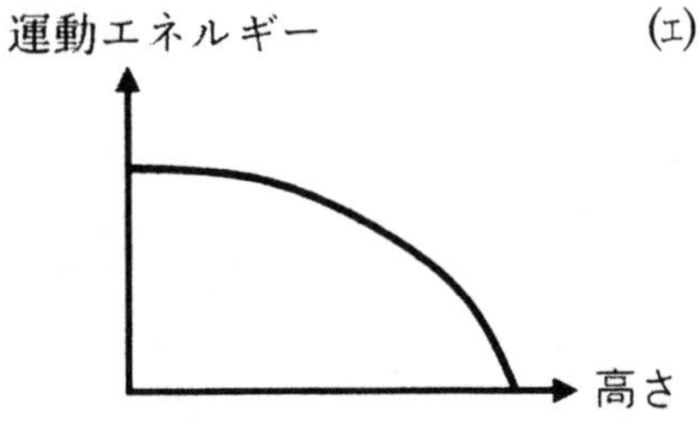

(エ)
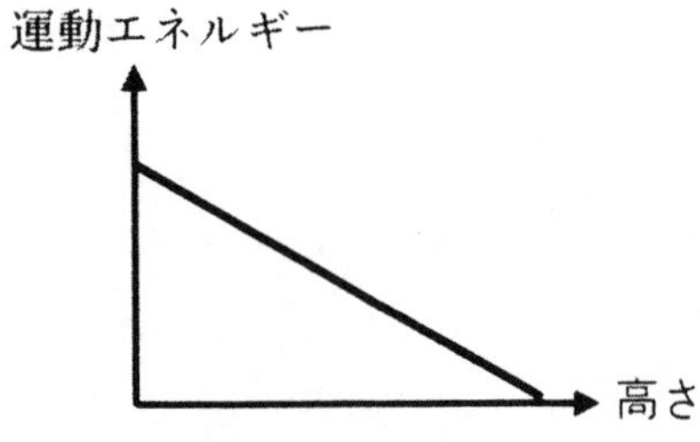

［問２］ 物体はＤから先の摩擦がある水平面上を0.5 mすべってＥで止まった。これは摩擦力の仕事によって物体の運動エネルギーが減少したことを示している。摩擦力の大きさとして，最も適当なものを，次の中から選びなさい。 28

(ア) 20 N　　(イ) 24 N　　(ウ) 30 N　　(エ) 40 N

［問３］ 物体がＡからＥに移動する間の力学的エネルギーの変化を表すグラフとして，最も適当なものを，次の中から選びなさい。 29

(ア) 力学的エネルギー

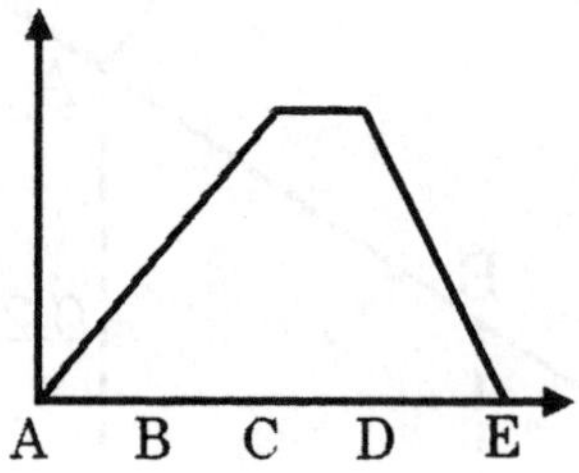

(イ) 力学的エネルギー

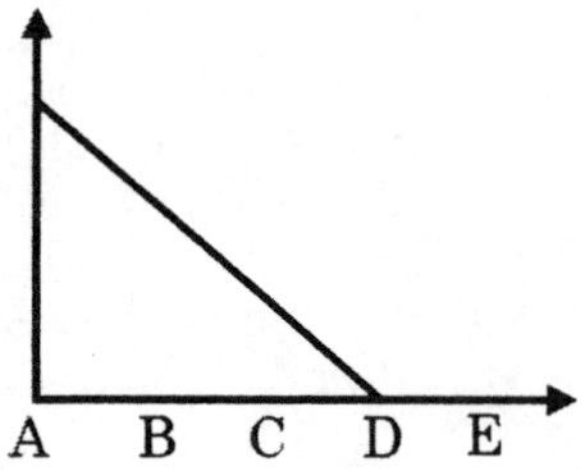

(ウ) 力学的エネルギー

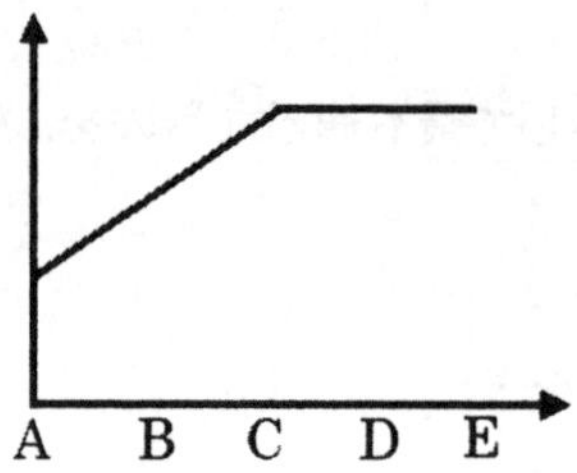

(エ) 力学的エネルギー

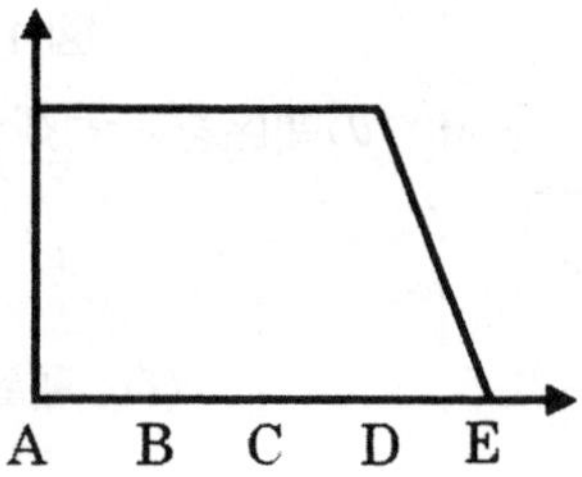

図2は**図1**の斜面を曲面に変えて，同様の実験を行いD’から減速を始め，E’で停止した様子を表したものである。ただし，A’とC’の距離は**図1**におけるAとCの距離と同じものとする。

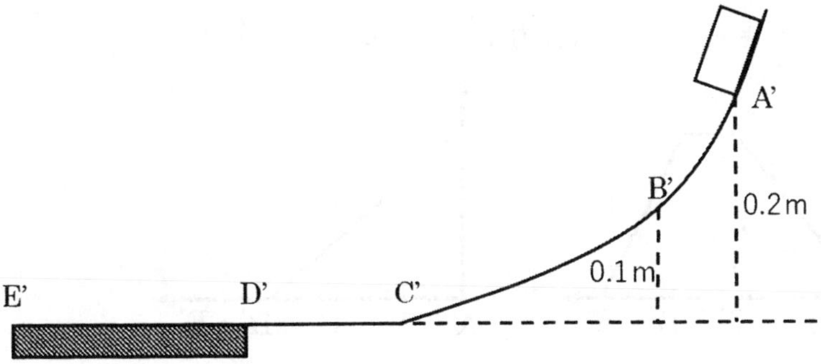

図2

［問4］**図1**の実験と**図2**の実験を比較して値が異なる可能性のあるものとして，最も適当なものを，次の中から選びなさい。 30

(ア) Bの位置エネルギーとB’の位置エネルギー

(イ) Cに到達したときの速さとC’に到達したときの速さ

(ウ) Cに到達したときの運動エネルギーとC’に到達したときの運動エネルギー

(エ) DE間の距離とD’E’間の距離

(オ) Eに到達するまでの時間とE’に到達するまでの時間

［問５］ 物体が A' から E' に移動する間の力学的エネルギーの変化を表すグラフとして，最も適当なものを，次の中から選びなさい。 31

(ア) 力学的エネルギー

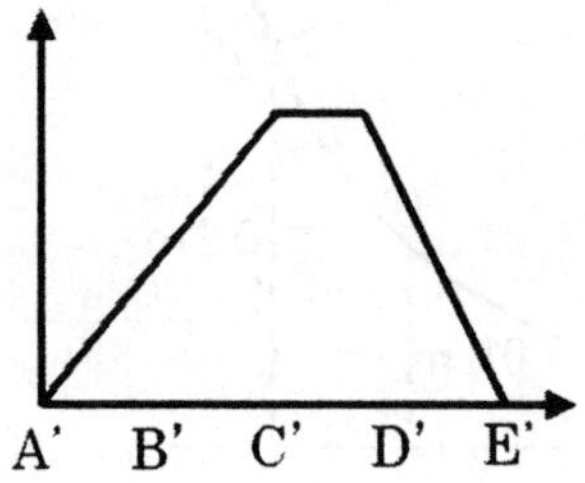

(イ) 力学的エネルギー

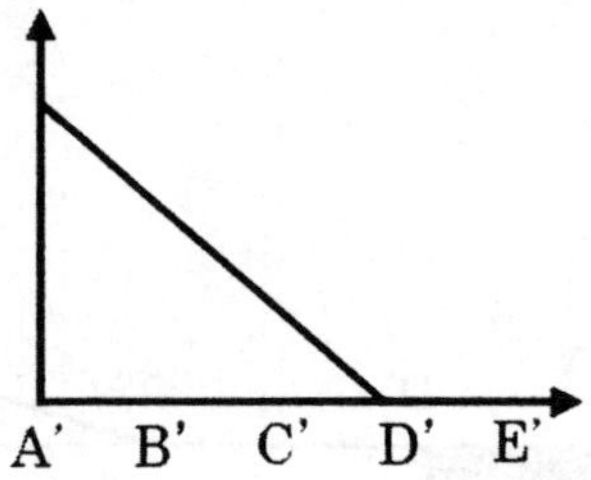

(ウ) 力学的エネルギー

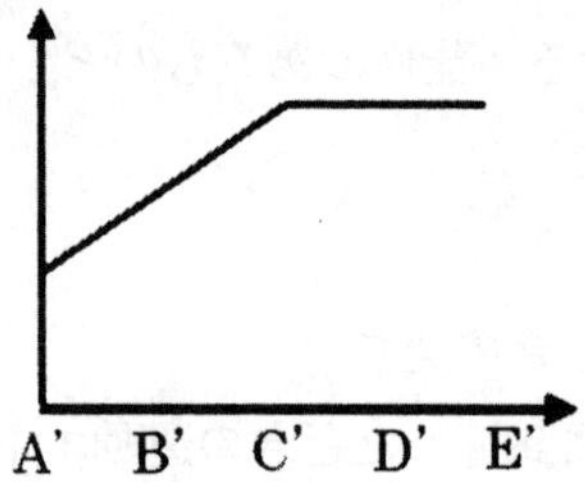

(エ) 力学的エネルギー

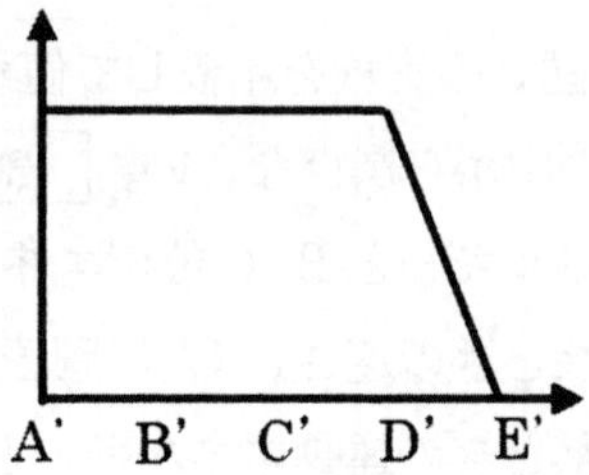

[問六]　二重傍線部A・Bの意味する内容として適当なものを、それぞれの（ア）～（オ）の中から一つずつ選べ。
解答番号は、Aは 21 、Bは 22

A

（ア）懐かしさが心をかすめる

（イ）運命が心をかすめていた

（ウ）旅の姿が心をかすめている

（エ）現実が心をかすめる

（オ）憧れが心をかすめていた

B

（ア）喜びと楽しさにあふれた

（イ）清涼感に満ちている

（ウ）悲しみや苦しさを経験した

（エ）風情や情緒を理解する

（オ）深い愛情を感じさせる

[問七]　本文中の波線部（ア）～（カ）の中で、擬人法が用いられているものを二つ選べ。解答番号は 23 、 24

（ア）陸奥は限りない憧れとなって心のなかに追憶に似た風を変りなく吹かせていた

（イ）山も風も木々も花も旅の道のべに近々と寄りそって、旅人を慰めてくれる。

（ウ）枕もとに落ちる月の光は、もはや二度と見られぬ清らかな輝きとなって心に深く染みてくるのである。

（エ）木々は夏にむかって繁茂し、暑い日ざしにじりじりと照らされていた。

（オ）寂寥の思いが、まるで鳥の群れが森の向うにいっせいに吸い込まれるように、色づきはじめた山や野に、静かに、澄み渡って下りてきた。

（カ）その逃れることのできない死を、月は、いまともに、私のなかに覗《のぞ》き込んでいるのであった。

［問四］　傍線部③「そうした眼」には、「私」のどのような思いが込められているか。最も適当なものを、次の（ア）～（オ）の中から一つ選べ。解答番号は 19

（ア）日常とは別の世界に入りこみ、別の運命を生きはじめることで、旅をまるごと抱えこもうとする思い。
（イ）前世からの因縁によって与えられるこの世の一期一会を喜び、味わいつくそう、という思い。
（ウ）限りない憧れであった陸奥への旅路に、緊張しながらも今まさに足を踏み出すのだ、という思い。
（エ）都近くの草庵で暮らしているときからずっと抱き続けてきた、物の哀れの本質を知りたい、という思い。
（オ）刻々に季節の色を変える空の広がりと同じように、すべての存在は永遠に変わり続ける、という思い。

［問五］　傍線部④「人々は闇から出て、しばし踊った後、また闇に消えてゆく」は、どのようなことをたとえているのか。最も適当なものを、次の（ア）～（オ）の中から一つ選べ。解答番号は 20

（ア）世間一般の人々は、現世に生まれ出ては死に、あの世とこの世とを永遠に行き来している。
（イ）男も女も老人も子供も、関屋の前を通ってあの世にいたり、いずれまたこの世に生まれ出てくる。
（ウ）生きとし生けるものの誰もが逃れることのできない死というものを、月が私たちに教えてくれている。
（エ）世の人々はあの世の無から生まれたものであるから、どう賑やかに飾りたててみても、無に戻るしかない。
（オ）人間はこの世に生を受けて後、喜怒哀楽のうちに一喜一憂しながら、最後は一人死んでゆく。

［問二］　傍線部①「旅仕度の僧となり、東国への道に足を踏みいれた途端、こうした陸奥の風物は、不思議と薄れていった」とあるが、その理由について説明した文として最も適当なものを、次の（ア）～（オ）の中から一つ選べ。

解答番号は 17

（ア）限りない憧れの対象であった陸奥が、現実の風景となることで追憶に似たものへと変わったから。
（イ）心で思っている旅と実際に足を踏み出す旅とでは、おのずと詩心にも違いが生じるから。
（ウ）白川の関を吹く風はあまりにも過酷で、心のうちで感じていたときには想像もつかなかったから。
（エ）心のなかだけで吹いていた詩心が、現実世界の全ての事物にあまねく感じられるようになったから。
（オ）心が旅と一つに溶けるような自分を感じ、風景や天候のような現実には興味を抱かなくなったから。

［問三］　傍線部②「旅に出ることの意味」について説明した文として最も適当なものを、次の（ア）～（オ）の中から一つ選べ。

解答番号は 18

（ア）自然界の森羅万象は限りある命を生きており、いずれは滅びるさだめの中に置かれていると知ること。
（イ）自分の心で思っているだけであった詩の心を、実際の風物すべてに感じられるように努力すること。
（ウ）東国への道を一歩一歩踏みしめることで、日常とは別の世界に入りこみ、別の運命を生きはじめること。
（エ）前世からの因縁によって与えられた運命をあるがままに受け入れ、心ゆくまで楽しむこと。
（オ）一日一日刻々と変化する季節の味わいを全身で受け止め、今日の旅を精一杯やりおえること。

＊怡悦……喜び　楽しみ
＊嗚咽……声をつまらせて泣くこと
＊能因……平安時代中期の僧侶・歌人　和歌の名人とされた中古三十六歌仙の一人
＊誦し……声に出して読み

［問二］　空欄［A］［B］［C］に入る最も適当なものを、それぞれの（ア）～（オ）の中から一つずつ選べ。
解答番号は、［A］は［14］、［B］は［15］、［C］は［16］

［A］
（ア）都の草庵　（イ）駿河
（ウ）白川の関　（エ）限りない憧れ
（オ）身のうちの詩心

［B］
（ア）だから　（イ）だが
（ウ）もちろん　（エ）そして
（オ）さらに

［C］
（ア）詩の風が心のなかに吹く　（イ）今日の旅を心ゆくまで楽しむ
（ウ）旅の夜々見る蒼白い月の影　（エ）すべてが滅びのなかにある
（オ）死んではいけない

一喜一憂しながら、まるで祭礼の列のように人々は過ぎてゆく。すべては滅びのなかにある。④人々は闇から出て、しばし踊った後、また闇に消えてゆく。

年月を　いかでわが身に　おくりけん　昨日の人も　今日はなき世に　　山家集　七六八

（昨日元気に別れた人が　今日はもういない無常の世を）

陸奥にきたのも、思えば、この遠い北国の風のなかに、こうした寂蓼の声を聞くためではなかったか。ここでは、風よりも、月の光のなかに、心に滲《し》みる深い哀愁がともっていた。陸奥の月は、限りない寂しさのなかで、ひたすら白く澄み渡っているのであった。

陸奥に足を踏み入れてから、空の色も山野の気配もいままでとは違い、一段と澄み、一段と憂愁の趣を深めた。木々も、秋草も、家々も、孤独に、ひっそりと風景のなかで息づいているように思えた。

空を飛ぶ鳥たちがことに哀れ深かった。たまらない寂しさが、鳥たちの消えた空の奥に残った。

（辻邦生『西行花伝』より）

＊山家集……西行の和歌一五六〇首を収めた歌集

＊草庵……主に木や草で作られた簡素な小屋

＊蕭条……ひっそりとしてもの寂しいようす

＊常住……変わらずにいつも　とぎれることなく

＊出離遁世……俗世間を離れて出家すること

*能因が通ったのがこの関所であることは間違いなかった。まだその頃は馬も人足も溢《あふ》れていたであろうし、商人、職人、旅芸人も多かった。都に運ぶ財貨、穀物、布地、塗物、木工品を積んだ馬車を警固する男たちの汗にすえた具足《ぐそく》の臭いもあたりに漂っていたにちがいない。

［B］、今は関所のなかも、街道すじも人の気配一つない。かさこそ音をたてて散る落葉が秋の深まりを告げるばかりである。

そのとき心に触れてきたのは、旅のはじめに感じていた哀傷の思いであった。［C］というあの痛切な悲しみであった。

私は関屋の一隅で夜を過すことにして、旅装を解き、経文を*誦《ず》し、枝を燃やし干魚をあぶり、飯を炊《た》いた。

日暮れにすこし風が出たが、間もなくそれも止み、あたりは虫の音に満ちた。それからすぐ月が出た。月の光は蒼白く、朽ちた建物に射し込んだ。

私はひとり月と向い合っていた。それは、旅の夜々、仰いできた月であったが、ここ白川で見る月は、人々がさざめきながら過ぎていったあとの静寂のなかで見るせいか、孤独な、きびしい、拒むような凄《すご》さがあった。どう言い繕《つくろ》ってみても、どう賑《にぎ》やかに飾りたててみても、人間が一人で死んでゆくという宿命はどうすることもできない。能因のような達人は私ほど思いつめて月を見ることがなかったろう。だが、やはり能因はここで月を見たのである。そしてその能因はもうこの世にいない。カその逃れることのできない死を、月は、いまともに、私のなかに覗《のぞ》き込んでいるのであった。

白川の　関屋を月の　もる影は　人の心を　留むるなりけり　　山家集　一一二六

（関守の家に　もれ入る月の光は）　（ひきとめて立ち去り難くさせることだ）

私は関所の朽ちた柱にそう書きつけ、一晩中、月の光のなかを亡霊たちが行列を作って通ってゆくのを見ていた。侍もいれば商人もいた。都に帰る国司もいれば都から流れてきた旅芸人もいた。男も女も老人も子供も関屋の前を通っていった。

不意に心に衝きあげてきて、突然、*嗚咽《おえつ》したいような気持になるのだ。

（中略）

旅には、明日の旅も、昨日の旅もなかった。ただ今日の旅しかなかった。今日の旅を心ゆくまで楽しみ、味わうこと、今日の旅を心ゆくまで楽しみ、味わうこと、今日の旅を精一杯やりおえること……それだけが旅の暮し方であった。

③そうした眼で仰ぐ空は、刻々に季節の色を変えた。都を発ったのは晩春であったのに、武蔵野にはすでに葉月の空が拡がっていた。だが、その一日一日、空の青さが変ってゆき、そこを飛ぶ鳥たちの姿もおのずと移っていた。エ木々は夏にむかって繁茂し、暑い日ざしにじりじりと照らされていた。街道の土が白く眩《まぶ》しく照り返し、暑熱がむっと重くあたりを包んだ。椎《しい》や楠《くす》の巨木が黒い影を拡げていると、そこには、ひんやりと冷えた空気が蝉の声とともに旅の慰めのように私を待ち受けていた。

那須野ヶ原に入ったとき、山々が近づき、木々がいっせいに葉裏を白く返して揺れるのが見えた。

その二、三日前に、雁《かり》の群れが空の遠くを列になって渡ってゆくのを仰いだが、まさか秋がきているとは思わなかった。だが、那須野に入って、私は秋がきているのをはっきりと知った。道のべには芒《すすき》の穂が伸び、日に銀色にきらめいていた。青空に冷たい深い色が加わってくるのが分った。オ寂寥《せきりょう》の思いが、まるで鳥の群れが森の向うにいっせいに吸い込まれるように、色づきはじめた山や野に、静かに、澄み渡って下りてきた。

ある日、時雨《しぐれ》が木々を鳴らして過ぎた。山の道はすでに黄葉に飾られ、足音は落葉の散り敷くなかで、ひっそりと聞えた。黄葉の早い陸奥の道は、すでに秋も深く、朝には霧が流れた。昼にすれ違った樵《きこり》の男に白川の関の在り処《か》を訊《たず》ねると、相手は不思議そうな顔をして「ここが白川です」と言った。それから一刻ほど歩くと、朽ちた木柵をめぐらした関所が見えた。旅人も見当らず、関を守る役人や衛士《えじ》たちの気配もなかった。

驚いたことには、関守たちの住んでいた建物も屋根が落ち、半ば腐《くさ》れていた。私は空家になった建物のなかを見廻《まわ》ったが、見棄《す》てられてからかなりの歳月がたっているのは、その荒れ果てた様子からも察することができた。

出て遠く陸奥を望んだとき、私はまだ旅がどういうものか、解っていなかったのだ。

　旅に出てはじめて、人はこの世の森羅万象がすべて滅びのなかに置かれているのを、心底から澄んだ気持で知ることができる。たしかにイ山も風も木々も花も旅の道のべに近々と寄りそって、旅人を慰めてくれる。だが、この不変と思える山も、永遠に波を打ちよせる海も、旅人の眼には、限りある生命に見えてくる。山の終り、海の終りがそこに見えるのである。

　この思いが私の身のうちに染みこんできたとき、私は、死にゆく幼児を見守る親の眼ざしで、この世を眺めているのを感じた。

……死んではいけない。お前が死んでは、私には生きる意味などなくなってしまう。

私は、そう叫んでいる親の悲しみと物狂おしさで月を見、山を眺め、道ゆく人を見つめている自分を感じたのである。

②旅に出ることの意味が解ったのは、この一種の深い悲しみと愛惜が、身の内を貫き、*常住、哀傷の風が吹き渡るのを全身で知ったときであった。空ゆく雲も、梢《こずえ》をゆらす風も、決して行きずりのものではなく、すべて私に無縁のものはなかったのだ。旅寝の夜々、ウ枕もとに落ちる月の光は、もはや二度と見られぬ清らかな輝きとなって心に深く染みてくるのである。

B あはれしる　人見たらばと　思ふかな　旅寝の床《とこ》に　宿る月影　　山家集　四一六

（旅の寝所に宿る月の光を）

　私は真実そう思った。この月の光を知らなくては、物の哀れなど解るはずはなかった。私は*出離遁世《しゅつりとんせい》してここ何年か小倉山や嵯峨野の草庵住いをした。月はその折もしみじみとした哀傷の色を湛《たた》えて、庵のなかに射しこんでいた。その蒼白い影を私は心ゆくまで楽しんだ。私は*怡悦《いえつ》が偽りのものだと思っているわけではない。だが、月一つに限ってみても、旅の夜々見る月は、たまらない切なさで、心の奥へ浸みとおってくる。この世に身を受け、こうして月の蒼さを見ていることが、信じられないような運命の不思議に思えてくる。前世の奇《く》しき因縁によって、いまこの時、心に澄み渡る怡悦を与えられている……そんな思いが

二

次の文章は、平安時代末期の歌人、西行（文中では「私」）が、陸奥《みちのく》（現在の東北地方）を旅したときの様子を描いた場面の一部である。この文章を読んで、あとの問に答えよ。

都出でて　逢坂越えし　をりまでは　A心かすめし　白川の関　　＊山家集　一一二七

（逢坂の関を越えた　頃までは）

これが旅立ちのときの私の思いであった。事実、私がもし都を離れぬまま、＊草庵《そうあん》で暮しつづけていたとすれば、ア陸奥は限りない憧れとなって心のなかに追憶に似た風を変りなく吹かせていたことであろう。だが、①旅仕度の僧となり、東国への道に足を踏みいれた途端、こうした陸奥の風物は、不思議と薄れていった。都を出て山科《やましな》を過ぎ逢坂山を越えた頃には、別の旅の姿が私の心を満たしはじめていたのだ。

旅を心で思っているのと、実際に旅に足を踏み出すのとは、もともと別のことだ。旅に出るとは、ただ白川の関を吹く＊蕭条《しょうじょう》たる風を思っていればいいのではなく、そこまでつづく道を一歩一歩踏みしめることだ。そこには別の配慮があり、別の緊張がある。あるいは、もっと誇張していえば、旅に一歩踏み出した瞬間、私はすでに日常とは別の世界に入りこみ、別の運命を生きはじめたのだ。

さらに言葉を換えれば、旅に出たとき、すでに私は、［A］を吹く風に身を晒《さら》されていた、といっていいのである。その風は心のなかで吹くのではなく、現実のこの身を吹くのである。詩の風は、心のなかではなく、現世のこの身を吹く――つまり身のうちにあった詩心は、今では、旅のなかに遍在し、山も川も草も木もすべて詩心に変っていた、といってよかったのだ。

（中略）

駿河《するが》に入った頃、私は旅姿が板についてきた以上に、心が旅と一つに溶け、旅をまるごと抱えこんでいる自分を感じた。都を

［問七］二重傍線部A・Bの、本文中における意味として正しいものを、それぞれの（ア）～（オ）の中から一つずつ選べ。
解答番号は、Aは 12 、Bは 13

A　百年の知己

（ア）いつまでも変わることのない、永遠の恋人
（イ）長い年月を共にした、またとない親友
（ウ）簡単には到達できないような、深い理解
（エ）なかなかわかり合えない、困難な関係
（オ）知り合って間もないのに、すぐに意気投合した人

B　本末転倒

（ア）最初に論じていた内容と少しづつずれていくこと
（イ）展開が乱暴で論理が整合性に欠けること
（ウ）結論として決まりかけていたことが取り消されること
（エ）話し合いの末に導き出された結論が実行されること
（オ）根本的な事柄とささいな事柄とが逆転すること

〔問六〕　次の（ア）〜（カ）の中から、本文で述べられている内容と合致するものを二つ選べ。解答番号は 10 、 11

（ア）学者たちの語る個々の思想にはそれぞれ真理が含まれていると思われるが、立証の方法に問題があるため、なかなか真実にたどりつかない。

（イ）学者たちの議論の最大の問題は、お互いの相違点ばかりを強調して、最も重要な自分自身の思想の正当性を主張する機会をうっかり忘れてしまうことである。

（ウ）真実とは絶対的なもので、最後はただ一つの結論にたどりつくはずであるから、論争の場においては相手を思いやり、その非を許容する相対的な姿勢が重要である。

（エ）言語はその表現力に限界があり、人間の心の動きの全部が説明できるものではないので、議論によって互いの主張をすべて理解し合うことは不可能である。

（オ）そもそも不完全な存在である人間のする議論であるのに、自分の主張をあたかも神の語る真理のごとく言い立てる学者たちには、礼儀という感覚が欠落している。

（カ）真に偉大な支配者の治世には、例外なく真に偉大な愛に基づく明確な規範が示されており、信賞必罰が徹底して行われている。

［問五］本文全体の構成について説明したものとして、最も適当なものを、次の（ア）～（エ）の中から一つ選べ。

解答番号は 9

（ア）全体は序論・本論・結論の三段落で構成されており、最初に荘子は今の世の思想界の混乱について厳しく追及したうえで、その解決策を提案する。次に議論と論争の無意味さを語り、最後に思想そのものの本質とは何か、実例をあげて説明する。

（イ）前半部分で荘子は、今の世の学者たちの議論や論争における強引な自己主張と、言葉の限界性を理解しない愚かさを嘆く。後半では彼らの主張の内容そのものに踏み込み、仁義と孝悌とを例示していくつかの問題点を指摘したうえで、自身の考えを述べている。

（ウ）議論、論争、孝悌、仁義の四つのテーマで全体が構成されており、それぞれで実例をあげながら並列させる形で展開されている。各段落の論理的な関連は特にないが、最終段落では自身の理想と考える仁義の実現を目標として掲げ、全体をまとめている。

（エ）起承転結の起にあたる部分では、思想界の混乱の様子が紹介され、続いて承で議論と論争を正しく行うことの意義が説かれる。さらに、転ではその議論の中心となる仁義と孝悌の思想の本質を具体的に示し、結で実現に向けての心構えを提示している。

〔問三〕　傍線部②「議論といい論争というのは、いくつかの点で根本的な限界をもつ」とあるが、次のA～Eの中で「いくつかの点」に該当するものはア、該当しないものはイを選べ。解答番号は、Aは 3 、Bは 4 、Cは 5 、Dは 6 、Eは 7

（A）他人の立場との共通点を見ようとはせずに相異点ばかりを強調し、公平に理解する謙虚さを持たない点。
（B）相手に勝つことが唯一の関心となり、事がらの真実性を究明するという目的が忘れられてしまう点。
（C）人間の言葉と真実なるものとの間には、どのように努力してみても埋めつくせない溝が残される点。
（D）否定を許容する是は絶対の是とはいえないにもかかわらず、相互否定の限りない循環を空廻りする点。
（E）末梢の分派のみを見て根本の同一を見落とし、あらゆる対立を一つに包む根源的な真理を忘れている点。

〔問四〕　傍線部③「仁義の強調こそ不仁不義の始まりであり、孝悌の強調こそ不孝不悌の始まりではないか」と、筆者が述べるのはなぜか。その理由として最も適当なものを、次の（ア）～（オ）の中から一つ選べ。解答番号は 8

（ア）仁義とは愛することであり、孝悌とは礼を保つことなので、本来他に強要するべきものではないから。
（イ）仁義や孝悌の純粋性は、意識されずになされることによってのみ保たれ、実現するものであるから。
（ウ）孔子学派の学者たちの語る自己主張が、規範を求めるものばかりで人々の内面を育てるものではないから。
（エ）理念ばかりを強調すると、人間は他人との一体感を失い、次第に対立の意識を持って争うようになるから。
（オ）仁義は憎しみと、孝悌は失礼と表裏をなすが、理念とは相対的な二項があるからこそ成り立つものであるから。

〔問一〕 空欄 X Y には同じ言葉が入る。最も適当なものを、次の（ア）～（オ）の中から一つ選べ。

解答番号は、 1

（ア）限界性と言いかえ　　（イ）唯一絶対の真理性に支え

（ウ）規範として立て　　（エ）愛を忘れ

（オ）憎み害うことを教え

〔問二〕 傍線部①「そこ」の指示する内容は何か。次の（ア）～（オ）の中から、最も適当なものを一つ選べ。

解答番号は 2

（ア）仁義王道、博愛反戦、富国強兵、法治万能という、今の世の学者たちの主張。

（イ）それぞれに立論の根拠をもつ、今の世の学者たちの説く真理。

（ウ）自分に同調するものだけを受け入れる、今の世の学者たちの偏狭さ。

（エ）己れの理論のみを真理とする、今の世の学者たちの言論。

（オ）勝敗は真偽是非と何の関係もないという、今の世の学者たちの議論。

＊荘子…………中国古代の思想家。道教の始祖の一人とされる人物。

＊今の世の学者たち……ここでは、孟子・墨子・韓非子などの、中国古代の思想家たちを指す。

＊妄信…………わけもわからず、ただひたすらに信じること。

＊饒舌…………おしゃべり、多弁。

＊精緻…………細かい点まで注意が行き届いていること。

＊孔子…………中国古代の思想家。儒教の始祖とされる人物。

＊孝悌…………年長者に対する尊敬、思いやり。

＊粗忽…………不注意により起こった過ち。

＊老子…………中国古代の思想家で道教の始祖とされるが、その存在も含め不明な点が多い。

＊恩沢…………情け、恵み。

もとにしばしば愛するのを傷つけ害う。愛は惜しみなく奪うのである。かくて、愛を規範として立てることは、人に憎み害うことを教えることでもある。愛民は害民の始めなのである。

民ヲ愛スルハ民ヲ害ウコトノ始メナリ。（『荘子』徐無鬼《じょむき》篇）

最上の愛とは、愛を忘れた（意識しない）愛である、と荘子は考える。未婚の若者が愛を意識し愛をささやくのは、その愛が不安定だからである。安定した既婚の夫婦が愛を意識しないのは、その愛が生活そのものになっているからである。生活そのものの中に融《と》けこんだ愛こそ最上の愛ではないか。妻（夫）と死別し、もしくは、妻（夫）との愛情に破綻の危機がしのびよるとき、安定した既婚者もまた最上の愛から意識された愛へと下降する。意識された愛とは、愛の失われを回顧し、もしくは予見する愛である。それはもはや純粋な愛ではない。

真に偉大な愛はみずからの愛を意識しない愛である。真に偉大な支配者もまた意識されない愛をもって人民を治める。彼の恩沢《おんたく》*は万世にまで及ぶほど広大無辺でありながら、その恩沢を自己のものとして意識することがない。

利沢ハ万世ニ施シテ人ヲ愛ストオモワズ。（『荘子』大宗師《だいそうし》篇）

である。意識されない愛のみが奪うことなく害うことがない。意識されない愛のみが失われることなく永遠である。

（福永光司『荘子　古代中国の実存主義』より）

自己の主張のみが唯一絶対の真理性に支えられているかのごとく言いたてるところに、今の世の学者たちの惑いがあるのだ。
彼らの対立が一体どこから出てきたのか、彼らの対立の根源にあるもの、根源にあってあらゆる対立を一つに包み、あらゆる対立を生みだす根源的な「一」が何であるのかを忘れるところに彼らの惑いが成立する。末梢《まっしょう》の分派のみを見て根本の同一を見落とす今の世の学者たち。初めに是非の対立があったのではなくして、初めに人間があったことに気づかぬ今の世の学者たち。惑えるかな彼ら、である。

それにまた、と荘子は考える。彼らの無反省な自己主張が惑いであるだけではない。その自己主張の内容そのものがまた問題である。*孔子学派の学者たちは仁義を説き*孝悌《こうてい》を説く。しかし、③仁義の強調こそ不仁不義の始まりであり、孝悌の強調こそ不孝不悌の始まりではないか。

市場の雑沓《ざっとう》の中で見ず知らずの他人の足を踏めば、失礼しましたと丁重に挨拶して自分の*粗忽《そこつ》をわびる。しかし、踏んだのが兄の足であれば軽く撫《な》でさすっただけですまし、親の足であれば顔見あわせただけで改まった挨拶もいらない。だから、最上の礼儀は他人意識をもたないというのである。

礼儀の強調は人間が他人との一体感を失い、対立の意識をもつところから始まる。*老子もいっているように「X られた礼は、社会の混乱と無秩序のはじまり」なのである。同様のことが仁義や孝悌についてもいえるであろう。

仁とは他人を愛することであるが、人が愛するという意識をもつとき、そこではもはや愛の純粋性は失われている。真に相愛する者同士は愛しているという意識さえもたないのである。愛する者同士の愛情に不安が影を落とし、破綻《はたん》が未来を脅《おびや》かすとき、人は愛を強く意識する。愛とは愛の喪失《そうしつ》に対する防衛の意識であるとさえいえよう。意識された愛は愛の破綻の始まりである。Y られた礼が社会の混乱と無秩序の始まりであるように。

愛はまた憎しみと表裏をなす感情である。憎むということがなければ愛するということもまたありえないであろう。あたかも晴れた日ばかりで雨の降る日がなければ、晴れた日という言葉さえ存在しえないように。人は愛するが故に憎み、憎むが故に愛するのである。この意味では、愛とは他人を愛することであるとともに他人を憎み害《そこな》うことであるともいえる。人は愛の美名のある。

荘子にとって彼らの議論はまったく議論のための議論としか思われない。はじめは事がらの真実性を究明する意図から出発する彼らの議論も、いつのまにか議論に勝つことのみが唯一の関心となり、B本末転倒されてしまう。意地と感情だけが彼らの議論を引きずり、議論の勝敗は事がらの真偽是非とは何の関係もないという奇妙な結末でけりがつく。はじめから議論しないことの賢明さに遠く及ばない彼らの喧々ごうごうたる*饒舌《じょうぜつ》のむなしさ。

それに、と荘子は考える。議論はそれがいかに雄弁であり*精緻《せいち》であろうとも、それ自身の中に一つの限界性をもつ。それは人間の言葉というもののもつ限界性と言いかえてもよい。人間の言葉と真実なるものとの間には、どのように努力してみても埋めつくせない溝が残される。しかもその埋めつくせない溝の彼方《かなた》にあるものこそ何よりも重要なのだ。議論によって一切が解決されると信じこむことの愚かさは、言葉によって人間の心の動きの全部が説明しつくされると信じこむことのそれと同じである。にもかかわらず、実り少ない議論に口角泡をとばす彼らの人生の愚かしい浪費と消耗。

議論のもつ現実遊離性を批判し、言葉のもつ限界性を反省する荘子はまた、さらに論争それ自体のもつ矛盾性——相互否定による真理の相対化に注目する。

論争においては甲の是（正）は乙の不是（誤）と対立し、乙の是は甲の不是と対立する。しかし、甲の是とするものがもし絶対の是であるならば、その絶対の是はこれを否定する乙の不是を許容するはずがない。何となれば、否定を許容する是は絶対の是とはいえないからである。にかかわらず、甲の是を否定する乙の不是が存在しうるということは、甲の是が絶対でないことを示すものではないか。然と不然の場合も同様である。かくて論争者の是と不是、然と不然とは、その相互否定の中で限りない循環を空廻《からまわ》りする。化声、すなわちこの限りない循環（変化）を繰りかえす是非・然不然の論争は、その主張の真理性においてまったく相対的なものとなり、それが相対的なものであるかぎり、その対立は「相い待たざるがごとし」——はじめから存在しないのと同様である。

要するに、②議論といい論争というのは、いくつかの点で根本的な限界をもつ。これらの限界を忘れていたずらに自己を主張し、

二〇二三年度 東京成徳大学高等学校・一般入試（特待）

【国　語】（五〇分）〈満点：一〇〇点〉

注意……解答は、解答用紙（マークシート）の指定された解答欄にマークしなさい。
　　　各問の 1 2 …… 24 が、解答用紙の解答番号にあたる。

一　次の文章を読んで、あとの問に答えよ。

　＊荘子は＊今の世の学者たちの言いたてる騒々しい言論を思い出して憂鬱《ゆううつ》になる。曰《いわ》く仁義王道。曰く博愛反戦。曰く富国強兵。曰く法治万能。……彼らの主張が間違っているというのではない。それぞれの主張はそれぞれに立論の根拠をもち、その限りではそれぞれに真理性をもつ。ただ問題なのは、彼らが自己の主張のみを唯一絶対であるかのごとく＊盲信《もうしん》し、己れの理論のみを最高至上の真理とする偏狭《へんきょう》さである。

　彼らは他人の立場との共通点を見ようとはせずに相異点ばかりを強調する。己れ独りを善しとして己れを他と区別することにのみ汲々とし、他人の立場を公平に理解する謙虚さ、他人の主張に己れを虚《むな》しくして耳を傾ける寛容さなど少しも持ちあわせない。そのくせ、己れの意見に逆らうものは不倶戴天《ふぐたいてん》の仇敵視《きゅうてきし》し、己れの主張に同調するものはA百年の知己呼ばわりする。

　　世俗ノ人ハミナ人ノ己レニ同ジキヲ喜ビ、人ノ己レニ異ナルヲ悪(にく)ム。（『荘子』在宥《ざいゆう》篇）

のである。

　彼らはみな己れを是として他を非とするから、己れによって非とされる他はまたみずから是とする己れを非とし、他によって非とされる己れはさらにこの他を非とする。①そこにあるものは止むことのない対立と闘争であり、まったく不毛な議論の喧騒《けんそう》で

英語解答

1 問1 (ア)　問2 (ウ)　問3 (ア)
問4 (イ)　問5 (エ)

2 問1 (イ)　問2 (エ)　問3 (ア)
問4 (ウ)　問5 (エ)

3 問1 11…(ウ)　12…(ア)
問2 13…(オ)　14…(キ)
問3 15…(カ)　16…(キ)
問4 17…(エ)　18…(ア)
問5 19…(キ)　20…(オ)
問6 21…(ア)　22…(イ)

4 問1 (イ)　問2 (エ)　問3 (イ)
問4 (エ)　問5 (イ)　問6 (ウ)

5 問1 (ウ)　問2 (ア)　問3 (ア)
問4 (エ)　問5 (ア)　問6 (イ)

6 問1 (エ)　問2 (ア)　問3 (ウ)
問4 (ウ)　問5 (イ)　問6 (イ)

7 (エ)

8 問1 (ウ)
問2 (a)…(エ)　(b)…(イ)　(c)…(ア)
問3 46…(ク)　47…(ウ)　48…(エ)　49…(オ)
50…(キ)

数学解答

1 問1 (イ)　問2 (イ)　問3 (ア)
問4 (イ)　問5 (ア)　問6 (オ)
問7 (オ)　問8 (エ)

2 問1 (エ)　問2 (オ)　問3 (ア)
問4 (ウ)

3 問1 (ウ)　問2 (オ)

4 問1 (エ)　問2 (イ)　問3 (ア)

5 問1 (エ)　問2 (エ)　問3 (ウ)

社会解答

1 問1 (イ)　問2 (エ)　問3 (オ)

2 問1 (カ)　問2 (ク)　問3 (ア)
問4 (キ)

3 問1 (エ)　問2 (エ)　問3 (カ)
問4 (ウ)

4 問1 (エ)　問2 (イ)　問3 (エ)
問4 (ア)

5 問1 (イ)
問2 (A)…(エ)　(B)…(ウ)　(C)…(ア)　(D)…(イ)
問3 (エ)　問4 ①…(イ)　②…(オ)

6 問1 (エ)　問2 (イ)　問3 (ア)
問4 (カ)　問5 (イ)　問6 (エ)

7 問1 (ア)→(ウ)→(エ)→(イ)　問2 (イ)
問3 (エ)
問4 A…(イ)　B…(ウ)　C…(ア)　D…(エ)
問5 (エ)

理科解答

1 問1 (カ)　問2 (イ)　問3 (カ)
問4 (イ)　問5 (ウ)　問6 (エ)
問7 (オ)　問8 (ア)

2 問1 (エ)　問2 (エ)　問3 (ウ)
問4 (ア)　問5 (オ)　問6 (カ)

3 問1 (オ)　問2 (カ)　問3 (エ)
問4 (ウ)　問5 (ウ)　問6 (エ)

4 問1 エ　問2 (ア)　問3 (カ)
問4 (エ)　問5 (イ)　問6 (オ)

5 問1 (エ)　問2 (ア)　問3 (エ)
問4 (オ)　問5 (エ)

国語解答

一 問一 (ウ)　問二 (エ)
問三 (A)…イ　(B)…ア　(C)…ア　(D)…ア
(E)…イ
問四 (イ)　問五 (イ)　問六 (ア), (エ)
問七 A…(イ)　B…(オ)

二 問一 A…(ウ)　B…(イ)　C…(エ)
問二 (エ)　問三 (ア)　問四 (イ)
問五 (オ)　問六 A…(オ)　B…(エ)
問七 (イ), (カ)

2022年度 東京成徳大学高等学校・一般入試(第１回)

【英　語】（50分）〈満点：100点〉

注意：解答は，解答用紙（マークシート）の指定された解答欄にマークしなさい。
各問の 1 2 … 44 が，解答用紙の解答番号にあたる。

1　次の各問の［　］内の単語について，下線部の発音が見出しの語と**同じもの**を，(ア)～(エ)よりそれぞれ１つずつ選びなさい。

［問１］ hat　1
［ (ア) parade　(イ) human　(ウ) apple　(エ) watch ］

［問２］ started　2
［ (ア) hoped　(イ) walked　(ウ) cooked　(エ) decided ］

［問３］ chorus　3
［ (ア) chocolate　(イ) headache　(ウ) chair　(エ) choose ］

［問４］ front　4
［ (ア) another　(イ) lion　(ウ) most　(エ) only ］

［問５］ country　5
［ (ア) mountain　(イ) about　(ウ) ground　(エ) enough ］

2　次の(ア)～(コ)の語の中で，**最も強く発音する部分が②になるもの**を３つ選びなさい。解答の順序は問わない。　6　7　8

(ア) traf-fic　①　②
(イ) busi-ness　①　②
(ウ) ma-chine　①　②
(エ) gar-den　①　②
(オ) pass-port　①　②
(カ) her-self　①　②
(キ) or-ange　①　②
(ク) at-tract　①　②
(ケ) vil-lage　①　②
(コ) class-room　①　②

3 次の各問の［　］に入る最も適切なものを，(ア)～(エ)よりそれぞれ１つずつ選びなさい。

［問１］ ［ 9 ］ I stay here? — No, you don't have to.
(ア) Must　(イ) Can　(ウ) May　(エ) Will

［問２］ ［ 10 ］ careful when you cross the street.
(ア) Do　(イ) Have　(ウ) Be　(エ) How

［問３］ Can you catch a fish ［ 11 ］ in the river?
(ア) swim　(イ) swims　(ウ) to swim　(エ) swimming

［問４］ ［ 12 ］ did you do after lunch yesterday?
(ア) While　(イ) What　(ウ) Who　(エ) When

［問５］ I usually ［ 13 ］ music on the Internet before I go to bed.
(ア) listening　(イ) listen to　(ウ) to listen　(エ) listened to

4 次の各問の日本文に合うように語(句)を並べかえて英文を完成させる時，３番目と５番目の［　］に来る語(句)を，(ア)～(キ)よりそれぞれ１つずつ選びなさい。ただし，文頭に来る語(句)も小文字で始めている。

［問１］ あなたの学校には生徒が何人いますか。
［　］［　］［ 14 ］［　］［ 15 ］［　］［　］ school?
(ア) there　(イ) many　(ウ) in　(エ) your
(オ) how　(カ) are　(キ) students

［問２］ 本を読める静かな場所を知っていますか。
［　］［　］［ 16 ］［　］［ 17 ］［　］［　］ read books?
(ア) any　(イ) do　(ウ) place　(エ) quiet
(オ) know　(カ) to　(キ) you

［問３］ この箱は重くて私には動かせない。
This ［　］［　］［ 18 ］［　］［ 19 ］［　］［　］ move.
(ア) for　(イ) to　(ウ) box　(エ) too
(オ) is　(カ) heavy　(キ) me

［問４］　キムはどれくらいの間，授業を休んでいるのですか。

[　] [　] [20] [　] [21] [　] [　] the lessons?

(ア) long　(イ) been　(ウ) has　(エ) Kim
(オ) absent　(カ) how　(キ) from

［問５］　私はたいてい家族の中で一番早く寝ます。

I [　] [　] [22] [　] [23] [　] [　] my family.

(ア) to　(イ) go　(ウ) bed　(エ) earliest
(オ) usually　(カ) in　(キ) the

5　次の各問の対話文を完成させる時，[　]に入る最も適切なものを，(ア)〜(エ)よりそれぞれ１つずつ選びなさい。

［問１］　A: How long should we wait?
B: Yeah, we've been waiting for the train for 20 minutes. Shall we take a taxi?
A: [24]

(ア) Yes, I have a bus ticket.
(イ) Yes, I'm tired of standing.
(ウ) No, there are many taxis over there.
(エ) No, we should hurry up!

［問２］　A: How did he get here?
B: [25]

(ア) This place is popular in Japan.
(イ) He came here by train.
(ウ) He has wanted to come here.
(エ) He likes this place very much.

［問３］　A: [26]
B: Thank you. I bought it in China last month.

(ア) Can I use your bag?
(イ) This is my new bag!
(ウ) Could you show me your bag?
(エ) What a nice bag you have!

［問４］ A: You look nice in that new shirt. Where did you buy it?
B: [27] My uncle gave it to me for my birthday.

(ア) I didn't buy it.
(イ) I don't have any shirt.
(ウ) I will take one.
(エ) I bought it online.

［問５］ A: Excuse me. Does this train go to Shinjuku station?
B: I'm sorry I don't know. [28]

(ア) I'm from Japan.
(イ) It's my first visit to Tokyo.
(ウ) You should get on another one.
(エ) Don't forget to change trains at Shinjuku.

6 次の各問の a と b がほぼ同じ意味を表すように，[ ]に入る最も適切なものを，(ア)～(エ)よりそれぞれ１つずつ選びなさい。

［問１］ a: He went after me into the room.
b: He [29] me into the room.
(ア) followed　(イ) passed　(ウ) caught　(エ) took

［問２］ a: Ted can play the guitar better than Kate.
b: Kate can't play the guitar [30] Ted.
(ア) as much as　(イ) as well as　(ウ) as many as　(エ) as better as

［問３］ a: I'm practicing the piano hard to win the prize.
b: I'm practicing the piano hard [31] I want to win the prize.
(ア) because　(イ) why　(ウ) that　(エ) which

［問４］ a: Don't take pictures in this museum.
b: You [32] take pictures in this museum.
(ア) have to　(イ) don't have to　(ウ) must　(エ) can not

［問５］ a: The bus goes to the airport but it isn't running today.
b: The bus [33] goes to the airport isn't running today.
(ア) which　(イ) when　(ウ) what　(エ) where

7 次の英文(ｱ)～(ｺ)の中から**誤りを含むもの**を３つ選びなさい。解答の順序は問わない。　34　35　36

(ｱ) My father was busy the day before yesterday.

(ｲ) Was John and you in the same class last year?

(ｳ) You have to come back home by seven.

(ｴ) The girl who I saw at the station was a famous singer.

(ｵ) Otani Shohei is the baseball player I like the best.

(ｶ) I was late in school this morning.

(ｷ) Where are you going to take photos?

(ｸ) My English teacher told me an interesting story.

(ｹ) There are more than one thousand students in this school.

(ｺ) The pool was too cold for us swimming.

8 次の英文を読んで後の問に答えなさい。

Once upon a time there was a brave and clever man, Yorgos, who had two younger brothers: Dimitrios and Nicholaus. One day, they were hunting in the forest since early in the morning. After hours of walking without success, they got [37] and thirsty, and decided to have a rest under a tree. They drank all their water very quickly. To find more fresh water, Nicholaus climbed a tree.

From the top of the tree, he saw a shining, beautiful lake. He got down to the ground, and happily agreed to collect water for his brothers.

When he stood in front of the lake, he was [38] by its beauty. He quickly tried to *scoop some cool water to drink.

"Stop!"

A voice, almost loud enough to shake the ground, and loud enough to make waves, was heard from the lake.

"This is my lake! Do not drink until you have answered my questions."

Nicholaus looked around. There was no one there. Was he dreaming? He shook his head, then scooped up more water. When the water touched his lips, he suddenly fell down to the ground.

Half an hour later, when Nicholaus didn't return, his brothers got worried. "I'll go and look for him," Dimitrios said. It didn't take long to get to the lake.

Dimitrios was so thirsty that he ran up to the beautiful lake. He didn't even notice his brother lying down on the ground. He quickly put both hands into the water, but before he could raise them to his lips, the voice called out again.

"Do not drink! This is my lake, and you can not have one drop until you have answered my questions."

Dimitrios was so [39] that he *spilled water from his hands. He looked around nervously, but there was no one there. He was too thirsty to care where the voice came from and scooped up some water again. As soon as he brought it to his mouth, he fell down to the ground just like his brother.

After that, the *eldest brother, Yorgos, finally arrived. He was shocked when he saw the two bodies of his brothers. "What happened here?" said Yorgos with great surprise. He shook them strongly, but they didn't open their eyes.

With the shock, his mouth became dry and he really needed water. He went closer to the lake, and brought his mouth to the water.

"Do not drink! This is my lake! If you don't want to end up like your brothers, you must not drink before you have answered my questions," shouted the voice.

Yorgos was surprised and jumped back. "I'm sorry," he said. "I didn't know that this lake belonged to someone. What should I do?"

"Answer my questions," the voice said again.

"All right," Yorgos answered. "But who are you?"

There was a little silence and then he heard a *roar. The roar shook the lake and made large waves, and then a *huge figure came out of the lake.

"I am Wasukela, the God of the lake," it roared. "You must answer ME!"

Yorgos felt really *scared but tried to answer the God. "Very well, I'll answer any question," he said.

"What is success?" the God began.

"It is continuing to fail until you succeed," Yorgos answered.

"So, what is the biggest mistake in life?" the voice asked next.

"It is being afraid of failure," Yorgos replied. The questions started to come faster, but he answered without a *pause.

"What does it mean to be rich?"

"It is having less *greed," Yorgos smiled gently.

"What is *virtue?"

"It is *courtesy. It's more important than any other thing," Yorgos answered politely.

"You have answered my questions well," the God said, "I will bring back one of your two brothers. So, which one will you choose?"

Yorgos looked sadly at the lying bodies, and thought carefully for a while. "I choose Nicholaus," he said quietly.

"Nicholaus? Why Nicholaus?" The God looked surprised.

"I love both of my brothers equally. However, Nicholaus has a different mother from ours. So I choose him. This way both wives of my father will <u>(　A　)</u>."

The lake God was [40] with his answer and smiled. "A wise answer. A good and an excellent answer. In fact, you have answered so well, I will bring both of your brothers back."

Yorgos cried with joy as his brothers came back to life.

"Drink as much as you want, then be kind to each other forever, brothers," said the lake God and went back into the water.

The lake was calm and shining again as before. The three brothers lived together happily ever after.

(注)　scoop すくう　spilled こぼした　eldest 最年長の
roar うなり声　huge figure 巨大な人影　scared 怖がった
pause 休み　greed 欲　virtue 美徳　courtesy 礼儀

［問１］　本文中の[37]～[40]に入る最も適切な語を次の(ア)～(エ)より１つずつ選びなさい。同じ記号は一度しか使えない。

[37] [38] [39] [40]

(ア) surprised　(イ) pleased　(ウ) impressed　(エ) tired

［問２］ Which of the following sentences is true about Nicholaus? 41

(ｱ) He decided to climb the tree to find the God of the lake.
(ｲ) He went to the lake to collect water for his brothers.
(ｳ) He drank a lot of water of the beautiful lake.
(ｴ) He dreamed of the beautiful God on the ground.

［問３］ Which of the following sentences is true about Dimitrios? 42

(ｱ) He was the first man to meet the God of the lake, Wasukela.
(ｲ) He became more thirsty because of the fear.
(ｳ) He went to the lake 30 minutes later to look for his brother.
(ｴ) He was so afraid of the God that he fell on the ground.

［問４］ Which of the following sentences is true about Yorgos? 43

(ｱ) He is the second son.
(ｲ) He was so surprised that he couldn't answer the God's questions well.
(ｳ) He has a different mother from Dimitrios.
(ｴ) He was able to save the lives of both of his brothers.

［問５］ 本文中の下線部(　A　)に入る最も適切なものを，(ｱ)～(ｴ)より１つ選びなさい。 44

(ｱ) take us to the lake
(ｲ) have at least one son
(ｳ) be loved by my father
(ｴ) lose their son

【数　学】 (50分) 〈満点：100点〉

注意：解答は，解答用紙（マークシート）の指定された解答欄にマークしなさい。

各問の $\boxed{\quad 1 \quad}$ $\boxed{\quad 2 \quad}$ … $\boxed{\quad 20 \quad}$ が，解答用紙の解答番号にあたる。

選択肢(ア)～(オ)に正答が全くない場合には，(カ) <u>その他</u> をマークすること。

計算は問題用紙の余白を利用しなさい。

1

次の空欄に適する答えをそれぞれ(ア)～(カ)の中から１つずつ選びなさい。

［問１］ $-6\div\dfrac{1}{4}\div(-2)^3-5=$ $\boxed{\quad 1 \quad}$

(ア) -8　(イ) $-\dfrac{43}{16}$　(ウ) -2　(エ) 8　(オ) 187　(カ) その他

［問２］ $\dfrac{2x+3y}{4}+\dfrac{-x+3y}{3}=$ $\boxed{\quad 2 \quad}$

(ア) $\dfrac{2x+21y}{12}$　(イ) $\dfrac{x+21y}{6}$　(ウ) $\dfrac{x+3y}{3}$

(エ) $\dfrac{2x+7y}{4}$　(オ) $\dfrac{x+7y}{2}$　(カ) その他

［問３］ １次方程式 $5x-\dfrac{8}{3}=\dfrac{28}{9}x+3$ を解くと $x=$ $\boxed{\quad 3 \quad}$ である。

(ア) $\dfrac{27}{17}$　(イ) $\dfrac{17}{9}$　(ウ) 2　(エ) 3　(オ) $\dfrac{99}{17}$　(カ) その他

［問４］ $\dfrac{\sqrt{30}}{\sqrt{6}}\times\dfrac{\sqrt{24}\times\sqrt{18}}{\sqrt{12}}=$ $\boxed{\quad 4 \quad}$

(ア) 5　(イ) $4\sqrt{5}$　(ウ) $6\sqrt{5}$　(エ) $8\sqrt{5}$　(オ) $6\sqrt{30}$　(カ) その他

[問5] 連立方程式 $\begin{cases} x+\dfrac{11}{6}y=5 \\ 4x+3y=7 \end{cases}$ を解くと 5 である。

(ア) $x=-6,\ y=6$ (イ) $x=-\dfrac{1}{2},\ y=3$ (ウ) $x=\dfrac{1}{2},\ y=3$

(エ) $x=1,\ y=1$ (オ) $x=4,\ y=-3$ (カ) その他

[問6] $(x-2)(x-12)+24$ を因数分解すると 6 である。

(ア) $(x-6)(x-8)$ (イ) $(x-4)(x-12)$ (ウ) $(x-4)(x-6)$

(エ) $(x-3)(x-16)$ (オ) $(x+2)(x+12)$ (カ) その他

[問7] $\sqrt{792n}$ が整数となる最小の自然数 n は 7 である。

(ア) 2 (イ) 3 (ウ) 6 (エ) 22 (オ) 33 (カ) その他

[問8] 太郎さんと花子さんが1個のサイコロを使ってゲームをしている。サイコロを1回ずつ投げ，出た目の数を得点とし，得点が高い方を勝ちとする。このとき，太郎さんが2点差以上つけて勝つ確率は 8 である。

(ア) $\dfrac{1}{6}$ (イ) $\dfrac{5}{18}$ (ウ) $\dfrac{1}{3}$ (エ) $\dfrac{7}{18}$ (オ) $\dfrac{5}{12}$ (カ) その他

2　直線ℓ：$y=\frac{1}{2}x+4$と直線m：$y=-2x+4$がある。ℓとmの交点をA，ℓとx軸の交点をB，mとx軸の交点をCとする。次の空欄に適する答えをそれぞれ(ア)〜(カ)の中から1つずつ選びなさい。

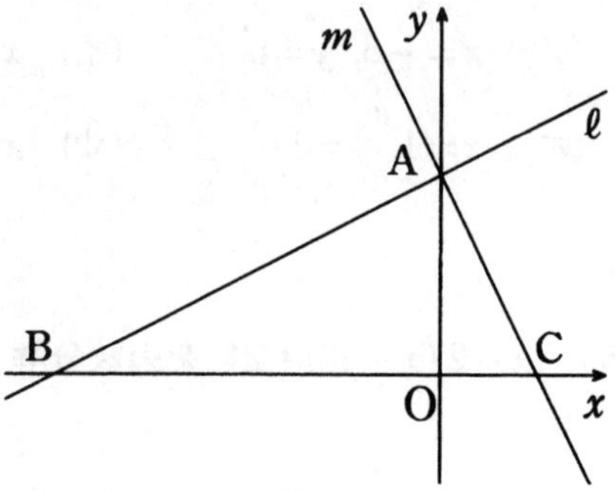

［問1］　△ABCの面積は［　9　］である。

(ア)　12　　(イ)　20　　(ウ)　24　　(エ)　36　　(オ)　40　　(カ)　その他

［問2］　原点を通る直線が△ABCの面積を2等分するとき，その傾きは［　10　］である。

(ア)　$-\frac{7}{2}$　　(イ)　-2　　(ウ)　$-\frac{5}{6}$　　(エ)　$-\frac{1}{2}$　　(オ)　$\frac{5}{2}$　　(カ)　その他

［問3］　$0<k<4$とする。直線$y=k$が△ABCの面積を2等分するとき，kの値は［　11　］である。

(ア)　$4-2\sqrt{2}$　　(イ)　$\frac{6}{5}$　　(ウ)　2

(エ)　$2\sqrt{2}$　　(オ)　$2+2\sqrt{2}$　　(カ)　その他

3 次の空欄に適する答えをそれぞれ(ア)～(カ)の中から１つずつ選びなさい。

[問１] 190 g の水に 10 g の食塩を入れ，よくかき混ぜて食塩水を作った。このとき，食塩水の濃度は [12] % である。

(ア) 1.9　(イ) 2　(ウ) 5　(エ) 19　(オ) 20　(カ) その他

[問２] 濃度 10 % の食塩水 190 g に濃度 x % の食塩水を 10 g を混ぜ合わせたところ，濃度が 9.7 % になった。このとき，$x=$ [13] である。

(ア) 4　(イ) 4.7　(ウ) 6.7　(エ) 8　(オ) 8.7　(カ) その他

[問３] 濃度 y % の食塩水 100 g と濃度 z % の食塩水 200 g を混ぜ合わせると，濃度 7 % の食塩水ができた。また，濃度 y % の食塩水 50 g と濃度 z % の食塩水 250 g を混ぜ合わせると，濃度 6.5 % の食塩水ができた。このとき，[14] である。

(ア) $y=5,\ z=8$　(イ) $y=6,\ z=9$　(ウ) $y=8,\ z=5$
(エ) $y=9,\ z=6$　(オ) $y=10,\ z=5$　(カ) その他

4 正十二角形の全ての頂点を通る半径1cmの円がある。円の中心をO，正十二角形の頂点を反時計回りにA，B，C，…，Lとするとき，次の空欄に適する答えをそれぞれ(ア)～(カ)の中から1つずつ選びなさい。

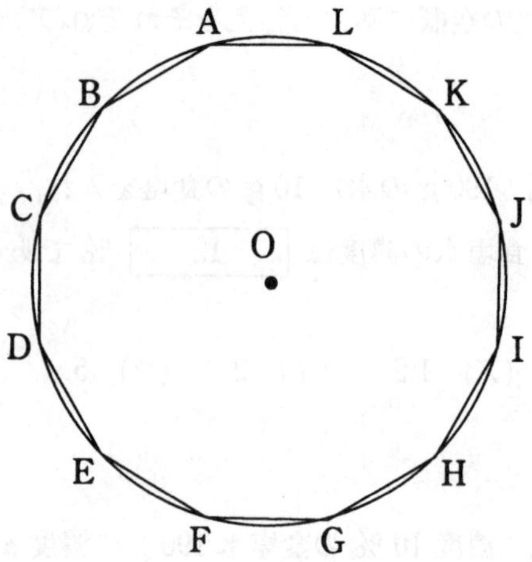

[問1] △OADの面積は [15] cm^2 である。

(ア) $\frac{1}{2}$　(イ) $\frac{\sqrt{2}}{2}$　(ウ) $\frac{\sqrt{3}}{2}$　(エ) 1　(オ) $\sqrt{2}$　(カ) その他

[問2] △OAEの面積は [16] cm^2 である。

(ア) $\frac{\sqrt{3}}{4}$　(イ) $\frac{\sqrt{3}}{2}$　(ウ) $\sqrt{3}$　(エ) $2\sqrt{3}$　(オ) $4\sqrt{3}$　(カ) その他

[問3] △AEHの面積は [17] cm^2 である。

(ア) $\frac{3+\sqrt{3}}{4}$　(イ) $\frac{3+2\sqrt{3}}{4}$　(ウ) $\frac{5+\sqrt{3}}{4}$

(エ) $\frac{2+3\sqrt{3}}{4}$　(オ) $\frac{2+\sqrt{3}}{2}$　(カ) その他

5 次の空欄に適する答えをそれぞれ(ア)～(カ)の中から1つずつ選びなさい。
ただし，円周率はπとする。

[問1] 半径3 cmの球の体積は [18] cm^3である。

(ア) 6π　(イ) 9π　(ウ) 12π　(エ) 18π　(オ) 36π　(カ) その他

[問2] 半径r cmの半球において，体積の値と表面積の値が等しくなるとき，
$r =$ [19] である。

(ア) 2　(イ) $\frac{9}{4}$　(ウ) 3　(エ) $\frac{9}{2}$　(オ) 6　(カ) その他

[問3] 半径3 cmの半球と底面の半径が3 cmの円錐の表面積が等しいとき，円錐の
体積は [20] cm^3である。

(ア) $3\sqrt{3}\pi$　(イ) $6\sqrt{3}\pi$　(ウ) $9\sqrt{3}\pi$
(エ) $12\sqrt{3}\pi$　(オ) $15\sqrt{3}\pi$　(カ) その他

三

①～③の傍線部と同じ漢字を含むものを、それぞれの（ア）～（オ）の中から一つずつ選べ。

① キカクを行う。　解答番号は 23

（ア）キセツが巡る。
（イ）キコウ変動が起こる。
（ウ）キギョウに内定をもらう。
（エ）コウキな人柄。
（オ）キミョウな出来事。

② 貯金をショウレイする。　解答番号は 24

（ア）レイギを重んじる。
（イ）コウレイ化した社会。
（ウ）レイドを下回る寒さ。
（エ）ゲキレイ会への出席。
（オ）ユウレイを見た。

③ コウウン機を動かす。　解答番号は 25

（ア）畑をタガヤす。
（イ）コノましい意見。
（ウ）ミツぎ物を贈る。
（エ）世間にアラガう。
（オ）アツい壁。

〔問七〕 以下の会話は、この物語の内容や表現について中学生が話しているものである。適当でないものを、次の（ア）～（オ）の中から一つ選べ。解答番号は 22

（ア） 生徒A　擬態語が多く使われていることで、登場人物の様子がとてもよく理解できる。特に主人公である麻里花の描写で、各場面での彼女の様子がイメージしやすいね。

（イ） 生徒B　麻里花の様子が、オーディション中に一変するのが面白いな。意図はしていないかもしれないけど、これまでの自身の経験を演技に込められたように思う。

（ウ） 生徒C　審査員の人たちは、これまでの結果から麻里花にあまり期待していなかったみたい。でも、サリーを演じた後には考えを改めているように見えるね。

（エ） 生徒D　三人称だけど地の文に、登場人物の気持ちが描かれていることが多いね。特に「」が効果的に用いられていて、その心情が読者に伝わりやすくなっているよ。

（オ） 生徒E　会話が多くてテンポよく物語が進んでいくね。比喩や動作の描写も多くて、それぞれの人物の性格や特徴をとらえやすくなっている。

（ア）サリーという役を全うしようとしているのではなく、麻里花なりにサリーの人柄を表現しようとしている、ということ。

（イ）サリーが麻里花の身体を借りてしゃべっているのではなく、麻里花がサリーの役を借りてしゃべっている、ということ。

（ウ）サリーが過ごしてきた人生と麻里花自身の境遇とを重ね合わせて、より良く生きるための方法を求めている、ということ。

（エ）選ばれないサリーに共感しつつも、現実に辛い思いをしてきた自分とは違うという違和感を持っている、ということ。

（オ）劇中のサリーには本当の家族がいないが、自分には家族がいるという事実に安心しきってしまっている、ということ。

[問六] 本文中で「演出家」と「プロデューサー」はどのように描かれているか。適当なものを、次の（ア）～（カ）の中から二つ選べ。解答番号は 20 、 21

（ア）演出家は麻里花のただならぬ雰囲気を感じ取り、じっと静かに麻里花を観察している。演技だけでなく麻里花の言葉に才能を見いだし、麻里花を採用するべきだと他の審査員を説得している。

（イ）演出家は麻里花の体調不良に気がつくなど、終始麻里花に興味を持ち、真剣に審査に取り組んでいる。麻里花の才能にいち早く気づき、興奮した様子で麻里花を推したいと考えている。

（ウ）演出家は柔軟な物腰で、麻里花のヘンな回答に対しても真剣な受け答えをしている。緊張している状態で実力を発揮できる麻里花の女優としての素質に感激し、これまで麻里花に舞台経験がないことを信じられないでいる。

（エ）プロデューサーは麻里花の様子に嘲笑を浮かべ、終始麻里花を馬鹿にしている。麻里花の演技に圧倒されたが、麻里花のヘンな回答が尾を引き、合格させるべきかどうか悩んでいる。

（オ）プロデューサーはわざと麻里花を困らせるような質問をするなど、意地の悪い態度を貫いていた。しかし、麻里花の演技に圧倒され、麻里花を選んだ方が良いのではないかと考え始めている。

（カ）プロデューサーは他の審査員とは違い、麻里花に向けて厳しい目を向けている。麻里花の演技後も、公平な審査をするために一時的な感情のみで麻里花を選ぶことは危険だと注意をしている。

［問三］　傍線部②「一瞬唇を噛《か》んで考え込んだ」とあるが、この時の麻里花の心情として最も適当なものを、次の（ア）〜（オ）の中から一つ選べ。解答番号は 17

（ア）その場にそぐわない回答をしてしまったことに対して動揺し、質問の真意を読み取ろうと考えている。
（イ）用意してきた言葉が出てこないことに焦りを覚え、練習してきたことを必死に思い出そうとしている。
（ウ）自分の想いを伝えきれないことを残念に思い、どのようにすれば審査員の評価を得られるか思索している。
（エ）何も考えずに思いついたことを口にしてしまったことを悔やみ、どのように修正しようか悩んでいる。
（オ）激しい腹痛に耐えながら、このオーディションに合格するためにはどうすればよいか構想している。

［問四］　傍線部③「麻里花はハッとして顔を上げた」とあるが、その理由として最も適当なものを、次の（ア）〜（オ）の中から一つ選べ。解答番号は 18

（ア）要領を得ない返答を繰り返したことによって何もかも終わってしまったと感じていたが、思いがけず面接が続いていたことに驚いたから。
（イ）歯切れの悪い回答をしてしまったことを後悔し、今回のオーディションに落ちてしまったと落胆していたが、まだ希望はあるということに気がついたから。
（ウ）練習してきたことを話せず、本来の力が発揮できなかったと感じていたが、意外にも審査員の興味が自分に向いていたことに驚いたから。
（エ）思い描いていた審査とは異なる内容であったため落選を覚悟していたが、演技審査に進めたことに喜びを感じたから。
（オ）気が動転し、自分でも何を話しているのか分からず不安になっていたが、審査員の優しい一言に思わず勇気をもらったから。

［問五］　傍線部④「それはサリーではなく、麻里花の台詞だった」とあるが、その説明として最も適当なものを、次の（ア）〜（オ）の中から一つ選べ。解答番号は 19

＊　サリー……ミュージカル『エミー』の登場人物。主人公エミーの孤児院時代の友人。
＊　蠕動運動……体内のものを排出するために、胃や腸の中の筋肉が収縮する動き。

〔問一〕　空欄［A］に入る最も適当なものを、（ア）～（オ）の中から一つ選べ。解答番号は［14］

（ア）うまく表現できないことは分かっていながら
（イ）精一杯の感情を込めて
（ウ）質問の意図が分からないまま
（エ）三人の審査員にうまく伝わるように
（オ）なんとなくあきらめに似た気持ちで

〔問二〕　傍線部①「机の上のアルミの灰皿は、もう吸い殻が山盛りになっていた。鈍い人工的な明かりに、ゆらゆらと煙草のけむりが混ざっている。けむりの匂いがいつになくこたえた」とあるが、この描写はどのようなことを表しているか。適当なものを、次の（ア）～（カ）の中から二つ選べ。解答番号は［15］、［16］

（ア）合格するかどうか不安に思う麻里花が、緊張のあまり体調を崩している。
（イ）心身ともに不調を抱えた麻里花が、会場の重苦しい雰囲気を敏感に感じ取っている。
（ウ）部屋に漂う淀んだ空気が、長時間の審査による大人たちの疲れを感じさせる。
（エ）経験豊富な大人たちが、上手く受け答えができない参加者たちに飽きてしまっている。
（オ）公平な判断を目指す大人たちが、子どもたちに模範的な姿を見せようとしている。
（カ）大人の怖さに圧倒されている麻里花が、早く面接が終わることを祈っている。

「いつも残される子がどんなに悲しいみじめな思いをするか。元気でねと笑って手を振って、門の向こうに姿が見えなくなってから、歯を食いしばって自分のベッドに飛び込むのさ。ねえ」
④それはサリーではなく、麻里花の台詞だった。
「いつも選んでもらえない子はどうすればいいの？」
沈黙が降りた。
麻里花は大きく溜め息をついた。とたんに痛みが走り、おなかの中で胃がひくひく痙攣《けいれん》し始めたのが分かった。
あいたたた。
あまりの痛みに一瞬息ができなくなり、涙が出た。思わずおなかを押さえる。
三人の男たちはそわそわと興奮した面持ちで顔を見合わせ、履歴書を見ながらひそひそと何かを耳打ちしあっている。
「鮎川麻里花さん、ね。今まで舞台の経験はないんですよね」
演出家が履歴書と麻里花の顔を交互に見ながら早口で尋ねる。
「はあ」
麻里花は必死に痛みをこらえながら頷いた。お願い、早く終わって。またおなかが。
「今の動作ね、その身振り手振りは自分で考えたの？」
「はあ、なんとなく台詞を言ってたらそうしたくなって」
麻里花は弱々しく答えた。実際、気がつかないうちに手や足が動いていたのだ。
三人は再び顔を見合わせ、麻里花をほったらかしにして何やらごちゃごちゃ話し始めた。いや、もう少し考えて、さっきのあの子は、でもこれはやはり第一印象で、と、切れ切れに声が耳に入ってくるが全く頭の中で意味をなさない。早くってば。
「あの」
麻里花は泣きそうな顔で叫んだ。
三人がきょとんとした顔で思い出したように麻里花を見た。
「お手洗いに行ってもいいですか？」

（恩田陸『ドミノ』）

て喋《しゃべ》っているような気がした。

「あたし、ちょっとだけ神様にお願いしちゃったんだ」

おのずと口に浮かぶ苦笑。淋《さび》しげなようでいてシニカルな笑み。自分を守るために習慣になってしまっている笑顔。何も気にしていないふり。傷ついていないふり。

「エミーにここを出ていかせないでください」

麻里花は顔を上げ、天井を見つめた。そこに誰かがいるような気がした。

「あたしの知らない、どこか遠いお屋敷なんか行かないで、またあたしと一緒にいられるようにしてくださいって」

麻里花は胸の前でそっと指を組んだ。

が、ふっと全身から力が抜け、だらりと両腕を垂らす。

身体の中に、なぜか複雑な怒りが湧いてくる。

「嘘。嘘よ」

おなかから低い声を出すと、またチクチクと痛んだ。麻里花は顔をしかめる。

「あたし――あたし、本当はいつも神様にお願いしてたんだ」

青ざめた顔で目をカッと見開く。演出家がハッとして身を引くのが分かった。

「誰もここから出て行きませんように」

麻里花はてのひらを広げ、両手をまじまじと見た。

「そりゃあ誰かが出て行けるのはとっても運のいいこと。素晴らしいこと。パパとママができて、柔らかいベッドで眠ることができれば、最初から幸せな家の子供だったように信じることができるかもしれないよ。でも――でも、みんな家族のはずだったじゃないか。神父様とシスターをパパとママだと思いなさいって。あれはなんだったの？」

麻里花は両手を握りしめ、よろけるように一歩前に出ると、目の前の三人をキッと睨《にら》みつけた。三人が圧倒されたように自分を見ているのが目に入ったが、どうでもよかった。自分は今までもそこに座っていた彼ら、いつも机の前で誰かを選ぼうとしていた彼らに向かって言っているだけなのだ。言ってやる。ここで言ってやる。

麻里花は、どうでもいいような気分になっていた。

もうすぐ終わる。あたしがここ数か月の間迷いながらこうして過ごした時間ももうすぐ終わるのだ。オーディションに御参加いただきありがとうございましたと言われ、誰かの番号が読み上げられ、関係なくなってしまったあたしたちはさっさと追い払われる。外に出ると、普段と変わらぬ陽射しと風が顔に当たって、夢から醒《さ》めたような心地になる。町をゆく人たちに混じって駅に向かって歩き始めると、その時、全てが思い出になる。そして、二度とあたしは、この作り物の時間に戻ってくることはないだろう。わくわくしてどきどきしてあこがれてがっかりする、この不思議な時間を経験することはないだろう。ママになんと言われようと構いはしない。また気が変わるかもしれないし、とりあえず劇団に籍を置いておけばいいわよと宥《なだ》められるかもしれない。ママはまだあの不思議な時間に未練があるのだ。けれど、遠からずあたしは劇団もやめることになるだろう。

「サリーの台詞を覚えていますか？」

沈黙が長かったので、もう自分の番は終わったと思っていた③麻里花はハッとして顔を上げた。

「あの、エミーが孤児院に戻ってきた時の台詞ですか？」

「ええ。一番長い台詞です。『ごめんね、エミー』から始まる台詞。それをそこに立って言ってみてください」

麻里花はそろそろと立ち上がった。おなかのどこかがちくっと痛んだので顔をしかめる。

その瞬間、脳裏に玲菜ちゃんとそのお母さんの顔が浮かんだ。

悔しい。憎らしい。でも、その悔しさと憎しみには半分驚嘆《きょうたん》が混じっているのをどこかで感じていた。

そこまでしてでも欲しいんだ。玲菜ちゃんのママは、あの不思議な時間をどうしても手に入れたいんだ。玲菜ちゃんがスポットライトを浴び、誰もが玲菜ちゃんを見るその瞬間がどんなことをしてでも欲しいんだ。そんなあのママと玲菜ちゃんに、あわよくばと思ってるくせに、そんなそぶりを見せるのは恥ずかしいと思ってるママや、どうせ一生の仕事にするわけじゃないんだから、といつも自分を慰《なぐさ》めてるあたしがかなうはずないんだ。あたしやママにはそこまではとてもできない。

また痛みが走り、思わず麻里花はかがみこんだ。

「――ごめんね、エミー」

その時口から出た、おなかの底から搾《しぼ》り出すような声は、自分の声ではないようだった。麻里花は誰かが自分の身体を借り演出家はじっと麻里花を見ていた。
隣のプロデューサーが意地悪そうな冷笑を浮かべて口を開いた。
「いつも人前に出る時は上がるんですか？　緊張するほう？　どうして舞台をやりたいと思ったの？」
「それは」
麻里花は目を伏せ、分からないように唾を飲み込んだ。
「緊張するからです」
「え？」
三人が揃《そろ》って聞き返した。麻里花は小さく首を振った。
「人見知りを直したいという意味じゃありません。友達にはそういう子もいるけど。緊張するってことは、それがあたしにとって大事なことなんだなって思うんです。その時間はどきどきして、いつも学校や家で感じている時間とは全然違って、三倍くらいの長さに思えます。こんなに緊張するってことは、これからあたしがやろうとすることはあたしにとって大事なんだって思うから。大事なことは大事にしなきゃって」
またしてもヘンなことを言っているような気がして、麻里花はそこで言葉を切ってしまった。
プロデューサーは怪訝《けげん》そうな顔をしているが、演出家と舞台監督は静かな目で真剣に麻里花を見ている。
「サリーはエミーのことをどう思っていると思いますか？」
演出家が尋ねた。
麻里花は A 口を開いた。
「守ってあげたいけど、守ってほしい」
演出家の顔に「？」のマークが浮かんだような気がしたので、麻里花は補足した。
「サリーは、他の誰よりも誰かに守られたいと思っているんです。みんなを守ってあげたいというのは自分を守ってもらいたいからです。エミーを誰よりも守ってあげたいと思うのは、自分を誰よりも守ってもらいたいんです」
部屋の中が静かになった。

「顔色が悪いですね。具合でも悪いんですか？」
そうきかれて麻里花はぎくりとした。やはりそんなふうに見えるのか。
無理もない。麻里花は軽い脱水症状に陥っていた。ほんの少し前まで、腸や胃袋が裏返って肛門から出てきてしまうのではないかと思ったくらい、断続的な激しい下痢に襲われていたのである。もう出すものはないのに、何かの拍子にいつでも胃腸は*蠕動《ぜんどう》運動を繰り返そうとするので、そうっと身体を揺らさないように廊下を歩いてきた。
麻里花は必死に笑みを浮かべ、左右に首を振った。
「いいえ。緊張してるんです。待っている間に、いろいろ考えちゃって」
「どんなことを？」
興味を覚えたように演出家は尋ねた。
「何を聞かれるのかなあとか、ちゃんとできるかなあとか、外の天気はどんなかなあとか」
「外の天気？」
麻里花は不用意な返事をしてしまったことに気付き、②一瞬唇を噛《か》んで考えこんだ。唇はかさかさしていて、苦い唾《つば》の味がした。
「ええと」と言おうとしてぐっと言葉を飲み込む。
また先生の声が聞こえてきたのだ。
意味のない間投詞は極力避けなさい。ええと、とか、なんか、とか、やっぱり、とかいう言葉を使うのは聞き苦しいものです。答える時は堂々と、きちんと言葉を組み立てて。
「オーディションの時って、全然違う空気が流れてるんです。外では雨が降って風が吹いてるのに、ここでは別の国の別の時間が流れてる。そのことを考えると、とっても不思議な気分になるんです。なんであたしはここで、見たこともない人の台詞を喋《しゃべ》ってるんだろうって」
最初はもっとそれらしいことを言おうとしていたのに、口を開くと麻里花は自分の声が独り言のようになっていることに気付いた。ああ、なんだ、この答は。わけわかんない。全然駄目じゃんかよ。何言ってるんだろ。椅子が沈みこむような絶望を感じる。

二

次の文章は、児童劇団に所属する小学四年生の麻里花が、ミュージカルに出演するためのオーディションを受ける場面である。麻里花は、同じオーディションに参加していた玲菜の母親から、下剤入りの飲み物を飲まされ、ひどい腹痛の中で本番に臨むことになった。以下はそれに続く場面である。

麻里花はふらつく身体を支えながら、ドアを開いて中に入った。

中には緊張と疲労が入り交じった空気が流れていた。

三人の男が長い机を前に座っている。中央には演出を担当する初老の男。おかっぱ頭が見事な白髪だ。向かって右には舞台監督。がっしりした、五十くらいの口髭《くちひげ》を蓄えた男。そして向かって左には、ソフトだがしたたかな感じのするやはり五十くらいのプロデューサーが座っていて、その男だけがスーツ姿だった。机の上には履歴書の束が広げられていて、みんなが麻里花のページを見ているのが分かった。いつもこの瞬間嫌な気分になるのだが、今の麻里花はそれどころではなかった。

①机の上のアルミの灰皿は、もう吸い殻《がら》が山盛りになっていた。鈍い人工的な明かりに、ゆらゆらと煙草のけむりが混ざっている。けむりの匂いがいつになくこたえた。

「鮎川麻里花さんですね。そこに掛けてください」

真ん中に座っている演出家が履歴書に目を落としたまま声を掛けた。

麻里花はそろそろと進んでゆき、三人の正面にぽつんと置いてある折り畳み椅子に腰掛ける。姿勢良く歩きたかったが、どうしても前のめりになるのは仕方がない。

いいですか、面接の部屋に入る時からオーディションは始まってるんですよ。

劇団の先生の声が脳裏に浮かんだし、プロデューサーがそんな自分をじっと見ているのに気付いていたのだが、背筋を伸ばすとまたおなかが痛くなるような気がするのである。本当はおなかを抱えたいほどなのだ。麻里花はおなかをかばうように両手を膝で組んだ。

「あなたは、＊サリーはどんな性格の子だと思いますか？」

演出家がそう質問し、顔を上げて「おや」という表情になった。

A　類する
(ア) 対立する　(イ) 分けられる
(ウ) 似ている　(エ) 合致する
(オ) 値する

B　あながち
(ア) 強引に　(イ) 必ずしも
(ウ) 決して　(エ) 意外なことに
(オ) いい加減に

[問九]　波線部a「かならず心惑はむものぞ」の主語として適当なものを、次の(ア)～(エ)の中から一つ選べ。
解答番号は 11

(ア) かぐや姫　(イ) 竹取の翁　(ウ) 天人　(エ) 帝

[問十]　波線部b「契り」の意味として適当なものを、次の(ア)～(エ)の中から一つ選べ。解答番号は 12

(ア) 関係　(イ) 国　(ウ) 因縁　(エ) 罪

[問十一]　「月みれば」の和歌についての説明として適当でないものを、次の(ア)～(エ)の中から一つ選べ。
解答番号は 13

(ア) この和歌は三句切れの和歌である。
(イ) この和歌には倒置法が用いられている。
(ウ) 作者は自分一人だけに秋が来たように感じられるせつなさを詠んでいる。
(エ) 作者はたくさんの数を表す「千」と「我が身一つ」の「一」をあえて照応して詠んでいる。

（イ）かぐや姫は、他者との関係を拒絶することで自己の現存在を保証しようとするが、親子関係は切り離せないものであり、本人の意志とは関係なく向き合わざるを得ないこと。

（ウ）恋愛関係は、相手によっては心を閉ざし一方的に断ち切れるが、親子関係は「親」と「子」という主従関係で構成されているため、かぐや姫は竹取の翁に逆らえないこと。

（エ）地上世界の人間とは異なる性質を持つはずのかぐや姫が、人の心を持ったときに罪が許され月に帰還するという矛盾を抱えていること。

（オ）恋愛関係と家族関係の間で板挟みになっているかぐや姫にとっては、求婚者たちも竹取の翁も大切な存在であり、どちらか片方を選ぶことが苦痛となってしまうこと。

［問七］　本文の内容と合致するものを、次の（ア）～（オ）の中から一つ選べ。解答番号は 8

（ア）『源氏物語』の作者は「もののあはれ」を重視し、物語文学というジャンルにおいて、その先駆けとなった『竹取物語』を「物語のいでき始めのおや」と評した。

（イ）現代人にも共通する自己同一性の問題は、時代の移り変わりによる社会構造の変化に伴って、自己よりも他者を優先することで確立されるようになった。

（ウ）かぐや姫は、『竹取物語』の中で人間世界とはかけ離れた尊い存在であることを示されており、他の登場人物と比べると、外見や思考に明確な違いがある。

（エ）物語文学は、恋愛関係と家族関係といった様々な繋がりの中で人間が生活する姿を映し出すことで、長い間日本人に読み継がれる文化の一つとなった。

（オ）翁や求婚者たちはかぐや姫が月に戻るための大きな役割を担っており、彼らとの出会いの中で変化するかぐや姫の様子が鮮明に描かれている。

［問八］　二重傍線部Ａ・Ｂの、本文中における意味として正しいものを、それぞれの（ア）～（オ）の中から一つずつ選べ。

解答番号は、Ａは 9 、Ｂは 10

［問四］　傍線部③「かぐや姫がもの思いに沈む」とあるが、その理由について筆者はどのように考えているか。
最も適当なものを、次の（ア）～（オ）の中から一つ選べ。解答番号は 5

（ア）かぐや姫は、自身がいずれ月の都へと帰還しなければならないことを知っていたが、求婚者や翁といった人々との関係を持たざるを得ないから。

（イ）考える主体として創作されているかぐや姫は、存在の不安や生きなければならない苦痛・悲しみを背負っている自身を正当化しなければならなかったから。

（ウ）かぐや姫の言説に見られる「もの思ひ」のありようは、決して切り離すことのできない他者と個人との関係を表すものであるから。

（エ）かぐや姫にとって地上世界での自分は仮の姿であり、いずれ通り過ぎるものでしかないはずのに、親子の関係は拒絶しがたいものだから。

（オ）かぐや姫が月の都の人間であり、前世の因縁によって地上世界に存在する事実を、もの思いに沈むという行動によって周囲に知らせようとしたから。

［問五］　傍線部④「『源氏物語』の作者」とあるが、その人物として最も適当なものを、次の（ア）～（オ）の中から一つ選べ。
解答番号は 6

（ア）紀貫之　（イ）和泉式部　（ウ）清少納言　（エ）藤原定家　（オ）紫式部

［問六］　傍線部⑤「かぐや姫の存在の不幸」とあるが、「存在の不幸」とはどのようなことを表しているか。
最も適当なものを、次の（ア）～（オ）の中から一つ選べ。解答番号は 7

（ア）親子関係の全てが、元々存在する血縁から成り立っているものであるため、かぐや姫は翁との関係を拒否することが出来ない苦しみを背負っていること。

Y

（ア）なお　（イ）ただし
（ウ）もしも　（エ）それゆえ
（オ）いわゆる

［問二］傍線部①「相補的な関係」とあるが、それは何と何との関係か。最も適当なものを、次の（ア）～（オ）の中から一つ選べ。解答番号は 3

（ア）他者や社会などと、自分の立ち位置との関係。
（イ）全き自己同一性と、管理化の著しく進んだ社会との関係。
（ウ）宗教的要素と、『竹取物語』の宇宙との関係。
（エ）古典を読むことと、作品に正対することとの関係。
（オ）我々が生きる現代と、自律（自立）ができないこととの関係。

［問三］傍線部②「主体的な存在としての自己同一性は、やはり概ね成り立ってはいなかったといえる」とあるが、なぜか。最も適当なものを、次の（ア）～（オ）の中から一つ選べ。解答番号は 4

（ア）生きとし生けるものの全てを超越する存在であるはずなのに、一人の人間として認知されているから。
（イ）「穢なきところ」であるはずの地上世界で生活するうちに、自己同一性を備えるようになってしまったから。
（ウ）本来は月の世界でアイデンティティを獲得するはずであるのに、人間世界での生活を強いられているから。
（エ）人間世界で光り輝く存在であるためには、自己の現存在を変容させざるを得ないから。
（オ）本来棲むべき国が持っているであろう認識と、俗界の住人との認識に大きな差があるから。

っているといえましょう。

（原國人『物語のいでき始めのおや――「竹取物語」入門』）

＊『更級日記』に描かれた十二の夢……更級日記に度々登場する、信仰によって人々の魂が天上に迎えられるという教えの夢。

＊浄土来迎図……信仰によって、死んだ後に天上に迎えられる姿を描いた仏画。

＊自己同一性……自己の存在の独自性。

＊白楽天……中国の唐の時代の詩人。

＊エントロピーの増大……混沌《こんとん》。本文では、かぐや姫が仮の姿に過ぎない地上で、本来の自分の姿を見失いかねない状態を指す。

＊オイディプス……ギリシャ神話に登場する人物。

＊阿闍世王……古代インドのマガダ国の王。

［問一］空欄 X Y に入る最も適当なものを、それぞれの（ア）～（オ）の中から一つずつ選べ。
解答番号は、 X は 1 、 Y は 2 。

X

（ア）感覚的　（イ）観念的
（ウ）道徳的　（エ）計画的
（オ）宗教的

れていくだけなのですから。にもかかわらず、姫はもの思いに沈む。天上世界への帰還が予測あるいは予知され、期待されていたのにもかかわらず、姫はもの思いに沈むのです。「穢なきところ＝地上世界」でのしがらみが、月の都への帰還の障害になるに違いないことを知っていたのかも知れないのです（しかし、結果的には、このしがらみを知ったことが、姫の昇天への引き金ともなっているのですが）。そして、善意に解釈すれば、この思いが、求婚者への拒否・拒絶となって現れたのではないかと考えることもBあながち無理なことではないといえます。裏返していえば、拒絶することが自己の現存在を保証し、他者とのかかわり合いを正当化する方法であり、＊エントロピーの増大を防ぐ唯一の生き方であったのだろうという解釈も成り立たせることもまた可能なのです。そしてもしもそうであるならば、このかぐや姫の言説に見られる「もの思ひ」のありようは、『竹取物語』についての読みの中で、以前から、「あはれ」という単語の使用のされ方や、敬語表現の使用頻度の問題から指摘されてきた、かぐや姫自身の変容を意味していることの一つの証明といってもよいでしょう。『竹取物語』の中で、かぐや姫が人に対して「あはれ」という語を最初に使うのは石上中納言《いそのかみのちゅうなごん》が子安貝を採ろうとして、足場より転落したという話をかぐや姫が聞いたその感想として「少しあはれ」と思ったというのが初めで、帝とのやりとりの中で、また使われています。［Y］「あはれ」が人間としての情味を示すことばであり、それを知ることが人間が人間であることの証明であるとするならば、かぐや姫は人の心を持ったときに、罪が許され召還されるということになります。

「もののあはれ」の文学④『源氏物語』の作者は、そのことがよくわかっているからこそ「物語のいでき始めのおや」といったのです。

それにしても、恋愛ならば、一方的に心を鎖《とざ》すことで拒否することもあるいは可能なことかも知れません。しかし親子関係は、たとえそれが偽装されたもの、負の関係にあったものであったにしろ、＊オイディプスあるいは＊阿闍世王《あじゃせおう》の例を持ち出すまでもなく、拒絶することは不可能です。そしてそこに、かぐや姫の存在の苦悩があり、不幸があるのだともいえましょう。『万葉集』巻十六の竹取の翁の長歌が、その主人公に対してであるにもかかわらず求婚者のおもかげを持たせているのに対して、『竹取物語』の設定が親子関係となっていることは、⑤かぐや姫の存在の不幸という点から考えれば、重い意味を含んだ仕掛けにな

もの思ひ
思ひ嘆き
思ひ悲しむ

様子が描き込まれます。そこには「もの思ふ」とこれにA類する語が頻出《ひんしゅつ》し、煩わしさを覚えるほどであり、ある種の強迫観念が作用しているのではないかとさえ感じられます。

月の持つ神話的イメージを云々《うんぬん》するのはここでは止めておきましょう。しかし、月とさまざまな「もの思ひ」とが括弧《かっこ》で括《くく》り得るものであったことは、例えば『百人一首』等にも採られている大江千里の、

月見れば千ぢにものこそ悲しけれ我が身一つの秋にはあらねど

等がよく示している通りです。この歌の「月見る」が、*白楽天の「燕子楼《えんしろう》」と題する詩中の「燕子楼霜月《しもつき》の夜、秋来只一人《しゅうらいただひとり》の為に長し（燕子楼の中で過ごす霜が降る寒い夜、秋になったが、ただ私ひとりのために夜は長い）」を初めとする漢文世界からの影響下にあることは、疑いのない事実ですが、一方、存在の不安、生きなければならない苦痛・悲しみを背負っていることもまた事実です。しかしそれはそれとして、ここにはものを思い悩む主体があるということだけは確かなことですし、この場面のかぐや姫が、考える主体として創り出されていることは否定することのできない事実です。かぐや姫は、既に自分が、月の都の人であり、前世の因縁によって、この地上世界に仮に姿を現したものであり、「穢なきところ＝この世」の生活が、「（月の都での）〈罪〉をつくり給へる」結果によるものであるにせよ、確実に通り過ぎてしまうものでしかないのを知っています。したがって、③かぐや姫がもの思いに沈むのは、当然のことながら、姫自身がこの地上世界から立ち去らなければならないことが直接的な原因であるというわけではありません。かぐや姫にとってみれば、予定されたその軌道を予定通りに生き、生かさ

には思われるのです。

「物語のいでき始めのおや」と『源氏物語』の「絵合《えあわせ》」巻で評せられた『竹取物語』においても登場人物の主我ともいうべき自我―②主体的な存在としての自己同一性は、やはり概ね成り立ってはいなかったといえるのではないでしょうか。

作品に即していえば、『竹取物語』の主人公なよ竹のかぐや姫は、人間世界における生きとし生けるものの全てを超越し光輝く存在として、作品世界に棲《す》む。が、そのかぐや姫にしてみても自己の現存在の確認は、姫自身が本来棲むべき国（月の都）が持っているであろう認識からいえば、まさに「穢《きた》なきところ」＝この地上世界・俗界の住人であるところの竹取の翁たちに頼るしかその方法を持つことはできなかったということになります。

かぐや姫の昇天の場面への最初の部分。その年の初めから、かぐや姫は、月を見ては涙を流していました。やがて夏が過ぎ、秋が訪れ、迎えの天人たちの到着を待つことになります。その直前に姫が竹取の翁に語る、春からの自分の様子についての言説、

> さきざきも申さむと思ひしかども（申し上げようと思っていたけれども）、aかならず心惑はむものぞと思ひて、今まで過ごしはべりつるなり（過ごして参りました）。さのみやはとてうちいではべりぬるぞ（そのようにばかりしてはいられないと思い打ち明けるのです）。おのが身はこの国の人にもあらず。月の都の人なり。それをなむ、昔のb契りありけるによりてなむ、この世界にはまうで来たりける（やって参りました）。今は帰るべきになりにければ、この月の十五日に、かの元の国より、迎へに人びともうで来むず（やって参るでしょう）。さらずまかりぬべければ（やむを得ず参らなければなりませんので）、思し嘆かむが悲しきことを、この春より思ひ嘆き侍りつるなり。

この言説が、かぐや姫の口から語られる以前、物語には、姫が春の初めより「月のおもしろく出たる」を見て、

二〇二二年度 東京成徳大学高等学校・一般入試(第1回)

【国 語】（五〇分）〈満点：一〇〇点〉

注意……解答は、解答用紙（マークシート）の指定された解答欄にマークしなさい。
各問の 1 2 …… 25 が、解答用紙の解答番号にあたる。

一 次の文章は、「竹取物語」について書かれた文章である。この文章を読んで、あとの問に答えよ。

かぐや姫を迎えに月の都より降臨する天人たちの姿と、例えば*『更級日記』に描かれた十二の夢の一つを突き合わせて、また、数えることができないほど多く描かれてきた*浄土来迎図の中に共通してみられる構図とを引き較べて、『竹取物語』の一節が浄土信仰的要素によって彩色されているという指摘が野口元大などによってなされています。しかし、[X]といっていいそれらの要素がこれから記述していく私が読み取った『竹取物語』の宇宙に無視することのできないものとしてあることだけは確かなことです。

一方、このことは直接には、かかわりのないことのようにも思われるのですが、現代においては、*全き自己同一性〔identity〕が、仮に存在するにしても、それ自体が、あらゆる意味で管理化の著しく進んだ社会の中では自律(自立)しえないことは、自明のこととして扱って良いのではないかという感触のあることを想起しておきたいと思います。①相補的な関係の中においてのみ自己同一性〔identity〕は成立すると考えているからです。このことは、古典を読むということが、現代に生きる〈私〉がその作品に正対することになることを意味しているわけですから、必然的に読み手となる〈私〉の位置を確認しておく必要があります。この確認を前提として読み解いていったほうが見えてくる部分が多くなるのではないかと私

2022年度／東京成徳大学高等学校・一般入試(第１回)

英語解答

1 問1 (ウ)　問2 (エ)　問3 (イ)
問4 (ア)　問5 (エ)

2 (ウ), (カ), (ク)

3 問1 (ア)　問2 (ウ)　問3 (エ)
問4 (イ)　問5 (イ)

4 問1 14…(キ)　15…(ア)
問2 16…(オ)　17…(エ)
問3 18…(エ)　19…(ア)
問4 20…(ウ)　21…(イ)
問5 22…(ア)　23…(キ)

5 問1 (イ)　問2 (イ)　問3 (エ)
問4 (ア)　問5 (イ)

6 問1 (ア)　問2 (イ)　問3 (ア)
問4 (エ)　問5 (ア)

7 (イ), (カ), (コ)

8 問1 37…(エ)　38…(ウ)　39…(ア)　40…(イ)
問2 (イ)　問3 (ウ)　問4 (エ)
問5 (イ)

1 〔単語の発音〕

問1．hat[æ]　(ア) parade[ə]　(イ) human[ə]　(ウ) apple[æ]　(エ) watch[a:]
問2．started[id]　(ア) hoped[t]　(イ) walked[t]　(ウ) cooked[t]　(エ) decided[id]
問3．chorus[k]　(ア) chocolate[tʃ]　(イ) headache[k]　(ウ) chair[tʃ]　(エ) choose[tʃ]
問4．front[ʌ]　(ア) another[ʌ]　(イ) lion[ə]　(ウ) most[ou]　(エ) only[ou]
問5．country[ʌ]　(ア) mountain[au]　(イ) about[au]　(ウ) ground[au]　(エ) enough[ʌ]

2 〔単語のアクセント〕

(ア) tráf-fic　(イ) búsi-ness　(ウ) ma-chíne　(エ) gár-den　(オ) páss-port
(カ) her-sélf　(キ) ór-ange　(ク) at-tráct　(ケ) víl-lage　(コ) cláss-room

3 〔適語(句)選択〕

問1．you don't have to「その必要はありません」という返答を導くものを選ぶ。　must「～しなければならない」　「ここにいなければいけませんか？」―「いいえ，その必要はありません」

問2．when より前の部分に主語がないので，動詞の原形で始める命令文と考える。careful は形容詞なので be動詞の原形の Be が適切。　「通りを渡るときは注意しなさい」

問3．「川で泳いでいる魚」となればよい。「～している」の意味を表すのは現在分詞。a fish swimming in the river は，現在分詞 swimming で始まる２語以上の語句が前の名詞 a fish を修飾する‘名詞＋現在分詞＋語句’の形。　「川で泳いでいる魚を捕まえることができますか」

問4．do「～をする」の目的語がないので，「何」をしたかを問う疑問文だとわかる。　「昨日は昼食後に何をしましたか」

問5．usually「普通は」があるので，‘現在の習慣的な動作’を述べているとわかる。‘現在の習慣的な動作’は現在時制で表す。　「私は普通は就寝前にインターネットで音楽を聴きます」

4 〔整序結合〕

問1．「生徒が何人」は‘数’を尋ねる‘How many＋複数名詞’の形で How many students としてこれを文頭に置く。この後，「いますか」を there is ～「～がいる」の構文の疑問形で，are there とし，最後に in your school を置く。　How many students are there in your school?

問2．文の骨組みとなる「静かな場所を知っていますか」は，Do you know any quite place で表せる。「本を読める」は「静かな場所」を修飾しているので，to不定詞の形容詞的用法を用いてto read booksとする。　Do you know any quiet place to read books？

問３．‘too ～ for … to ―’「…にとって―するには～すぎる，…にとって～すぎて―できない」の形を用いる。　This box is too heavy for me to move.

問４．「どれくらいの間」という‘時間的な長さ’を尋ねるにはHow longで始める。「キムは授業を休んでいるのですか」は‘継続’を表す現在完了形(‘have/has＋過去分詞’)の疑問形で表せるので，‘have/has＋主語＋過去分詞～？’の語順にする。「～を欠席する」はbe absent fromで表せる。　How long has Kim been absent from the lessons？

問５．「私はたいてい寝ます」はI usually go to bedで表せる。usually「たいてい」のように‘頻度’を表す副詞は原則として一般動詞の前に置く。この後は‘the＋最上級＋in ～’「～の中で最も…」の形にまとめる。　I usually go to bed the earliest in my family.

5〔対話文完成―適文選択〕

問１．A：どのくらい待てばいいの？／B：そうだね，もう20分電車を待っているね。タクシーにしようか。／A：ええ，立っているのにうんざりしてるの。／／タクシーで行こうかという‘提案’に対する返答である。　be tired of ～「～にうんざりする」

問２．A：彼はどうやってここに来たの？／B：彼は電車でここに来たんだよ。／／how「どのように」と‘方法’を尋ねられた後の返答である。‘by＋乗り物’は「(乗り物)で」と‘交通手段’を表す表現。

問３．A：なんてすてきなバッグを持ってるの！／B：ありがとう。先月中国で買ったんだ。／／「ありがとう」と答え，買った場所と時を答えているので，持ち物をほめたと考える。‘What (a/an)＋形容詞＋名詞＋主語＋動詞…！’の感嘆文。

問４．A：その新しいシャツ，よく似合ってるね。どこで買ったの？／B：買ったんじゃないんだ。おじさんが誕生日にくれたんだよ。／／この後おじさんにもらったと言っていることから判断できる。

問５．A：すみません。この電車は新宿駅に行きますか？／B：ごめんなさい，わかりません。東京に来るのは初めてなんです。／／電車が新宿駅に行くかと尋ねられ，わからないと答えているのだから，東京には不案内だと考えられる。

6〔書き換え―適語(句)選択〕

問１．a．「彼は私を追いかけて部屋に入った」→b．「彼は私の後について部屋に入った」　go afterは「～を追いかける」，followは「〈人〉の後について行く〔来る〕」という意味を表す。

問２．a．「テッドはケイトよりも上手にギターを弾ける」→b．「ケイトはテッドほどうまくギターを弾けない」　下の文は‘not as＋原級＋as ～’「～ほど…でない」の形。「上手に」という意味を表す副詞の原級はwell。　well－better－best

問３．a．「私は賞を取るためにピアノを一生懸命練習している」→b．「私が一生懸命ピアノを練習しているのは，賞を取りたいからだ」　‘目的’を表すto不定詞の副詞的用法「～するために」は，‘理由’を表すbecause「なぜなら～だから」で書き換えられる。

問４．a．「この美術館で写真を撮ってはいけない」→b．「この美術館で写真を撮ることはできない」　‘Don't＋動詞の原形…’は「～するな」という‘禁止’を表す。写真撮影が禁止ということは写真撮影ができないということ。can「～できる」の否定形「～できない」は原則としてcannot

または can't と１語で表すが，否定の意味を‘強調’する場合に can not を用いることがある。

問５．a.「そのバスは空港に行くが，今日は運休だ」→b.「空港へ行くそのバスは今日は運行だ」 空所直後の goes to the airport「空港へ行く」は The bus「そのバス」を修飾しているので，which を主格の関係代名詞として用いる。

7〔正誤問題〕

(ア)…○ 「父はおととい忙しかった」 (イ)…× 主語が John and you と複数なので，Was ではなく Were が正しい。 (ウ)…○ 「あなたは７時までに家に戻ってこなくてはならない」 (エ)…○ 「駅で見かけた少女は有名な歌手だった」 (オ)…○ 「大谷翔平は私が一番好きな野球選手だ」 (カ)…× 「～に遅刻する」は be late for で表せるので，in ではなく for が正しい。 (キ)…○ 「あなたはどこで写真を撮るつもりですか」 (ク)…○ 「英語の先生がおもしろい話をしてくれた」 (ケ)…○ 「この学校には1000人を超える生徒がいる」 (コ)…× ‘too ～ for … to ―’で「…にとって―するには～すぎる，…にとって～すぎて―できない」という意味を表すので，swimming ではなく to swim が正しい。

8〔長文読解総合―物語〕

≪全訳≫❶昔あるところに，勇敢で賢い男，ヨルゴスがいた。彼にはディミトリオスとニコラウスという２人の弟がいた。ある日，彼らは早朝から森で狩りをしていた。収穫もないまま何時間も歩いた後，疲れてのどが渇いたので，木の下で休むことにした。彼らはあっという間に水を飲み干した。新鮮な水をもっと見つけようと，ニコラウスは木に登った。❷木のてっぺんからは光輝く美しい湖が見えた。ニコラウスは地上に下り，兄弟たちのために水を取りに行くことに喜んで同意した。❸湖の前に立つと，ニコラウスはその美しさに感動した。彼はすぐに冷たい水を飲もうと，手ですくおうとした。❹「やめろ！」❺地面を揺るがし波が立つほど大きな声が湖から聞こえた。❻「これは私の湖だ！ 私の質問に答えるまで，飲んではならない」❼ニコラウスは辺りを見回した。そこには誰もいなかった。夢を見ていたのだろうか。彼は頭を振ってから，さらに水をすくい上げた。その水が唇に触れたとき，彼は突然地面に倒れこんだ。❽30分後，ニコラウスが戻ってこないので，兄たちは心配になった。ディミトリオスが「僕が探しに行ってくる」と言った。湖に着くまで，それほど時間はかからなかった。❾ディミトリオスはとてものどが渇いていたので，その美しい湖に駆けよった。彼は弟が地面に倒れているのに気づきもしなかった。彼はすばやく両手を水の中に入れたが，両手を口元に運ぶ前に，また声がした。❿「飲んではならぬ！ これは私の湖だ。私の質問に答えるまで，１滴も飲んではならぬ」⓫ディミトリオスはとても驚いたので，手から水をこぼしてしまった。彼は不安そうに辺りを見回したが，そこには誰もいなかった。彼はのどが渇きすぎていたので，その声がどこから聞こえてきたのかも気にせず，再び水をすくい上げた。水を口に運ぶやいなや，ニコラウスと同じように地面に倒れこんでしまった。⓬その後，ようやく長兄のヨルゴスが来た。彼は兄弟２人の遺体を見て，がく然とした。「ここで何があったんだ？」とヨルゴスは驚いて言った。彼は弟たちを強く揺さぶったが，目を開けることはなかった。⓭ヨルゴスはショックで口が渇き，どうしても水が欲しくなった。彼はさらに湖の近くに寄って，水面に口を近づけた。⓮「飲んではならぬ！ これは私の湖だ！ 弟たちのようになりたくなかったら，私の質問に答えるまで水を飲んではならない」という大きな声がした。⓯ヨルゴスはびっくりして跳びのいた。「すみません」と彼は言った。「この湖を誰かが所有しているとは知りませんでした。どうすればよいでしょうか？」⓰「私の質問に答えるのだ」と再び声がした。⓱「わかりました」とヨルゴスは答えた。「でも，あなたは誰ですか？」[18]少し沈黙があった後，ヨルゴスはうなり声を聞いた。そのうなり声は湖を揺るがし，大きな波が立つと，湖から巨大な人影が現れた。[19]「私は湖の神，ワスケラである」とその人影がうなった。「お前は私に答えるのだ！」[20]ヨルゴスはとても怖かったが，その神に答えようとした。「わかりました。どんな質問にもお答えします」と彼は言った。[21]「成功とは何か？」と神は質問を始めた。[22]「成功するまで失敗し続けることです」とヨルゴスは答えた。[23]「では，人生における最大の過ちは何か？」　その声が次に尋ねた。[24]「失敗を恐れることです」とヨルゴスは返答した。質問のペースが速くなってきたが，彼は間髪を入れずに答えた。[25]「金持ちになるとはどういうことか？」[26]「欲が少ないということです」とヨルゴスは優しくほほ笑んだ。[27]「美徳とは何か？」[28]「礼儀です。それは他のどんなものよりも重要です」とヨルゴスはていねいに答えた。[29]「お前は私の質問によく答えている」と神は言った。「２人の兄弟のうち１人を生き返らせてやろう。どちらを選ぶ？」[30]ヨルゴスは横たわる遺体を悲しげに見つめ，しばらく慎重に考えた。「ニコラウスを選びます」と彼は静かに言った。[31]「ニコラウス？　なぜニコラウスなんだ？」　神は驚いた様子で言った。[32]「私は２人の兄弟を平等に愛しています。しかし，ニコラウスは私たちと母親が違うのです。だから彼を選びます。こうすれば，父の２人の妻それぞれに少なくとも１人の息子がいることになります」[33]湖の神はその答えに満足し，ほほ笑んだ。「賢明な答えだ。良い答えであり，優れた答えである。実際，お前はとてもよく答えたので，２人とも生き返らせるとしよう」[34]兄弟が生き返ったので，ヨルゴスは喜びのあまり泣いた。[35]「好きなだけ飲みなさい。そして兄弟たちよ，いつまでも仲良くしなさい」　湖の神はそう言うと，水の中に戻った。[36]湖は再び以前のように穏やかで，輝いていた。３人の兄弟はその後ずっと幸せに暮らした。

問１＜適語選択＞37. 直後に and thirsty とあるので，thirsty と並列される語が入る。狩りに出かけ，何時間も歩いた後なので「疲れて」のどが渇いたのである。　‘get＋形容詞’「～(の状態)になる」　38. 湖の美しさをニコラウスがどう感じたかを描写している場面である。be impressed by〔with〕で「～に感動する，感銘を受ける」という意味を表す。　39. ‘so ～ that …’「とても～なので…」の構文。ディミトリオスがすくった水をこぼしたのは，大きな声に「驚いた」からと考えられる。　40. 湖の神はほほ笑み，ヨルゴスの答えをほめているので，神はその答えに「満足し」たのである。

問２＜英問英答＞「次の文のうち，ニコラウスについて正しいものはどれか」―(イ)「彼は兄弟のために水を取りに湖へ行った」　第２，３段落参照。水を取りに行くことに同意し，湖へ行った。

問３＜英問英答＞「次の文のうち，ディミトリオスについて正しいものはどれか」―(ウ)「彼は30分後に弟を探しに湖へ行った」　第８段落参照。ニコラウスが戻らず心配になったので，今度はディミトリオスが湖へ行っている。

問４＜英問英答＞「次の文のうち，ヨルゴスについて正しいものはどれか」―(エ)「彼は兄弟２人の命を救うことができた」　第33，34段落参照。湖の神はヨルゴスの答えに満足したので，ニコラウスとディミトリオスの２人とも生き返らせてくれた。

問５＜適語句選択＞ニコラウスを選んだのは，彼が異母兄弟だからであるとヨルゴスは答えている。空所の文では，父の２人の妻つまり実母と継母が主語であることから，ニコラウスを生き返らせれば，実母には自分，継母にはニコラウスと，どちらの母にも息子が残るとヨルゴスは考えたのである。

2022年度／東京成徳大学高等学校・一般入試(第１回)

数学解答

1　問１　(ウ)　問２　(ア)　問３　(エ)
　問４　(ウ)　問５　(イ)　問６　(ア)
　問７　(エ)　問８　(イ)

2　問１　(イ)　問２　(ウ)　問３　(ア)

3　問１　(ウ)　問２　(ア)　問３　(エ)

4　問１　(ア)　問２　(ア)　問３　(ア)

5　問１　(オ)　問２　(エ)　問３　(ウ)

1〔独立小問集合題〕

問１＜数の計算＞与式$=-6\times4\div(-8)-5=-24\div(-8)-5=3-5=-2$

問２＜式の計算＞与式$=\dfrac{3(2x+3y)+4(-x+3y)}{12}=\dfrac{6x+9y-4x+12y}{12}=\dfrac{2x+21y}{12}$

問３＜一次方程式＞両辺を９倍して，$45x-24=28x+27$，$45x-28x=27+24$，$17x=51$　$\therefore x=3$

問４＜数の計算＞与式$=\sqrt{\dfrac{30}{6}}\times\sqrt{\dfrac{24\times18}{12}}=\sqrt{5}\times\sqrt{36}=\sqrt{5}\times6=6\sqrt{5}$

問５＜連立方程式＞$x+\dfrac{11}{6}y=5$……①，$4x+3y=7$……②とする。①×12より，$12x+22y=60$……①′　②×3より，$12x+9y=21$……②′　①′−②′より，$22y-9y=60-21$，$13y=39$　$\therefore y=3$　これを②に代入して，$4x+3\times3=7$，$4x+9=7$，$4x=-2$　$\therefore x=-\dfrac{1}{2}$

問６＜式の計算―因数分解＞与式$=x^2-14x+24+24=x^2-14x+48=(x-6)(x-8)$

問７＜数の性質＞$\sqrt{792n}=\sqrt{2^3\times3^2\times11\times n}=6\sqrt{22n}$だから，$\sqrt{792n}$が整数となるとき，自然数$n$は$a$を自然数として，$n=22\times a^2$と表される数となる。よって，$n$が最小の自然数となるのは$a=1$のときで，$n=22\times1^2=22$である。

問８＜確率―サイコロ＞太郎さんと花子さんがサイコロを１回ずつ投げるとき，目の出方はそれぞれ６通りあるから，全部で$6\times6=36$(通り)ある。このうち，太郎さんが２点差以上つけて勝つのは，(太郎，花子)＝(3，1)，(4，1)，(4，2)，(5，1)，(5，2)，(5，3)，(6，1)，(6，2)，(6，3)，(6，4)の10通りある。よって，求める確率は$\dfrac{10}{36}=\dfrac{5}{18}$である。

2〔関数―一次関数のグラフ〕

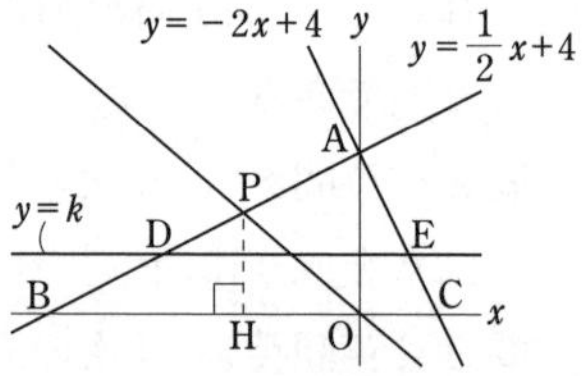

問１＜面積＞右図で，直線$y=\dfrac{1}{2}x+4$と直線$y=-2x+4$はともに(0，4)を通るので，A(0，4)である。また，点Bは直線$y=\dfrac{1}{2}x+4$とx軸との交点なので，$y=0$を代入して，$0=\dfrac{1}{2}x+4$，$x=-8$より，B(−8，0)となる。点Cは直線$y=-2x+4$とx軸との交点なので，$0=-2x+4$，$x=2$より，C(2，0)となる。△ABCの底辺をBCと見ると，２点B，Cのx座標より，BC＝2−(−8)＝10となり，点Aのy座標より，高さは４となる。よって，△ABC$=\dfrac{1}{2}\times10\times4=20$である。

問２＜傾き＞右上図で，OC＜OBより△OAC＜△OABだから，原点を通り△ABCの面積を２等分する直線は辺ABと交わる。この点をPとし，点Pからx軸に垂線PHを引く。問１より△ABC＝20だから，△OPBの面積について，$\dfrac{1}{2}\times$OB$\times$PH$=\dfrac{1}{2}$△ABCより，$\dfrac{1}{2}\times8\times$PH$=\dfrac{1}{2}\times20$が成り立ち，PH$=\dfrac{5}{2}$となる。これより，点Pは直線$y=\dfrac{1}{2}x+4$上にあり，$y$座標は$\dfrac{5}{2}$だから，$\dfrac{5}{2}=\dfrac{1}{2}x+4$，$\dfrac{1}{2}x=-\dfrac{3}{2}$，$x=-3$より，P$\left(-3,\ \dfrac{5}{2}\right)$となる。よって，直線OPの傾きは$\dfrac{5}{2}\div(-3)=-\dfrac{5}{6}$である。

問３＜直線の式＞前ページの図で，直線 $y=k$ と直線 $y=\frac{1}{2}x+4$，直線 $y=-2x+4$ との交点をそれぞれD，Eとする。2点D，Eの y 座標は k だから，$k=\frac{1}{2}x+4$，$\frac{1}{2}x=k-4$，$x=2k-8$ より，D$(2k-8,\ k)$となり，$k=-2x+4$，$2x=-k+4$，$x=\frac{-k+4}{2}$ より，E$\left(\frac{-k+4}{2},\ k\right)$となる。△ADEの底辺をDEと見ると，DE$=\frac{-k+4}{2}-(2k-8)=\frac{-k+4-2(2k-8)}{2}=\frac{-k+4-4k+16}{2}=\frac{-5k+20}{2}$となり，2点A，Dの y 座標の差より，高さは $4-k$ となる。よって，△ADEの面積について，$\frac{1}{2}\times\frac{-5k+20}{2}\times(4-k)=\frac{1}{2}$△ABCより，$\frac{1}{2}\times\frac{-5(k-4)}{2}\times\{-(k-4)\}=\frac{1}{2}\times20$ が成り立つ。これを解くと，$\frac{5}{4}(k-4)^2=10$，$(k-4)^2=8$，$k-4=\pm\sqrt{8}$，$k=4\pm2\sqrt{2}$ となり，$0<k<4$ より，$k=4-2\sqrt{2}$ となる。

3〔独立小問集合題〕

問１＜数量の計算＞190gの水に10gの食塩を入れると，食塩水の量は $190+10=200$(g)となり，含まれる食塩の量は10gとなる。よって，食塩水の濃度は$\frac{10}{200}\times100=5$(％)である。

問２＜一次方程式の応用＞10％の食塩水190gに含まれる食塩の量は $190\times\frac{10}{100}=19$(g)であり，$x$％の食塩水10gに含まれる食塩の量は $10\times\frac{x}{100}=\frac{1}{10}x$(g)と表せる。これらの食塩水を混ぜ合わせると，食塩水の量は $190+10=200$(g)となり，含まれる食塩の量は $19+\frac{1}{10}x$g となる。この食塩水の濃度が9.7％になるので，含まれる食塩の量について $19+\frac{1}{10}x=200\times9.7\div100$ が成り立つ。これを解くと，$19+\frac{1}{10}x=19.4$，$190+x=194$ より，$x=4$ となる。

問３＜連立方程式の応用＞y％の食塩水100gに含まれる食塩の量は $100\times\frac{y}{100}=y$(g)であり，z％の食塩水200gに含まれる食塩の量は $200\times\frac{z}{100}=2z$(g)である。これらの食塩水を混ぜ合わせると，食塩水の量は $100+200=300$(g)となり，含まれる食塩の量は $y+2z$g となる。この食塩水の濃度が7％になるので，含まれる食塩の量について，$y+2z=300\times\frac{7}{100}$が成り立ち，$y+2z=21$……①となる。同様にして，$y$％の食塩水50gに含まれる食塩の量は $50\times\frac{y}{100}=\frac{1}{2}y$(g)であり，$z$％の食塩水250gに含まれる食塩の量は $250\times\frac{z}{100}=\frac{5}{2}z$(g)である。これらの食塩水を混ぜ合わせると濃度が6.5％になるので，含まれる食塩の量について，$\frac{1}{2}y+\frac{5}{2}z=(50+250)\times6.5\div100$ が成り立ち，$\frac{1}{2}y+\frac{5}{2}z=19.5$，$y+5z=39$……②となる。①，②の連立方程式を解くと，②－①より，$5z-2z=39-21$，$3z=18$ より，$z=6$ となり，これを①に代入して，$y+2\times6=21$，$y+12=21$ より，$y=9$ となる。

4〔平面図形―正十二角形と円〕

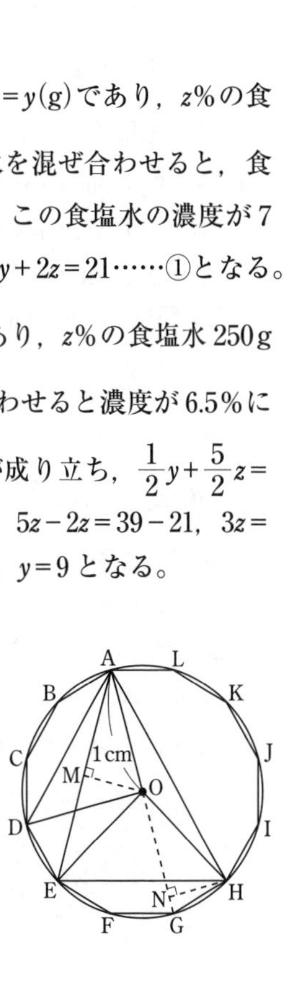

問１＜面積＞右図で，円Oの円周は正十二角形の頂点によって12等分される。これより，$\overset{\frown}{AD}$の長さは円Oの周の長さの$\frac{3}{12}=\frac{1}{4}$だから，$\angle AOD=\frac{1}{4}\times360^\circ=90^\circ$ となる。よって，円Oの半径が1cmより，△OADはOA$=$OD$=1$の直角二等辺三角形だから，△OAD$=\frac{1}{2}\times1\times1=\frac{1}{2}$(cm^2)である。

問２＜面積＞右図で，点Oから線分AEに垂線OMを引く。$\overset{\frown}{AE}$の長さは円Oの周の長さの$\frac{4}{12}=\frac{1}{3}$だから，$\angle AOE=\frac{1}{3}\times360^\circ=120^\circ$ となる。△OAE

はOA＝OEの二等辺三角形だから，$\mathrm{AM}=\frac{1}{2}\mathrm{AE}$，$\angle\mathrm{AOM}=\frac{1}{2}\angle\mathrm{AOE}=\frac{1}{2}\times120^\circ=60^\circ$であり，△OAMは3辺の比が$1:2:\sqrt{3}$の直角三角形となる。よって，$\mathrm{OM}=\frac{1}{2}\mathrm{OA}=\frac{1}{2}\times1=\frac{1}{2}$，$\mathrm{AM}=\frac{\sqrt{3}}{2}\mathrm{OA}=\frac{\sqrt{3}}{2}\times1=\frac{\sqrt{3}}{2}$より，$\mathrm{AE}=2\mathrm{AM}=2\times\frac{\sqrt{3}}{2}=\sqrt{3}$だから，$\triangle\mathrm{OAE}=\frac{1}{2}\times\sqrt{3}\times\frac{1}{2}=\frac{\sqrt{3}}{4}$($\mathrm{cm}^2$)である。

問3＜面積＞前ページの図で，△AEH＝△OAE＋△OEH＋△OAHと見ると，問2より，$\triangle\mathrm{OAE}=\frac{\sqrt{3}}{4}$である。$\overset{\frown}{\mathrm{EH}}$の長さは円Oの周の長さの$\frac{3}{12}=\frac{1}{4}$より，$\angle\mathrm{EOH}=\frac{1}{4}\times360^\circ=90^\circ$だから，問1より，$\triangle\mathrm{OEH}=\triangle\mathrm{OAD}=\frac{1}{2}$となる。また，$\overset{\frown}{\mathrm{AG}}$の長さは円Oの周の長さの$\frac{6}{12}=\frac{1}{2}$だから，線分AGは直径となる。ここで，点Hから線分AGに垂線HNを引くと，$\angle\mathrm{HOG}=\frac{1}{12}\times360^\circ=30^\circ$となるので，△OHNは3辺の比が$1:2:\sqrt{3}$の直角三角形となる。これより，$\mathrm{HN}=\frac{1}{2}\mathrm{OH}=\frac{1}{2}\times1=\frac{1}{2}$だから，$\triangle\mathrm{OAH}=\frac{1}{2}\times1\times\frac{1}{2}=\frac{1}{4}$となる。よって，$\triangle\mathrm{AEH}=\frac{\sqrt{3}}{4}+\frac{1}{2}+\frac{1}{4}=\frac{\sqrt{3}+2+1}{4}=\frac{3+\sqrt{3}}{4}$($\mathrm{cm}^2$)である。

5〔独立小問集合題〕

問1＜空間図形―体積＞半径3cmの球の体積は$\frac{4}{3}\pi\times3^3=36\pi$($\mathrm{cm}^3$)である。

問2＜空間図形―長さ＞右図1で，半径$r$cmの半球の体積は$\frac{1}{2}\times\frac{4}{3}\pi r^3=\frac{2}{3}\pi r^3$($\mathrm{cm}^3$)と表せる。また，表面積は，$\frac{1}{2}\times4\pi r^2+\pi r^2=3\pi r^2$($\mathrm{cm}^2$)と表せる。よって，体積の値と表面積の値が等しくなるとき，$\frac{2}{3}\pi r^3=3\pi r^2$が成り立つ。これを解くと，$2\pi r^3=9\pi r^2$より，$r=\frac{9}{2}$である。

図1

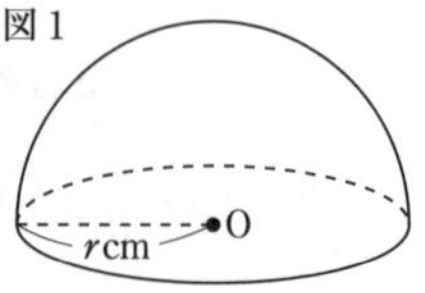

問3＜空間図形―体積＞問2より，半径$r$cmの半球の表面積は$3\pi r^2$と表せるので，半径3cmの半球の表面積は$3\pi\times3^2=27\pi$(cm^2)となる。また，底面の半径が3cmの円錐は右図2のようになり，この円錐を展開すると，右下図3のようになる。図3で，側面のおうぎ形の弧の長さは底面の円の周の長さと等しいから，おうぎ形の半径を$x$cm，中心角をa°とおくと，$2\pi\times x\times\frac{a^\circ}{360^\circ}=2\pi\times3$が成り立ち，$\frac{a^\circ}{360^\circ}=\frac{3}{x}$となる。これより，おうぎ形の面積は$\pi\times x^2\times\frac{a^\circ}{360^\circ}=\pi\times x^2\times\frac{3}{x}=3\pi x$となり，底面の円の面積は$\pi\times3^2=9\pi$となるから，円錐の表面積は$3\pi x+9\pi\,\mathrm{cm}^2$となる。よって，半球と円錐の表面積が等しいとき，$27\pi=3\pi x+9\pi$が成り立つ。これを解くと，$3\pi x=18\pi$より，$x=6$となる。したがって，図2で，AB＝6，∠AOB＝90°だから，△AOBで三平方の定理より，$\mathrm{AO}=\sqrt{\mathrm{AB}^2-\mathrm{OB}^2}=\sqrt{6^2-3^2}=\sqrt{27}=3\sqrt{3}$となる。以上より，円錐の体積は$\frac{1}{3}\times\pi\times3^2\times3\sqrt{3}=9\sqrt{3}\pi$($\mathrm{cm}^3$)である。

図2

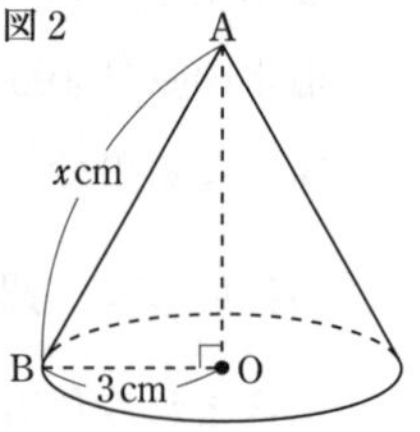

図3

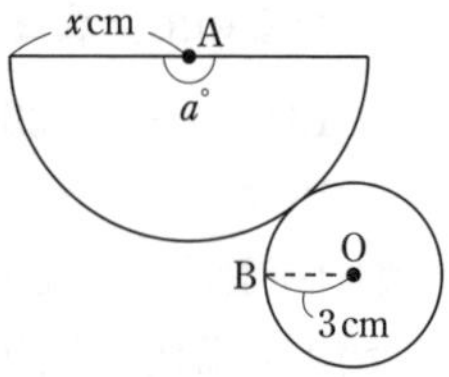

国語解答

一　問一　X…(オ)　Y…(ウ)　問二　(ア)
問三　(ウ)　問四　(エ)　問五　(オ)
問六　(イ)　問七　(ア)
問八　A…(ウ)　B…(イ)　問九　(イ)
問十　(ウ)　問十一　(ウ)

二　問一　(オ)　問二　(イ), (ウ)　問三　(エ)
問四　(ア)　問五　(イ)　問六　(イ), (オ)
問七　(エ)

三　①　(ウ)　②　(エ)　③　(ア)

一〔論説文の読解─芸術・文学・言語学的分野─文学〕出典；原國人『物語のいでき始めのおや──「竹取物語」入門』。

≪本文の概要≫『竹取物語』の主人公のかぐや姫は，本来は月の都の人であり，前世の因縁によって，地上世界に仮に姿を現したが，この世での生活を予定どおりに生きると，天上世界へ帰還することが決められている。自己同一性は，他者や社会と自己の立場とが不足を補い合う中でしか成立しないと考えられるため，管理化の進んだ現代では，完全な自己同一性は成立しえないことは明らかであり，現代に生きる「私」から見ると，かぐや姫の自己同一性は成立していなかったと思われる。かぐや姫は人間世界の全てのものを超越した存在であるが，その自己同一性は，本来生きるべき天上世界でこそ得られるものであり，人間世界で生活せざるをえない立場では得ることができない。そのようなかぐや姫にとって，他者との関係を拒絶することは，仮の姿にすぎない地上で，本来の自分の姿を見失うことを避ける唯一の生き方であった。しかし，昇天が近づくと，かぐや姫は，月を見てはもの思いに沈むようになる。それは，地上世界での親子関係を拒絶することが不可能だからである。かぐや姫は，「あはれ」を知り，人間の心を持ったことで，罪が許され，召還される。「もののあはれ」の文学といわれる『源氏物語』の作者は，かぐや姫が「あはれ」を知って変容したことを理解していたからこそ，『竹取物語』を「物語のいでき始めのおや」としたのである。

問一＜表現＞X.『竹取物語』の一節の「かぐや姫を迎えに月の都より降臨する天人たちの姿」には，「浄土信仰的要素」があるとされており，浄土信仰的であるということは，宗教に関わる面があるといっていい。　Y. 仮に「『あはれ』が人間としての情味を示すことばであり，それを知ることが人間が人間であることの証明である」とすれば，「かぐや姫は人の心を持ったときに，罪が許され召還されるということ」になる。

問二＜文章内容＞個人は，他者や社会との有機的なつながりの中で存在しており，人間関係や社会と自分の取る立場とが，互いの不足を補い合う関係にある中で，自己の存在の独自性は成立するのである。しかし，現代の管理化の進んだ社会においては，完全な自己同一性が自律するということは不可能である。

問三＜文章内容＞かぐや姫が自己同一性を得られるのは，「姫自身が本来棲むべき国(月の都)」においてであるはずだが，実際にはかぐや姫は地上世界で生活しているため，地上世界でしか自己の現存在を確認できず，自己同一性を成り立たせることができないのである。

問四＜文章内容＞かぐや姫は，自分がこの地上世界に仮に姿を現した者であり，「穢なきところ＝この世」の生活が「確実に通り過ぎてしまうものでしかない」ことを知っている。それでも「かぐや姫がもの思いに沈む」のは，地上世界でのしがらみ，つまり親子関係が「拒絶することは不可能」なものであるため，月の都への帰還の障害になるに違いないとわかっているからである。

問五＜文学史＞『源氏物語』は，平安時代中期に成立した紫式部の物語。紀貫之は，平安時代前期に成立した『古今和歌集』の歌人であり，撰者の一人で，『土佐日記』の作者である。和泉式部は，平安時代中期に成立した『拾遺和歌集』の歌人で，私家集『和泉式部集』の作者である。清少納言は，平安時代中期に成立した随筆『枕草子』の作者である。藤原定家は，鎌倉時代初期に成立した『新古今和歌集』の歌人であり，撰者である。

問六＜文章内容＞かぐや姫にとって，他者との関わり合いを拒絶することが，月の都の住人であるという「自己の現存在を保証」することである。しかし，親子関係を「拒絶することは不可能」なので，かぐや姫は，自身の意志とは関係なく，自身の存在がもともと負うものとして，親子の関係と向き合わざるをえないのである。

問七＜要旨＞『竹取物語』では，かぐや姫が「あはれ」を知って「人の心を持ったときに，罪が許され召還される」が，「もののあはれ」の文学といわれる『源氏物語』の作者は，『竹取物語』における「あはれ」の深い意味を理解していたからこそ，『竹取物語』を「物語のいでき始めのおや」と評価したと考えられるのである((ア)…○)。自己同一性は，他者や社会と自己とが互いに補い合う中で成立するが，管理化の著しく進んだ現代では，「全き自己同一性」は自律しえない((イ)…×)。かぐや姫は，『竹取物語』の中で，人間世界の全てを超越した存在とされているが，外見や思考は，人間とかけ離れているわけではない((ウ)…×)。『竹取物語』における恋愛関係や親子関係については論じられているが，物語文学一般については述べられていない((エ)…×)。かぐや姫にとって，竹取の翁との親子関係で悩むことが，罪を許され，月へ戻ることのきっかけとなったが，求婚者たちは，かぐや姫が本来の自分の姿を見失わないために拒絶するだけの存在であり，月へ戻ることへの役割は担っていない((オ)…×)。

問八＜語句＞A.「類する」は，似通う点がある，という意味。　B.「あながち」は，下に打ち消しの語を伴って，必ずしも，という意味。

問九＜古文の内容理解＞かぐや姫は，竹取の翁に，前々から申し上げようと思っていたけれども，あなたはきっと心を乱しなさるだろうと思って，今まで過ごして参りましたと言ったのである。

問十＜古語＞「契り」は，因縁，定まっている運命のこと。「昔の契りありけるによりてなむ，この世界にはまうで来たりける」は，前世の因縁があったことによって，この世界にやって参りました，という意味であり，かぐや姫は，「前世の因縁によって，この地上世界に仮に姿を現したもの」である。

問十一＜和歌の技法・和歌の内容理解＞「月見れば〜」の和歌は，「月見れば／千ぢにものこそ／悲しけれ」の三句の終わりに句点が入り，ここでいったん切れる((ア)…○)。「我が身一つの秋にはあらねど」は，私一人だけの秋ではないけれども，という意味であり，自分一人だけに秋が訪れたわけではないのに寂しく感じられることがよまれている((ウ)…×)。初めの三句の上の句と末の二句の下の句が，普通の語順とは逆の倒置になっている((イ)…○)。「千ぢに」は，さまざまに，「我が身一つの」は，私一人だけの，という意味であり，「千」と「一」を照応させて歌がよまれている((エ)…○)。

二〔小説の読解〕出典；恩田陸『ドミノ』。

問一＜文章内容＞麻里花は，審査員たちに「不用意な返事をして」しまったり，「独り言のように」話したりして「絶望を感じ」ていたところへ，さらに「ヘンなことを言って」しまっていたので，演出家の質問に対して，審査に合格することは断念するような気持ちで話し始めた。

問二＜表現＞玲菜の母親から受けた悪意のある行為により，心身に不調を来している麻里花は，たばこの「けむりの匂」に「いつになく」こたえており，会場の「緊張と疲労が入り交じった」息が詰まるような雰囲気を鋭く感じ取っていることが表されている((イ)…○)。また，灰皿に吸い殻が山盛りになっているということは，面接が長時間行われているということであり，たばこの煙とにおいでよどんだ空気は，審査員たちの疲労を表すものとなっている((ウ)…○)。

問三＜心情＞演出家の質問に対して，「外の天気はどんなかなあとか」とその場で思いついたことを口にすると，「外の天気？」と聞き返された。麻里花は，「不用意な返事をしてしまったことに」気づいて，後悔から思わず唇をかみ，どう言えば窮地を乗り越えられるか考え込んだのである。

問四＜文章内容＞麻里花は，審査員の質問につかみどころのない返答ばかりしてきたので，審査について「どうでもいいような気分」になり，「もう自分の番は終わった」と諦めていた。しかし，長い沈黙の後サリーの台詞を言うよう求められたため，麻里花は，面接がまだ続いていたことに驚いたのである。

問五＜文章内容＞麻里花は，はじめはサリーになりきって台詞を言っていたが，しだいにサリーの気持ちが審査にたびたび落ちる自分の心情に重なり，「いつも机の前で誰かを選ぼうとしていた彼ら」に「言ってやる」という気持ちになった。サリーの役を借りた麻里花が，自分の気持ちを吐き出すように，いつも審査に選ばれない子のみじめな思いを訴えたのである。

問六＜要旨＞演出家は，麻里花の顔色が悪いことに気づいて質問してから，一貫して麻里花に関心を持ち，「静かな目で真剣に麻里花を見て」審査にあたっていたが，麻里花の才能を知るために長い台詞を言わせてみたところ，その演技に圧倒されて興奮し，麻里花を採用したいと考えている((イ)…○)。プロデューサーは，「意地悪そうな冷笑」を浮かべて，舞台をやりたい理由を質問したり，麻里花の言うことが理解できないという顔をしたりしていたが，麻里花のサリー役の演技に圧倒され，他の二人の審査員と同様に，麻里花を採用するべきではないかと考え始めている((オ)…○)。

問七＜表現＞「ゆらゆらと」「ぽつんと」など擬態語が多く使われており，「じっと見ている」「ハッとして身を引く」など，登場人物の様子がわかりやすく，特に主人公の麻里花については，「ぎくりとした」「ぐっと言葉を飲み込む」「目をカッと見開く」などの描写によって，心情や様子が想像しやすくなっている((ア)…○)。麻里花は，心身の不調もあって，面接では緊張してつかみどころのない返答を繰り返し，投げやりな気分になっていたが，サリーの台詞を言い始めると，サリーの心情とオーディションでいつも選ばれない自身の経験から来る感情が重なって，急に真に迫った演技となった((イ)…○)。麻里花がサリーを演じ始めると，審査員の三人が「圧倒されたように」見ていたり，「そわそわと興奮した面持ちで顔を見合わせ」たりして，麻里花を採用しようと考え始めている((ウ)…○)。地の文の中に，主人公である麻里花の主観的な心情の描写が多いが，「　」が用いられているのは会話である((エ)…×)。麻里花と審査員の会話によって物語が滞らず進み，「夢から醒めたような心地」「作り物の時間」「おなかの底から搾り出すような声」などの比喩や「左右に首を振った」「ハッとして顔を上げた」など動作の描写も多く，「プロデューサーが意地悪そうな冷笑を浮かべて口を開いた」「演出家と舞台監督は静かな目で真剣に麻里花を見ている」などの描写によって，登場人物の性格や特徴をとらえやすい((オ)…○)。

三〔漢字〕

①「企画」と書く。(ア)は「季節」，(イ)は「気候」，(ウ)は「企業」，(エ)は「高貴」，(オ)は「奇妙」。　②「奨励」と書く。(ア)は「礼儀」，(イ)は「高齢」，(ウ)は「零度」，(エ)は「激励」，(オ)は「幽霊」。　③「耕運」と書く。(ア)は「耕(す)」，(イ)は「好(ましい)」，(ウ)は「貢(ぎ)」，(エ)は「抗(う)」，(オ)は「厚(い)」。

2022年度 東京成徳大学高等学校・一般入試(特待)

【英　語】 (50分) 〈満点：100点〉

注意：解答は，解答用紙（マークシート）の指定された解答欄にマークしなさい。
各問の 1 　2 … 50 が，解答用紙の解答番号にあたる。

1 次の各問の［　］内の単語について，下線部の発音が見出しの語と同じものを，(ア)～(エ)よりそれぞれ１つずつ選びなさい。

［問１］ radio　1
［ (ア) father　(イ) lady　(ウ) animal　(エ) water ］

［問２］ around　2
［ (ア) cloud　(イ) cousin　(ウ) soup　(エ) touch ］

［問３］ character　3
［ (ア) touch　(イ) machine　(ウ) chemical　(エ) cheese ］

［問４］ child　4
［ (ア) ring　(イ) pity　(ウ) inspire　(エ) driven ］

［問５］ open　5
［ (ア) cold　(イ) often　(ウ) doll　(エ) front ］

2 次の各問で第１アクセントの位置（最も強く発音する場所）が他と異なるものを，(ア)～(エ)よりそれぞれ１つずつ選びなさい。

［問１］ 6
(ア) car-pen-ter　(イ) dan-ger-ous　(ウ) um-brel-la　(エ) fes-ti-val
①　②　③　　①　②　③　　①　②　③　　①　②　③

［問２］ 7
(ア) pro-fes-sor　(イ) char-ac-ter　(ウ) sim-i-lar　(エ) op-po-site
①　②　③　　①　②　③　　①　②　③　　①　②　③

［問３］ 8
(ア) en-cour-age　(イ) nec-es-sary　(ウ) med-i-cine　(エ) sta-di-um
①　②　③　　①　②　③　　①　②　③　　①　②　③

［問４］ [9]

(ア) earth-quake ① ②　(イ) sup-port ① ②　(ウ) tour-ism ① ②　(エ) busi-ness ① ②

［問５］ [10]

(ア) Eu-rope ① ②　(イ) mod-ern ① ②　(ウ) pleas-ure ① ②　(エ) re-spect ① ②

3

次の各問の[　　]に入る最も適切なものを，(ア)～(エ)よりそれぞれ１つずつ選びなさい。

［問１］ Naoki studied all night yesterday, so he [11] be sleepy now.

(ア) must　(イ) shouldn't　(ウ) can't　(エ) has to

［問２］ Look at the girl [12] .

(ア) sang　(イ) is singing　(ウ) singing　(エ) sung

［問３］ Who was this letter written [13] ?

(ア) over　(イ) at　(ウ) in　(エ) by

［問４］ It [14] hard at that time.

(ア) rains　(イ) rainy　(ウ) was rained　(エ) was raining

［問５］ Eight years have passed since my grandfather [15] .

(ア) died　(イ) dead　(ウ) death　(エ) was dead

4

次の各問の日本文に合うように語(句)を並べかえて英文を完成させる時，３番目と５番目の[　　]に来る語(句)を，(ア)～(キ)よりそれぞれ１つずつ選びなさい。ただし，文頭に来る語(句)も小文字で始めている。

［問１］ 私の姉は泳ぐのがあまり得意ではない。

My [　　] [　　] [16] [　　] [17] [　　] [　　] .

(ア) good　(イ) at　(ウ) not　(エ) is

(オ) sister　(カ) swimming　(キ) very

［問２］　いつ彼にそこへ行ってほしいのですか。

[　　] [　　] [18] [　　] [19] [　　] [　　] there?

(ア) go　　(イ) want　　(ウ) to　　(エ) do
(オ) you　　(カ) when　　(キ) him

［問３］　私は入院中の祖父を見舞う時間がずっととれないでいます。

I [　　] [　　] [20] [　　] [21] [　　] [　　] in the hospital.

(ア) had　　(イ) any　　(ウ) haven't　　(エ) time
(オ) visit　　(カ) to　　(キ) my grandfather

［問４］　私は３回読んでやっとその文がわかりました。

I read [　　] [　　] [22] [　　] [23] [　　] [　　] it.

(ア) sentence　　(イ) times　　(ウ) before　　(エ) three
(オ) the　　(カ) I　　(キ) understood

［問５］　父は私が買い物に行くのを許してくれないでしょう。

[　　] [　　] [24] [　　] [25] [　　] [　　] .

(ア) will　　(イ) me　　(ウ) go　　(エ) shopping
(オ) let　　(カ) not　　(キ) my father

5　次の各問の対話文を完成させる時，[　　] に入る最も適切なものを，(ア)～(エ)よりそれぞれ１つずつ選びなさい。

［問１］A: When is dinner ready?　I'm really hungry.
B: [26]

(ア) In about fifteen minutes.
(イ) I'm coming after lunch.
(ウ) I'll have today's special and a coffee.
(エ) I saw them in the restaurant.

［問２］A: You play the piano very well. [27]
B: Three days a week.

(ア) Would you like to go to the concert?
(イ) When do you start playing it?
(ウ) How long have you been there?
(エ) How often do you practice it?

［問３］A: I was able to buy the new comic book.

B: You were lucky. [28]

(ア) Can I see him at the store tomorrow?
(イ) Could you write a new book for me?
(ウ) When I went to buy it, it was sold out.
(エ) The book you sold is very famous.

［問４］A: Would you pass me the salt, please?

B: Here you are.

A: Thank you. Oh, wait, this is not salt.

B: [29] Here you are.

(ア) Of course.
(イ) You're welcome.
(ウ) My bad.
(エ) Sounds good.

［問５］A: How was your weekend?

B: It was nice. I went to the movie with my brother. How about yours?

A: [30] I just stayed home all day.

(ア) Why not?
(イ) I'll give you later.
(ウ) It was the best movie I've ever watched.
(エ) Nothing special.

6 次の各問の a と b がほぼ同じ意味を表すように，[　　]に入る最も適切なものを，(ア)～(エ)よりそれぞれ１つずつ選びなさい。

［問１］ a: I cannot believe that he is younger than me.

b: He [31] older than me.

(ア) is looked　　(イ) looks for　　(ウ) looks　　(エ) looks at

［問２］ a: Vegetables are becoming more expensive.

b: Prices for vegetables are getting [32] .

(ア) smaller　　(イ) higher　　(ウ) more　　(エ) larger

［問３］ a: I borrowed these books from my brother yesterday.

b: My brother [33] these books to me yesterday.

(ア) cost　　(イ) spent　　(ウ) found　　(エ) lent

［問４］ a: She needs a dress that she can wear at the party.

b: She needs a dress [34] at the party.

(ア) which wear　(イ) wearing　(ウ) worn　(エ) to wear

［問５］ a: He is busy this weekend.

b: He has [35] to do this weekend.

(ア) less　(イ) little　(ウ) any　(エ) much

7 次の各問の(ア)～(エ)には**１か所ずつ誤り**がある。その記号を１つずつ選びなさい。

［問１］ I didn't(ア) think the earth go(イ) around(ウ) the sun when(エ) I was a child. [36]

［問２］ Can you say(ア) me how to(イ) turn on(ウ) this air conditioner(エ)? [37]

［問３］ The computer which(ア) Mike is(イ) using now is(ウ) his father(エ). [38]

［問４］ Thank you for(ア) invite(イ) me to(ウ) the party yesterday(エ). [39]

［問５］ I have(ア) never been(イ) to China but I want(ウ) to go to(エ) there. [40]

8 次のA～Dの英文を，書き出しの文に続けて意味の通る文章になるように並べかえた場合，正しい順序になるものを(ア)～(エ)のうちから１つ選びなさい。

Last summer, I went to a camp in a village for a week. Today, I'd like to tell you about the village and a girl who lives there. Her name is Nancy and she is twelve years old. The village is on the side of a mountain. She has lived there with her family since she was born. There is a *tropical rain forest around the village.

(注) tropical rain forest 熱帯雨林

A. They cut them down to build new shops and buildings. Nancy could not play in the forest with her friends anymore.

B. But one day a lot of people came to the forest, and started cutting down many tall trees. After only a short time, the forest around the village began to disappear.

C. After that, Nancy came to think seriously about environmental problems. A few years later, she joined a company to protect the forest and now she wants all of us to think about the environment.

D. The forest was large and beautiful, and the village was a nice place. Nancy loved her village and always played in the forest with her friends.

41

(ア) B → C → A → D
(イ) B → D → C → A
(ウ) D → A → B → C
(エ) D → B → A → C

9 次の英文を読んで後の問に答えなさい。

Scientists believe that sleep has helped human *evolution. In old days, people did not get good sleep because they usually slept in trees to *avoid *predators. Gradually their sleep became deeper and longer because they found better places such as *caves or *tribes which could protect them. Then, with good *quality of sleep, the human brain *evolved and we became smarter than any other animal. So, sleeping may be more important than you think. What will happen to our brain, body, and mind if we don't get enough sleep?

First of all, when we are active, our brain works very hard to catch a lot of information from our eyes, ears, nose and so on. Our brain needs to have time to *shut out new information and relax. Also, when we experience new things, our brain builds new connections with other parts of the brain. Sleep studies have found that the important connections become strong while we are sleeping. So, if you don't get enough sleep, it may be difficult for you to remember things.

Another problem with poor sleep is that you may *gain weight. If you are staying up for long hours, your body will need more energy. Then, you feel hungrier and want to eat more than your body needs. In addition, while we are sleeping, the *immune system in our body is active and becomes stronger. So, if you get poor sleep or not enough good sleep, your immune system may not work well, and you may catch a cold more easily.

Finally, sleep is necessary for our *nervous systems to be healthy. Without sleep, you may feel unhappy or sad for no reason, and worry too much. Also, a study found that people who didn't sleep well had much more problems with *concentration or paying attention. When you feel you have some trouble among your friends, or you can't focus on studying, you may need more sleep.

Then, the next question will be "(A)" Some people just can't fall asleep at night because of a variety of reasons. For example, smartphones or electronic books we use in bed, or foods such as nuts, cheese, bacon and soda that keep us *awake at night. If you avoid them, but still have trouble sleeping, try the following advice.

First, change the way you think about your bed. If your brain learns that the bed is used for activities *other than sleeping, then you might not be able to go to sleep when you are in bed. If you get into bed and haven't fallen asleep after more than ten minutes, you should get out of bed and sit in a chair until you become sleepy. Second, don't try to fall asleep. If you get too nervous about falling asleep, that *negative feeling can actually wake you up. Instead, try to focus on staying awake. The idea is that if you are focused on trying to stay awake, then you won't be worried about not being able to sleep. Being relaxed is the most important thing for your sleep.

Sleep is necessary for everything in your body and mind, and most of us sleep for about 30% of our lives. Why don't you think about it more seriously and try your best to get perfect sleep for yourself ?

（注） evolution 進化　avoid 避ける　predators 捕食動物
caves ほら穴　tribes 集落　quality 質　evolved 進化した
shut out さえぎる　gain 増える　immune system 免疫系
nervous systems 神経系　concentration 集中力
awake 眠らずに,目が覚めて　other than ～以外
negative 後ろ向きの

［問１］ 本文中の下線部(A)に入る最も適切なものを，(ア)～(エ)より１つ選びなさい。 42

(ア) what time should we sleep?
(イ) how long should we sleep?
(ウ) how can we get good sleep?
(エ) where can we get more information?

［問２］　次の(a)～(c)の英文を本文の内容と合うように完成させる時，□に入る最も適切なものを，(ｱ)～(ｴ)よりそれぞれ１つずつ選びなさい。

(a) Which sentence is true? [43]
(ｱ) Our brain catches a lot of information while we are sleeping.
(ｲ) Our brain makes strong connections without sleep.
(ｳ) We can have new experiences when we sleep.
(ｴ) We can remember things better if we get enough sleep.

(b) Which sentence is true? [44]
(ｱ) If we sleep well, we can always lose weight.
(ｲ) If we have enough sleep, we never become sick.
(ｳ) When we don't sleep well, we always have trouble with friends.
(ｴ) When we have poor sleep, studying for long hours may be difficult.

(c) In order to fall asleep fast, we should [45]
(ｱ) eat cheese with bacon.
(ｲ) read books in bed.
(ｳ) not worry about falling asleep.
(ｴ) focus on sleeping hours.

［問３］　本文の内容に合うように，次の英文中の，[46] ～ [50] に入る最も適切な語を，(ｱ)～(ｺ)より１つずつ選びなさい。

Thanks to deep and long sleep in a [46] place, people evolved and became smarter than any other animal. Poor sleep has bad effects on our minds and bodies. Our brain needs sleep to relax and to [47] things. Without sleep, we may gain weight or catch a [48] more easily. Also, sleep is necessary for our studies and good [49] with others. To get a good sleep, we need to relax and avoid the causes of sleeping issues. Getting a good sleep is the best way to stay [50], so we should think about it more seriously and try our best for the perfect one.

(ｱ) remember	(ｲ) sick	(ｳ) high	(ｴ) sleep
(ｵ) safe	(ｶ) medicine	(ｷ) healthy	(ｸ) cold
(ｹ) relationships	(ｺ) forget		

【数　学】 (50分) 〈満点：100点〉

注意：解答は，解答用紙（マークシート）の指定された解答欄にマークしなさい。

各問の $\boxed{\ 1\ }$ $\boxed{\ 2\ }$ … $\boxed{\ 20\ }$ が，解答用紙の解答番号にあたる。

選択肢(ア)～(オ)に正答が全くない場合には，(カ) <u>その他</u> をマークすること。

計算は問題用紙の余白を利用しなさい。

1

次の空欄に適する答えをそれぞれ(ア)～(カ)の中から1つずつ選びなさい。

[問1] $\left\{\left(\frac{2}{3}-\frac{5}{21}\right)\times\frac{2}{5}-\frac{4}{15}\right\}\div\left\{-\frac{1}{7}-\left(-\frac{1}{2}\right)^3\right\}=\boxed{\ 1\ }$

(ア) $-\frac{64}{5}$　(イ) $-\frac{16}{3}$　(ウ) $\frac{4}{21}$　(エ) $\frac{16}{45}$　(オ) $\frac{16}{3}$　(カ) その他

[問2] $\frac{y}{4}-\frac{3y-5x}{8}-\frac{5}{12}x=\boxed{\ 2\ }$

(ア) $\frac{-25x-3y}{24}$　(イ) $\frac{-25x+3y}{24}$　(ウ) $\frac{-5x+3y}{24}$

(エ) $\frac{5x-3y}{24}$　(オ) $\frac{5x+3y}{24}$　(カ) その他

[問3] 1次方程式 $\left(x-\frac{22}{3}\right)-\left(7-\frac{5}{2}x\right)=\left(2x-\frac{7}{2}\right)-\left(\frac{9}{2}x-\frac{31}{6}\right)$ を解くと

$x=\boxed{\ 3\ }$ である。

(ア) $-\frac{17}{9}$　(イ) $\frac{25}{24}$　(ウ) 2　(エ) $\frac{8}{3}$　(オ) 3　(カ) その他

[問4] $(\sqrt{8}-\sqrt{3}+\sqrt{32})(\sqrt{27}+\sqrt{18}-\sqrt{12})=\boxed{\ 4\ }$

(ア) $3\sqrt{3}-33$　(イ) $3\sqrt{6}-33$　(ウ) $3\sqrt{2}+33$

(エ) $3\sqrt{3}+33$　(オ) $3\sqrt{6}+33$　(カ) その他

[問5]　連立方程式 $\begin{cases} \dfrac{3}{100}x-0.04y=\dfrac{1}{4} \\ -0.14x+0.02y=1 \end{cases}$ を解くと　5　である。

(ア)　$x=-9,\ y=-13$　　(イ)　$x=-7,\ y=-12$　　(ウ)　$x=3,\ y=4$

(エ)　$x=7,\ y=5$　　(オ)　$x=9,\ y=12$　　(カ)　その他

[問6]　方程式 $x^2-ax-18=0$ の解の1つが3のとき，方程式 $x^2-a^2x-9(1-a)=0$ の解は，$x=$　6　である。

(ア)　$-12,\ 3$　　(イ)　$-9,\ 4$　　(ウ)　$-6,\ 6$

(エ)　$-4,\ 9$　　(オ)　$-3,\ 12$　　(カ)　その他

[問7]　大，中，小の3つのさいころを同時に投げ，出た目の数をそれぞれ a，b，c とする。$\dfrac{ab}{c}$ が整数であり，c が奇数である確率は　7　である。

(ア)　$\dfrac{1}{6}$　　(イ)　$\dfrac{2}{9}$　　(ウ)　$\dfrac{5}{18}$　　(エ)　$\dfrac{67}{216}$　　(オ)　$\dfrac{2}{3}$　　(カ)　その他

[問8]　各位の数に0または2のみ使われている自然数のうち，2022は　8　番目に小さい数である。

(ア)　8　　(イ)　9　　(ウ)　10　　(エ)　11　　(オ)　12　　(カ)　その他

2　放物線 $y=\frac{1}{4}x^2$ 上に x 座標が 1，3，5，… である点 A_1，A_3，A_5，… と，x 座標が -2，-4，-6，… である点 A_2，A_4，A_6，… をとる。y 軸と線分 A_1A_2，A_2A_3，A_3A_4，… との交点をそれぞれ B_1，B_2，B_3，… とする。

次の空欄に適する答えをそれぞれ(ア)~(カ)の中から１つずつ選びなさい。

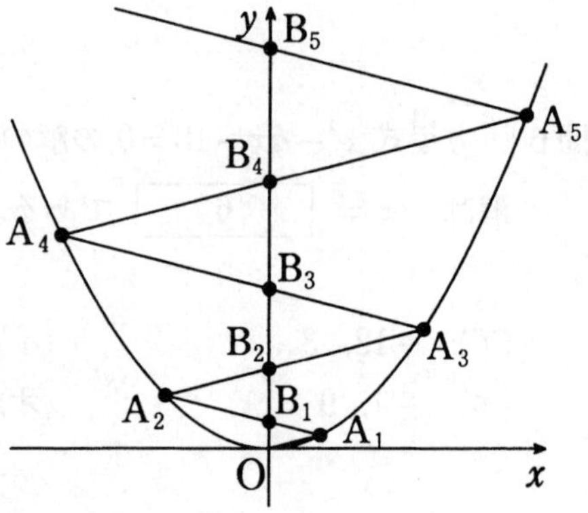

[問１]　直線 A_2A_3 の傾きは $\boxed{\ 9\ }$ である。

(ア)　$\frac{1}{8}$　　(イ)　$\frac{1}{6}$　　(ウ)　$\frac{1}{4}$　　(エ)　$\frac{1}{2}$　　(オ)　1　　(カ)　その他

[問２]　線分 B_2B_3 の長さは $\boxed{\ 10\ }$ である。

(ア)　$\frac{3}{2}$　　(イ)　2　　(ウ)　$\frac{5}{2}$　　(エ)　3　　(オ)　$\frac{7}{2}$　　(カ)　その他

[問３]　$\triangle A_9B_9B_8$ の面積は $\boxed{\ 11\ }$ である。

(ア)　$\frac{27}{2}$　　(イ)　18　　(ウ)　20　　(エ)　$\frac{81}{4}$　　(オ)　$\frac{45}{2}$　　(カ)　その他

[問４]　四角形 $A_3A_5A_6A_4$ の面積は $\boxed{\ 12\ }$ である。

(ア)　$\frac{81}{2}$　　(イ)　$\frac{103}{2}$　　(ウ)　$\frac{105}{2}$　　(エ)　53　　(オ)　$\frac{213}{4}$　　(カ)　その他

3　容器Aに濃度 x %の食塩水150 g，容器Bに濃度 y %の食塩水180 gが入っている。次の空欄に適する答えをそれぞれ(ア)〜(カ)の中から1つずつ選びなさい。

[問1]　容器A，Bの食塩水に含まれる食塩の量の和と，濃度7％の食塩水300 gに含まれる食塩の量は等しい。このとき，[13]が成り立つ。

(ア)　$5x+6y=9$　(イ)　$5x+6y=10$　(ウ)　$5x+6y=27$
(エ)　$5x+6y=30$　(オ)　$5x+6y=70$　(カ)　その他

[問2]　容器Aに水50 gを混ぜてできる食塩水と，容器Bを加熱して水を30 g蒸発させてできる食塩水の濃度は等しい。このとき，[14]である。

(ア)　$x=5,\ y=6$　(イ)　$x=8,\ y=5$　(ウ)　$x=9,\ y=7.5$
(エ)　$x=9,\ y=10$　(オ)　$x=10,\ y=7.5$　(カ)　その他

4　一辺が 8 cm の正方形 ABCD の紙がある。
次の空欄に適する答えをそれぞれ(ア)～(カ)の中から 1 つずつ選びなさい。

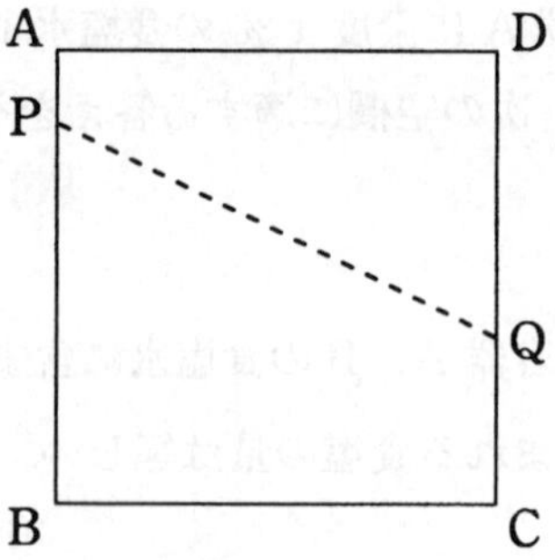

[問 1]　辺 AB，DC 上にそれぞれ点 P，Q を取り，PQ が折り目になるように紙を折ったところ，点 D が辺 BC の中点と重なった。このとき，CQ の長さは [15] cm である。

(ア)　2　(イ)　$\frac{5}{2}$　(ウ)　3　(エ)　$\frac{7}{2}$　(オ)　4　(カ)　その他

[問 2]　問 1 において，紙が重なった部分の面積は [16] cm^2 である。

(ア)　$\frac{38}{3}$　(イ)　$\frac{52}{3}$　(ウ)　$\frac{70}{3}$　(エ)　$\frac{80}{3}$　(オ)　$\frac{88}{3}$　(カ)　その他

[問 3]　問 1 のように紙を折ったあと，さらに点 C が点 B に重なるように折った。このとき，紙が 4 枚重なった部分の面積は [17] cm^2 である。

(ア)　3　(イ)　$\frac{35}{11}$　(ウ)　4　(エ)　$\frac{75}{11}$　(オ)　8　(カ)　その他

5 図１は一辺が３cm の立方体(小) 27 個を使ってできる立方体(大)である。立方体(小)は図のように配置された場所によって番号が振られ，立方体(大)の上段を１～9，中段を (10)～(18)，下段を ((19))～((27)) としている。立方体(小)には白と黒の２色があるとき，次の空欄に適する答えをそれぞれ(ア)～(カ)の中から１つずつ選びなさい。

[図１]

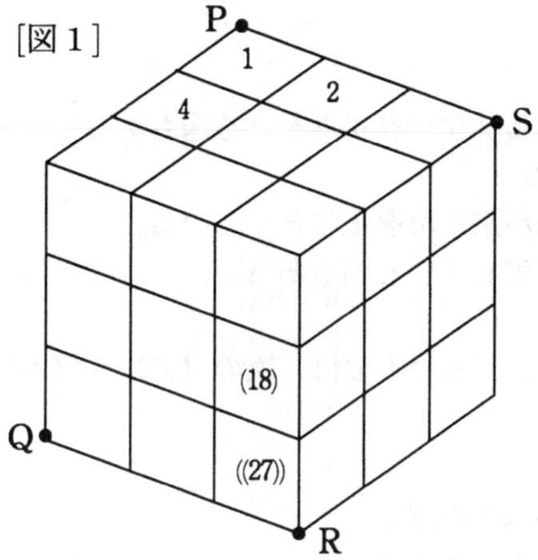

[図２]

1 (10) ((19))	2 (11) ((20))	3 (12) ((21))
4 (13) ((22))	5 (14) ((23))	6 (15) ((24))
7 (16) ((25))	8 (17) ((26))	9 (18) ((27))

[問１] 番号 1，5，6，11，13，14，18，20，23，24，26 の立方体(小)が黒であるとき，立方体(大)の黒い部分の表面積の和は [18] cm^2 である。

(ア) 117　(イ) 126　(ウ) 135　(エ) 144　(オ) 153　(カ) その他

[問２] 黒い立方体(小)が 10 個であるとき，立方体(大)の黒い部分の表面積の和が最小となるのは [19] cm^2 のときである。

(ア) 90　(イ) 99　(ウ) 108　(エ) 117　(オ) 126　(カ) その他

[問３] 問１の立方体(大)の頂点に，図１のように４点 P，Q，R，S をとり，この４点を通る平面で立方体(大)を上下に切り分ける。このとき，下側の立体に含まれる黒い部分の体積の和は [20] cm^3 である。

(ア) $\frac{243}{2}$　(イ) 135　(ウ) $\frac{297}{2}$　(エ) 162　(オ) $\frac{351}{2}$　(カ) その他

【社　会】（50分）〈満点：100点〉

注意：解答は、解答用紙（マークシート）の指定された解答欄にマークしなさい。
各問の[1][2]…[37]が、解答用紙の解答番号にあたる。

1　次の各問に答えよ。

［問１］　世界の時間と時差に関する文のうち、**誤っているもの**は、次の（ア）～（エ）のうちのどれか。解答番号は[1]。

（ア）夏季に時計を実時間より１時間遅らせるサマータイムをとる国もある。
（イ）経度15度ごとに１時間の時差が生じる。
（ウ）世界各国は、標準時子午線の上に太陽が来た時を正午としている。
（エ）世界の国々の中には、標準時を複数設定している国もある。

［問２］　明治時代に行われた近代化政策のうち、正しいものは、次の（ア）～（エ）のうちのどれか。解答番号は[2]。

（ア）官営模範工場の設立　　（イ）教育基本法の制定
（ウ）国家総動員法の制定　　（エ）全国水平社の設立

［問３］　衆議院の解散による総選挙が９月５日に行われた場合、それを受けて召集される特別国会は何月何日までに行われるか。正しいものは、次の（ア）～（エ）のうちのどれか。解答番号は[3]。

（ア）９月14日まで　　（イ）10月４日まで
（ウ）10月14日まで　　（エ）11月４日まで

2　次の各問に答えよ。

［問１］　次の表は「世界の三大穀物」と呼ばれている、米・小麦・とうもろこしの輸出量が多い上位国（2019年）を示している。作物Ａ・Ｂに該当する作物と、表中の空欄に該当する国名の組み合わせとして正しいものは、下の（ア）～（カ）のうちのどれか。解答番号は[4]。

2019年	作物A		作物B		米	
	国名	単位(千トン)	国名	単位(千トン)	国名	単位(千トン)
1位	ブラジル	42,752	ロシア	31,873	インド	9,732
2位	(　　)	41,562	(　　)	27,069	タイ	6,848
3位	アルゼンチン	36,076	カナダ	22,805	ベトナム	5,454
4位	ウクライナ	24,464	フランス	19,957	パキスタン	4,556
5位	ルーマニア	6,676	ウクライナ	13,290	(　　)	3,054

(『世界国勢図絵 2021/2022 年版』より作成)

	作物A	作物B	国名
(ア)	小麦	とうもろこし	アメリカ
(イ)	とうもろこし	小麦	アメリカ
(ウ)	小麦	とうもろこし	オーストラリア
(エ)	とうもろこし	小麦	オーストラリア
(オ)	小麦	とうもろこし	中国
(カ)	とうもろこし	小麦	中国

［問2］ 次の文章は、インドについて述べたものである。文章中の空欄A～Cに当てはまる語句の組み合わせとして正しいものは、下の（ア）～（ク）のうちのどれか。
解答番号は 5 。

近年インドでは（　A　）が、南部のバンガロールを中心に目覚ましい成長を遂げている。その理由には、新しい産業は（　B　）の影響をあまり受けないので、人々に広く受け入れられたこと、（　C　）、さらにアメリカとの時差が約12時間あり、アメリカの企業の仕事を効率よく行うことができたことなどが挙げられる。

※（　C　）
① 数学の教育水準が高いことや英語を話せる技術者が多いこと
② バイオ燃料の原料や鉄鉱石などの地下資源が豊富なこと

	A	B	C
(ア)	再生可能エネルギー産業	カースト制度	①
(イ)	再生可能エネルギー産業	白豪主義	①
(ウ)	再生可能エネルギー産業	カースト制度	②
(エ)	再生可能エネルギー産業	白豪主義	②
(オ)	情報通信技術産業	カースト制度	①
(カ)	情報通信技術産業	白豪主義	①
(キ)	情報通信技術産業	カースト制度	②
(ク)	情報通信技術産業	白豪主義	②

［問３］　次の雨温図は、2000年以降に夏季オリンピック・パラリンピックが開催された都市と次回の開催予定地のものである。次回2024年の夏季オリンピック・パラリンピック開催地の雨温図と、その都市と同じ気候区分の都市の組み合わせとして正しいものは、下の（ア）～（ケ）のうちのどれか。解答番号は［ 6 ］。

（A）

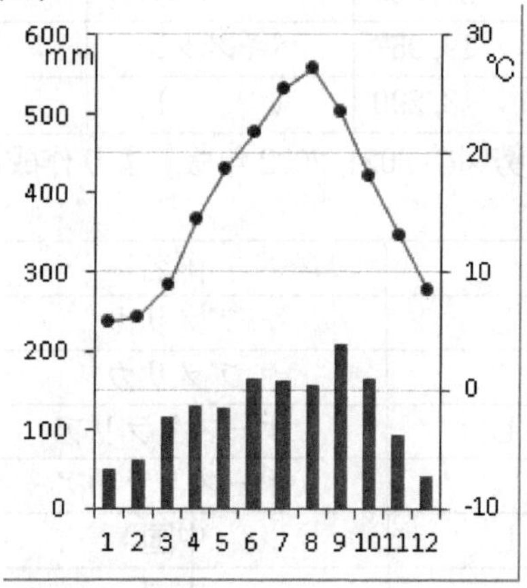

（B）

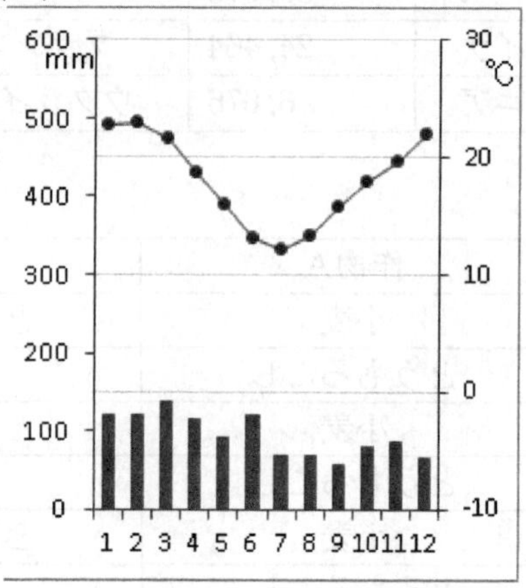

（C）

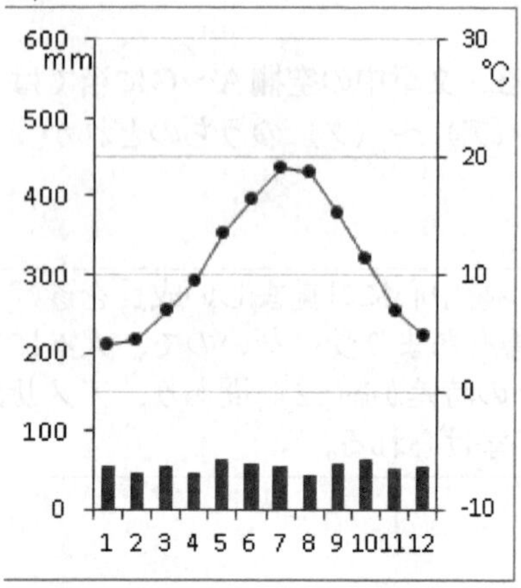

（気象庁ホームページより作成）

	雨温図	都市名
(ア)	(A)	ロンドン
(イ)	(A)	バルセロナ
(ウ)	(A)	北京
(エ)	(B)	ロンドン
(オ)	(B)	バルセロナ
(カ)	(B)	北京
(キ)	(C)	ロンドン
(ク)	(C)	バルセロナ
(ケ)	(C)	北京

［問４］ 次の地図中の地点 A ～ B の断面図としてふさわしいものは、下の（ア）～（エ）のうちのどれか。解答番号は 7 。

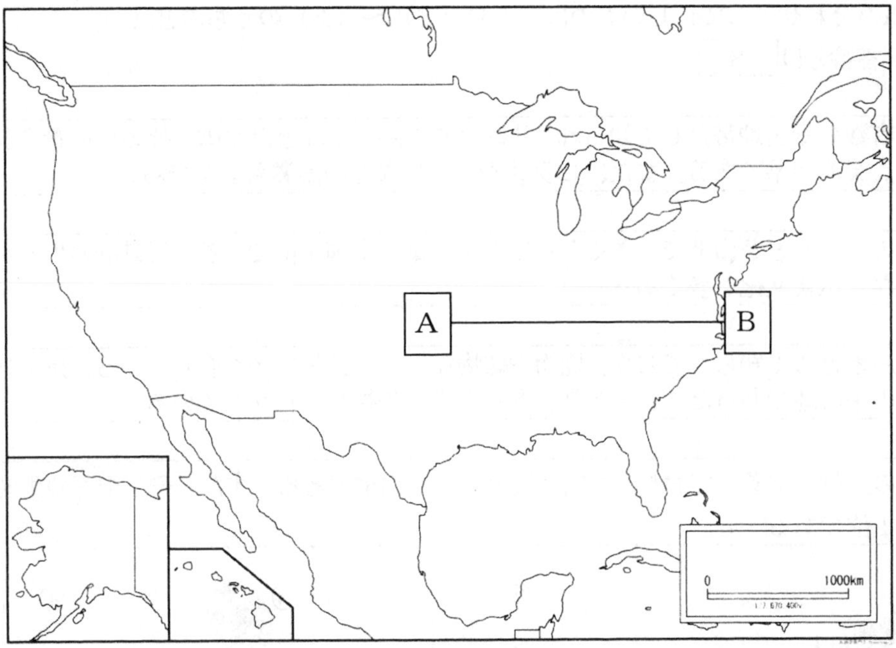

（ア）

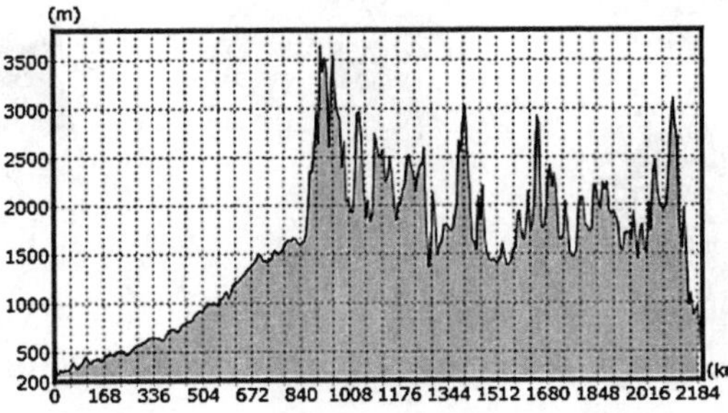

（イ）

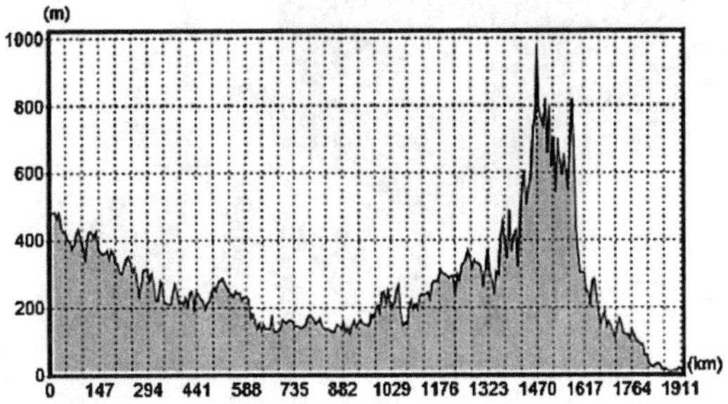

（ウ）

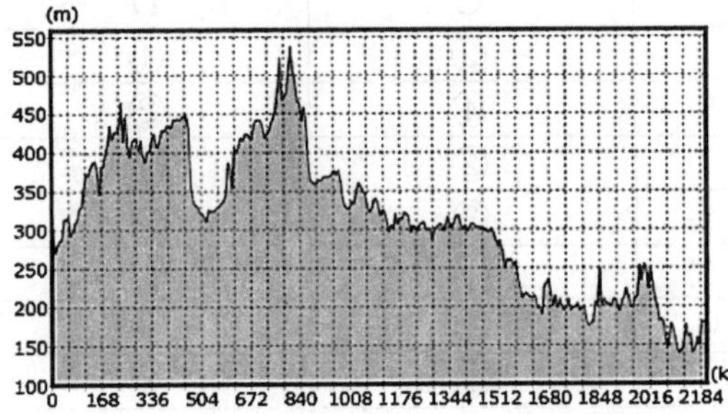

（エ）

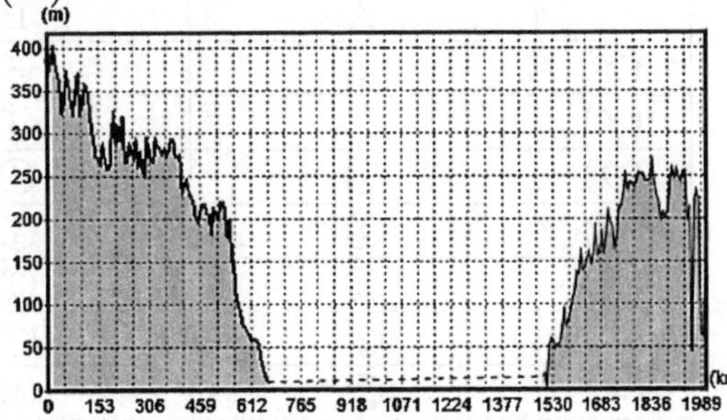

（地理院地図から作成）

3 次の各問に答えよ。

［問１］ 次の文はある府県の説明文である。それぞれの府県の説明文と以下の伝統文化の組み合わせとして正しいものは、下の（ア）～（ク）のうちのどれか。
解答番号は［ 8 ］。

A

日本有数の豪雪地帯として知られ、リンゴやにんにくなどが全国１位の生産量を誇る有数の農業産出県である。また、ヒラメやイカ類などの漁業も盛んである。

B

県内のほとんどが山地で、さくらんぼの生産量が全国１位である。将棋駒の生産が全国１位など伝統文化も多くある。

C

茶の産地として知られており、焼物や織物など伝統文化を多く有している。長年日本の政治の中心地であったこともあり、多くの寺院や神社が存在している。

D

四国の東側に位置しており、県内はほとんどが山地である。すだちや生椎茸《しいたけ》の生産量が全国１位である。

①

②

③

④

	A	B	C	D
（ア）	①	③	②	④
（イ）	①	③	④	②
（ウ）	①	④	②	③
（エ）	①	④	③	②
（オ）	②	③	①	④
（カ）	②	③	④	①
（キ）	②	④	①	③
（ク）	②	④	③	①

［問２］ 表中のＡ～Ｆは、中部地方のいずれかの県(愛知県・石川県・静岡県・長野県・新潟県・山梨県)を示している。①～③の内容にふさわしい県の組み合わせとして正しいものは、下の（ア）～（ク）のうちのどれか。解答番号は 9 。

2017年

県名	人口	農業産出額(億円)			製造品出荷額(億円)	
	(千人)	米	野菜	果物	情報通信機械機具	輸送用機械器具
A	7,525	301	1,193	197	1,451	264,233
B	3,675	198	727	302	4,113	43,060
C	2,267	1,417	352	79	1,006	2,444
D	2,076	472	840	625	10,347	3,981
岐阜県	2,008	229	349	50	825	10,167
E	1,138	286	103	34	1,691	1,894
富山県	1,147	451	59	22	47	1,513
F	823	63	128	595	1,200	1,001
福井県	779	304	86	9	50	1,777

(『データで見る県勢』より作成)

① オートバイ生産量国内１位
② 九谷焼などの伝統工芸品
③ もも・ミネラルウォーター生産量国内１位

	①	②	③
(ア)	A	C	D
(イ)	A	D	F
(ウ)	A	E	F
(エ)	A	D	C
(オ)	B	D	F
(カ)	B	E	D
(キ)	B	C	D
(ク)	B	E	F

［問３］ 次の地図を見て、以下の指示に従い移動した場合、それぞれの空欄に当てはまる語句の組み合わせとして正しいものは、下の（ア）～（ケ）のうちのどれか。
解答番号は［ 10 ］。

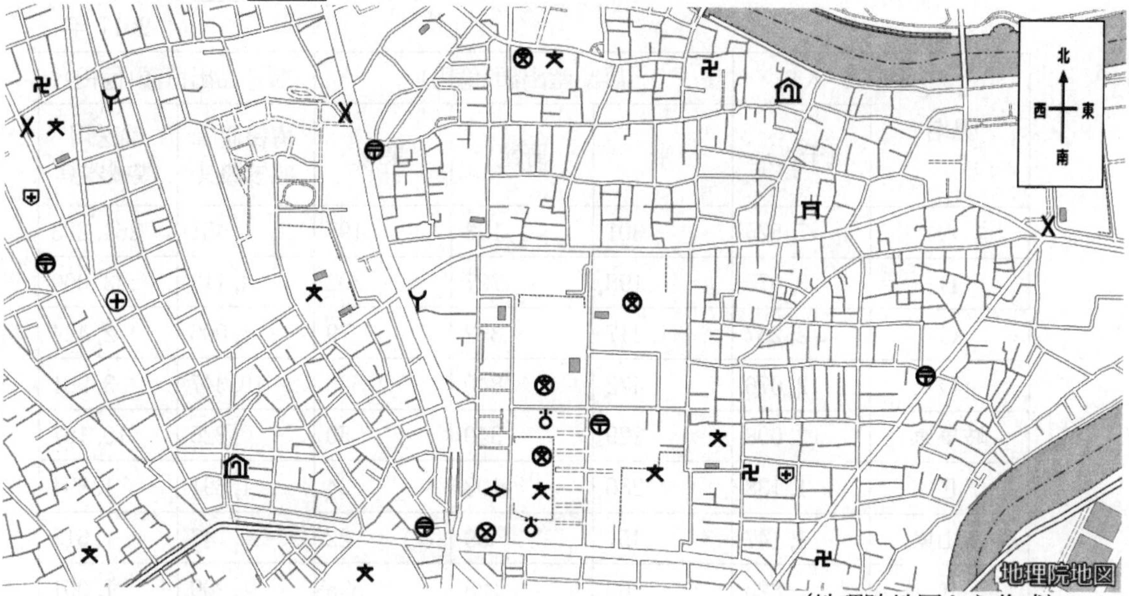

（地理院地図から作成）

① 左手に保健所が見える道路を南方へ進む。
② 五差路を斜め左に曲がると、右手に見えたのが、（ A ）である。
③ そのまま道なりに進むと、大通りに出たので、左に曲がり、そのまま北へ向かうと、右手に見えたのが、（ B ）である。
④ （ B ）がある十字路を右に曲がり東へ進むと、右手に見えるのが（ C ）である。
⑤ そのまま道なりに進むと、目的地である（ D ）が左手に見えてくる。

	A	B	C	D
(ア)	消防署	郵便局	小学校	寺院
(イ)	消防署	警察署	高等学校	神社
(ウ)	消防署	消防署	小学校	寺院
(エ)	老人ホーム	郵便局	高等学校	神社
(オ)	老人ホーム	警察署	小学校	寺院
(カ)	老人ホーム	消防署	高等学校	神社
(キ)	交番	郵便局	小学校	寺院
(ク)	交番	警察署	高等学校	神社
(ケ)	交番	消防署	小学校	寺院

［問４］ 次の地図は、ある自然災害について、そのハザードマップをインターネット上で公開している市町村の位置を示している。それぞれの地図の自然災害の説明として正しい組み合わせは、次の（ア）～（ク）のうちのどれか。解答番号は 11 。

A

B

C

（国土交通省のホームページより作成）

① 火山の噴火は、地下で発生したマグマが地上に溢《あふ》れ出す現象である。火山が噴火すると、火山灰や土石流などにより広い範囲に被害が生じる。

② 大量の雨が長時間に渡り降り続くことで河川の氾濫《はんらん》などを引き起こしている。近年では都市部を中心として短時間で発達し大雨を降らせるゲリラ豪雨や集中豪雨が発生している。

③ 地震による揺れや大雨・豪雨による地表のゆるみにより斜面や崖などが滑ったり、崩壊したりすること。山間部や斜面を造成した地域などは発生しやすいことがある。

④ 海底での地震により海水の移動で陸地へ押し寄せてくる波。地震規模により陸地の内部や海水が侵入し、陸上の家屋などをなぎ倒し、大きな被害を与えることがある。

	A	B	C
(ア)	①	②	③
(イ)	①	④	②
(ウ)	①	②	④
(エ)	①	④	③
(オ)	②	③	①
(カ)	②	④	③
(キ)	②	③	④
(ク)	②	④	①

4 次の表は、奈良時代から室町時代にかけておこった自然災害や伝染病に関わる出来事をまとめたものである。あとの各問に答えよ。

時代	自然災害・伝染病	出来事
8世紀	飢饉《ききん》や伝染病があいつぐ。	（1）聖武天皇は仏教を厚く信仰する。
9世紀後半	洪水と干ばつが交互におこる。	（2）土地や税の制度の改革が行われる。
13世紀前半	低温により飢饉がおこる。	（3）御成敗式目が制定される。
15世紀後半	低温により飢饉がおこる。	（4）応仁の乱がおこる。

［問1］ 下線部（1）聖武天皇は仏教を厚く信仰する。とあるが、聖武天皇が行ったことは、次の（ア）～（エ）のうちのどれか。解答番号は 12 。

（ア）一族の繁栄を願って、法隆寺を建てた。
（イ）伝染病や災いを取り除くため、空海や最澄に祈祷《きとう》やまじないを行わせた。
（ウ）人々が死後に極楽浄土へ生まれ変わることを願い、平等院鳳凰堂を建てた。
（エ）都に東大寺を建て、地方には国分寺と国分尼寺を建てた。

［問2］ 下線部（2）土地や税の制度の改革が行われる。とあるが、このとき行われた改革は、次の（ア）～（エ）のうちのどれか。解答番号は 13 。

（ア）耕作地を増やすために墾田永年私財法を制定し、土地の私有を認めた。
（イ）地方の有力者に荘園や公領といわれた土地の支配をまかせた。
（ウ）班田収授法にもとづいて農民に口分田を与え、租・調・庸などの税を納めさせた。
（エ）武士が先祖から引きついてきた土地の支配を認め、住民や土地を支配させた。

［問３］ 下線部（３）御成敗式目が制定される。とあるが、この法はその後の武士が制定した法に影響を与えたことが知られており、戦国大名の伊達氏が制定した塵芥集《じんかいしゅう》もその一つである。次にあげる２つの法の条文を読んで、内容について述べた文として正しいものは、下の（ア）～（エ）のうちのどれか。解答番号は 14 。

御成敗式目　第13条

一、他人に暴力をふるうことの罪についての事

殴《なぐ》られた人はその恥に対する復讐心《ふくしゅうしん》を持ち、きっと殴った相手に殺意を抱くにちがいない。だから殴った人の罪は軽くない。ゆえに、武士であれば所領を没収するべきである。所領がなければ島流しにするべきである。

塵芥集　第40条

一、人を殴ったことに対して、武士であれば所領を取り上げる。所領のない者は、他国に追放するべきである。しかし、伊達家の処分を待たないで勝手に仕返しすることがないようにしなければならない。勝手に仕返しをした人々は、殴ったことと同様、所領を取り上げ、所領のない者は他国に追放するべきである。

（ア）御成敗式目の時代には、裁判に頼らず自力で復讐を果たそうとする風潮はみられなかった。

（イ）御成敗式目の方が、塵芥集に比べて条文を定めた理由を述べた部分がより明確であった。

（ウ）塵芥集では、勝手に仕返しした者に対しては、殴った側よりも重い刑罰を科している。

（エ）塵芥集では、御成敗式目には存在した、武士は所領を没収するとした規定がなくなった。

［問４］ 下線部（４）応仁の乱がおこる。とあるが、応仁の乱について述べたものは、次の（ア）～（エ）のうちのどれか。解答番号は 15 。

（ア）京都で新たに即位した天皇と、吉野に逃れた天皇がいずれも正当性を主張したため、全国の武士が北朝と南朝に分かれて戦った。

（イ）執権が幕府の実権を握るようになり、さらに源氏の将軍がとだえたため、上皇は幕府を倒すための兵をあげ、幕府と戦った。

（ウ）幕府が、元の日本に対する朝貢《ちょうこう》と服属の要求をこばんだため、２度にわたって九州北部で戦った。

（エ）有力な守護大名と将軍のあとつぎをめぐる争いに、幕府の実力者の勢力争いが結びついて、多くの守護大名が東軍と西軍に分かれて戦った。

5 次の文章を読み、あとの各問に答えよ。

東京成徳大学高等学校では修学旅行で沖縄を訪れている。目的の１つは、沖縄が他の都道府県とは異なる歴史を歩んでいることを知ることにある。

（１）近世の沖縄は、琉球王国という清から国王が任命され、欧米諸国からも独立した王国と認められた国であったが、一方で江戸幕府や薩摩藩の支配も受けていた。

明治新政府は、琉球を日本領に組み入れようと 1872 年に琉球藩を設置し、さらに 1879 年、軍隊や警察の力を背景に琉球藩を廃止して沖縄県を設置した。しかし、清はこれを認めず対立は日清戦争に日本が勝利するまで続くことになった。

（２）沖縄県設置後もしばらくの間は、琉球王国時代の政策が維持されていて、徴兵令は 1902 年、地租改正は 1899 年、衆議院議員選挙法は 1919 年まで沖縄県全域に施行されなかった。

近代の沖縄では砂糖の生産に多くを頼っていたため、大正末期から昭和初期にかけての恐慌《きょうこう》の影響を大きくうけることになった。このため沖縄県民の他の都道府県への流出や、海外への移民の動きが加速化し、満州や南洋諸島へと多くの人々が渡ることになった。

（３）その後、日中戦争、さらに太平洋戦争がおこり、しだいに戦局が悪化する中、沖縄の戦略的重要性は高まり、軍備が強化されることになった。そのため、アメリカ軍の攻撃を受けることになり、日本で唯一住民を巻き込んだ地上戦が行われた。

（４）戦後、沖縄はサンフランシスコ平和条約締結《ていけつ》後もアメリカの統治下に置かれ、アメリカの軍事拠点として使われた。長い間復帰運動が続けられたこともあり、1972 年にようやく沖縄は日本に返還された。しかし、現在でも日本全国の米軍基地・専用施設の約 70%が沖縄に集中している。

［問１］ 下線部（１）近世の沖縄は、琉球王国という清から国王が任命され、欧米諸国からも独立した王国と認められた国であったが、一方で江戸幕府や薩摩藩の支配も受けていた。とあるが、江戸時代の日本の外交・貿易について述べた文として**誤っているもの**は、次の（ア）～（エ）のうちのどれか。解答番号は〔16〕。

（ア） 日本と清は正式な国交を結ばなかったが、清の商人が長崎に来航して貿易を行っていた。

（イ） 幕府が築造した出島への来航が許可されていたオランダは、ヨーロッパの国で唯一日本との貿易が許可されていた。幕府へは海外情報の報告書を提出していた。

（ウ） 幕府と朝鮮との国交回復を仲介した対馬藩は、朝鮮との貿易を担当していた。朝鮮からは将軍が代わるごとに慶賀使が、国王が代わるごとに謝恩使が派遣された。

（エ） 松前藩は、自らの領地では耕地がとぼしく冷涼な気候で米がとれなかったため、年貢米の代わりにアイヌの人々と交易し、その利益を藩の収入にしていた。

［問２］　下線部（２）沖縄県設置後もしばらくの間は、琉球王国時代の政策が維持されていて、徴兵令は1902年、地租改正は1899年、衆議院議員選挙法は1919年まで沖縄県全域に施行されなかった。とあるが、これらの政策が沖縄以外の地域で行われた時のことについて述べた文として**誤っているもの**は、次の（ア）～（エ）のうちのどれか。解答番号は［17］。

（ア）1873年に発布された徴兵令では、満20歳になった男子から徴兵を行うことになっていたが、免除の規定があったため、実際に兵役についた人の多くは、農家の次・三男だった。
（イ）1890年に行われた第１回衆議院議員選挙では、直接国税15円以上を納める満25歳以上の男性が有権者として投票を行った。
（ウ）地租改正では、それまでの米で納める方法に代わり、地価の３％を現金で納めさせた。しかし、江戸時代と負担がほとんど変わらなかったため、農民から反対一揆が起こり、後に地租は2.5%に引き下げられた。
（エ）廃藩置県では、それまで各藩で政治を行っていた旧大名が引き続き府知事・県令に任命されて政治を行うことになった。

［問３］　下線部（３）その後、日中戦争、さらに太平洋戦争がおこり、しだいに戦局が悪化する中、沖縄の戦略的重要性は高まり、軍備が強化されることになった。とあるが、下の年表は日中戦争から太平洋戦争にかけての出来事を年代の古い順にならべたものである。年表中の空欄（A）～（D）に当てはまるのは、下の文の（ア）～（エ）のうちのどれか。

解答番号は、（A）は［18］、（B）は［19］、（C）は［20］、（D）は［21］。

出来事
北京郊外の盧溝橋《ろこうきょう》で日中両軍が衝突した。
（A）
（B）
（C）
（D）
日本政府は、ポツダム宣言を受け入れて降伏することを決定した。

（ア）ドイツがソ連と独ソ不可侵条約を結んだのち、ポーランドに侵攻した。
（イ）日本軍は、イギリス領マレー半島とハワイ真珠湾を攻撃し、アメリカ・イギリスに宣戦布告した。
（ウ）日本で唯一住民を巻き込んだ地上戦となった沖縄戦が始まった。
（エ）日本は、ドイツ・イタリアと日独伊三国同盟を結んだ。

［問４］ 下線部（４）戦後、沖縄はサンフランシスコ平和条約締結後もアメリカの統治下に置かれ、アメリカの軍事拠点として使われた。長い間復帰運動が続けられたこともあり、1972 年にようやく沖縄は日本に返還された。とあるが、下の文章①・②で述べている出来事がおこっていた時期に当てはまるのは、略年表中の **（ア）** ～ **（オ）** のどれか。解答番号は、①は［22］、②は［23］。

西暦	主な出来事	
1945	沖縄戦が終結《しゅうけつ》する…………	
		↕ **（ア）**
1952	サンフランシスコ平和条約が発効し、日本は独立を回復したが、沖縄はアメリカの統治下におかれる…………	
		↕ **（イ）**
1960	沖縄県祖国復帰協議会（復帰協）が結成される…………	
		↕ **（ウ）**
1968	主席（知事にあたる）が初めて選挙によって選ばれる…………	
		↕ **（エ）**
1972	沖縄がアメリカから日本に返還される…………	
		↕ **（オ）**
1978	「人は右、車は左」に交通方式が変更される…………	

① 第４次中東戦争の影響で、石油の価格が上がり、石油を主なエネルギー源としていた日本の経済は大きな打撃を受け、高度経済成長が終わりをむかえた。

② 保守勢力が自由民主党を、革新勢力が日本社会党をつくり、ここから与党を自由民主党、主要野党を日本社会党とする政治体制が始まった。

6 次の文章を読み、あとの各問に答えよ。

次の表はヒロタカさんの学級で行った公民的分野の調べ学習において、班ごとのテーマをまとめたものである。これを見て、あとの各問に答えよ。

A班	平和主義と自衛隊
B班	国際機関の役割
C班	日本の選挙制度
D班	為替相場の仕組み
E班	金融機関の役割
F班	需要と供給の関係

[問1] A班のテーマに関する文として**誤っているもの**は、次の（ア）～（エ）のうちのどれか。解答番号は 24 。

(ア) 自衛隊の任務は、わが国の平和と独立を守り、国の安全を保つことである。
(イ) 自衛隊は、災害復旧のため全国各地へ派遣される。
(ウ) 文民統制により、内閣総理大臣に自衛隊の最高指揮権が与えられている。
(エ) 防衛費は国家予算に占める割合が高く、総額でも世界有数の規模になっている。

[問2] B班のテーマに関する文として**誤っているもの**は、次の（ア）～（エ）のうちのどれか。解答番号は 25 。

(ア) 国際原子力機関は、原子力の平和利用推進とともに軍事目的への転用を監視するために設立された。
(イ) 国際司法裁判所は、加盟国から依頼された国際法上の問題に関する紛争について裁判を行うことができる。
(ウ) 国際連合の総会は、加盟国に対して人口に応じた割合で票数が割り当てられており、過半数の賛成で議決することができる。
(エ) 国際連盟は、アメリカのウィルソン大統領の提案でつくられたが、アメリカは議会の反対で参加しなかった。

［問３］　Ｃ班のテーマについて、次の表は比例代表選挙で各政党が獲得した得票数である。この票により各政党が獲得した議席の組み合わせとして正しいものは、下の（ア）～（エ）のうちのどれか。解答番号は 26 。

	A党	B党	C党	D党
1区	8万票	9万票	10万票	7万票
2区	7万票	10万票	8万票	9万票
3区	10万票	8万票	9万票	7万票
4区	6万票	8万票	12万票	8万票
5区	8万票	8万票	11万票	7万票

（ア）A党－２議席　B党－３議席　C党－３議席　D党－１議席
（イ）A党－１議席　B党－３議席　C党－４議席　D党－１議席
（ウ）A党－２議席　B党－３議席　C党－４議席　D党－０議席
（エ）A党－２議席　B党－２議席　C党－３議席　D党－２議席

［問４］　Ｄ班のテーマについて、次の文章中の（Ｘ）・（Ｙ）に入る語句の組み合わせとして正しいものは、下の（ア）～（カ）のうちのどれか。解答番号は 27 。

> 今、日本で生産・販売されている商品がアメリカに輸出され、為替レートでドルに換算された金額で販売されると想定する。従来は日本国内での価格が 4,000 円の商品が、１ドル＝100 円の為替レートで輸出されていた。ところが、日本国内での価格が 3,200 円に下落し、さらに為替レートが１ドル＝80 円へと（　Ｘ　）になった場合には、アメリカでの販売価格は（　Ｙ　）。

（ア）Ｘ－円高ドル安　Ｙ－上がる　（イ）Ｘ－円高ドル安　Ｙ－下がる
（ウ）Ｘ－円高ドル安　Ｙ－変わらない　（エ）Ｘ－円安ドル高　Ｙ－上がる
（オ）Ｘ－円安ドル高　Ｙ－下がる　（カ）Ｘ－円安ドル高　Ｙ－変わらない

［問５］　Ｅ班のテーマについて、日本銀行に関する文として**誤っているもの**は、次の（ア）～（エ）のうちのどれか。解答番号は 28 。

（ア）一般の銀行から預金を受け入れ、一般の銀行に貸し出しを行う銀行である。
（イ）政府資金の出し入れや手続きを行う銀行である。
（ウ）不景気の時、一般の銀行などが持っている国債などを買い、お金の量を増やしていく銀行である。
（エ）世の中にある紙幣と硬貨を発行できる銀行である。

［問6］ Ｆ班のテーマについて、次の図はある商品の市場における需要曲線ＤＤと供給曲線ＳＳとを示している。今、この市場において、均衡点がＸからＸ’に移動したとする。このような均衡点の変化が起こった原因として正しいものは、下の（ア）～（エ）のうちのどれか。解答番号は［29］。

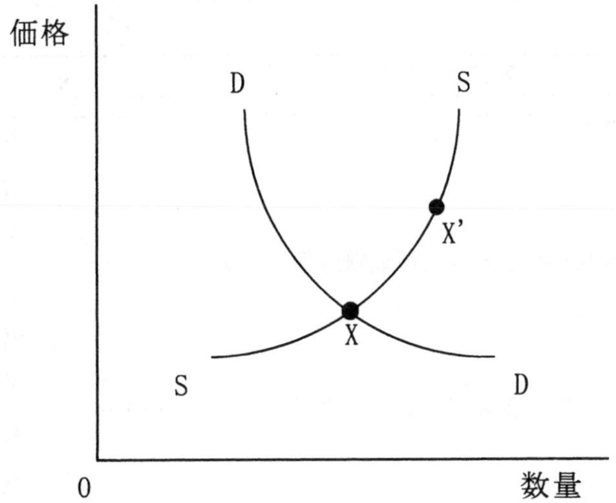

（ア）技術革新によって、この商品の大量生産が可能となった。
（イ）この市場がある国の国民の所得が増加した。
（ウ）この市場がある国の政府が、この商品の生産者に補助金を給付した。
（エ）流行が変化し、この商品のブームが下火となった。

7 次の文章を読み、あとの各問に答えよ。

私たちの身の回りにある多くの物品は、毎日世界の国々から日本に届いている。それらを生産している国や人々のことを考えてみたことはあるだろうか。

（１）アフリカ州では、特定の農産物や（２）鉱産資源の生産と輸出に頼る（３）モノカルチャー経済の国が多い。そのため、フェアトレードという貿易体制の整備が叫ばれてきた。フェアトレードとは、環境や人にやさしい方法で（４）発展途上国の人々が作った農作物や製品を、公正な値段で継続的に購入し、彼らの自立を支援することである。

発展途上国の産品は、生産者自身が販売ルートをもたないために、仲介業者に不当に安く買われることが多くなる。そこで、乱高下する国際市場価格に対し、生産者が対価を得られるように、持続可能な生産と生活を支えるフェアトレード価格を設定している。また、（５）国際フェアトレード基準を設け、児童労働や強制労働を禁止し、安全な労働環境を保証している。さらに、環境面においても厳しく基準が定められており、土壌・水源・生物多様性の保全や危険な農薬を使うことを禁止している。

フェアトレード推進の最終的な目標は、発展途上国の人々が貧困から抜け出し、輸出だけに頼らない真の自立を果たすことである。

［問１］　下線部（１）アフリカ州とあるが、次のⅠの略年表は、1910年から2010年までの、アフリカに関わる出来事についてまとめたものである。Ⅱの文章で示した17か国の独立国が誕生した年に当てはまるのは、Ⅰの略年表中の**（ア）**～**（オ）**の時期のうちのどれか。解答番号は［30］。

Ⅰ

西暦	アフリカに関わる出来事	
1910	南アフリカ連邦独立……………………………………………	
		（ア）
1948	南アフリカ、アパルトヘイト（人種隔離政策）導入…………………	
		（イ）
1955	第１回アジア・アフリカ会議（バンドン会議）……………………	
		（ウ）
1967	ビアフラ戦争……………………………………………………	
		（エ）
1991	アパルトヘイト関連法の廃止……………………………………	
		（オ）
2010	南アフリカ共和国でサッカーワールドカップ開催…………………	

Ⅱ

ナイジェリアほか17か国の独立国がアフリカに成立した。

［問２］　下線部（2）鉱山資源とあるが、次の地図は、アフリカの鉱産資源の産出地を示したものである。この地図から読み取ることができるものとして正しいものは、下の（ア）～（エ）のうちのどれか。解答番号は 31 。

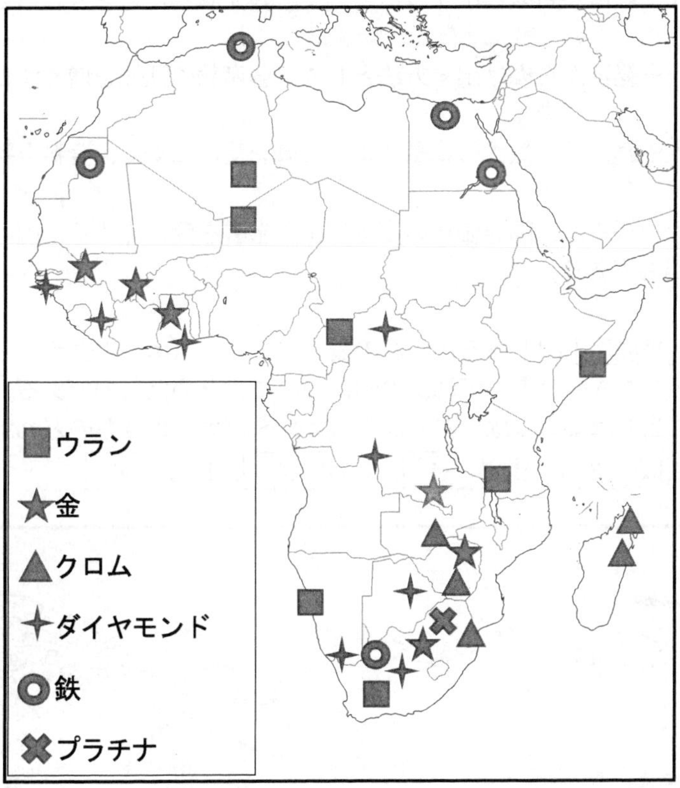

（帝国書院　ハイマップマイスターにて作成）

（ア）地図で取り上げた鉱物のうち、希少金属（レアメタル）の産出地は赤道以北では見られない。

（イ）地図で取り上げた鉱物のうち、金の産出地はガーナや南アフリカ共和国では見られない。

（ウ）地図で取り上げた鉱物のうち、ダイヤモンドの産出地は赤道から北緯10度以内では見られない。

（エ）地図で取り上げた鉱物のうち、鉄の産出地は赤道以南では見られない。

［問3］　下線部（3）モノカルチャー経済とあるが、モノカルチャー経済に関する記述として**誤っているもの**は、次の（ア）～（エ）のうちのどれか。解答番号は［32］。

（ア）モノカルチャー経済からぬけ出す方法として、観光産業に力を入れることが考えられる。

（イ）モノカルチャー経済からぬけ出す方法として、農産物の種類を増やすことが考えられる。

（ウ）モノカルチャー経済は、気候の変動による影響を受けにくく、食料自給率が高くなる。

（エ）モノカルチャー経済は、国際価格の変動による影響を受けやすく、国の収入が不安定になりがちである。

［問4］　下線部（4）発展途上国とあるが、右の表の（ア）～（エ）のグラフと文章は、下の地図中に示したA～Dのいずれかの国についてまとめたものである。A～Dの国のそれぞれに当てはまるのは、右の表の（ア）～（エ）のうちのどれか。
解答番号は、Aは［33］、Bは［34］、Cは［35］、Dは［36］。

（帝国書院　ハイマップマイスターにて作成）

<table>
<tr><th></th><th>日本への輸出品目の内訳（2019年）と国に関する記述</th></tr>
<tr><td>（ア）</td><td>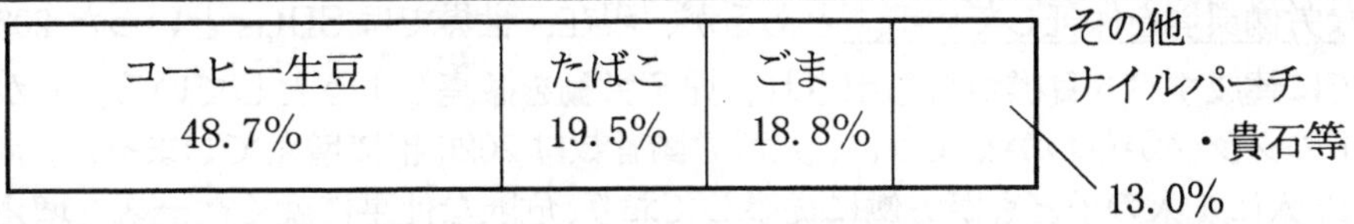

この国では、1891年にドイツ、その後1920年にはイギリスの植民地となった。現在は、キリスト教徒とイスラーム教徒がほぼ同数存在する。国旗には緑・黒・青・黄色が使われており、黄色の線は豊かな鉱物資源を表している。</td></tr>
<tr><td>（イ）</td><td>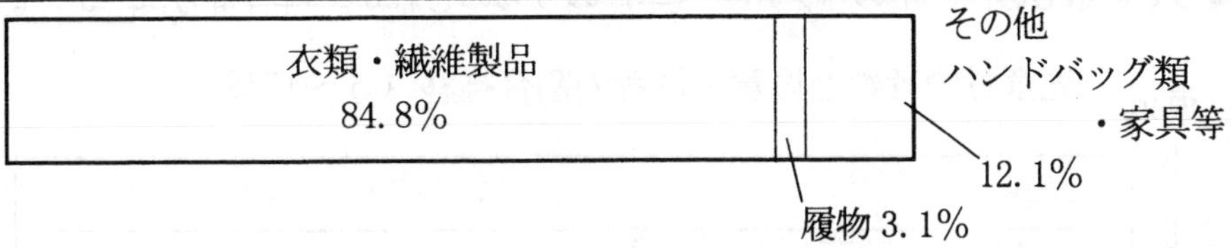

この国は、18世紀にイギリスの植民地となった。現在は、イスラーム教徒が多く、人口密度が高い。国旗の緑はイスラーム世界を示し、赤は太陽の恵みと独立闘争で流された人々の血を表している。</td></tr>
<tr><td>（ウ）</td><td>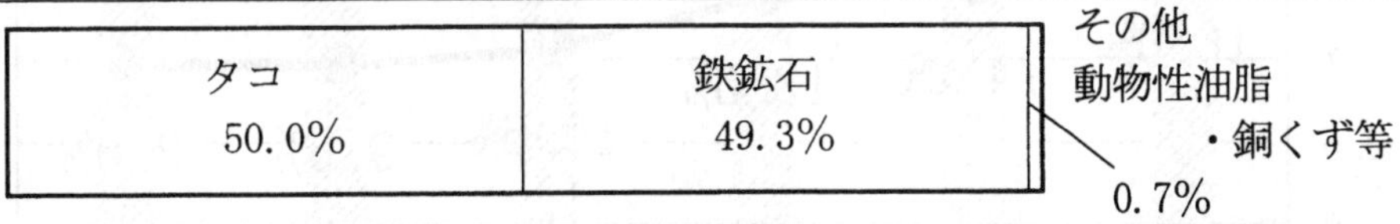

この国は、19世紀後半から20世紀初頭にかけてフランスの植民地化となった。現在は、イスラーム教徒が多い。国旗に使われている緑色は砂漠を森や緑の国土に変えることを願っているといわれている。</td></tr>
<tr><td>（エ）</td><td>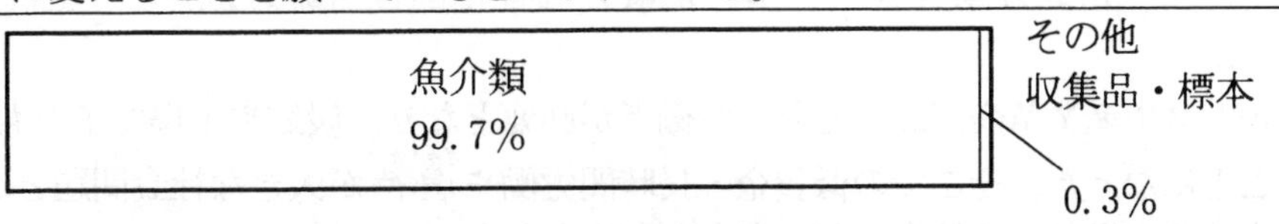

この国は、19世紀後半にイギリスの影響下に入り、20世紀初頭に植民地となった。現在は、キリスト教徒が多い。国旗の左上のユニオンジャックはイギリス連邦の一員であることを示している。</td></tr>
</table>

［問５］　下線部（５）国際フェアトレード基準を設け、児童労働や強制労働を禁止し、安全な労働環境を保証している。とあるが、現在、世界ではSDGsといった2030年までに達成すべき目標が打ち出され、児童労働を撤廃《てっぱい》しようとしている。しかし、以下のグラフからわかるように、児童労働者数は2020年に増えてしまった。世界で約10人に１人の子どもが労働に従事しており、危険な仕事に就くケースも増えている。児童労働を撤廃するためには、児童労働が発生した歴史について知り、現状では何が足りないのかを考察する必要がある。児童労働について記述した文として**誤っているもの**は、下の（ア）～（エ）のうちのどれか。解答番号は［37］。

児童労働者数と児童労働者の割合推移（５～17歳）

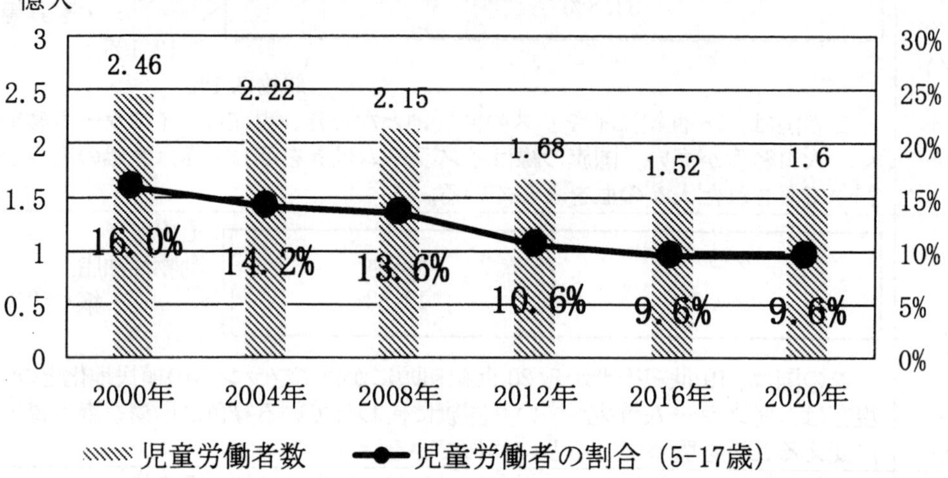

（ア）イギリスで産業革命がおこると、労働者が必要となり、炭鉱や工場で子どもが働くことになった。そこでの低賃金・長時間労働や虐待《ぎゃくたい》が大きな社会問題となり、資本主義を批判する社会主義の考えも芽生えた。

（イ）日本では、明治期の資本主義の発展とともに労働者が増加した。蚕《かいこ》のまゆから生糸をつくる製糸工場では、主に女子が低賃金で長時間の厳しい労働をしていた。

（ウ）日本では、太平洋戦争中、働き手が次々に戦争へ行き、国内では人手が不足したため、12歳以上の子どもに対して兵器工場で働くように、また空き地などを使った食料の生産に励むように指示された。

（エ）ニューヨークの株式市場の株価が暴落したことをきっかけに発生した世界恐慌に対して、アメリカのローズベルト大統領のもとニューディールという政策がとられた。そのなかで、ダムの建設などの公共事業が行われ、男子に低賃金・長時間労働が強いられた。

【理　科】（50分）〈満点：100点〉

注意：解答は，解答用紙（マークシート）の指定された解答欄にマークしなさい。

各問いの［1］［2］…［32］が，解答用紙の解答番号にあたる。

1

以下の各問いに答えなさい。

［問1］　私たちはエネルギーを利用して様々な活動をしている。そのエネルギーを得るために資源を消費しているが，資源には限りがある。

再生可能とされるエネルギー源として，風力発電やバイオエタノールの利用が挙げられる。この両者でエネルギーが生産されるが，もともと，あるエネルギーが源となって，これらのエネルギーが作られている。風力発電とバイオエタノールの両者に共通して関与しているものとして最も適当なものを，次の中から選びなさい。［1］

(ア)　大気を構成する分子が衝突することによって生じるエネルギー
(イ)　質量を持つ物体の間に存在する位置的なエネルギー
(ウ)　原子を構成する陽子や電子が持っている電気的なエネルギー
(エ)　地球の深部からもたらされるエネルギー
(オ)　雲を構成する氷の粒などが衝突することによって生じるエネルギー
(カ)　太陽から地球に届くエネルギー

［問２］　一端を閉じた長いガラス管内を水銀で満たし，空気が入らないよう水銀の入った容器内で垂直に逆立てた。やがて水銀の液面が下がりだし，容器の液面からガラス管内の液面までが **760 mm** の高さで停止した。この装置の上空を台風が接近および通過する際，ガラス管内の液面の高さはどのように変化するか。最も適当なものを，次の中から選びなさい。 **2**

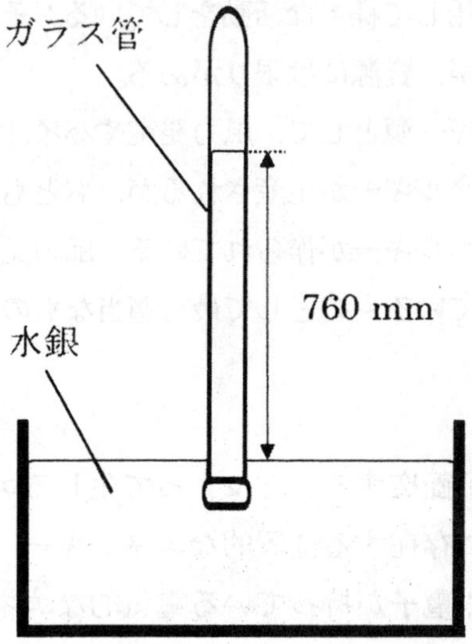

(ア)　ガラス管内の液面の高さは台風の接近に伴い高くなり，通過すると 760 mm 付近に戻る。

(イ)　ガラス管内の液面の高さは台風の接近に伴い低くなり，通過すると 760 mm 付近に戻る。

(ウ)　ガラス管内の液面の高さは台風の接近に伴い高くなり，通過後も維持される。

(エ)　ガラス管内の液面の高さは台風の接近に伴い低くなり，通過後も維持される。

(オ)　ガラス管内の水銀の液面の高さは台風の接近および通過に関係なく，変化しない。

［問３］　ヒトの目の構造を表した下図について，①～③の名称の組み合わせとして正しいものを，次の中から選びなさい。 3

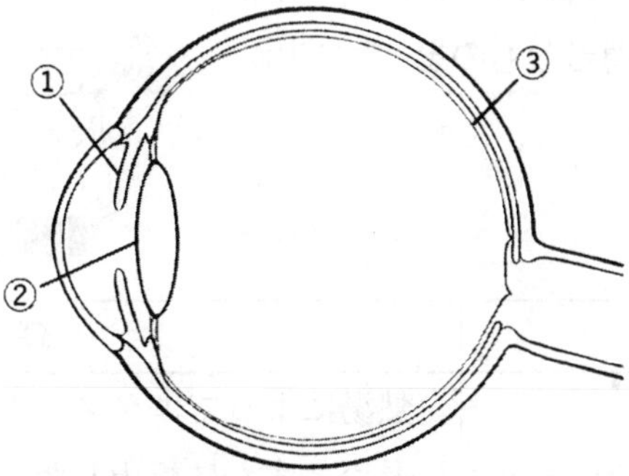

選択肢	①	②	③
(ア)	角膜	ガラス体	網膜
(イ)	角膜	レンズ	視神経
(ウ)	角膜	ガラス体	毛様体
(エ)	虹彩	レンズ	網膜
(オ)	虹彩	ガラス体	視神経

［問４］　私たちヒトは，熱いものに触れたときに手を引っ込める，反射という無意識に起こる反応をする。反射の経路として最も適当なものを，次の中から選びなさい。
4

(ア)　感覚器官 → 感覚神経 → 脊髄 → 脳 → 脊髄 → 運動神経 → 筋肉
(イ)　筋肉 → 運動神経 → 脊髄 → 感覚神経 → 感覚器官
(ウ)　感覚器官 → 感覚神経 → 脊髄 → 運動神経 → 筋肉
(エ)　感覚器官 → 脊髄 → 脳 → 運動神経

［問５］　アルコール消毒用として一般的に用いられるエタノールは，有機物である。有機物であることの根拠として，燃焼によってある物質が生じることが挙げられる。その物質として最も適当な組み合わせを，次の中から選びなさい。 5

(ア)　水と酸素　　(イ)　窒素と酸素
(ウ)　水と二酸化炭素　　(エ)　水素と二酸化炭素

［問6］　右図のように，少量のエタノールの入ったポリエチレンの袋に熱湯をかけると，袋と袋の中のエタノールはどのようになるか。結果と理由について，最も適当なものを，次の中から選びなさい。 6

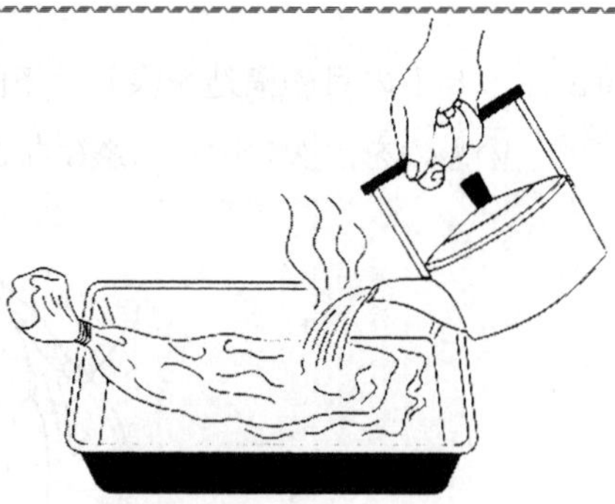

選択肢	結果	理由
(ア)	袋はしぼみ，エタノールは白く濁った。	熱湯によってエタノールの状態変化が起こり，結晶がわずかに析出したことで白く濁って見え，液体が固体に変化した分，エタノールの体積が小さくなったから。
(イ)	袋はしぼみ，エタノールは白く濁った。	熱湯によってエタノールと袋の中の空気が化学反応し，固体が生じたことで白く濁って見え，液体が固体に変化した分，エタノールの体積が小さくなったから。
(ウ)	袋は膨らみ，エタノールは見えなくなった。	熱湯によってエタノールの化学変化が起こり，異なる物質となったことで有色だった液体が無色になり，体積が大きくなったから。
(エ)	袋は膨らみ，エタノールは見えなくなった。	熱湯によってエタノールの状態変化が起こり，液体から気体に変化したことで，エタノールが液体として見えなくなり，体積が大きくなったから。

［問7］ 熱の対流による現象の例として最も適当なものを，次の中から選びなさい。

7

(ア) 水の入ったなべを火にかけると，なべ底付近の加熱された水は上昇し，上部の水は下降した。

(イ) たき火の横に立っていると，火に近い部分から体が温まった。

(ウ) 冷たいコップに触れると，触れた部分から手が冷えた。

(エ) 温かい弁当にふたをし，時間が経って弁当が冷えると，ふたが固く開きづらくなった。

［問８］　図の物体の質量は240 g であり，上の面は1辺 4 cm の正方形で下の面は1辺 6 cm の正方形である。1辺 4 cm の正方形の面を下にして床の上に置いたときに，床にかかる圧力［Pa］として最も適当なものを，次の中から選びなさい。ただし，100 g の物体にはたらく重力の大きさを1 N とする。[8]

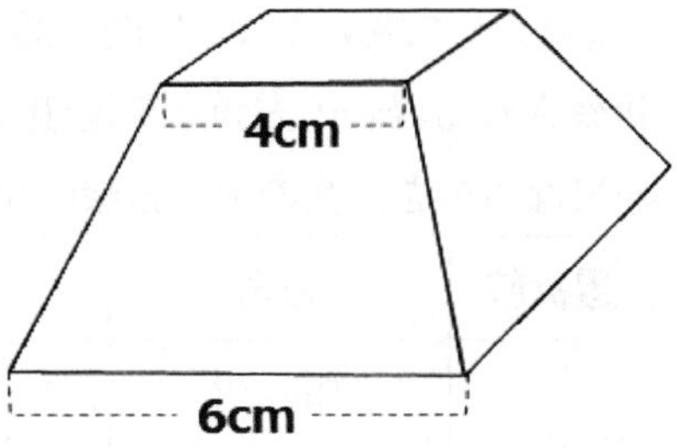

(ア)　15 Pa　　(イ)　40 Pa　　(ウ)　300 Pa
(エ)　800 Pa　　(オ)　1200 Pa　　(カ)　1500 Pa

2

[A]　年間を通じて，地球から３つの惑星X，惑星Y，惑星Zを観察した。惑星Xは夕方や明け方に観察された日もあれば，真夜中に観察された日もあった。惑星Yおよび惑星Zは夕方や明け方に観察された日もあったが，真夜中に観察されることはなかった。惑星Yと惑星Zを比較すると，地球との位置関係が原因で，惑星Yの方が観察できた機会が少なかった。以下の各問いに答えなさい。

［問１］　ある日の夜，惑星Xを一定の時間おきに観察した。その時の見え方の様子と，その原因についての組み合わせにとして最も適当なものを，次の中から選びなさい。

[9]

選択肢	見え方の様子	原因
(ア)	位置が東側から西側に移った。	惑星Xの公転
(イ)	位置はほぼ変化しなかった。	惑星Xの公転
(ウ)	位置が西側から東側に移った。	惑星Xの公転
(エ)	位置が東側から西側に移った。	地球の自転
(オ)	位置はほぼ変化しなかった。	地球の自転
(カ)	位置が西側から東側に移った。	地球の自転

［問２］ 惑星Ｙや惑星Ｚは，年間を通じて，夕方や明け方にのみ観察された。明け方に観察される場合の方角と望遠鏡で見た際の形状についての組み合わせとして最も適当なものを，次の中から選びなさい。 10

選択肢	方角	形状
(ア)	西の空	満月のような形状
(イ)	西の空	下弦の月のような形状
(ウ)	西の空	上弦の月のような形状
(エ)	東の空	満月のような形状
(オ)	東の空	下弦の月のような形状
(カ)	東の空	上弦の月のような形状

［問３］ 右の図は惑星が太陽の周りを公転する様子を模式的に描いたものである。ⓢ は太陽を示す。それぞれの惑星の大きさや太陽からの距離については無視している。惑星 X，惑星 Y，惑星 Z と地球の公転の様子として最も適当なものを，次の中から選びなさい。 11

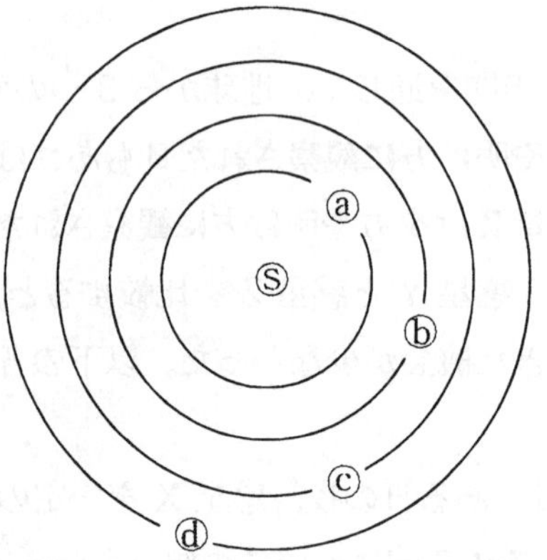

選択肢	惑星Ｘ	惑星Ｙ	惑星Ｚ	地球
(ア)	a	c	d	b
(イ)	a	d	c	b
(ウ)	d	a	c	b
(エ)	d	c	a	b
(オ)	a	b	d	c
(カ)	a	d	b	c
(キ)	d	a	b	c
(ク)	d	b	a	c

B　ひとたび地震が起こると，日本の各地にある観測点で揺れの様子が観測される。下のグラフは，震源からそれぞれの距離にある観測点A・Bでの記録を整理し，模式的に表したものである。グラフをよく見て以下の各問いに答えなさい。

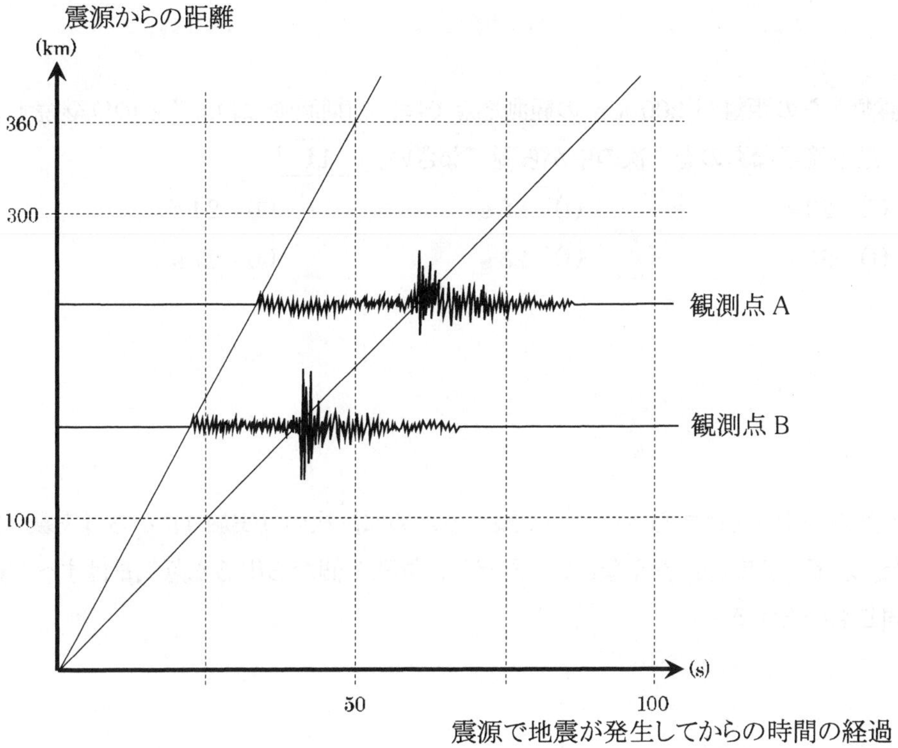

［問1］　下の文章の中で，地震の初期微動やマグニチュードおよび震度について説明したものとして正しいものはどれか。最も適当なものを，次の中から選びなさい。

12

(ア)　真下に震源があるとき，同じ規模の地震なら震源が浅いほど震度は大きくなる。

(イ)　震度は，その場所の土地の構造や様子の影響を受けることは無い。

(ウ)　初期微動が生じるのはS波の速度の方がP波の速度より速いためである。

(エ)　地震の規模が大きいほど初期微動は長く継続する。

(オ)　震度は，ゆれが大きな場合ほど大きな値で表され，現在は0～7の8段級に分けられている。

(カ)　マグニチュードが1ふえると，地震のエネルギーは2倍になるため，マグニチュード7の地震はマグニチュード2の地震の32倍である。

［問２］ S波の速度として，最も適当なものを，次の中から選びなさい。 13

(ア) 3 km/s　　(イ) 4 km/s　　(ウ) 5 km/s

(エ) 6 km/s　　(オ) 7 km/s　　(カ) 8 km/s

［問３］ 震源からの距離が 200 km の観測地点では，初期微動はおよそどの位継続するか。最も適当なものを，次の中から選びなさい。 14

(ア) 20 s　　(イ) 22 s　　(ウ) 24 s

(エ) 25 s　　(オ) 26 s　　(カ) 27 s

3

植物の葉のつくりとはたらきについて調べるために，次の【実験 1】から【実験 4】を行った。以下の各問いに答えなさい。ただし，気孔 1 個から出る水蒸気量はすべての気孔で同じものとする。

【実験 1】

葉の枚数・面積・質量が同じアサガオ A～D を用意した。アサガオの葉にワセリンを用いてそれぞれ異なる処理をした後，同量の水が入ったメスシリンダーにそれぞれ 1 本ずつ入れ，日光がよく当たる風通しの良いところに置いた。3 時間後にメスシリンダーの目盛りを読み，そこから水の減少量を求めた。なお，ワセリンは水も水蒸気も通さないものとする。下の表 1 は，アサガオ A～D に行った処理と水の減少量をまとめたものである。

表 1

	アサガオ A	アサガオ B	アサガオ C	アサガオ D
処理	すべての葉の表裏にワセリンを塗らなかった。	すべての葉の表裏にワセリンを塗った。	すべての葉の表にのみワセリンを塗った。	すべての葉の裏にのみワセリンを塗った。
減少量 [cm^3]	9.8	0.7	7.0	3.4

【実験2】

【実験1】で用いたアサガオと枚数・面積・質量が同じものを新たに用意し，アサガオE・Fとした。それぞれ表2のような処理を行い，【実験1】と同様の実験を行った。表2はアサガオE・Fに行った処理と水の減少量をまとめたものである。

表2

	アサガオE	アサガオF
葉の処理	すべての葉の表裏の葉先側半分にワセリンを塗った。	すべての葉の表裏の茎側半分にワセリンを塗った。
模式図(※)	茎側 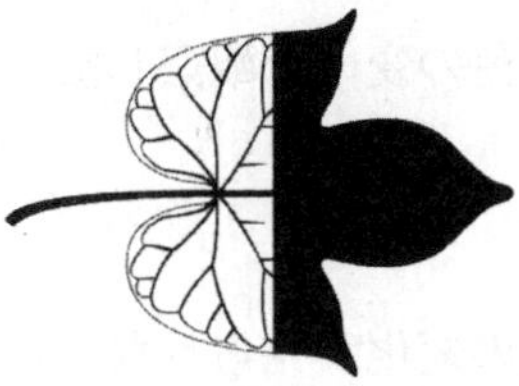 葉先側	茎側 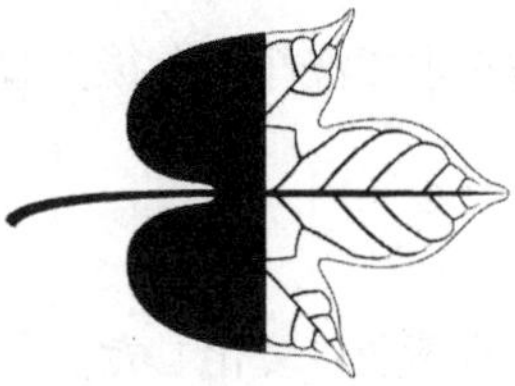 葉先側
減少量[cm^3]	3.6	5.8

※　黒く塗りつぶした部分にワセリンを塗っている。また，E・Fのワセリンを塗っていない面積は等しい。

【実験3】

葉の枚数・面積・質量が同じアサガオG・Hを用意した。空気中の二酸化炭素濃度をアサガオGは0.04％に，アサガオHは0.2％にし，室温で光を十分に照射した条件でそれぞれ12時間放置した。その後，葉の表と裏で開いている気孔の数を数えた。開いている気孔の数(相対値)を下のグラフに示した。

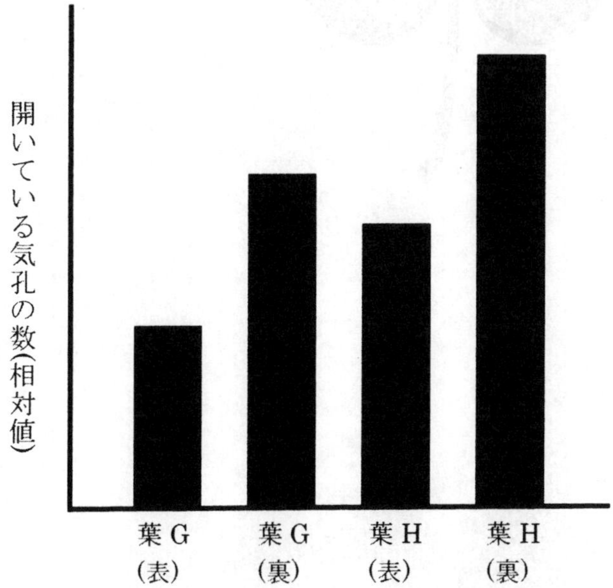

【実験4】

ふ入りのアサガオの葉を用いて，次のような操作を行った。なお，ふの部分は葉緑体が著しく少ないことが知られている。

操作1　下図のような，ふ入りのアサガオの葉を24時間暗室に放置した。

操作2　暗室から取り出したアサガオの葉に下図の点線部分の表裏をアルミニウム箔で覆い，葉全体に十分に光を当てた。

操作3　アルミニウム箔を取り除き，葉を熱湯に入れた後，温めたエタノールに浸した。

操作4　葉を水で洗浄した後，ヨウ素液に浸して色の変化を観察した。

結果

図の①部分は青紫色に変化した。②～④部分では色の変化が見られなかった。

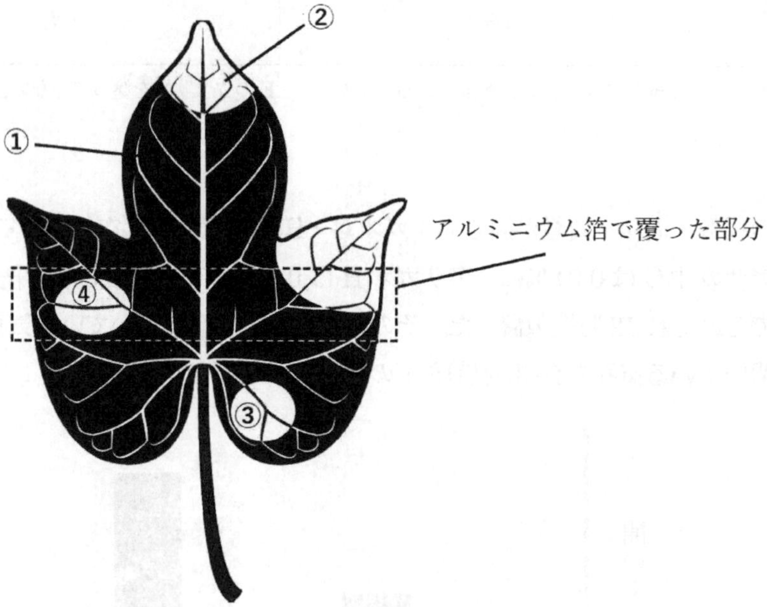

［問１］　次の文章に当てはまる語句の組み合わせとして最も適当なものを，次の中から選びなさい。 15

植物に吸い上げられた水は(　Ⅰ　)を通って運ばれる。吸い上げた水が気孔から水蒸気として放出されることを(　Ⅱ　)という。また，気孔には他にも光合成で使う(　Ⅲ　)を取り込むはたらきがある。

選択肢	Ⅰ	Ⅱ	Ⅲ
(ア)	道管	蒸散	酸素
(イ)	道管	蒸散	二酸化炭素
(ウ)	道管	発散	二酸化炭素
(エ)	師管	蒸散	酸素
(オ)	師管	蒸散	二酸化炭素
(カ)	師管	発散	二酸化炭素

［問２］　植物の葉で行われる光合成と呼吸について，正しく述べている文章の組み合わせとして最も適当なものを，次の中から選びなさい。 16

① 暗所では，光合成も呼吸も行われていない。
② 暗所では，呼吸だけが行われ，光合成は行われていない。
③ 明所では，光合成と呼吸の両方が行われている。
④ 明所では，光合成だけが行われており，呼吸は行われていない。
⑤ 光の有無にかかわらず，光合成が行われている。
⑥ 光の有無にかかわらず，光合成も呼吸も行われている。

(ア) ①，③　　(イ) ①，④　　(ウ) ①，⑤
(エ) ①，⑥　　(オ) ②，③　　(カ) ②，④
(キ) ②，⑤　　(ク) ②，⑥

［問３］　**【実験 1】**でアサガオＡの葉から出て行った水蒸気の量として，最も適当なものを，次の中から選びなさい。 17

(ア) 3.5 cm^3　　(イ) 4.9 cm^3　　(ウ) 7.1 cm^3　　(エ) 9.1 cm^3

［問４］【実験２】の結果から得られた考察として最も適当なものを，次の中から選びなさい。 18

(ア) 葉の茎側半分と葉先側半分で気孔の分布に差がない。

(イ) 葉の茎側半分のほうが，葉先側半分よりも気孔の分布が多い。

(ウ) 葉の葉先側半分のほうが，茎側半分よりも気孔の分布が多い。

(エ) 葉の茎側半分と葉先側半分で気孔の分布に差があるかどうかは今回の実験結果からではわからない。

［問５］【実験３】の結果から得られた考察として最も適当なものを，次の中から選びなさい。 19

(ア) 二酸化炭素濃度が高いほうが，開いている葉の気孔の数が多くなる。

(イ) 二酸化炭素濃度が低いほうが，開いている葉の気孔の数が多くなる。

(ウ) 開いている葉の気孔の数は二酸化炭素濃度によって変化しない。

(エ) 葉の表と裏では開いている気孔の数が二酸化炭素濃度によって変化しない。

［問６］ 次の文は，【実験４】の結果について考察したものである。文中の空欄に最も適当なものの組み合わせを，次の中から選びなさい。 20

①と(　Ⅰ　)の結果から，光合成は葉の緑色の部分で行われていることがわかる。また，①と(　Ⅱ　)の結果から，光合成には(　Ⅲ　)が必要であることがわかる。

選択肢	Ⅰ	Ⅱ	Ⅲ
(ア)	②	③	光
(イ)	②	③	二酸化炭素
(ウ)	②	③	水
(エ)	③	④	光
(オ)	③	④	二酸化炭素
(カ)	③	④	水

4

酸・アルカリについて興味を持ったT君は，自分が現時点で知っているそれぞれの性質をまとめてみた。以下の各問いに答えなさい。

酸性の水溶液の性質

・青色リトマス紙を赤色に変える。
・緑色のBTB溶液を[I]に変える。
・pH試験紙につけると黄色～赤色になる。
・マグネシウムリボンを入れると，[①]が発生する。

アルカリ性の水溶液の性質

・赤色リトマス紙を青色に変える。
・緑色のBTB 溶液を[II]に変える。
・pH試験紙につけると青色になる。
・フェノールフタレイン溶液を[III]に変える。

［問1］ 文章中の[I]～[III]に当てはまる組み合わせとして最も適当なものを，次の中から選びなさい。[21]

選択肢	I	II	III
(ア)	赤色	青色	赤色
(イ)	黄色	青色	赤色
(ウ)	赤色	黄色	赤色
(エ)	黄色	赤色	無色
(オ)	黄色	青色	無色
(カ)	赤色	黄色	無色

［問２］　文章中の ① に当てはまる語句と，マグネシウムと塩酸の化学反応式の組み合わせとして最も適当なものを，次の中から選びなさい。 22

選択肢	①	化学反応式
(ア)	酸素と水素	$Mg + 3H_2O \rightarrow MgO + O_2 + 3H_2$
(イ)	酸素と水素	$Mg + 2HCl + 2H_2O \rightarrow MgCl_2 + O_2 + 3H_2$
(ウ)	水素と塩素	$Mg + 3HCl \rightarrow MgCl + 3H + 2Cl$
(エ)	水素と塩素	$Mg + 2HCl + H_2O \rightarrow MgO + 2H_2 + Cl_2$
(オ)	水素	$Mg + 2HCl \rightarrow MgCl_2 + H_2$
(カ)	水素	$Mg + 2H_2O \rightarrow Mg(OH)_2 + H_2$

T君は自分の知識を深めるために，自分の知っている情報から酸性やアルカリ性を示すもとになるものを調べる実験を行った。

【実験１】

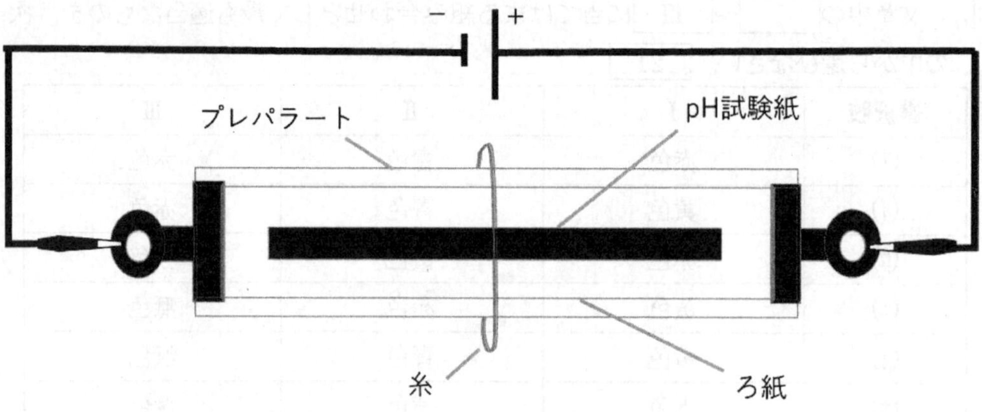

図１

(1) pH 試験紙とろ紙を①硝酸カリウム水溶液で湿らせ，両端のクリップを電源装置につないで，20 V の電圧を加える。

(2) 図１のように pH 試験紙の中央に 2.5 %水酸化ナトリウム水溶液をしみこませた糸を置いてその変化を観察した。

［問３］ 下線部①を行う理由はなぜか。最も適当なものを，次の中から選びなさい。

23

(ア) 電流を通しやすくするため。

(イ) pH 試験紙の発色をよくするため。

(ウ) 糸にしみこませた水酸化ナトリウムを電離させるため。

(エ) 結晶の析出を防ぐため。

(オ) 水酸化ナトリウムと中和させるため。

［問４］ 次の文章は，【実験 1】の後，T 君が結果と考察をまとめたものである。この文章を読み，① ～ ④ に当てはまる組み合わせとして最も適当なものを，次の中から選びなさい。 24

結果：pH 試験紙は ① 色に変わり，色の変化が ② 側に向かって広がった。

考察： ② 側に向かって移動したことから， ③ の電気を帯びていると考えられる。水酸化ナトリウムが電離した際， ③ の電気を帯びているイオンは ④ であるから， ④ が pH 試験紙を ① 色に変えたと考えられる。

選択肢	①	②	③	④
(ア)	青	陽極	－	水酸化物イオン
(イ)	青	陰極	＋	ナトリウムイオン
(ウ)	青	陰極	＋	水酸化物イオン
(エ)	赤	陽極	－	水酸化物イオン
(オ)	赤	陽極	－	ナトリウムイオン
(カ)	赤	陰極	＋	ナトリウムイオン

［問５］　T君はより発展的な内容を調べてみたくなり，BTB溶液を入れた10.0％水酸化ナトリウム水溶液40.0gに10.0％塩酸を加えてみた。加え続けていくとやがて水溶液の色が緑色になった。この時点で使われた10.0％塩酸は36.5gであった。また，この水溶液の水分を蒸発させると塩化ナトリウムの結晶が現れた。この実験において，(ⅰ)10.0％水酸化ナトリウム水溶液40.0gに含まれる水酸化ナトリウムの質量は何gであるか。また，この反応によって生じた水の質量が1.8gであったとき(ⅱ)出てきた結晶の質量は何gであると予測できるか。それぞれの組み合わせとして最も適当なものを，次の中から選びなさい。ただし，反応は完全に進行したものとする。 25

選択肢	（ⅰ）水酸化ナトリウムの質量[g]	（ⅱ）結晶の質量［g］
(ア)	4.0	1.7
(イ)	3.5	5.9
(ウ)	4.0	74.7
(エ)	3.5	1.7
(オ)	4.0	5.9
(カ)	3.5	74.7

酸とアルカリが互いを打ち消し合う性質により，水が生成していることを確認したかったT君は次のような実験を行った。

【実験2】

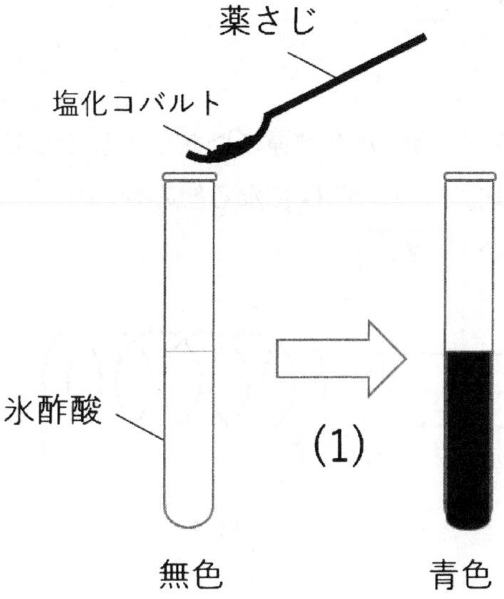

図2

(1) 図2のように無色で液体の氷酢酸※1に，青色にした塩化コバルト※2を少量加え，混合溶液を青色に変える。

(2) 液体の氷酢酸に水酸化ナトリウムの粒を加えてよく振る。

※1　純粋な酢酸を氷酢酸という。融点が17 ℃で冬期に固体になるため，氷酢酸という。

※2　塩化コバルト水溶液を，ろ紙にしみこませて乾かした試験紙を塩化コバルト紙という。

［問6］ この実験の結果として最も適当なものを，次の中から選びなさい。 26

(ｱ)　液体は青色のまま変化しなかった。

(ｲ)　液体は無色に変化した。

(ｳ)　液体は固体に変化した。

(ｴ)　液体は赤色に変化した。

(ｵ)　液体は黄色に変化した。

5

［問1］　コイルに磁石を近づけることで電流が流れる。このとき流れる電流の名称として最も適当なものを，次の中から選びなさい。 27

(ア)　静電誘導　　(イ)　真空放電　　(ウ)　誘導電流　　(エ)　直流電流

［問2］　図1のように，磁石を近づけたり遠ざけたりすることでコイルには電流が流れる。コイルに流れる電流の向きがBになる組み合わせとして最も適当なものを，次の中から選びなさい。 28

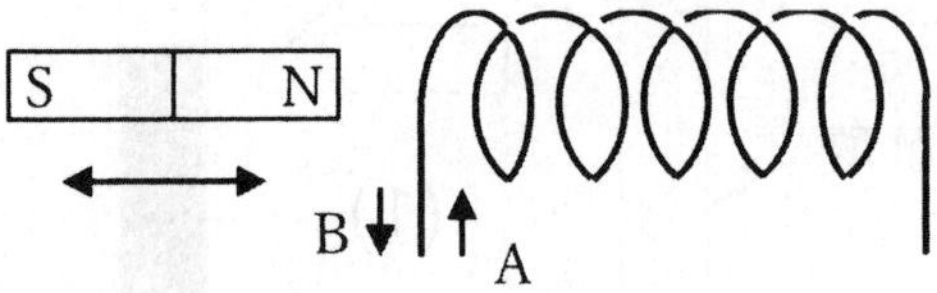

図1

①　N極を近づける。

②　N極を遠ざける。

③　S極を近づける。

④　S極を遠ざける。

(ア)　①，②　　(イ)　①，③　　(ウ)　①，④
(エ)　②，③　　(オ)　②，④　　(カ)　③，④

図2のように，棒の先にとり付けた磁石がS極を上，N極を下に向けたまま，円を水平に描くように一定の速さで回転する装置がある。図3は図2を上から見た様子である。以下の各問いに答えなさい。

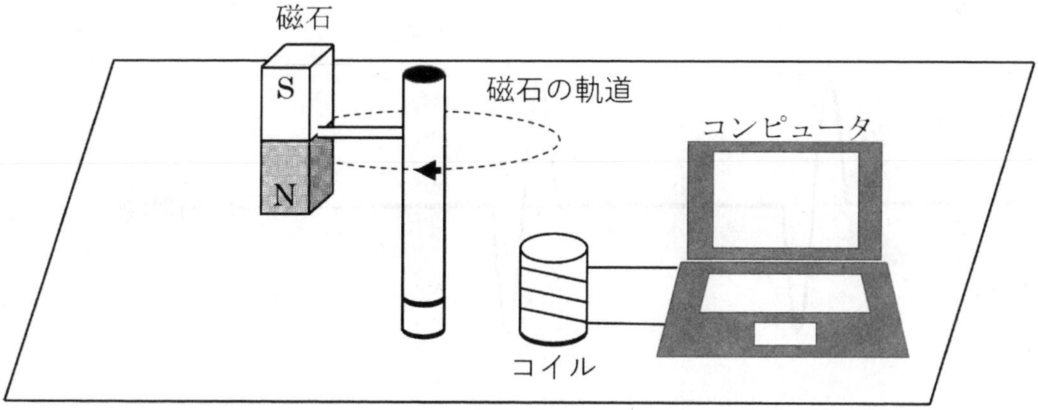

図2

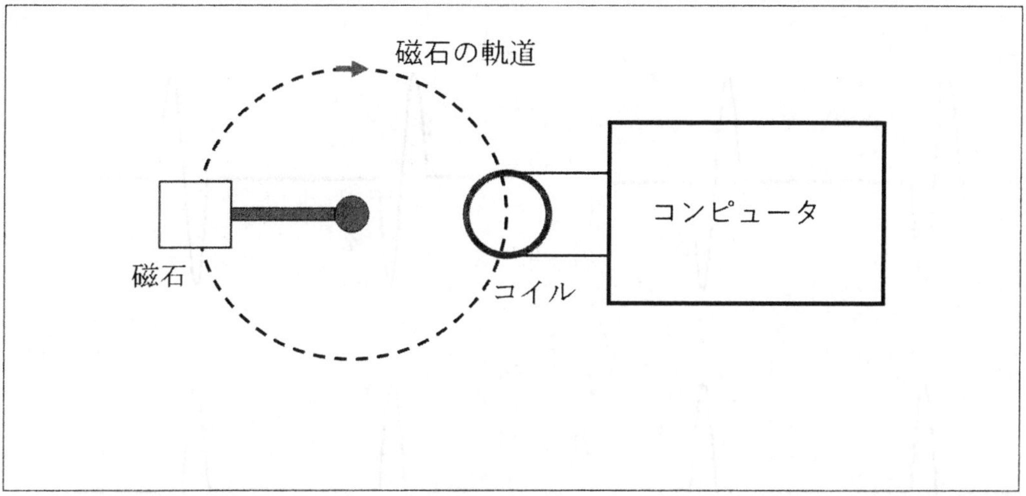

図3

図2のように，コイルの真上を磁石が通過するようにして，磁石を4秒間回転させたところ，コイルに電流が流れた。その電流のようすをコンピュータを使ってグラフにしたところ，図4のようになった。

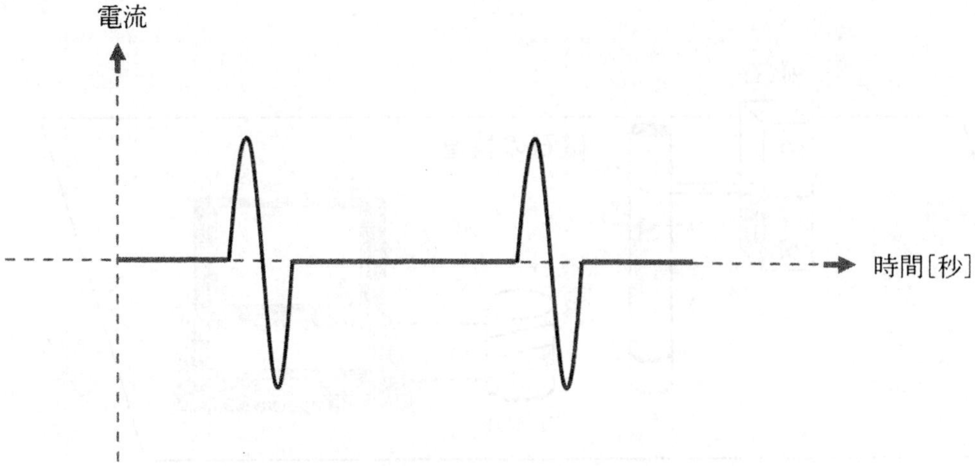

図4

［問3］　図2において，磁石の回転を逆向きにしたときグラフはどのような形になるか。最も適当なものを，次の中から選びなさい。 **29**

(ア)

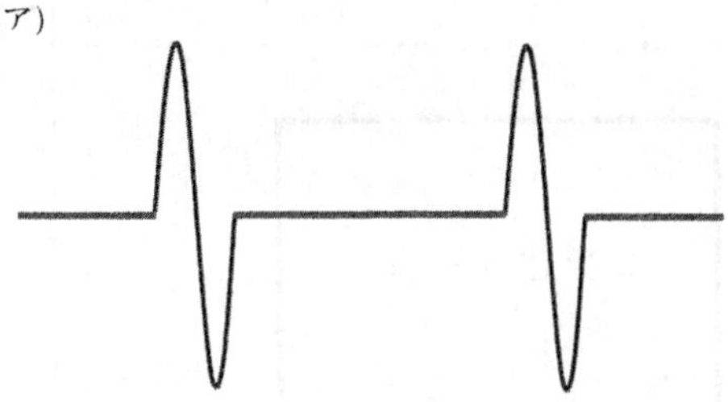

(イ)

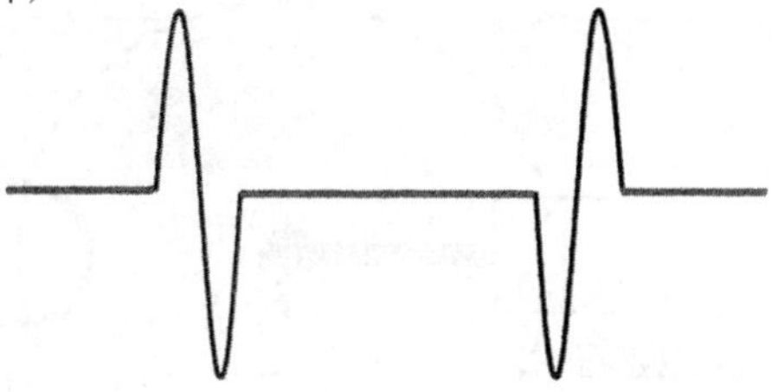

(ウ)

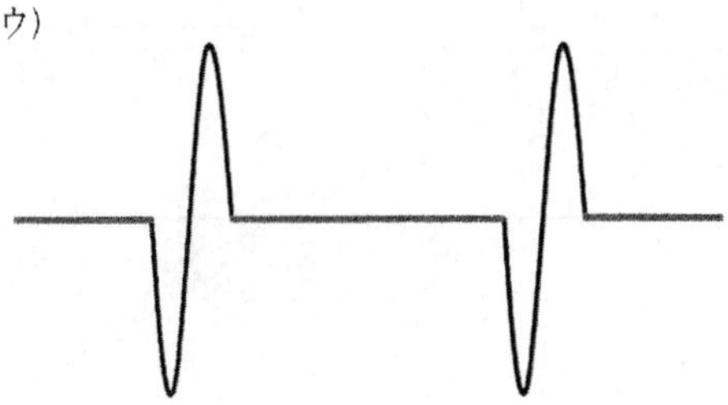

(エ)

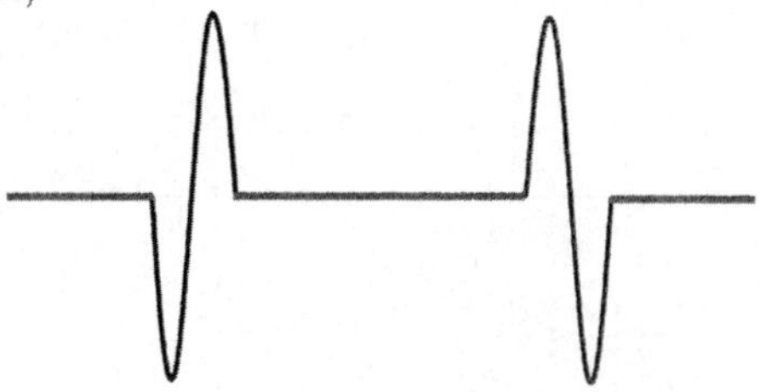

［問4］　図 2 において，磁石の回転を速くすると電流の流れはどのように変化するか。最も適当なものを，次の中から選びなさい。 30

(ア) 電流が流れなくなる。

(イ) 流れる電流が強くなる。

(ウ) 流れる電流が弱くなる。

(エ) 流れる電流が逆向きになる。

(オ) 流れる電流が 1 回目だけ逆向きになる。

［問5］　電磁誘導について正しく述べた文として，最も適当な組み合わせを，次の中から選びなさい。 31

① 電磁石で鉄を引きつけるとき，電磁誘導のはたらきを利用している。

② コイルの中の磁界が変化すると，コイルに電流を流そうとする電圧が生じる。

③ 発電機で運動エネルギーを電気エネルギーに変換するとき，電磁誘導のはたらきを利用している。

④ コイルと磁石を用いて電磁誘導の実験を行うときには，コイルを巻く導線の材質に鉄を含むものを使わないと電磁誘導は起こらない。

⑤ コイルのそばで磁石を動かすと磁石からマイナスの性質をもった目に見えないくらい小さな電気の粒が磁界中に放出されて，その粒がコイルを巻く導線に移る。

(ア) ①，②　　(イ) ①，②，④　　(ウ) ①，③，⑤

(エ) ②，③　　(オ) ②，③，⑤　　(カ) ②，④，⑤

［問6］　図 2 のコンピュータを外し，コイルに発光ダイオードを取り付けて実験を行った。60 秒間磁石を回転させたときに，発光ダイオードが点灯する回数として最も適当なものを，次の中から選びなさい。 32

(ア) 15　　(イ) 30　　(ウ) 45

(エ) 60　　(オ) 90　　(カ) 120

［問八］　傍線部⑦「なかんずく」は、どのような内容を含んで用いられているか。最も適当なものを、次の（ア）～（オ）の中から一つ選べ。解答番号は 21

（ア）万葉集の中に収められている多くの和歌のなかから、とくに
（イ）万葉集巻七にある作者不詳の雑の挽歌のなかで、ただひとつ
（ウ）万葉集に限らず、他の和歌集に収められている多くの挽歌のなかで
（エ）万葉集巻二にある柿本人麻呂の挽歌のなかでも、とりわけ
（オ）万葉集以外の歌集で柿本人麻呂が読んだ挽歌のなかで、いくつか

［問九］「万葉集」について述べた文として正しいものを、次の（ア）～（オ）の中から一つ選べ。解答番号は 22

（ア）平安時代中期から末期に成立したとされる、日本で最大、最古の歌集である。
（イ）万葉仮名と呼ばれる独自の文字遣いを含め、表記はすべてひらがなである。
（ウ）大伴家持が編集に関わったとされ、全二〇巻に四五〇〇首以上の和歌が収められている。
（エ）天皇の命令により、紀貫之らが中心となって完成させた最初の勅撰和歌集である。
（オ）奈良時代初期から末期までの約八〇年間の詩編を集めた、日本で最古の漢詩集である。

〔問六〕 傍線部⑤「たまづさの」は、枕詞という和歌の修辞法の一つに属する語であるが、枕詞の説明として最も適当なものを、次の（ア）～（エ）の中から一つ選べ。解答番号は 19

（ア）特定の語を呼び起こし、きわだたせるための定型化した表現。

（イ）一つの言葉に二つの意味を持たせる表現技法。

（ウ）不特定の語を導き出すために作者が創作した修飾句。

（エ）歌の一部分に物の名前を隠し込んで詠み込む技巧。

〔問七〕 傍線部⑥「突然、亡き愛する人と逢った日の事などが苦しいほど胸をしめつけてくる」とあるが、そのときの「人麻呂」の心情として考えられる文を、次の（ア）～（オ）の中から一つ選べ。解答番号は 20

（ア）かつてともに歩いた山で突然聞こえてきた足音が、亡くなった愛する人の戻ってきたしるしであると確信し、激しく感情が揺り動かされている。

（イ）文使いは足早に過ぎていったしまったが、残された落葉の音が愛する人の息づかいのように聞こえて、懐かしさとともに喜びが湧き上がる。

（ウ）美しく黄葉した山のどこかに愛する人が葬られていることを思い、その生前とすこしも変らない姿が思い出されて、しみじみと深い感傷に浸っている。

（エ）近づく足音に愛する人の再来を感じて一瞬気持ちがたかぶるが、思い違いに気づき、あらためて永遠の別れを突きつけられたようでつらい。

（オ）愛する人の文を届けに来てくれたはずの文使いが、止まることなく傍を過ぎてしまったので、いわれなくも強い憤りに襲われている。

［問四］ 傍線部③「そういう現象」とはどのようなことか。最も適当なものを、次の（ア）～（オ）の中から一つ選べ。
解答番号は 17

（ア）古代人が死を生の再現と考え、死者をそのまま葬っていたこと。
（イ）原始的な他界信仰に基づく古墳が、作られないようになったこと。
（ウ）古代の家屋を精妙に真似た、菖蒲池古墳のような墓所が作られたこと。
（エ）素朴な他界信仰からぬけ出した古代人が、火葬や風葬を始めたこと。
（オ）頭脳の進んできた古代人にとって、古墳はもはや不要になってきたこと。

［問五］ 傍線部④「死というものに対する考えかたがぐっと変わってきました」とあるが、その説明として最も適当なものを、次の（ア）～（オ）の中から一つ選べ。解答番号は 18

（ア）原始的な他界信仰の時代は、古墳に安置すれば死者が生き返ると考えられていたが、次第に古墳なしでも再生すると考えられるようになった、ということ。
（イ）人は死後に他界へ行くだけと考えられていたが、仏教の伝来後は、複数の他界を巡ったのちに再び現世に戻ってくると考えられるようになった、ということ。
（ウ）科学的な知識に基づく死生観の広がりによって、死後そのまま古墳に葬ることが避けられるようになり、火葬や風葬で遺体を処理する考え方に変わった、ということ。
（エ）死者の魂は古墳の中で安らかに眠っていると考えられていたが、死後、生前とすこしも変らない姿でさまよいつづけるという考え方に変わった、ということ。
（オ）死者が、死後も生前と変わらない生活を営んでいると信じる考え方から、死は生の終わりであるという合理的な考え方に変わった、ということ。

［問二］ 傍線部①「それ」の指示する内容は何か。最も適当なものを、次の（ア）～（オ）の中から一つ選べ。
解答番号は 15

（ア）僕の心のうちの一つの場所
（イ）荒んだ古墳らしい印象
（ウ）古代人の死の考え方
（エ）万葉集の挽歌
（オ）菖蒲池古墳

［問三］ 傍線部②「挽歌の美しさ」とはどのような「美しさ」か。最も適当なものを、次の（ア）～（オ）の中から一つ選べ。
解答番号は 16

（ア）死が永遠の別れであることを受け入れつつも、死後の世界を半ば信じようとする繊細な心情が無意識にあらわれた、まっすぐで簡潔な美しさ。
（イ）古代人の死に対する観念を、ひとつの形象にして表わした菖蒲池古墳の姿に通じる、荒んでいながらも心に深く刻みつけられるような美しさ。
（ウ）美しく黄葉している山のなかに、生前とすこしも変わらない姿で葬られている古代人の美意識をそのままうつしだしているような美しさ。
（エ）愛する人が亡くなった後も、どこかでさまよいつづける熱い情熱と、二人で歩んだ山の情景がいかにもまざまざと目の前に蘇《よみがえ》ってくるような美しさ。
（オ）愛する者の死に対する思いが、原始的な他界信仰から脱して新しいひとつの歌として結実し、寂しく切ない感じでありながら力強さも感じるような美しさ。

受け入れてしまっているのであります。そうしてまた一方では、そういう愛する人の死後の姿をできるだけ美化しようとする心のはたらきがある。……そういうさまざまな心のはたらきが、ほとんど無意識的に行われて、なんの造作もなくすうっと素直に歌になったところに、万葉集のなかのすべての挽歌のいい味わいがあるのだろうと思われます。

＊　菖蒲池古墳……現在の奈良県橿原《かしはら》市菖蒲町にある古墳。飛鳥時代、七世紀中頃の築造とされる。

＊　挽歌……人の死を悲しみ、悼《いた》む歌。

＊　軽の村……現在の奈良県橿原市の辺りにあったとされる村。

＊　懊悩……悩み、悶えること。

＊　……軽の市に……（大意）妻がいつも出掛けていた市で耳をすますけれど、畝傍山からは鳥の声も聞こえてこない。
道行く人にも、誰一人として妻と似た人がいない。どうしようもなく、妻の名を呼び袖を振った。

［問二］　二重傍線部Aの「む」、Bの「し」についての説明として最も適当なものを、それぞれの（ア）～（エ）の中から一つずつ選べ。解答番号は、Aは 13 、Bは 14 。

A「む」
（ア）「～だろう」という意味の、推量を表している。
（イ）「～しよう」という意味の、意志を表している。
（ウ）「～てください」という意味の、懇願を表している。
（エ）「～にちがいない」という意味の、確信を表している。

B「し」
（ア）「～だなあ」という意味の、詠嘆を表している。
（イ）「～ている」という意味の、継続を表している。
（ウ）「～た」という意味の、過去を表している。
（エ）「～たい」という意味の、願望を表している。

そういう情景がいかにもまざまざと目の前に蘇《よみがえ》ってくるようであります。それだけで好い。その軽の村がどういうところであるかも、その歌がおのずから彷彿《ほうふつ》せしめている。その藤原京のころには、京に近い、この軽のあたりには寺もあり、森もあり、池もあり、市などもあったようであります。その死んだ愛する人などもよくその市に出て、人なかを歩いたりしたことがあったらしい。そしてその路《みち》からは畝傍山がまぢかに見え、そのあたりには鳥などもむらがり飛んでいたのでありましょう。――今もまだその軽の村らしいものが残っております。その名を留めている現在の村は、藪《やぶ》の多い、見るかげもなく小さな古びた部落になり果てていますが、それだけに一種のいい味があって、そこへいま往《い》ってみても決して裏切られるようなことはありません。

低い山がいくつも村の背後にあります。そういう低い山が急に村の近くで途切れてから、それがもう一ぺんあちこちで小丘になったり、森になったり、藪になったりしているようなぐあいの村です。そういう村の地形を考えに入れながら、もう一ぺんさっきの歌を味わってみると、一層そのニュアンスが分かって来るような気がします。

すこし横道にそれてしまいましたので、本題に立ちかえりましょう。僕はその人麻呂の挽歌《ばんか》――⑦なかんずくその第一の反歌のなかに見られる、死に対する観念を考えてみようとしていたのでした。

秋山の　黄葉あはれと　うらぶれて（誘われて）　入りにし妹は　待てど来まさず

これは巻七の挽歌のなかに出ている作者不詳のものであります。非常に人麻呂の歌と似ていて、その影響をたぶんに受けて出来たものと思われますが、とにかくそれで見ても、こういうような愛する者の死に対する思想が、たいへん当時の人々に気に入られたということがわかるのであります。――その当時はもう原始的な他界信仰から脱して人々はようやくわれわれとほとんど同じような生と死との観念を持ちはじめていたのにちがいありません。だが、自分の愛しているものでも死んだような場合には、死後もなお彼女が在りし日の姿のまま、その葬《ほうむ》られた山の奥などをしょんぼりとさすらっているような切ない感じで、その死者のことが思い出されがちでありましょう。そういう考え方はかつての他界信仰の名残りのようなものを多くとどめておりますが、半ばそれを否定しながらも、半ばそれを好んで受け入れようとしている、――すくなくとも心のうえではすっかりそれを

いように、その軽の村に来てひとりで＊懊悩《おうのう》する、そのおりの挽歌でありますが、その長歌が

＊……軽の市に　わが立ち聞けば　たまだすき　畝傍《うねび》の山に　鳴く鳥の　声も聞えず　たまぼこの　道行く人も　ひとりだに
似るが行かねば　すべをなみ　妹《いも》が名呼びて　袖ぞ振りつる

と終わると、それがこういう二首の反歌でおさめられてあります。

秋山の　黄葉《もみじ》を茂み　迷《まど》はせる　妹を求めむA　山路《やまぢ》知らずも

もみぢ葉の　散りゆくなべに（折に）　⑤たまづさの　使ひ（手紙を届ける使者）を見れば　逢ひしB日思ほゆ

ちょうど、晩秋であったのでありましょう。彼がそうやって懊悩しながら、軽の村をさまよっていますと、おりから黄葉がしきりと散っております。ふと見上げてみると、山という山がすっかり美しく黄葉している。それらの山のなかに彼の愛する人も葬られているのにちがいないが、それはどこいらであろうか。そんな山の奥ぶかくに、彼女がまだ生前とすこしも変らない姿で、なんだか道に迷ったような様子をしてさまよいつづけているような気もしてならない。だが、それが山のどこいらであるのか全然わからないのだ。……

そんなことを考えつづけていると、突然、誰か落葉を踏みながら自分のほうに足早に近づいてくるものがある。見ると、文《ふみ》を挿《はさ》んだ梓《あずさ》の木を手にした文使《ふづか》い（使ひ）である。ふいと愛する人の文を自分に届けに来たような気がして、おもわず胸をおどらせながら立ち止まっていると、落葉の音だけをあとに残してその文使いは自分の傍《そば》を過ぎていってしまう。⑥突然、亡き愛する人と逢った日の事などが苦しいほど胸をしめつけてくる。

□二 次の文章は、堀辰雄の随筆集「大和路」に収められている「古墳」という作品の一節で、かって友人と一緒に訪れた*菖《あや》蒲池《めいけ》古墳の周辺を、筆者が一人で再訪した際の文章である。この文章を読んで、あとの問に答えよ。

そうやって君と一緒にはじめて見たその菖蒲池古墳、そのときはなんだか荒んだ古墳らしい印象を受けただけのように思っていましたが、だんだん月日が立って何かの折にそれを思い出したりしているうちに、そのいかにもさりげなさそうに一ぺん見たきりの古墳が、どういうものか、僕の心のうちにいつも一つの場所を占めているようになって来ました。——いわば、①それは僕にとっては古代人の死に対する観念をひとつの形象にして表わしてくれているようなところがあるのでありましょう。いつごろからそういう古代人の死の考えかたなどに僕が心を潜めるようになったかと言いますと、それは万葉集などをひらいて見るごとに、そこにいくつとなく見出される挽歌の言うに言われない美しさに胸をしめつけられることの多いがためでした。このごろようやくそういう②*挽歌の美しさがどういうところから来ているかがわかりかけてきたような気がします。

まず、古代人の死に対する考えかたを知るために、あの菖蒲池古墳について考えてみます。あの古墳に見られるごとき古代の家屋をいかにも真似たような石棺様式、それはそのなかに安置せらるべき死者が、死後もなおずっとそこで生前とほとんど同様の生活をいとなむものと考えた原始的な他界信仰のあらわれ、あるいはその信仰の継続でありましょう。しかし、僕たちが見たその古墳のように、その切妻形《きりづまがた》の屋根といい、浅く彫り上げてある柱といい、いかにもその家屋の真似が精妙になってきだすのと前後して、突然、そういう立派な古墳というものがこの世から姿を消してしまうことになったのです。これはなかなか面白い現象のようです。もちろん、それには他からの原因もいろいろあったでしょう。だが、③そういう現象を内面的に考えてみても考えられないことはない。つまり、そういう精妙な古墳をつくるほど頭脳の進んできた古代人は、それと同時にまた、もはや前代の人々のもっていたような素朴な他界信仰からも完全にぬけ出してきたのです。一方、火葬や風葬などというものが流行ってきて、彼等のあいだには④死というものに対する考えかたがぐっと変わってきました。それがどういう段階をなして変わっていったかということが、万葉集などを見ているとよく分かるような気持ちがします。……

たとえば、巻二にある人麻呂の挽歌。——自分のひそかに通っていた*軽《かる》の村の愛する人が急に死んだ後、ある日いたたまれな

［問八］二重傍線部Ａ・Ｂの、本文中における意味として正しいものを、それぞれの（ア）〜（オ）の中から一つずつ選べ。
解答番号は、Ａは 10 、Ｂは 11

Ａ　市井の
（ア）日本人の　（イ）優秀な
（ウ）貧困階級の　（エ）苦労の多い
（オ）世間一般の

Ｂ　いやおうなく
（ア）ゆっくり確実に　（イ）有無をいわせずに
（ウ）いつの間にか　（エ）驚くべき速さで
（オ）みずから進んで

［問九］本文全体の主旨・構成を説明したものとして、最も適当なものを、次の（ア）〜（エ）の中から一つ選べ。
解答番号は 12

（ア）自身の同時代史を語ることが、歴史に生気を吹きこみ、次世代へと生々しく伝えることになると筆者は考えている。感動を持って歴史を語ることでこそ若者の好奇心が動くと述べたうえで、個人の生活や姿勢よりも大状況を重視する丸暗記中心の歴史教育の問題点を指摘して改善を求めている。

（イ）歴史を語る場合、あくまでも客観的な検証のできる事実のみを扱うことが重要なので、体験者による危うい発言には十分注意するべきである。戦争のような大状況の時にはなおさら、個人の日常性が世論を作り、それが広がることによって、悲劇的な結末に至る危険がある、と筆者は指摘する。

（ウ）大学での歴史教育について、筆者はまず自身の体験をもとに二つの問題点を挙げる。次に体験を語る際の注意事項を三つに分けて整理、説明する。特に三つ目の個人と大状況との関係については、国民間の感情的ないさかいから発した小さな事件が大きな戦争の引き金になった事実を語り、警鐘を鳴らしている。

（エ）筆者は、体験者として語る意味の重要性を認識し、同時にその困難をも自覚している。第二段落ではその体験を語る中で気づいた点を三つに分けて整理したうえで、戦争と個人との関係を分析する。現代と共通する問題点を指摘しつつ、個人の態度や姿勢について、もっと注意深く意識するべきであると述べている。

(ア) 戦争中の大状況下では個人の生命が軽視されることは当然であり、たとえ死んでも仕方がないとされる。
(イ) 国同士の戦争といった大状況によって、平凡な一般市民の日常生活が脅かされ壊される。
(ウ) 戦争のような異常な状況の時には、個人の行動や生活と国家との接点がはっきりと示される。
(エ) 大状況の歴史から見れば、ひとりびとりの個人の歴史は米粒のように小さく、その関係性は目に見えない。
(オ) ひとりびとりの人間の日常生活における態度や姿勢が、戦争の起因、遂行力の一部になる。
(カ) 第二次世界大戦では、中国人ひとりびとりの反日感情が大状況につながる直接的な原因となった。

[問六] 傍線部⑤で、筆者が「貢献」に「　」をつけた意図と同じ意図で「　」をつけている文を、次の（ア）～（エ）の中から一つ選べ。解答番号は 8

(ア) できるだけ楽しいイベントを開催したいと思い、つい限度を越えて「品格」を失ってしまった。
(イ) 列車で老人に座席を譲った際に大きな声でお礼を言われたことが恥ずかしく、その場から「逃走」した。
(ウ) 学校でのルールを定めた校則は、校内秩序の維持にはある程度の「効能」を発揮した。
(エ) 化石燃料の大量利用は人類に経済活動の発展をもたらすとともに、地球環境の破壊にも「寄与」した。

[問七] 傍線部⑥「前者が後者のこやしになる」とはどのようなことか。その説明として最も適当なものを、次の（ア）～（オ）の中から一つ選べ。解答番号は 9

(ア) インドネシアにおける日本人の高慢な態度が、戦争の悲劇を生んだ、ということ。
(イ) 中国での日本人の姿勢が、日本の将来の困難を生んでいる、ということ。
(ウ) 個人の善良さが、国家の侵略性を支えている、ということ。
(エ) 日本人の失礼な態度が、インドネシアの貧困と不幸の種となる、ということ。
(オ) 東南アジアでの日本人批判が、半世紀をへだてて再び生まれている、ということ。

（オ）客観的に存在する過去の事実を扱う場合は、語り手と聞き手とが対等であるが、体験の有無という差異がある場合は、両者が対等にならないから。

［問三］傍線部②「外に存在するもの」とは何か。最も適当なものを、次の（ア）～（オ）の中から一つ選べ。解答番号は 4

（ア）文献や資料からあつめた明治維新についての歴史的事実。
（イ）若者といっしょに考えた戦争に連関する大状況の問題。
（ウ）日本古代国家の成立に関して語られている客観的事実。
（エ）歴史に対する体験者の知識と思想を加えた意見。
（オ）戦中・戦後のできごとを体験者である自分が語ること。

［問四］傍線部③「こんな日本人の態度」とはどのような「態度」か。その内容を説明したものとして適当なものを、次の（ア）～（オ）の中から一つ選べ。解答番号は 5

（ア）インドネシアとの長い友好関係に甘えた、なれなれしい日本人の態度。
（イ）インドネシア人を馬鹿にして悪口を言い、アゴで使う日本人の態度。
（ウ）中国の青島で見られた、力を背景に持つものである日本人の高圧的な態度。
（エ）アジアの発展途上国における、日本人特有の他人に対するよそよそしい態度。
（オ）戦争中にしばしば指摘された、日本人のインドネシア人に対する批判的な態度。

［問五］傍線部④「個人は大状況とけっして無関係ではない」とあるが、「個人」と「大状況」との関係について本文ではどのように述べられているか。適当なものを、次の（ア）～（カ）の中から二つ選べ。解答番号は 6 、 7

ドネシアでの日本人の生活は、学生にとっても同時代のできごとである。私は、戦前の経験から、その生活のしぶりを想像できる。半世紀へだてて、同じ形が生まれていることに、私は無関心ではおれない。

［問一］ 空欄［A］［B］に入る最も適当なものを、それぞれの（ア）～（オ）の中から一つずつ選べ。
解答番号は、［A］は［1］、［B］は［2］

［A］
（ア） だから　（イ） しかし
（ウ） そして　（エ） たぶん
（オ） また

［B］
（ア） 明治維新の資料　（イ） 「歴史」教育
（ウ） 戦争という大状況　（エ） 意味の連関
（オ） 丸暗記した知識

［問二］ 傍線部①「その特権は、逆に、体験者から非体験者へのコミュニケーションをむずかしくすることにもなる」とあるが、その理由について説明した文として最も適当なものを、次の（ア）～（オ）の中から一つ選べ。解答番号は［3］

（ア） 体験が知識と思想のつながりに翻訳されるためには、体験者のみが持つ独自の感覚と生気による聞き手への直接的な呼びかけが大切だから。
（イ） ひとつの時代を支配している全体的な雰囲気を伝えるためには、体験者による聞き手への具体的で詳細な説明が不可欠であるから。
（ウ） 体験者と非体験者の間には埋めることのできない絶対的なへだたりがあり、客観的な事実の説明だけではとうていわかり合うことができないから。
（エ） 歴史的事実とその意味との連関は、体験者のみが語ることのできる全体性とディテールについての感覚によってはじめて明らかになるものであるから。

「大状況の歴史があり、そのなかに米粒のように小さいひとりびとりの人間の歴史がある。その二つの歴史は、どこかで交錯する。接点を持つ。大状況のことなど自分に関係がないと思っていても、じつは、④個人は大状況とけっして無関係ではない。しかしどのように関係してくるか。

たとえば戦争中の大状況と個人との関係を考えると、戦争によって個人の生命と生活が破壊されてしまったという面が強く出てくる。たしかに、その面は見のがせない。しかし、別の面がある。つまり、個人の日常生活、そのなかでの生活態度や姿勢が、じつは戦争そのものの遠因となり、戦争をはじめさせ、戦争を支える力の一部となっているということだ。たとえば、戦前・戦中、中国にわたった日本人のひとりびとりが中国人に対してどのような姿勢で接触していたのか、家庭で使っている中国人をどう待遇したのか。そうしたことは、けっして戦争と無関係だったとはいえない。もちろん、戦争をはじめたのは大日本帝国政府であった。それを動かしたのは、軍部であり、官僚であり、財閥であった。しかし、一般庶民もまたその日常生活のなかで、戦争の種を温存し、育てていなかったとはいえない。個人の生活の日常性を破壊するものとしてだけ戦争を考えるのではなく、戦争の種のある部分を育てたものとして、人びとの日常性がある。

当時中国に住む日本人のなかには、善良な人間もいたけれども、中国人の眼から見れば、やはり大日本帝国の力を背景に、支配者として中国にやってきた日本人であった。個人の善良さと、国家の侵略性とは両立する。その両立するなかで、個人の善良さが国家の侵略性を支えているのだ……。」

私は、インドネシアに住む日本人批判を書いた一女性の指摘は、ひじょうに重要だと思う。インドネシアでインドネシア人をアゴで使っている日本人は、もし戦争の種をつくりつつあるということが誇張であるとしても（なぜならいまの日本は、そうかんたんに新しい侵略戦争を起こすことはできないであろうから）、インドネシア民衆の貧困と不幸の種をつくり、同時に日本の将来の困難（それは破局をふくんでいるかもしれない）の種をつくることに⑤「貢献」しているのである。

ひょっとしたら、聞いている大勢の学生の家族や友人に、東南アジアなどに出かけているものもいるかもしれない。そういう学生は、多分、私の話を不愉快にうけとったと思う。しかし、個人と状況との悲劇的な関係は、前者が後者によっておしつぶされてしまうという形だけではない。まさに⑥前者が後者のこやしとなることが少なからずあるという点でも悲劇的である。インあるとき、私は新聞で、インドネシアから帰った一女性の投稿を読んだ。その要旨は次のようなことである。……インドネシアに行っている日本人の家庭には、インドネシア人がお手伝いとして使われていることが多い。ところで日本人たちのあいだでは、インドネシア人はウソつきだとか、不潔だとかいったことが、しょっちゅう話しあわれている。そして彼らには甘い顔を見せてはならないといって、朝、インドネシア人の使用人に挨拶をうけても、挨拶をかえさない日本人もいる。こういう実情を書いてから、この女性は、日本とインドネシアとの将来の長い友好の必要を考えると、③こんな日本人の態度は批判されなければならないという意味のことを書いていた。

私は、戦前・戦中、中国の青島市《ちんたお》にいた。私の頭にひらめいたのは、そのころの日本人の日常生活のことだった。当時、ほとんどの日本人家庭には、中国人が家事手伝人として働いていた。男はボーイ、女はアマと呼ばれていた。商社の幹部などの家には、ボーイ、アマ、自動車の運転手と、三、四人が雇われていることもあった。いま日本のどこに、家族四人にお手伝いさん四人というような生活があるだろう。日本人の主婦は、掃除洗濯から食事の準備やあと片づけ、子守りまで、ほとんど使用人にまかせて暮していた。

そのなかで、日本人の主婦たちがあつまると、さかんにボーイやアマの悪口が出る。そうした情報交換は主婦たちの楽しみであった。ウソをいう、盗み食いのくせがある、つり銭をごまかす、怠ける、その他その他である。

多くのボーイやアマは日本人に反発・反感を持っていた。自分たちの生活の貧しさにくらべて、日本人の生活の豊かさをうらやましく思う気持もあったにちがいない。しかし、そうした環境のなかでも、正直に働く中国人が多かった。品性としては、日本人よりもはるかにすぐれた中国人もいた。いうまでもなく、日本人と中国人との関係は対等ではない。日本人は力を背景に持つものとして中国に来ていたのである。

日本人のなかにも、個人としては、中国人の使用人にたいして、ある程度の思いやりを持っているものもいた。しかし、全体としては、日本人は中国人の使用人を馬鹿にし、「うそつき」「どろぼう」ときめてかかり、アゴで使う態度を持っていた。そうしたことは、中国人の反日感情をそだてていく原因のひとつになった。

そして私は、新聞の投書をとりあげて、次のようにつけ加える。

一には、ひとつの時代を支配している、全体的な雰囲気、第二には、その時代のなかで（同時にその時代のなかの「私」のなかで）生起した、ときには重要な、ときには平凡なディテール（こまごましたことがら）についての感覚である。この全体性とディテールの感覚を持っているということは、体験者の特権である。しかし、①その特権は、逆に、体験者から非体験者へのコミュニケーションをむずかしくすることにもなる。

明治維新について話すときは、私はその材料とそれについての私の判断を、広い意味での文献あるいは資料からあつめる以外にない。それらは客観的に存在している。若者はそれを知らないだけである、私にとっても、若者にとっても、それらは自分たちの外に存在する。②外に存在するもののなかから、意味のあるものを拾いだし、その意味の連関を考える。そのさい、私も若者も、同じことがらを意味のあるものとして拾いだし、同じ問題を意味連関として考えることが可能である。

私は、戦中・戦後を語っていくなかで、三つのことに気がついた。いや、三つのことで、学生たちが、私の話にいくらかでも魅力を感じるようになるらしいことに気がついた。

第一は、私が強く感じたこと、あるいは感動的だと考えたことが、やはり学生たちをも感動させたときである。もちろん、私が感動的だと考えたことのすべてが、学生にとって感動的であったということではない。そこには、選択がある。感動が感動を呼ぶのは、一種の出会いである。

第二に、学生自身が［B］をとらえたときである。高校時代まで、学生たちは日本史やら世界史やらで明治以後の歴史、あるいは昭和にはいってからの現代史も、いちおう学んでいる。（中略）時と場所と人物と事件を丸暗記させられるのが、高校までの「歴史」教育になっている。私は、それらを知ったところで、歴史を知ったことにはならないと言う。そして、いくらかでも事件とその意味とその連関を話しだす。そのとき、若者の好奇心が少し動きだす。

第三に、戦争という大状況と、その大状況のなかでのA市井の平凡な人間―たとえば農民、労働者、主婦、学生、子どもなど―の行動や生活との切りむすぶ一点が、はっきりと示されるときである。興味は、戦争という大状況のなかで、あたかもそれと無縁のように生起している日常性について語られるばあいにも起こる。また大状況が日常性にBいやおうなく浸透していることが示されるばあいにも起こる。日常性そのものが大状況を支え、つくりだしていることが語られるときにも起こってくる。

二〇二二年度 東京成徳大学高等学校・一般入試(特待)

【国語】（五〇分）〈満点：一〇〇点〉

注意……解答は、解答用紙（マークシート）の指定された解答欄にマークしなさい。
各問の 1 2 …… 22 が、解答用紙の解答番号にあたる。

一 次の文章は、一九七八年に刊行された日高六郎の論文集「戦後思想と歴史の体験」に収められている、「体験をつたえる」の一節である。この文章を読んで、あとの問に答えよ。

敗戦の年、私は二八歳であった。私はすでに大人であり、自分自身についての自覚と判断、歴史についての自覚と判断を持っていた。それだけではなく、時代にたいして、ある働きかけをさえ試みようとした人間だった。そして「戦後」は、私の青春、あるいは壮年の時代とぴったりと重なった。

そういう人間がそうした経験をまったく持たない学生たちに、私の歴史と私の同時代史を語っている。私が話すことがはたして理解されるかどうか。それが第一の問題だ。またそれがはたして意味があるのかどうか。それが第二の問題だ。

もし私が明治維新について語るとすれば、あるいは日本古代国家の成立について話すとすれば、話すものも聞くものも、知識を持っているかどうかのちがいはあっても、ある意味では対等である。なぜなら、両者はともにその時代についての体験を持っていないのだから。 A 、戦中・戦後を私が語るとなると、事情は大いにちがってくる。つまり、知識の多少や有無だけではなく、体験を持つものが体験を持たないものに語るという関係になるのである。

体験者が非体験者に語るということには、積極的な側面がある。つまり、もし体験を知識と思想のつながりに翻訳することができるならば、その知識と思想に、体験者が持つ独特の感覚と生気を吹きこむことができるからだ。その独特の感覚とは、第

2022年度／東京成徳大学高等学校・一般入試(特待)

英語解答

1 問1 (イ)　問2 (ア)　問3 (ウ)

問4 (ウ)　問5 (ア)

2 問1 (ウ)　問2 (ア)　問3 (ア)

問4 (イ)　問5 (エ)

3 問1 (ア)　問2 (ウ)　問3 (エ)

問4 (エ)　問5 (ア)

4 問1 16…(ウ)　17…(ア)

問2 18…(オ)　19…(キ)

問3 20…(イ)　21…(カ)

問4 22…(エ)　23…(ウ)

問5 24…(カ)　25…(イ)

5 問1 (ア)　問2 (エ)　問3 (ウ)

問4 (ウ)　問5 (エ)

6 問1 (ウ)　問2 (イ)　問3 (エ)

問4 (エ)　問5 (エ)

7 問1 (イ)　問2 (ア)　問3 (エ)

問4 (イ)　問5 (エ)

8 (エ)

9 問1 (ウ)

問2 (a)…(エ)　(b)…(エ)　(c)…(ウ)

問3 46…(オ)　47…(ア)　48…(ク)　49…(ケ)

50…(キ)

数学解答

1 問1 (オ)　問2 (エ)　問3 (エ)

問4 (オ)　問5 (ア)　問6 (オ)

問7 (エ)　問8 (エ)

2 問1 (ウ)　問2 (ア)　問3 (エ)

問4 (ア)

3 問1 (オ)　問2 (イ)

4 問1 (ウ)　問2 (ウ)　問3 (エ)

5 問1 (オ)　問2 (ウ)　問3 (エ)

社会解答

1 問1 (ア)　問2 (ア)　問3 (イ)

2 問1 (イ)　問2 (オ)　問3 (キ)

問4 (イ)

3 問1 (ア)　問2 (ク)　問3 (カ)

問4 (エ)

4 問1 (エ)　問2 (イ)　問3 (イ)

問4 (エ)

5 問1 (ウ)　問2 (エ)

問3 (A)…(ア)　(B)…(エ)　(C)…(イ)　(D)…(ウ)

問4 ①…(オ)　②…(イ)

6 問1 (エ)　問2 (ウ)　問3 (エ)

問4 (ウ)　問5 (エ)　問6 (イ)

7 問1 (ウ)　問2 (ア)　問3 (ウ)

問4 A…(ウ)　B…(ア)　C…(イ)　D…(エ)

問5 (エ)

理科解答

1 問1 (カ)　問2 (イ)　問3 (エ)
問4 (ウ)　問5 (ウ)　問6 (エ)
問7 (ア)　問8 (カ)

2 A 問1 (エ)　問2 (オ)　問3 (キ)
B 問1 (ア)　問2 (イ)　問3 (イ)

3 問1 (イ)　問2 (オ)　問3 (エ)
問4 (ウ)　問5 (ア)　問6 (エ)

4 問1 (イ)　問2 (オ)　問3 (ア)
問4 (ア)　問5 (オ)　問6 (エ)

5 問1 (ウ)　問2 (ウ)　問3 (ア)
問4 (イ)　問5 (エ)　問6 (イ)

国語解答

一 問一 A…(イ)　B…(エ)　問二 (オ)
問三 (ア)　問四 (イ)　問五 (イ), (オ)
問六 (エ)　問七 (ウ)
問八 A…(オ)　B…(イ)　問九 (エ)

二 問一 A…(イ)　B…(ウ)　問二 (オ)
問三 (ア)　問四 (イ)　問五 (オ)
問六 (ア)　問七 (エ)　問八 (エ)
問九 (ウ)

●要点チェック●　図形編－相似と平行線

◎相似な図形

相似……一方の図形を拡大または縮小して，他方の図形と合同となるとき，２つの図形は相似である。

・相似な図形の性質

１．対応する線分の長さの比はすべて等しい。

２．対応する角の大きさはそれぞれ等しい。

・三角形の相似条件

２つの三角形は次のどれかが成り立つとき相似である。

１．３組の辺の比がすべて等しい。

２．２組の辺の比とそのはさむ角がそれぞれ等しい。

３．２組の角がそれぞれ等しい。

1.

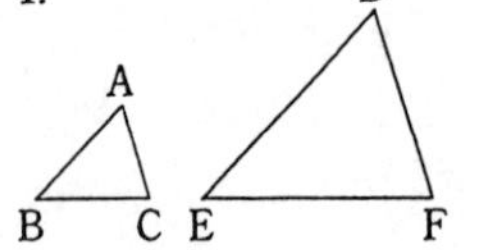

AB : DE=BC : EF=AC : DF

2.

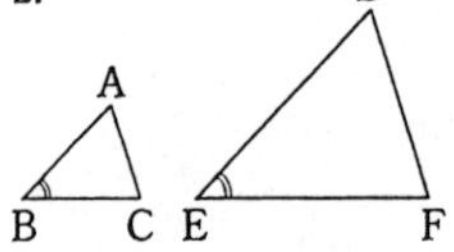

AB : DE=BC : EF
∠ABC=∠DEF

3.

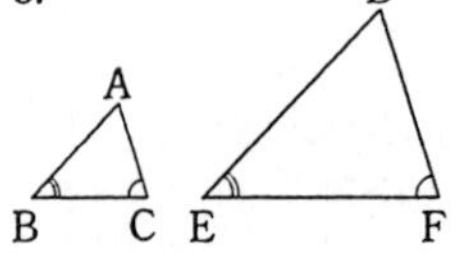

∠ABC=∠DEF
∠ACB=∠DFE

・平行線と線分の比

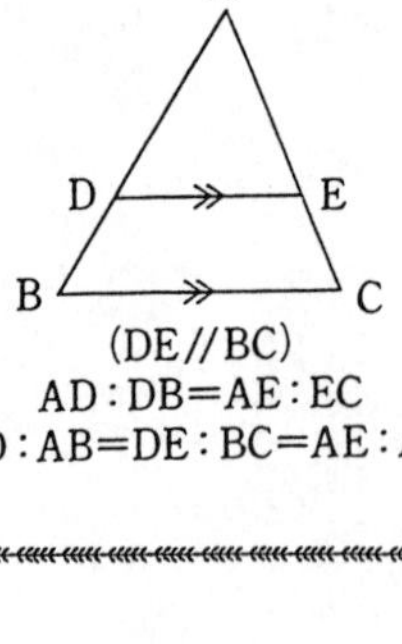

(DE//BC)
AD : DB=AE : EC
AD : AB=DE : BC=AE : AC

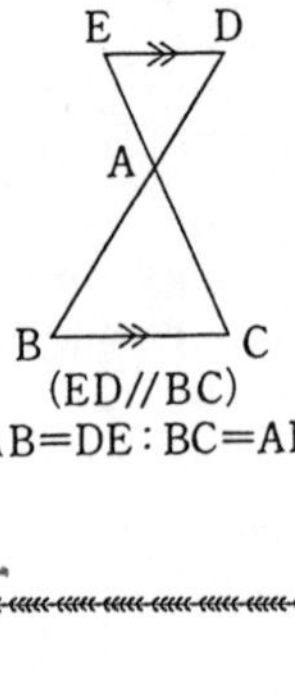

(ED//BC)
AD : AB=DE : BC=AE : AC

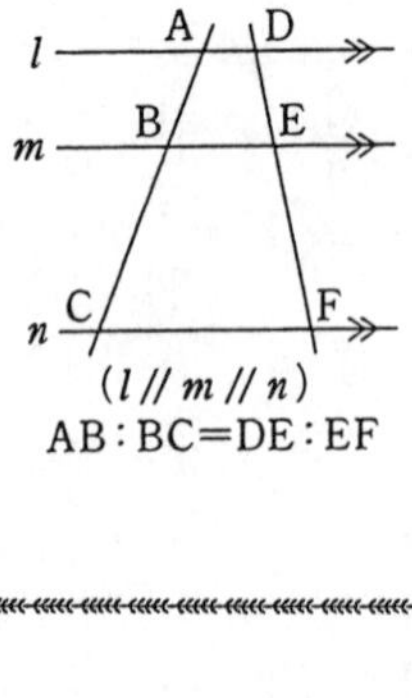

(l // m // n)
AB : BC=DE : EF

●要点チェック●　図形編一合同

◎図形の合同

合同……一方の図形を移動させて(ずらしたり《平行移動》，回したり《回転移動》，裏返したり《対称移動》して)，他方の図形に重ね合わせることのできるとき，この2つの図形は合同である。

・合同な図形の性質

1．対応する線分の長さは等しい。

2．対応する角の大きさは等しい。

・三角形の合同条件

2つの三角形は次のどれかが成り立つとき合同である。

1． 3組の辺がそれぞれ等しい。

2． 2組の辺とそのはさむ角がそれぞれ等しい。

3． 1組の辺とその両端の角がそれぞれ等しい。

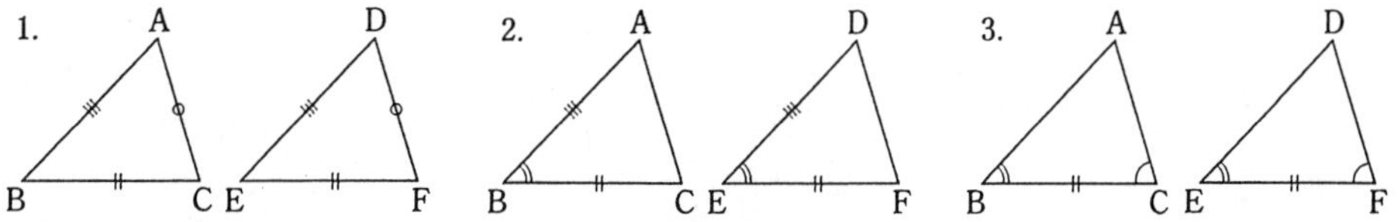

1.
AB＝DE
BC＝EF
AC＝DF

2.
AB＝DE
BC＝EF
∠ABC＝∠DEF

3.
BC＝EF
∠ABC＝∠DEF
∠ACB＝∠DFE

・直角三角形の合同条件

2つの直角三角形は次のどちらかが成り立つとき合同である。

1．斜辺と1鋭角がそれぞれ等しい。

2．斜辺と他の1辺がそれぞれ等しい。

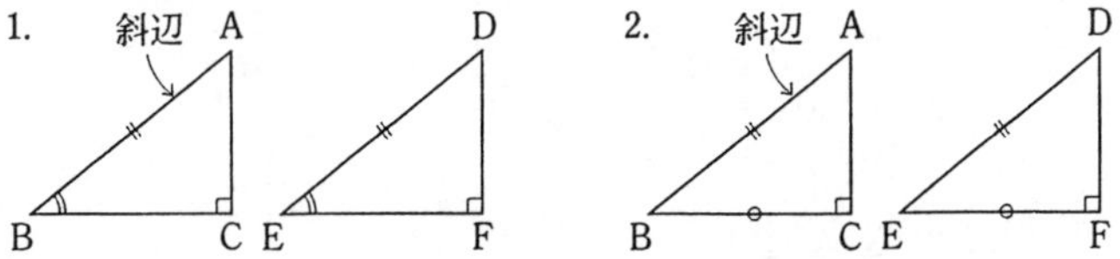

1.
∠ACB＝∠DFE＝90°
AB＝DE
∠ABC＝∠DEF

2.
∠ACB＝∠DFE＝90°
AB＝DE
BC＝EF

Memo

2025年度用

高校スーパー過去問

■編集人 声の教育社・編集部

■発行所 株式会社 声の教育社

〒162-0814 東京都新宿区新小川町8-15

☎03-5261-5061㈹ FAX03-5261-5062

https://www.koenokyoikusha.co.jp

※本書の内容についての一切の責任は当社にあります。内容・解説・解答その他の質問等は文書にて当社に御郵送くださるようお願いいたします。

東京成徳大学高等学校

別冊 解答用紙

丁寧に抜きとって、別冊としてご使用ください。

★合格者最低点

		2024 年度	2023 年度	2022 年度
一般（第１回）	特別進学	188	200	190
	進学選抜	172	190	175
	進学	162	180	160
一般（特待）	特別進学	165	185	180
	進学選抜	155	170	165

※特待は、３教科受験の点数。

注意

○ 解答用紙は、収録の都合により縮小したものや、小社独自に作成したものもあります。
○ 学校配点は学校発表のもの、推定配点は小社で作成したものです。
○ 無断転載を禁じます。
○ 解答用紙を拡大コピーする場合、表示した拡大率に対応する用紙サイズは以下のとおりです。
101%～102%＝B5　103%～118%＝A4　119%～144%＝B4　145%～167%＝A3
（タイトルと配点表は含みません）

2024年度　東京成徳大学高等学校・一般入試（第1回）

英語解答用紙

評点
/100

記入上の注意
(1) 解答用紙を汚したり、折りまげたりしないこと
(2) 記入マークはすべてHBまたはBの黒鉛筆を使用すること
(3) 訂正する時は、消しゴムで丁寧に消し、消しくずは取り除くこと
(4) 記入すべきこと以外は、絶対に何も書かないこと

マークのしかた

よい例	わるい例
●	◒　⦶　⊗　⊙

志望コース	コース
フリガナ	
氏　名	

受験番号を記入し、さらにその下のマーク欄にマークしなさい。

受	験	番	号	
0	0	0	0	0
1	1	1	1	1
2	2	2	2	2
3	3	3	3	3
4	4	4	4	4
5	5	5	5	5
6	6	6	6	6
7	7	7	7	7
8	8	8	8	8
9	9	9	9	9

解答番号	解答記入欄（マーク欄）
1	ア イ ウ エ オ カ キ ク ケ コ
2	ア イ ウ エ オ カ キ ク ケ コ
3	ア イ ウ エ オ カ キ ク ケ コ
4	ア イ ウ エ オ カ キ ク ケ コ
5	ア イ ウ エ オ カ キ ク ケ コ
6	ア イ ウ エ オ カ キ ク ケ コ
7	ア イ ウ エ オ カ キ ク ケ コ
8	ア イ ウ エ オ カ キ ク ケ コ
9	ア イ ウ エ オ カ キ ク ケ コ
10	ア イ ウ エ オ カ キ ク ケ コ
11	ア イ ウ エ オ カ キ ク ケ コ
12	ア イ ウ エ オ カ キ ク ケ コ
13	ア イ ウ エ オ カ キ ク ケ コ
14	ア イ ウ エ オ カ キ ク ケ コ
15	ア イ ウ エ オ カ キ ク ケ コ
16	ア イ ウ エ オ カ キ ク ケ コ
17	ア イ ウ エ オ カ キ ク ケ コ
18	ア イ ウ エ オ カ キ ク ケ コ
19	ア イ ウ エ オ カ キ ク ケ コ
20	ア イ ウ エ オ カ キ ク ケ コ

解答番号	解答記入欄（マーク欄）
21	ア イ ウ エ オ カ キ ク ケ コ
22	ア イ ウ エ オ カ キ ク ケ コ
23	ア イ ウ エ オ カ キ ク ケ コ
24	ア イ ウ エ オ カ キ ク ケ コ
25	ア イ ウ エ オ カ キ ク ケ コ
26	ア イ ウ エ オ カ キ ク ケ コ
27	ア イ ウ エ オ カ キ ク ケ コ
28	ア イ ウ エ オ カ キ ク ケ コ
29	ア イ ウ エ オ カ キ ク ケ コ
30	ア イ ウ エ オ カ キ ク ケ コ
31	ア イ ウ エ オ カ キ ク ケ コ
32	ア イ ウ エ オ カ キ ク ケ コ
33	ア イ ウ エ オ カ キ ク ケ コ
34	ア イ ウ エ オ カ キ ク ケ コ
35	ア イ ウ エ オ カ キ ク ケ コ
36	ア イ ウ エ オ カ キ ク ケ コ
37	ア イ ウ エ オ カ キ ク ケ コ
38	ア イ ウ エ オ カ キ ク ケ コ
39	ア イ ウ エ オ カ キ ク ケ コ
40	ア イ ウ エ オ カ キ ク ケ コ

解答番号	解答記入欄（マーク欄）
41	ア イ ウ エ オ カ キ ク ケ コ
42	ア イ ウ エ オ カ キ ク ケ コ
43	ア イ ウ エ オ カ キ ク ケ コ
44	ア イ ウ エ オ カ キ ク ケ コ
45	ア イ ウ エ オ カ キ ク ケ コ
46	ア イ ウ エ オ カ キ ク ケ コ
47	ア イ ウ エ オ カ キ ク ケ コ
48	ア イ ウ エ オ カ キ ク ケ コ
49	ア イ ウ エ オ カ キ ク ケ コ
50	ア イ ウ エ オ カ キ ク ケ コ
51	ア イ ウ エ オ カ キ ク ケ コ
52	ア イ ウ エ オ カ キ ク ケ コ
53	ア イ ウ エ オ カ キ ク ケ コ
54	ア イ ウ エ オ カ キ ク ケ コ
55	ア イ ウ エ オ カ キ ク ケ コ
56	ア イ ウ エ オ カ キ ク ケ コ
57	ア イ ウ エ オ カ キ ク ケ コ
58	ア イ ウ エ オ カ キ ク ケ コ
59	ア イ ウ エ オ カ キ ク ケ コ
60	ア イ ウ エ オ カ キ ク ケ コ

（注）この解答用紙は実物を縮小してあります。Ｂ４用紙に137%拡大コピーすると、ほぼ実物大で使用できます。（タイトルと配点表は含みません）

学校配点	
[1]～[6] 各3点×26〔[3]は各3点×5〕 [7] 問1、問2 各2点×5　問3～問5 各3点×4	
100点	計

２０２４年度　東京成徳大学高等学校・一般入試（第１回）

数学解答用紙

評点
/100

記 入 上 の 注 意
(1) 解答用紙を汚したり、折りまげたりしないこと
(2) 記入マークはすべてHBまたはBの黒鉛筆を使用すること
(3) 訂正する時は、消しゴムで丁寧に消し、消しくずは取り除くこと
(4) 記入すべきこと以外は、絶対に何も書かないこと

マークのしかた

よい例	わるい例
●	◒ ⦶ ⊠ ⦿

志望コース	コース
フリガナ	
氏　名	

受験番号を記入し、さらにその下のマーク欄にマークしなさい。

受	験	番	号	
⓪	⓪	⓪	⓪	⓪
①	①	①	①	①
②	②	②	②	②
③	③	③	③	③
④	④	④	④	④
⑤	⑤	⑤	⑤	⑤
⑥	⑥	⑥	⑥	⑥
⑦	⑦	⑦	⑦	⑦
⑧	⑧	⑧	⑧	⑧
⑨	⑨	⑨	⑨	⑨

解答番号	解答記入欄（マーク欄）	解答番号	解答記入欄（マーク欄）	解答番号	解答記入欄（マーク欄）
1	㋐ ㋑ ㋒ ㋓ ㋔ ㋕ ㋖ ㋗ ㋘ ㋙	21	㋐ ㋑ ㋒ ㋓ ㋔ ㋕ ㋖ ㋗ ㋘ ㋙	41	㋐ ㋑ ㋒ ㋓ ㋔ ㋕ ㋖ ㋗ ㋘ ㋙
2	㋐ ㋑ ㋒ ㋓ ㋔ ㋕ ㋖ ㋗ ㋘ ㋙	22	㋐ ㋑ ㋒ ㋓ ㋔ ㋕ ㋖ ㋗ ㋘ ㋙	42	㋐ ㋑ ㋒ ㋓ ㋔ ㋕ ㋖ ㋗ ㋘ ㋙
3	㋐ ㋑ ㋒ ㋓ ㋔ ㋕ ㋖ ㋗ ㋘ ㋙	23	㋐ ㋑ ㋒ ㋓ ㋔ ㋕ ㋖ ㋗ ㋘ ㋙	43	㋐ ㋑ ㋒ ㋓ ㋔ ㋕ ㋖ ㋗ ㋘ ㋙
4	㋐ ㋑ ㋒ ㋓ ㋔ ㋕ ㋖ ㋗ ㋘ ㋙	24	㋐ ㋑ ㋒ ㋓ ㋔ ㋕ ㋖ ㋗ ㋘ ㋙	44	㋐ ㋑ ㋒ ㋓ ㋔ ㋕ ㋖ ㋗ ㋘ ㋙
5	㋐ ㋑ ㋒ ㋓ ㋔ ㋕ ㋖ ㋗ ㋘ ㋙	25	㋐ ㋑ ㋒ ㋓ ㋔ ㋕ ㋖ ㋗ ㋘ ㋙	45	㋐ ㋑ ㋒ ㋓ ㋔ ㋕ ㋖ ㋗ ㋘ ㋙
6	㋐ ㋑ ㋒ ㋓ ㋔ ㋕ ㋖ ㋗ ㋘ ㋙	26	㋐ ㋑ ㋒ ㋓ ㋔ ㋕ ㋖ ㋗ ㋘ ㋙	46	㋐ ㋑ ㋒ ㋓ ㋔ ㋕ ㋖ ㋗ ㋘ ㋙
7	㋐ ㋑ ㋒ ㋓ ㋔ ㋕ ㋖ ㋗ ㋘ ㋙	27	㋐ ㋑ ㋒ ㋓ ㋔ ㋕ ㋖ ㋗ ㋘ ㋙	47	㋐ ㋑ ㋒ ㋓ ㋔ ㋕ ㋖ ㋗ ㋘ ㋙
8	㋐ ㋑ ㋒ ㋓ ㋔ ㋕ ㋖ ㋗ ㋘ ㋙	28	㋐ ㋑ ㋒ ㋓ ㋔ ㋕ ㋖ ㋗ ㋘ ㋙	48	㋐ ㋑ ㋒ ㋓ ㋔ ㋕ ㋖ ㋗ ㋘ ㋙
9	㋐ ㋑ ㋒ ㋓ ㋔ ㋕ ㋖ ㋗ ㋘ ㋙	29	㋐ ㋑ ㋒ ㋓ ㋔ ㋕ ㋖ ㋗ ㋘ ㋙	49	㋐ ㋑ ㋒ ㋓ ㋔ ㋕ ㋖ ㋗ ㋘ ㋙
10	㋐ ㋑ ㋒ ㋓ ㋔ ㋕ ㋖ ㋗ ㋘ ㋙	30	㋐ ㋑ ㋒ ㋓ ㋔ ㋕ ㋖ ㋗ ㋘ ㋙	50	㋐ ㋑ ㋒ ㋓ ㋔ ㋕ ㋖ ㋗ ㋘ ㋙
11	㋐ ㋑ ㋒ ㋓ ㋔ ㋕ ㋖ ㋗ ㋘ ㋙	31	㋐ ㋑ ㋒ ㋓ ㋔ ㋕ ㋖ ㋗ ㋘ ㋙	51	㋐ ㋑ ㋒ ㋓ ㋔ ㋕ ㋖ ㋗ ㋘ ㋙
12	㋐ ㋑ ㋒ ㋓ ㋔ ㋕ ㋖ ㋗ ㋘ ㋙	32	㋐ ㋑ ㋒ ㋓ ㋔ ㋕ ㋖ ㋗ ㋘ ㋙	52	㋐ ㋑ ㋒ ㋓ ㋔ ㋕ ㋖ ㋗ ㋘ ㋙
13	㋐ ㋑ ㋒ ㋓ ㋔ ㋕ ㋖ ㋗ ㋘ ㋙	33	㋐ ㋑ ㋒ ㋓ ㋔ ㋕ ㋖ ㋗ ㋘ ㋙	53	㋐ ㋑ ㋒ ㋓ ㋔ ㋕ ㋖ ㋗ ㋘ ㋙
14	㋐ ㋑ ㋒ ㋓ ㋔ ㋕ ㋖ ㋗ ㋘ ㋙	34	㋐ ㋑ ㋒ ㋓ ㋔ ㋕ ㋖ ㋗ ㋘ ㋙	54	㋐ ㋑ ㋒ ㋓ ㋔ ㋕ ㋖ ㋗ ㋘ ㋙
15	㋐ ㋑ ㋒ ㋓ ㋔ ㋕ ㋖ ㋗ ㋘ ㋙	35	㋐ ㋑ ㋒ ㋓ ㋔ ㋕ ㋖ ㋗ ㋘ ㋙	55	㋐ ㋑ ㋒ ㋓ ㋔ ㋕ ㋖ ㋗ ㋘ ㋙
16	㋐ ㋑ ㋒ ㋓ ㋔ ㋕ ㋖ ㋗ ㋘ ㋙	36	㋐ ㋑ ㋒ ㋓ ㋔ ㋕ ㋖ ㋗ ㋘ ㋙	56	㋐ ㋑ ㋒ ㋓ ㋔ ㋕ ㋖ ㋗ ㋘ ㋙
17	㋐ ㋑ ㋒ ㋓ ㋔ ㋕ ㋖ ㋗ ㋘ ㋙	37	㋐ ㋑ ㋒ ㋓ ㋔ ㋕ ㋖ ㋗ ㋘ ㋙	57	㋐ ㋑ ㋒ ㋓ ㋔ ㋕ ㋖ ㋗ ㋘ ㋙
18	㋐ ㋑ ㋒ ㋓ ㋔ ㋕ ㋖ ㋗ ㋘ ㋙	38	㋐ ㋑ ㋒ ㋓ ㋔ ㋕ ㋖ ㋗ ㋘ ㋙	58	㋐ ㋑ ㋒ ㋓ ㋔ ㋕ ㋖ ㋗ ㋘ ㋙
19	㋐ ㋑ ㋒ ㋓ ㋔ ㋕ ㋖ ㋗ ㋘ ㋙	39	㋐ ㋑ ㋒ ㋓ ㋔ ㋕ ㋖ ㋗ ㋘ ㋙	59	㋐ ㋑ ㋒ ㋓ ㋔ ㋕ ㋖ ㋗ ㋘ ㋙
20	㋐ ㋑ ㋒ ㋓ ㋔ ㋕ ㋖ ㋗ ㋘ ㋙	40	㋐ ㋑ ㋒ ㋓ ㋔ ㋕ ㋖ ㋗ ㋘ ㋙	60	㋐ ㋑ ㋒ ㋓ ㋔ ㋕ ㋖ ㋗ ㋘ ㋙

（注）この解答用紙は実物を縮小してあります。Ｂ４用紙に137％拡大コピーすると、ほぼ実物大で使用できます。（タイトルと配点表は含みません）

学校配点	
1～3 各5点×14　4 問1 各2点×2　問2 5点　問3 6点　5 各5点×3	
100点	計

二〇二四年度　東京成徳大学高等学校・一般入試（第一回）

国語解答用紙

評点	/100

記入上の注意

(1) 解答用紙を汚したり、折りまげたりしないこと

(2) 記入マークはすべてHBまたはBの黒鉛筆を使用すること

(3) 訂正する時は、消しゴムで丁寧に消し、消しくずは取り除くこと

(4) 記入すべきこと以外は、絶対に何も書かないこと

マークのしかた

よい例	わるい例
●	◓　◐　⊗　◉

志望コース	コース
フリガナ	
氏名	

受験番号を記入し、さらにその下のマーク欄にマークしなさい。

受	験	番	号
⓪	⓪	⓪	⓪
①	①	①	①
②	②	②	②
③	③	③	③
④	④	④	④
⑤	⑤	⑤	⑤
⑥	⑥	⑥	⑥
⑦	⑦	⑦	⑦
⑧	⑧	⑧	⑧
⑨	⑨	⑨	⑨

解答番号	解答記入欄（マーク欄）									
1	ア	イ	ウ	エ	オ	カ	キ	ク	ケ	コ
2	ア	イ	ウ	エ	オ	カ	キ	ク	ケ	コ
3	ア	イ	ウ	エ	オ	カ	キ	ク	ケ	コ
4	ア	イ	ウ	エ	オ	カ	キ	ク	ケ	コ
5	ア	イ	ウ	エ	オ	カ	キ	ク	ケ	コ
6	ア	イ	ウ	エ	オ	カ	キ	ク	ケ	コ
7	ア	イ	ウ	エ	オ	カ	キ	ク	ケ	コ
8	ア	イ	ウ	エ	オ	カ	キ	ク	ケ	コ
9	ア	イ	ウ	エ	オ	カ	キ	ク	ケ	コ
10	ア	イ	ウ	エ	オ	カ	キ	ク	ケ	コ
11	ア	イ	ウ	エ	オ	カ	キ	ク	ケ	コ
12	ア	イ	ウ	エ	オ	カ	キ	ク	ケ	コ
13	ア	イ	ウ	エ	オ	カ	キ	ク	ケ	コ
14	ア	イ	ウ	エ	オ	カ	キ	ク	ケ	コ
15	ア	イ	ウ	エ	オ	カ	キ	ク	ケ	コ
16	ア	イ	ウ	エ	オ	カ	キ	ク	ケ	コ
17	ア	イ	ウ	エ	オ	カ	キ	ク	ケ	コ
18	ア	イ	ウ	エ	オ	カ	キ	ク	ケ	コ
19	ア	イ	ウ	エ	オ	カ	キ	ク	ケ	コ
20	ア	イ	ウ	エ	オ	カ	キ	ク	ケ	コ

解答番号	解答記入欄（マーク欄）									
21	ア	イ	ウ	エ	オ	カ	キ	ク	ケ	コ
22	ア	イ	ウ	エ	オ	カ	キ	ク	ケ	コ
23	ア	イ	ウ	エ	オ	カ	キ	ク	ケ	コ
24	ア	イ	ウ	エ	オ	カ	キ	ク	ケ	コ
25	ア	イ	ウ	エ	オ	カ	キ	ク	ケ	コ
26	ア	イ	ウ	エ	オ	カ	キ	ク	ケ	コ
27	ア	イ	ウ	エ	オ	カ	キ	ク	ケ	コ
28	ア	イ	ウ	エ	オ	カ	キ	ク	ケ	コ
29	ア	イ	ウ	エ	オ	カ	キ	ク	ケ	コ
30	ア	イ	ウ	エ	オ	カ	キ	ク	ケ	コ
31	ア	イ	ウ	エ	オ	カ	キ	ク	ケ	コ
32	ア	イ	ウ	エ	オ	カ	キ	ク	ケ	コ
33	ア	イ	ウ	エ	オ	カ	キ	ク	ケ	コ
34	ア	イ	ウ	エ	オ	カ	キ	ク	ケ	コ
35	ア	イ	ウ	エ	オ	カ	キ	ク	ケ	コ
36	ア	イ	ウ	エ	オ	カ	キ	ク	ケ	コ
37	ア	イ	ウ	エ	オ	カ	キ	ク	ケ	コ
38	ア	イ	ウ	エ	オ	カ	キ	ク	ケ	コ
39	ア	イ	ウ	エ	オ	カ	キ	ク	ケ	コ
40	ア	イ	ウ	エ	オ	カ	キ	ク	ケ	コ

解答番号	解答記入欄（マーク欄）									
41	ア	イ	ウ	エ	オ	カ	キ	ク	ケ	コ
42	ア	イ	ウ	エ	オ	カ	キ	ク	ケ	コ
43	ア	イ	ウ	エ	オ	カ	キ	ク	ケ	コ
44	ア	イ	ウ	エ	オ	カ	キ	ク	ケ	コ
45	ア	イ	ウ	エ	オ	カ	キ	ク	ケ	コ
46	ア	イ	ウ	エ	オ	カ	キ	ク	ケ	コ
47	ア	イ	ウ	エ	オ	カ	キ	ク	ケ	コ
48	ア	イ	ウ	エ	オ	カ	キ	ク	ケ	コ
49	ア	イ	ウ	エ	オ	カ	キ	ク	ケ	コ
50	ア	イ	ウ	エ	オ	カ	キ	ク	ケ	コ
51	ア	イ	ウ	エ	オ	カ	キ	ク	ケ	コ
52	ア	イ	ウ	エ	オ	カ	キ	ク	ケ	コ
53	ア	イ	ウ	エ	オ	カ	キ	ク	ケ	コ
54	ア	イ	ウ	エ	オ	カ	キ	ク	ケ	コ
55	ア	イ	ウ	エ	オ	カ	キ	ク	ケ	コ
56	ア	イ	ウ	エ	オ	カ	キ	ク	ケ	コ
57	ア	イ	ウ	エ	オ	カ	キ	ク	ケ	コ
58	ア	イ	ウ	エ	オ	カ	キ	ク	ケ	コ
59	ア	イ	ウ	エ	オ	カ	キ	ク	ケ	コ
60	ア	イ	ウ	エ	オ	カ	キ	ク	ケ	コ

（注）この解答用紙は実物を縮小してあります。Ｂ４用紙に137%拡大コピーするとほぼ実物大で使用できます。（タイトルと配点表は含みません）

学校配点	計
一　問一　各3点×3　問二　5点　問三、問四　各4点×2 問五～問七　各5点×3　問八　各3点×2 二　問一、問二　各3点×4　問三　4点　問四　5点　問五　4点 問六　5点　問七　4点　問八　5点　問九　4点　問十　5点 三　各3点×3	100点

2024年度　東京成徳大学高等学校・一般入試（特待）

英語解答用紙

評点	/100

記入上の注意
(1) 解答用紙を汚したり、折りまげたりしないこと
(2) 記入マークはすべてHBまたはBの黒鉛筆を使用すること
(3) 訂正する時は、消しゴムで丁寧に消し、消しくずは取り除くこと
(4) 記入すべきこと以外は、絶対に何も書かないこと

マークのしかた

よい例	わるい例
●	◒ ⦶ ⊗ ◉

解答番号	解答記入欄（マーク欄）
1	ア イ ウ エ オ カ キ ク ケ コ
2	ア イ ウ エ オ カ キ ク ケ コ
3	ア イ ウ エ オ カ キ ク ケ コ
4	ア イ ウ エ オ カ キ ク ケ コ
5	ア イ ウ エ オ カ キ ク ケ コ
6	ア イ ウ エ オ カ キ ク ケ コ
7	ア イ ウ エ オ カ キ ク ケ コ
8	ア イ ウ エ オ カ キ ク ケ コ
9	ア イ ウ エ オ カ キ ク ケ コ
10	ア イ ウ エ オ カ キ ク ケ コ
11	ア イ ウ エ オ カ キ ク ケ コ
12	ア イ ウ エ オ カ キ ク ケ コ
13	ア イ ウ エ オ カ キ ク ケ コ
14	ア イ ウ エ オ カ キ ク ケ コ
15	ア イ ウ エ オ カ キ ク ケ コ
16	ア イ ウ エ オ カ キ ク ケ コ
17	ア イ ウ エ オ カ キ ク ケ コ
18	ア イ ウ エ オ カ キ ク ケ コ
19	ア イ ウ エ オ カ キ ク ケ コ
20	ア イ ウ エ オ カ キ ク ケ コ

解答番号	解答記入欄（マーク欄）
21	ア イ ウ エ オ カ キ ク ケ コ
22	ア イ ウ エ オ カ キ ク ケ コ
23	ア イ ウ エ オ カ キ ク ケ コ
24	ア イ ウ エ オ カ キ ク ケ コ
25	ア イ ウ エ オ カ キ ク ケ コ
26	ア イ ウ エ オ カ キ ク ケ コ
27	ア イ ウ エ オ カ キ ク ケ コ
28	ア イ ウ エ オ カ キ ク ケ コ
29	ア イ ウ エ オ カ キ ク ケ コ
30	ア イ ウ エ オ カ キ ク ケ コ
31	ア イ ウ エ オ カ キ ク ケ コ
32	ア イ ウ エ オ カ キ ク ケ コ
33	ア イ ウ エ オ カ キ ク ケ コ
34	ア イ ウ エ オ カ キ ク ケ コ
35	ア イ ウ エ オ カ キ ク ケ コ
36	ア イ ウ エ オ カ キ ク ケ コ
37	ア イ ウ エ オ カ キ ク ケ コ
38	ア イ ウ エ オ カ キ ク ケ コ
39	ア イ ウ エ オ カ キ ク ケ コ
40	ア イ ウ エ オ カ キ ク ケ コ

解答番号	解答記入欄（マーク欄）
41	ア イ ウ エ オ カ キ ク ケ コ
42	ア イ ウ エ オ カ キ ク ケ コ
43	ア イ ウ エ オ カ キ ク ケ コ
44	ア イ ウ エ オ カ キ ク ケ コ
45	ア イ ウ エ オ カ キ ク ケ コ
46	ア イ ウ エ オ カ キ ク ケ コ
47	ア イ ウ エ オ カ キ ク ケ コ
48	ア イ ウ エ オ カ キ ク ケ コ
49	ア イ ウ エ オ カ キ ク ケ コ
50	ア イ ウ エ オ カ キ ク ケ コ
51	ア イ ウ エ オ カ キ ク ケ コ
52	ア イ ウ エ オ カ キ ク ケ コ
53	ア イ ウ エ オ カ キ ク ケ コ
54	ア イ ウ エ オ カ キ ク ケ コ
55	ア イ ウ エ オ カ キ ク ケ コ
56	ア イ ウ エ オ カ キ ク ケ コ
57	ア イ ウ エ オ カ キ ク ケ コ
58	ア イ ウ エ オ カ キ ク ケ コ
59	ア イ ウ エ オ カ キ ク ケ コ
60	ア イ ウ エ オ カ キ ク ケ コ

（注）この解答用紙は実物を縮小してあります。Ｂ４用紙に137%拡大コピーすると、ほぼ実物大で使用できます。（タイトルと配点表は含みません）

志望コース	コース
フリガナ	
氏　名	

受験番号を記入し、さらにその下のマーク欄にマークしなさい。

受	験	番	号	
0	0	0	0	0
1	1	1	1	1
2	2	2	2	2
3	3	3	3	3
4	4	4	4	4
5	5	5	5	5
6	6	6	6	6
7	7	7	7	7
8	8	8	8	8
9	9	9	9	9

学校配点

1、2 各2点×10
3 各3点×6
4〜6 各2点×18
7 4点
8 問1、問2 各3点×4　問3 各2点×5

100点	計

2024年度　東京成徳大学高等学校・一般入試（特待）

数学解答用紙

評点	
	/100

記入上の注意
(1) 解答用紙を汚したり、折りまげたりしないこと
(2) 記入マークはすべてHBまたはBの黒鉛筆を使用すること
(3) 訂正する時は、消しゴムで丁寧に消し、消しくずは取り除くこと
(4) 記入すべきこと以外は、絶対に何も書かないこと

マークのしかた

よい例	わるい例

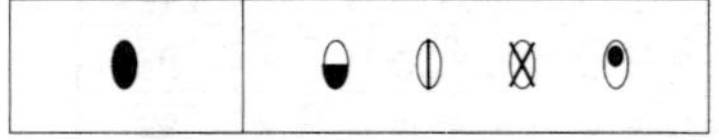

志望コース	コース
フリガナ	
氏　名	

受験番号を記入し、さらにその下のマーク欄にマークしなさい。

受	験	番	号	
0	0	0	0	0
1	1	1	1	1
2	2	2	2	2
3	3	3	3	3
4	4	4	4	4
5	5	5	5	5
6	6	6	6	6
7	7	7	7	7
8	8	8	8	8
9	9	9	9	9

解答番号	解答記入欄（マーク欄）	解答番号	解答記入欄（マーク欄）	解答番号	解答記入欄（マーク欄）
1	ア イ ウ エ オ カ キ ク ケ コ	21	ア イ ウ エ オ カ キ ク ケ コ	41	ア イ ウ エ オ カ キ ク ケ コ
2	ア イ ウ エ オ カ キ ク ケ コ	22	ア イ ウ エ オ カ キ ク ケ コ	42	ア イ ウ エ オ カ キ ク ケ コ
3	ア イ ウ エ オ カ キ ク ケ コ	23	ア イ ウ エ オ カ キ ク ケ コ	43	ア イ ウ エ オ カ キ ク ケ コ
4	ア イ ウ エ オ カ キ ク ケ コ	24	ア イ ウ エ オ カ キ ク ケ コ	44	ア イ ウ エ オ カ キ ク ケ コ
5	ア イ ウ エ オ カ キ ク ケ コ	25	ア イ ウ エ オ カ キ ク ケ コ	45	ア イ ウ エ オ カ キ ク ケ コ
6	ア イ ウ エ オ カ キ ク ケ コ	26	ア イ ウ エ オ カ キ ク ケ コ	46	ア イ ウ エ オ カ キ ク ケ コ
7	ア イ ウ エ オ カ キ ク ケ コ	27	ア イ ウ エ オ カ キ ク ケ コ	47	ア イ ウ エ オ カ キ ク ケ コ
8	ア イ ウ エ オ カ キ ク ケ コ	28	ア イ ウ エ オ カ キ ク ケ コ	48	ア イ ウ エ オ カ キ ク ケ コ
9	ア イ ウ エ オ カ キ ク ケ コ	29	ア イ ウ エ オ カ キ ク ケ コ	49	ア イ ウ エ オ カ キ ク ケ コ
10	ア イ ウ エ オ カ キ ク ケ コ	30	ア イ ウ エ オ カ キ ク ケ コ	50	ア イ ウ エ オ カ キ ク ケ コ
11	ア イ ウ エ オ カ キ ク ケ コ	31	ア イ ウ エ オ カ キ ク ケ コ	51	ア イ ウ エ オ カ キ ク ケ コ
12	ア イ ウ エ オ カ キ ク ケ コ	32	ア イ ウ エ オ カ キ ク ケ コ	52	ア イ ウ エ オ カ キ ク ケ コ
13	ア イ ウ エ オ カ キ ク ケ コ	33	ア イ ウ エ オ カ キ ク ケ コ	53	ア イ ウ エ オ カ キ ク ケ コ
14	ア イ ウ エ オ カ キ ク ケ コ	34	ア イ ウ エ オ カ キ ク ケ コ	54	ア イ ウ エ オ カ キ ク ケ コ
15	ア イ ウ エ オ カ キ ク ケ コ	35	ア イ ウ エ オ カ キ ク ケ コ	55	ア イ ウ エ オ カ キ ク ケ コ
16	ア イ ウ エ オ カ キ ク ケ コ	36	ア イ ウ エ オ カ キ ク ケ コ	56	ア イ ウ エ オ カ キ ク ケ コ
17	ア イ ウ エ オ カ キ ク ケ コ	37	ア イ ウ エ オ カ キ ク ケ コ	57	ア イ ウ エ オ カ キ ク ケ コ
18	ア イ ウ エ オ カ キ ク ケ コ	38	ア イ ウ エ オ カ キ ク ケ コ	58	ア イ ウ エ オ カ キ ク ケ コ
19	ア イ ウ エ オ カ キ ク ケ コ	39	ア イ ウ エ オ カ キ ク ケ コ	59	ア イ ウ エ オ カ キ ク ケ コ
20	ア イ ウ エ オ カ キ ク ケ コ	40	ア イ ウ エ オ カ キ ク ケ コ	60	ア イ ウ エ オ カ キ ク ケ コ

（注）この解答用紙は実物を縮小してあります。Ｂ４用紙に137%拡大コピーすると、ほぼ実物大で使用できます。（タイトルと配点表は含みません）

学校配点	
1～5 各5点×20	
100点	計

2024年度　東京成徳大学高等学校・一般入試（特待）

社会解答用紙

評点
／100

記入上の注意
(1) 解答用紙を汚したり、折りまげたりしないこと
(2) 記入マークはすべてHBまたはBの黒鉛筆を使用すること
(3) 訂正する時は、消しゴムで丁寧に消し、消しくずは取り除くこと
(4) 記入すべきこと以外は、絶対に何も書かないこと

マークのしかた

よい例	わるい例
●	◒ ⦶ ⊗ ⊙

志望コース	コース
フリガナ	
氏　名	

受験番号を記入し、さらにその下のマーク欄にマークしなさい。

受	験	番	号	
0	0	0	0	0
1	1	1	1	1
2	2	2	2	2
3	3	3	3	3
4	4	4	4	4
5	5	5	5	5
6	6	6	6	6
7	7	7	7	7
8	8	8	8	8
9	9	9	9	9

解答番号	解答記入欄（マーク欄）
1	ア イ ウ エ オ カ キ ク ケ コ
2	ア イ ウ エ オ カ キ ク ケ コ
3	ア イ ウ エ オ カ キ ク ケ コ
4	ア イ ウ エ オ カ キ ク ケ コ
5	ア イ ウ エ オ カ キ ク ケ コ
6	ア イ ウ エ オ カ キ ク ケ コ
7	ア イ ウ エ オ カ キ ク ケ コ
8	ア イ ウ エ オ カ キ ク ケ コ
9	ア イ ウ エ オ カ キ ク ケ コ
10	ア イ ウ エ オ カ キ ク ケ コ
11	ア イ ウ エ オ カ キ ク ケ コ
12	ア イ ウ エ オ カ キ ク ケ コ
13	ア イ ウ エ オ カ キ ク ケ コ
14	ア イ ウ エ オ カ キ ク ケ コ
15	ア イ ウ エ オ カ キ ク ケ コ
16	ア イ ウ エ オ カ キ ク ケ コ
17	ア イ ウ エ オ カ キ ク ケ コ
18	ア イ ウ エ オ カ キ ク ケ コ
19	ア イ ウ エ オ カ キ ク ケ コ
20	ア イ ウ エ オ カ キ ク ケ コ

解答番号	解答記入欄（マーク欄）
21	ア イ ウ エ オ カ キ ク ケ コ
22	ア イ ウ エ オ カ キ ク ケ コ
23	ア イ ウ エ オ カ キ ク ケ コ
24	ア イ ウ エ オ カ キ ク ケ コ
25	ア イ ウ エ オ カ キ ク ケ コ
26	ア イ ウ エ オ カ キ ク ケ コ
27	ア イ ウ エ オ カ キ ク ケ コ
28	ア イ ウ エ オ カ キ ク ケ コ
29	ア イ ウ エ オ カ キ ク ケ コ
30	ア イ ウ エ オ カ キ ク ケ コ
31	ア イ ウ エ オ カ キ ク ケ コ
32	ア イ ウ エ オ カ キ ク ケ コ
33	ア イ ウ エ オ カ キ ク ケ コ
34	ア イ ウ エ オ カ キ ク ケ コ
35	ア イ ウ エ オ カ キ ク ケ コ
36	ア イ ウ エ オ カ キ ク ケ コ
37	ア イ ウ エ オ カ キ ク ケ コ
38	ア イ ウ エ オ カ キ ク ケ コ
39	ア イ ウ エ オ カ キ ク ケ コ
40	ア イ ウ エ オ カ キ ク ケ コ

解答番号	解答記入欄（マーク欄）
41	ア イ ウ エ オ カ キ ク ケ コ
42	ア イ ウ エ オ カ キ ク ケ コ
43	ア イ ウ エ オ カ キ ク ケ コ
44	ア イ ウ エ オ カ キ ク ケ コ
45	ア イ ウ エ オ カ キ ク ケ コ
46	ア イ ウ エ オ カ キ ク ケ コ
47	ア イ ウ エ オ カ キ ク ケ コ
48	ア イ ウ エ オ カ キ ク ケ コ
49	ア イ ウ エ オ カ キ ク ケ コ
50	ア イ ウ エ オ カ キ ク ケ コ
51	ア イ ウ エ オ カ キ ク ケ コ
52	ア イ ウ エ オ カ キ ク ケ コ
53	ア イ ウ エ オ カ キ ク ケ コ
54	ア イ ウ エ オ カ キ ク ケ コ
55	ア イ ウ エ オ カ キ ク ケ コ
56	ア イ ウ エ オ カ キ ク ケ コ
57	ア イ ウ エ オ カ キ ク ケ コ
58	ア イ ウ エ オ カ キ ク ケ コ
59	ア イ ウ エ オ カ キ ク ケ コ
60	ア イ ウ エ オ カ キ ク ケ コ

（注）この解答用紙は実物を縮小してあります。Ｂ４用紙に137％拡大コピーすると、ほぼ実物大で使用できます。（タイトルと配点表は含みません）

学校配点	
1	各3点×3
2	問1～問3　各3点×3　問4　4点
3	問1、問2　各4点×2　問3、問4　各3点×2
4	問1～問3　各3点×3　問4　4点
5	問1、問2　各3点×2　問3　4点　問4　3点
6	問1、問2　各3点×2　問3、問4　各4点×2　問5、問6　各3点×2
7	問1　3点　問2　4点　問3　3点　問4、問5　各4点×2
計	100点

2024年度 東京成徳大学高等学校・一般入試（特待）

理科解答用紙

評点 ／100

記入上の注意
(1) 解答用紙を汚したり、折りまげたりしないこと
(2) 記入マークはすべてHBまたはBの黒鉛筆を使用すること
(3) 訂正する時は、消しゴムで丁寧に消し、消しくずは取り除くこと
(4) 記入すべきこと以外は、絶対に何も書かないこと

マークのしかた

よい例	わるい例
●	（不完全なマーク例）

解答番号	解答記入欄（マーク欄）									
1	ア	イ	ウ	エ	オ	カ	キ	ク	ケ	コ
2	ア	イ	ウ	エ	オ	カ	キ	ク	ケ	コ
3	ア	イ	ウ	エ	オ	カ	キ	ク	ケ	コ
4	ア	イ	ウ	エ	オ	カ	キ	ク	ケ	コ
5	ア	イ	ウ	エ	オ	カ	キ	ク	ケ	コ
6	ア	イ	ウ	エ	オ	カ	キ	ク	ケ	コ
7	ア	イ	ウ	エ	オ	カ	キ	ク	ケ	コ
8	ア	イ	ウ	エ	オ	カ	キ	ク	ケ	コ
9	ア	イ	ウ	エ	オ	カ	キ	ク	ケ	コ
10	ア	イ	ウ	エ	オ	カ	キ	ク	ケ	コ
11	ア	イ	ウ	エ	オ	カ	キ	ク	ケ	コ
12	ア	イ	ウ	エ	オ	カ	キ	ク	ケ	コ
13	ア	イ	ウ	エ	オ	カ	キ	ク	ケ	コ
14	ア	イ	ウ	エ	オ	カ	キ	ク	ケ	コ
15	ア	イ	ウ	エ	オ	カ	キ	ク	ケ	コ
16	ア	イ	ウ	エ	オ	カ	キ	ク	ケ	コ
17	ア	イ	ウ	エ	オ	カ	キ	ク	ケ	コ
18	ア	イ	ウ	エ	オ	カ	キ	ク	ケ	コ
19	ア	イ	ウ	エ	オ	カ	キ	ク	ケ	コ
20	ア	イ	ウ	エ	オ	カ	キ	ク	ケ	コ

解答番号	解答記入欄（マーク欄）									
21	ア	イ	ウ	エ	オ	カ	キ	ク	ケ	コ
22	ア	イ	ウ	エ	オ	カ	キ	ク	ケ	コ
23	ア	イ	ウ	エ	オ	カ	キ	ク	ケ	コ
24	ア	イ	ウ	エ	オ	カ	キ	ク	ケ	コ
25	ア	イ	ウ	エ	オ	カ	キ	ク	ケ	コ
26	ア	イ	ウ	エ	オ	カ	キ	ク	ケ	コ
27	ア	イ	ウ	エ	オ	カ	キ	ク	ケ	コ
28	ア	イ	ウ	エ	オ	カ	キ	ク	ケ	コ
29	ア	イ	ウ	エ	オ	カ	キ	ク	ケ	コ
30	ア	イ	ウ	エ	オ	カ	キ	ク	ケ	コ
31	ア	イ	ウ	エ	オ	カ	キ	ク	ケ	コ
32	ア	イ	ウ	エ	オ	カ	キ	ク	ケ	コ
33	ア	イ	ウ	エ	オ	カ	キ	ク	ケ	コ
34	ア	イ	ウ	エ	オ	カ	キ	ク	ケ	コ
35	ア	イ	ウ	エ	オ	カ	キ	ク	ケ	コ
36	ア	イ	ウ	エ	オ	カ	キ	ク	ケ	コ
37	ア	イ	ウ	エ	オ	カ	キ	ク	ケ	コ
38	ア	イ	ウ	エ	オ	カ	キ	ク	ケ	コ
39	ア	イ	ウ	エ	オ	カ	キ	ク	ケ	コ
40	ア	イ	ウ	エ	オ	カ	キ	ク	ケ	コ

解答番号	解答記入欄（マーク欄）									
41	ア	イ	ウ	エ	オ	カ	キ	ク	ケ	コ
42	ア	イ	ウ	エ	オ	カ	キ	ク	ケ	コ
43	ア	イ	ウ	エ	オ	カ	キ	ク	ケ	コ
44	ア	イ	ウ	エ	オ	カ	キ	ク	ケ	コ
45	ア	イ	ウ	エ	オ	カ	キ	ク	ケ	コ
46	ア	イ	ウ	エ	オ	カ	キ	ク	ケ	コ
47	ア	イ	ウ	エ	オ	カ	キ	ク	ケ	コ
48	ア	イ	ウ	エ	オ	カ	キ	ク	ケ	コ
49	ア	イ	ウ	エ	オ	カ	キ	ク	ケ	コ
50	ア	イ	ウ	エ	オ	カ	キ	ク	ケ	コ
51	ア	イ	ウ	エ	オ	カ	キ	ク	ケ	コ
52	ア	イ	ウ	エ	オ	カ	キ	ク	ケ	コ
53	ア	イ	ウ	エ	オ	カ	キ	ク	ケ	コ
54	ア	イ	ウ	エ	オ	カ	キ	ク	ケ	コ
55	ア	イ	ウ	エ	オ	カ	キ	ク	ケ	コ
56	ア	イ	ウ	エ	オ	カ	キ	ク	ケ	コ
57	ア	イ	ウ	エ	オ	カ	キ	ク	ケ	コ
58	ア	イ	ウ	エ	オ	カ	キ	ク	ケ	コ
59	ア	イ	ウ	エ	オ	カ	キ	ク	ケ	コ
60	ア	イ	ウ	エ	オ	カ	キ	ク	ケ	コ

受験番号を記入し、さらにその下のマーク欄にマークしなさい。

受験番号				
0	0	0	0	0
1	1	1	1	1
2	2	2	2	2
3	3	3	3	3
4	4	4	4	4
5	5	5	5	5
6	6	6	6	6
7	7	7	7	7
8	8	8	8	8
9	9	9	9	9

志望コース	コース
フリガナ	
氏名	

（注）この解答用紙は実物を縮小してあります。B４用紙に137%拡大コピーすると、ほぼ実物大で使用できます。（タイトルと配点表は含みません）

学校配点

1 問1 2点 問2 3点 問3 2点 問4 3点 問5 2点 問6 3点 問7 2点 問8 3点
2 問1、問2 各3点×2 問3 4点 問4、問5 各3点×2 問6 4点
3 問1、問2 各3点×2 問3 4点 問4、問5 各3点×2 問6 4点
4 問1〜問3 各3点×3 問4 4点 問5 3点 問6 4点
5 問1〜問4 各3点×4 問5、問6 各4点×2

計 100点

二〇二四年度　東京成徳大学高等学校・一般入試（特待）

国語解答用紙

評点
／100

記入上の注意
(1) 解答用紙を汚したり、折りまげたりしないこと
(2) 記入マークはすべてHBまたはBの黒鉛筆を使用すること
(3) 訂正する時は、消しゴムで丁寧に消し、消しくずは取り除くこと
(4) 記入すべきこと以外は、絶対に何も書かないこと

マークのしかた

よい例	わるい例

志望コース	コース
フリガナ	
氏　名	

受験番号を記入し、さらにその下のマーク欄にマークしなさい。

受験番号				
0	0	0	0	0
1	1	1	1	1
2	2	2	2	2
3	3	3	3	3
4	4	4	4	4
5	5	5	5	5
6	6	6	6	6
7	7	7	7	7
8	8	8	8	8
9	9	9	9	9

解答番号	解答記入欄（マーク欄）									
1	ア	イ	ウ	エ	オ	カ	キ	ク	ケ	コ
2	ア	イ	ウ	エ	オ	カ	キ	ク	ケ	コ
3	ア	イ	ウ	エ	オ	カ	キ	ク	ケ	コ
4	ア	イ	ウ	エ	オ	カ	キ	ク	ケ	コ
5	ア	イ	ウ	エ	オ	カ	キ	ク	ケ	コ
6	ア	イ	ウ	エ	オ	カ	キ	ク	ケ	コ
7	ア	イ	ウ	エ	オ	カ	キ	ク	ケ	コ
8	ア	イ	ウ	エ	オ	カ	キ	ク	ケ	コ
9	ア	イ	ウ	エ	オ	カ	キ	ク	ケ	コ
10	ア	イ	ウ	エ	オ	カ	キ	ク	ケ	コ
11	ア	イ	ウ	エ	オ	カ	キ	ク	ケ	コ
12	ア	イ	ウ	エ	オ	カ	キ	ク	ケ	コ
13	ア	イ	ウ	エ	オ	カ	キ	ク	ケ	コ
14	ア	イ	ウ	エ	オ	カ	キ	ク	ケ	コ
15	ア	イ	ウ	エ	オ	カ	キ	ク	ケ	コ
16	ア	イ	ウ	エ	オ	カ	キ	ク	ケ	コ
17	ア	イ	ウ	エ	オ	カ	キ	ク	ケ	コ
18	ア	イ	ウ	エ	オ	カ	キ	ク	ケ	コ
19	ア	イ	ウ	エ	オ	カ	キ	ク	ケ	コ
20	ア	イ	ウ	エ	オ	カ	キ	ク	ケ	コ

解答番号	解答記入欄（マーク欄）									
21	ア	イ	ウ	エ	オ	カ	キ	ク	ケ	コ
22	ア	イ	ウ	エ	オ	カ	キ	ク	ケ	コ
23	ア	イ	ウ	エ	オ	カ	キ	ク	ケ	コ
24	ア	イ	ウ	エ	オ	カ	キ	ク	ケ	コ
25	ア	イ	ウ	エ	オ	カ	キ	ク	ケ	コ
26	ア	イ	ウ	エ	オ	カ	キ	ク	ケ	コ
27	ア	イ	ウ	エ	オ	カ	キ	ク	ケ	コ
28	ア	イ	ウ	エ	オ	カ	キ	ク	ケ	コ
29	ア	イ	ウ	エ	オ	カ	キ	ク	ケ	コ
30	ア	イ	ウ	エ	オ	カ	キ	ク	ケ	コ
31	ア	イ	ウ	エ	オ	カ	キ	ク	ケ	コ
32	ア	イ	ウ	エ	オ	カ	キ	ク	ケ	コ
33	ア	イ	ウ	エ	オ	カ	キ	ク	ケ	コ
34	ア	イ	ウ	エ	オ	カ	キ	ク	ケ	コ
35	ア	イ	ウ	エ	オ	カ	キ	ク	ケ	コ
36	ア	イ	ウ	エ	オ	カ	キ	ク	ケ	コ
37	ア	イ	ウ	エ	オ	カ	キ	ク	ケ	コ
38	ア	イ	ウ	エ	オ	カ	キ	ク	ケ	コ
39	ア	イ	ウ	エ	オ	カ	キ	ク	ケ	コ
40	ア	イ	ウ	エ	オ	カ	キ	ク	ケ	コ

解答番号	解答記入欄（マーク欄）									
41	ア	イ	ウ	エ	オ	カ	キ	ク	ケ	コ
42	ア	イ	ウ	エ	オ	カ	キ	ク	ケ	コ
43	ア	イ	ウ	エ	オ	カ	キ	ク	ケ	コ
44	ア	イ	ウ	エ	オ	カ	キ	ク	ケ	コ
45	ア	イ	ウ	エ	オ	カ	キ	ク	ケ	コ
46	ア	イ	ウ	エ	オ	カ	キ	ク	ケ	コ
47	ア	イ	ウ	エ	オ	カ	キ	ク	ケ	コ
48	ア	イ	ウ	エ	オ	カ	キ	ク	ケ	コ
49	ア	イ	ウ	エ	オ	カ	キ	ク	ケ	コ
50	ア	イ	ウ	エ	オ	カ	キ	ク	ケ	コ
51	ア	イ	ウ	エ	オ	カ	キ	ク	ケ	コ
52	ア	イ	ウ	エ	オ	カ	キ	ク	ケ	コ
53	ア	イ	ウ	エ	オ	カ	キ	ク	ケ	コ
54	ア	イ	ウ	エ	オ	カ	キ	ク	ケ	コ
55	ア	イ	ウ	エ	オ	カ	キ	ク	ケ	コ
56	ア	イ	ウ	エ	オ	カ	キ	ク	ケ	コ
57	ア	イ	ウ	エ	オ	カ	キ	ク	ケ	コ
58	ア	イ	ウ	エ	オ	カ	キ	ク	ケ	コ
59	ア	イ	ウ	エ	オ	カ	キ	ク	ケ	コ
60	ア	イ	ウ	エ	オ	カ	キ	ク	ケ	コ

（注）この解答用紙は実物を縮小してあります。Ｂ４用紙に137％拡大コピーすると、ほぼ実物大で使用できます。（タイトルと配点表は含みません）

学校配点

□一 問一、問二　各３点×４　問三、問四　各４点×２　問五　３点
問六　４点　問七　３点　問八、問九　各５点×２
問十、問十一　各３点×９
□二 問一、問二　各４点×２　問三　５点　問四　３点
問五、問六　各４点×３　問七　５点

計　100点

2023年度　東京成徳大学高等学校・一般入試（第1回）

英語解答用紙

評点
/100

記入上の注意
(1) 解答用紙を汚したり、折りまげたりしないこと
(2) 記入マークはすべてHBまたはBの黒鉛筆を使用すること
(3) 訂正する時は、消しゴムで丁寧に消し、消しくずは取り除くこと
(4) 記入すべきこと以外は、絶対に何も書かないこと

マークのしかた

よい例	わるい例
●	◒ ◍ ⊗ ◉

志望コース	コース
フリガナ	
氏　名	

受験番号を記入し、さらにその下のマーク欄にマークしなさい。

受験番号				
0	0	0	0	0
1	1	1	1	1
2	2	2	2	2
3	3	3	3	3
4	4	4	4	4
5	5	5	5	5
6	6	6	6	6
7	7	7	7	7
8	8	8	8	8
9	9	9	9	9

解答番号	解答記入欄（マーク欄）
1	ア イ ウ エ オ カ キ ク ケ コ
2	ア イ ウ エ オ カ キ ク ケ コ
3	ア イ ウ エ オ カ キ ク ケ コ
4	ア イ ウ エ オ カ キ ク ケ コ
5	ア イ ウ エ オ カ キ ク ケ コ
6	ア イ ウ エ オ カ キ ク ケ コ
7	ア イ ウ エ オ カ キ ク ケ コ
8	ア イ ウ エ オ カ キ ク ケ コ
9	ア イ ウ エ オ カ キ ク ケ コ
10	ア イ ウ エ オ カ キ ク ケ コ
11	ア イ ウ エ オ カ キ ク ケ コ
12	ア イ ウ エ オ カ キ ク ケ コ
13	ア イ ウ エ オ カ キ ク ケ コ
14	ア イ ウ エ オ カ キ ク ケ コ
15	ア イ ウ エ オ カ キ ク ケ コ
16	ア イ ウ エ オ カ キ ク ケ コ
17	ア イ ウ エ オ カ キ ク ケ コ
18	ア イ ウ エ オ カ キ ク ケ コ
19	ア イ ウ エ オ カ キ ク ケ コ
20	ア イ ウ エ オ カ キ ク ケ コ

解答番号	解答記入欄（マーク欄）
21	ア イ ウ エ オ カ キ ク ケ コ
22	ア イ ウ エ オ カ キ ク ケ コ
23	ア イ ウ エ オ カ キ ク ケ コ
24	ア イ ウ エ オ カ キ ク ケ コ
25	ア イ ウ エ オ カ キ ク ケ コ
26	ア イ ウ エ オ カ キ ク ケ コ
27	ア イ ウ エ オ カ キ ク ケ コ
28	ア イ ウ エ オ カ キ ク ケ コ
29	ア イ ウ エ オ カ キ ク ケ コ
30	ア イ ウ エ オ カ キ ク ケ コ
31	ア イ ウ エ オ カ キ ク ケ コ
32	ア イ ウ エ オ カ キ ク ケ コ
33	ア イ ウ エ オ カ キ ク ケ コ
34	ア イ ウ エ オ カ キ ク ケ コ
35	ア イ ウ エ オ カ キ ク ケ コ
36	ア イ ウ エ オ カ キ ク ケ コ
37	ア イ ウ エ オ カ キ ク ケ コ
38	ア イ ウ エ オ カ キ ク ケ コ
39	ア イ ウ エ オ カ キ ク ケ コ
40	ア イ ウ エ オ カ キ ク ケ コ

解答番号	解答記入欄（マーク欄）
41	ア イ ウ エ オ カ キ ク ケ コ
42	ア イ ウ エ オ カ キ ク ケ コ
43	ア イ ウ エ オ カ キ ク ケ コ
44	ア イ ウ エ オ カ キ ク ケ コ
45	ア イ ウ エ オ カ キ ク ケ コ
46	ア イ ウ エ オ カ キ ク ケ コ
47	ア イ ウ エ オ カ キ ク ケ コ
48	ア イ ウ エ オ カ キ ク ケ コ
49	ア イ ウ エ オ カ キ ク ケ コ
50	ア イ ウ エ オ カ キ ク ケ コ
51	ア イ ウ エ オ カ キ ク ケ コ
52	ア イ ウ エ オ カ キ ク ケ コ
53	ア イ ウ エ オ カ キ ク ケ コ
54	ア イ ウ エ オ カ キ ク ケ コ
55	ア イ ウ エ オ カ キ ク ケ コ
56	ア イ ウ エ オ カ キ ク ケ コ
57	ア イ ウ エ オ カ キ ク ケ コ
58	ア イ ウ エ オ カ キ ク ケ コ
59	ア イ ウ エ オ カ キ ク ケ コ
60	ア イ ウ エ オ カ キ ク ケ コ

（注）この解答用紙は実物を縮小してあります。Ｂ４用紙に137%拡大コピーすると、ほぼ実物大で使用できます。（タイトルと配点表は含みません）

学校配点	
1〜6 各3点×26〔3は各3点×5〕 7 問1 各2点×4　問2 5点　問3〜問5 各3点×3	
100点	計

２０２３年度　東京成徳大学高等学校・一般入試（第１回）

数学解答用紙

評点
/100

記 入 上 の 注 意
(1) 解答用紙を汚したり、折りまげたりしないこと
(2) 記入マークはすべてHBまたはBの黒鉛筆を使用すること
(3) 訂正する時は、消しゴムで丁寧に消し、消しくずは取り除くこと
(4) 記入すべきこと以外は、絶対に何も書かないこと

マークのしかた

よい例	わるい例
●	◒ ⦶ ⊠ ◉

解答番号	解答記入欄（マーク欄）	解答番号	解答記入欄（マーク欄）	解答番号	解答記入欄（マーク欄）
1	ア イ ウ エ オ カ キ ク ケ コ	21	ア イ ウ エ オ カ キ ク ケ コ	41	ア イ ウ エ オ カ キ ク ケ コ
2	ア イ ウ エ オ カ キ ク ケ コ	22	ア イ ウ エ オ カ キ ク ケ コ	42	ア イ ウ エ オ カ キ ク ケ コ
3	ア イ ウ エ オ カ キ ク ケ コ	23	ア イ ウ エ オ カ キ ク ケ コ	43	ア イ ウ エ オ カ キ ク ケ コ
4	ア イ ウ エ オ カ キ ク ケ コ	24	ア イ ウ エ オ カ キ ク ケ コ	44	ア イ ウ エ オ カ キ ク ケ コ
5	ア イ ウ エ オ カ キ ク ケ コ	25	ア イ ウ エ オ カ キ ク ケ コ	45	ア イ ウ エ オ カ キ ク ケ コ
6	ア イ ウ エ オ カ キ ク ケ コ	26	ア イ ウ エ オ カ キ ク ケ コ	46	ア イ ウ エ オ カ キ ク ケ コ
7	ア イ ウ エ オ カ キ ク ケ コ	27	ア イ ウ エ オ カ キ ク ケ コ	47	ア イ ウ エ オ カ キ ク ケ コ
8	ア イ ウ エ オ カ キ ク ケ コ	28	ア イ ウ エ オ カ キ ク ケ コ	48	ア イ ウ エ オ カ キ ク ケ コ
9	ア イ ウ エ オ カ キ ク ケ コ	29	ア イ ウ エ オ カ キ ク ケ コ	49	ア イ ウ エ オ カ キ ク ケ コ
10	ア イ ウ エ オ カ キ ク ケ コ	30	ア イ ウ エ オ カ キ ク ケ コ	50	ア イ ウ エ オ カ キ ク ケ コ
11	ア イ ウ エ オ カ キ ク ケ コ	31	ア イ ウ エ オ カ キ ク ケ コ	51	ア イ ウ エ オ カ キ ク ケ コ
12	ア イ ウ エ オ カ キ ク ケ コ	32	ア イ ウ エ オ カ キ ク ケ コ	52	ア イ ウ エ オ カ キ ク ケ コ
13	ア イ ウ エ オ カ キ ク ケ コ	33	ア イ ウ エ オ カ キ ク ケ コ	53	ア イ ウ エ オ カ キ ク ケ コ
14	ア イ ウ エ オ カ キ ク ケ コ	34	ア イ ウ エ オ カ キ ク ケ コ	54	ア イ ウ エ オ カ キ ク ケ コ
15	ア イ ウ エ オ カ キ ク ケ コ	35	ア イ ウ エ オ カ キ ク ケ コ	55	ア イ ウ エ オ カ キ ク ケ コ
16	ア イ ウ エ オ カ キ ク ケ コ	36	ア イ ウ エ オ カ キ ク ケ コ	56	ア イ ウ エ オ カ キ ク ケ コ
17	ア イ ウ エ オ カ キ ク ケ コ	37	ア イ ウ エ オ カ キ ク ケ コ	57	ア イ ウ エ オ カ キ ク ケ コ
18	ア イ ウ エ オ カ キ ク ケ コ	38	ア イ ウ エ オ カ キ ク ケ コ	58	ア イ ウ エ オ カ キ ク ケ コ
19	ア イ ウ エ オ カ キ ク ケ コ	39	ア イ ウ エ オ カ キ ク ケ コ	59	ア イ ウ エ オ カ キ ク ケ コ
20	ア イ ウ エ オ カ キ ク ケ コ	40	ア イ ウ エ オ カ キ ク ケ コ	60	ア イ ウ エ オ カ キ ク ケ コ

（注）この解答用紙は実物を縮小してあります。Ｂ４用紙に137％拡大コピーすると、ほぼ実物大で使用できます。（タイトルと配点表は含みません）

受験番号を記入し、さらにその下のマーク欄にマークしなさい。

受験番号				
0	0	0	0	0
1	1	1	1	1
2	2	2	2	2
3	3	3	3	3
4	4	4	4	4
5	5	5	5	5
6	6	6	6	6
7	7	7	7	7
8	8	8	8	8
9	9	9	9	9

志望コース	コース
フリガナ	
氏名	

学校配点	
1～5 各5点×20	
100点	計

二〇二三年度　東京成徳大学高等学校・一般入試（第一回）

国語解答用紙

評点
／100

記入上の注意
(1) 解答用紙を汚したり、折りまげたりしないこと
(2) 記入マークはすべてHBまたはBの黒鉛筆を使用すること
(3) 訂正する時は、消しゴムで丁寧に消し、消しくずは取り除くこと
(4) 記入すべきこと以外は、絶対に何も書かないこと

マークのしかた

よい例	わるい例
●	◒ ⦶ ⊗ ◉

解答番号	解答記入欄（マーク欄）									
1	ア	イ	ウ	エ	オ	カ	キ	ク	ケ	コ
2	ア	イ	ウ	エ	オ	カ	キ	ク	ケ	コ
3	ア	イ	ウ	エ	オ	カ	キ	ク	ケ	コ
4	ア	イ	ウ	エ	オ	カ	キ	ク	ケ	コ
5	ア	イ	ウ	エ	オ	カ	キ	ク	ケ	コ
6	ア	イ	ウ	エ	オ	カ	キ	ク	ケ	コ
7	ア	イ	ウ	エ	オ	カ	キ	ク	ケ	コ
8	ア	イ	ウ	エ	オ	カ	キ	ク	ケ	コ
9	ア	イ	ウ	エ	オ	カ	キ	ク	ケ	コ
10	ア	イ	ウ	エ	オ	カ	キ	ク	ケ	コ
11	ア	イ	ウ	エ	オ	カ	キ	ク	ケ	コ
12	ア	イ	ウ	エ	オ	カ	キ	ク	ケ	コ
13	ア	イ	ウ	エ	オ	カ	キ	ク	ケ	コ
14	ア	イ	ウ	エ	オ	カ	キ	ク	ケ	コ
15	ア	イ	ウ	エ	オ	カ	キ	ク	ケ	コ
16	ア	イ	ウ	エ	オ	カ	キ	ク	ケ	コ
17	ア	イ	ウ	エ	オ	カ	キ	ク	ケ	コ
18	ア	イ	ウ	エ	オ	カ	キ	ク	ケ	コ
19	ア	イ	ウ	エ	オ	カ	キ	ク	ケ	コ
20	ア	イ	ウ	エ	オ	カ	キ	ク	ケ	コ
21	ア	イ	ウ	エ	オ	カ	キ	ク	ケ	コ
22	ア	イ	ウ	エ	オ	カ	キ	ク	ケ	コ
23	ア	イ	ウ	エ	オ	カ	キ	ク	ケ	コ
24	ア	イ	ウ	エ	オ	カ	キ	ク	ケ	コ
25	ア	イ	ウ	エ	オ	カ	キ	ク	ケ	コ
26	ア	イ	ウ	エ	オ	カ	キ	ク	ケ	コ
27	ア	イ	ウ	エ	オ	カ	キ	ク	ケ	コ
28	ア	イ	ウ	エ	オ	カ	キ	ク	ケ	コ
29	ア	イ	ウ	エ	オ	カ	キ	ク	ケ	コ
30	ア	イ	ウ	エ	オ	カ	キ	ク	ケ	コ
31	ア	イ	ウ	エ	オ	カ	キ	ク	ケ	コ
32	ア	イ	ウ	エ	オ	カ	キ	ク	ケ	コ
33	ア	イ	ウ	エ	オ	カ	キ	ク	ケ	コ
34	ア	イ	ウ	エ	オ	カ	キ	ク	ケ	コ
35	ア	イ	ウ	エ	オ	カ	キ	ク	ケ	コ
36	ア	イ	ウ	エ	オ	カ	キ	ク	ケ	コ
37	ア	イ	ウ	エ	オ	カ	キ	ク	ケ	コ
38	ア	イ	ウ	エ	オ	カ	キ	ク	ケ	コ
39	ア	イ	ウ	エ	オ	カ	キ	ク	ケ	コ
40	ア	イ	ウ	エ	オ	カ	キ	ク	ケ	コ
41	ア	イ	ウ	エ	オ	カ	キ	ク	ケ	コ
42	ア	イ	ウ	エ	オ	カ	キ	ク	ケ	コ
43	ア	イ	ウ	エ	オ	カ	キ	ク	ケ	コ
44	ア	イ	ウ	エ	オ	カ	キ	ク	ケ	コ
45	ア	イ	ウ	エ	オ	カ	キ	ク	ケ	コ
46	ア	イ	ウ	エ	オ	カ	キ	ク	ケ	コ
47	ア	イ	ウ	エ	オ	カ	キ	ク	ケ	コ
48	ア	イ	ウ	エ	オ	カ	キ	ク	ケ	コ
49	ア	イ	ウ	エ	オ	カ	キ	ク	ケ	コ
50	ア	イ	ウ	エ	オ	カ	キ	ク	ケ	コ
51	ア	イ	ウ	エ	オ	カ	キ	ク	ケ	コ
52	ア	イ	ウ	エ	オ	カ	キ	ク	ケ	コ
53	ア	イ	ウ	エ	オ	カ	キ	ク	ケ	コ
54	ア	イ	ウ	エ	オ	カ	キ	ク	ケ	コ
55	ア	イ	ウ	エ	オ	カ	キ	ク	ケ	コ
56	ア	イ	ウ	エ	オ	カ	キ	ク	ケ	コ
57	ア	イ	ウ	エ	オ	カ	キ	ク	ケ	コ
58	ア	イ	ウ	エ	オ	カ	キ	ク	ケ	コ
59	ア	イ	ウ	エ	オ	カ	キ	ク	ケ	コ
60	ア	イ	ウ	エ	オ	カ	キ	ク	ケ	コ

（注）この解答用紙は実物を縮小してあります。Ｂ４用紙に137%拡大コピーすると、ほぼ実物大で使用できます。（タイトルと配点表は含みません）

受験番号を記入し、さらにその下のマーク欄にマークしなさい。

受験番号				
0	0	0	0	0
1	1	1	1	1
2	2	2	2	2
3	3	3	3	3
4	4	4	4	4
5	5	5	5	5
6	6	6	6	6
7	7	7	7	7
8	8	8	8	8
9	9	9	9	9

志望コース	コース
フリガナ	
氏　名	

学校配点

一 問一、問二　各3点×4　問三　4点　問四　3点　問五～問七　各4点×4
問八～問十一　各3点×4　問十二　4点
二 問一　各3点×3　問二～問四　各4点×3　問五　3点
問六、問七　各4点×2　問八　3点　問九　各4点×2
三 各2点×3

100点	計

２０２３年度　東京成徳大学高等学校・一般入試（特待）

英語解答用紙

評点
／100

記入上の注意
(1) 解答用紙を汚したり、折りまげたりしないこと
(2) 記入マークはすべてHBまたはBの黒鉛筆を使用すること
(3) 訂正する時は、消しゴムで丁寧に消し、消しくずは取り除くこと
(4) 記入すべきこと以外は、絶対に何も書かないこと

マークのしかた

よい例	わるい例

志望コース	コース
フリガナ	
氏　名	

受験番号を記入し、さらにその下のマーク欄にマークしなさい。

受	験	番	号	
0	0	0	0	0
1	1	1	1	1
2	2	2	2	2
3	3	3	3	3
4	4	4	4	4
5	5	5	5	5
6	6	6	6	6
7	7	7	7	7
8	8	8	8	8
9	9	9	9	9

解答番号	解答記入欄（マーク欄）									
1	ア	イ	ウ	エ	オ	カ	キ	ク	ケ	コ
2	ア	イ	ウ	エ	オ	カ	キ	ク	ケ	コ
3	ア	イ	ウ	エ	オ	カ	キ	ク	ケ	コ
4	ア	イ	ウ	エ	オ	カ	キ	ク	ケ	コ
5	ア	イ	ウ	エ	オ	カ	キ	ク	ケ	コ
6	ア	イ	ウ	エ	オ	カ	キ	ク	ケ	コ
7	ア	イ	ウ	エ	オ	カ	キ	ク	ケ	コ
8	ア	イ	ウ	エ	オ	カ	キ	ク	ケ	コ
9	ア	イ	ウ	エ	オ	カ	キ	ク	ケ	コ
10	ア	イ	ウ	エ	オ	カ	キ	ク	ケ	コ
11	ア	イ	ウ	エ	オ	カ	キ	ク	ケ	コ
12	ア	イ	ウ	エ	オ	カ	キ	ク	ケ	コ
13	ア	イ	ウ	エ	オ	カ	キ	ク	ケ	コ
14	ア	イ	ウ	エ	オ	カ	キ	ク	ケ	コ
15	ア	イ	ウ	エ	オ	カ	キ	ク	ケ	コ
16	ア	イ	ウ	エ	オ	カ	キ	ク	ケ	コ
17	ア	イ	ウ	エ	オ	カ	キ	ク	ケ	コ
18	ア	イ	ウ	エ	オ	カ	キ	ク	ケ	コ
19	ア	イ	ウ	エ	オ	カ	キ	ク	ケ	コ
20	ア	イ	ウ	エ	オ	カ	キ	ク	ケ	コ
21	ア	イ	ウ	エ	オ	カ	キ	ク	ケ	コ
22	ア	イ	ウ	エ	オ	カ	キ	ク	ケ	コ
23	ア	イ	ウ	エ	オ	カ	キ	ク	ケ	コ
24	ア	イ	ウ	エ	オ	カ	キ	ク	ケ	コ
25	ア	イ	ウ	エ	オ	カ	キ	ク	ケ	コ
26	ア	イ	ウ	エ	オ	カ	キ	ク	ケ	コ
27	ア	イ	ウ	エ	オ	カ	キ	ク	ケ	コ
28	ア	イ	ウ	エ	オ	カ	キ	ク	ケ	コ
29	ア	イ	ウ	エ	オ	カ	キ	ク	ケ	コ
30	ア	イ	ウ	エ	オ	カ	キ	ク	ケ	コ
31	ア	イ	ウ	エ	オ	カ	キ	ク	ケ	コ
32	ア	イ	ウ	エ	オ	カ	キ	ク	ケ	コ
33	ア	イ	ウ	エ	オ	カ	キ	ク	ケ	コ
34	ア	イ	ウ	エ	オ	カ	キ	ク	ケ	コ
35	ア	イ	ウ	エ	オ	カ	キ	ク	ケ	コ
36	ア	イ	ウ	エ	オ	カ	キ	ク	ケ	コ
37	ア	イ	ウ	エ	オ	カ	キ	ク	ケ	コ
38	ア	イ	ウ	エ	オ	カ	キ	ク	ケ	コ
39	ア	イ	ウ	エ	オ	カ	キ	ク	ケ	コ
40	ア	イ	ウ	エ	オ	カ	キ	ク	ケ	コ
41	ア	イ	ウ	エ	オ	カ	キ	ク	ケ	コ
42	ア	イ	ウ	エ	オ	カ	キ	ク	ケ	コ
43	ア	イ	ウ	エ	オ	カ	キ	ク	ケ	コ
44	ア	イ	ウ	エ	オ	カ	キ	ク	ケ	コ
45	ア	イ	ウ	エ	オ	カ	キ	ク	ケ	コ
46	ア	イ	ウ	エ	オ	カ	キ	ク	ケ	コ
47	ア	イ	ウ	エ	オ	カ	キ	ク	ケ	コ
48	ア	イ	ウ	エ	オ	カ	キ	ク	ケ	コ
49	ア	イ	ウ	エ	オ	カ	キ	ク	ケ	コ
50	ア	イ	ウ	エ	オ	カ	キ	ク	ケ	コ
51	ア	イ	ウ	エ	オ	カ	キ	ク	ケ	コ
52	ア	イ	ウ	エ	オ	カ	キ	ク	ケ	コ
53	ア	イ	ウ	エ	オ	カ	キ	ク	ケ	コ
54	ア	イ	ウ	エ	オ	カ	キ	ク	ケ	コ
55	ア	イ	ウ	エ	オ	カ	キ	ク	ケ	コ
56	ア	イ	ウ	エ	オ	カ	キ	ク	ケ	コ
57	ア	イ	ウ	エ	オ	カ	キ	ク	ケ	コ
58	ア	イ	ウ	エ	オ	カ	キ	ク	ケ	コ
59	ア	イ	ウ	エ	オ	カ	キ	ク	ケ	コ
60	ア	イ	ウ	エ	オ	カ	キ	ク	ケ	コ

（注）この解答用紙は実物を縮小してあります。Ｂ４用紙に137%拡大コピーすると、ほぼ実物大で使用できます。（タイトルと配点表は含みません）

学校配点	
1、2 各2点×10 3 各3点×6 4～6 各2点×18 7 4点 8 問1、問2 各3点×4　問3 各2点×5	
100点	計

2023年度　東京成徳大学高等学校・一般入試（特待）

数学解答用紙

評点
/100

記入上の注意
(1) 解答用紙を汚したり、折りまげたりしないこと
(2) 記入マークはすべてHBまたはBの黒鉛筆を使用すること
(3) 訂正する時は、消しゴムで丁寧に消し、消しくずは取り除くこと
(4) 記入すべきこと以外は、絶対に何も書かないこと

マークのしかた

よい例	わるい例
●	◒ ◯ ⊗ ⊙

志望コース	コース
フリガナ	
氏　名	

受験番号を記入し、さらにその下のマーク欄にマークしなさい。

受験番号				
0	0	0	0	0
1	1	1	1	1
2	2	2	2	2
3	3	3	3	3
4	4	4	4	4
5	5	5	5	5
6	6	6	6	6
7	7	7	7	7
8	8	8	8	8
9	9	9	9	9

解答番号	解答記入欄（マーク欄）									
1	ア	イ	ウ	エ	オ	カ	キ	ク	ケ	コ
2	ア	イ	ウ	エ	オ	カ	キ	ク	ケ	コ
3	ア	イ	ウ	エ	オ	カ	キ	ク	ケ	コ
4	ア	イ	ウ	エ	オ	カ	キ	ク	ケ	コ
5	ア	イ	ウ	エ	オ	カ	キ	ク	ケ	コ
6	ア	イ	ウ	エ	オ	カ	キ	ク	ケ	コ
7	ア	イ	ウ	エ	オ	カ	キ	ク	ケ	コ
8	ア	イ	ウ	エ	オ	カ	キ	ク	ケ	コ
9	ア	イ	ウ	エ	オ	カ	キ	ク	ケ	コ
10	ア	イ	ウ	エ	オ	カ	キ	ク	ケ	コ
11	ア	イ	ウ	エ	オ	カ	キ	ク	ケ	コ
12	ア	イ	ウ	エ	オ	カ	キ	ク	ケ	コ
13	ア	イ	ウ	エ	オ	カ	キ	ク	ケ	コ
14	ア	イ	ウ	エ	オ	カ	キ	ク	ケ	コ
15	ア	イ	ウ	エ	オ	カ	キ	ク	ケ	コ
16	ア	イ	ウ	エ	オ	カ	キ	ク	ケ	コ
17	ア	イ	ウ	エ	オ	カ	キ	ク	ケ	コ
18	ア	イ	ウ	エ	オ	カ	キ	ク	ケ	コ
19	ア	イ	ウ	エ	オ	カ	キ	ク	ケ	コ
20	ア	イ	ウ	エ	オ	カ	キ	ク	ケ	コ

解答番号	解答記入欄（マーク欄）									
21	ア	イ	ウ	エ	オ	カ	キ	ク	ケ	コ
22	ア	イ	ウ	エ	オ	カ	キ	ク	ケ	コ
23	ア	イ	ウ	エ	オ	カ	キ	ク	ケ	コ
24	ア	イ	ウ	エ	オ	カ	キ	ク	ケ	コ
25	ア	イ	ウ	エ	オ	カ	キ	ク	ケ	コ
26	ア	イ	ウ	エ	オ	カ	キ	ク	ケ	コ
27	ア	イ	ウ	エ	オ	カ	キ	ク	ケ	コ
28	ア	イ	ウ	エ	オ	カ	キ	ク	ケ	コ
29	ア	イ	ウ	エ	オ	カ	キ	ク	ケ	コ
30	ア	イ	ウ	エ	オ	カ	キ	ク	ケ	コ
31	ア	イ	ウ	エ	オ	カ	キ	ク	ケ	コ
32	ア	イ	ウ	エ	オ	カ	キ	ク	ケ	コ
33	ア	イ	ウ	エ	オ	カ	キ	ク	ケ	コ
34	ア	イ	ウ	エ	オ	カ	キ	ク	ケ	コ
35	ア	イ	ウ	エ	オ	カ	キ	ク	ケ	コ
36	ア	イ	ウ	エ	オ	カ	キ	ク	ケ	コ
37	ア	イ	ウ	エ	オ	カ	キ	ク	ケ	コ
38	ア	イ	ウ	エ	オ	カ	キ	ク	ケ	コ
39	ア	イ	ウ	エ	オ	カ	キ	ク	ケ	コ
40	ア	イ	ウ	エ	オ	カ	キ	ク	ケ	コ

解答番号	解答記入欄（マーク欄）									
41	ア	イ	ウ	エ	オ	カ	キ	ク	ケ	コ
42	ア	イ	ウ	エ	オ	カ	キ	ク	ケ	コ
43	ア	イ	ウ	エ	オ	カ	キ	ク	ケ	コ
44	ア	イ	ウ	エ	オ	カ	キ	ク	ケ	コ
45	ア	イ	ウ	エ	オ	カ	キ	ク	ケ	コ
46	ア	イ	ウ	エ	オ	カ	キ	ク	ケ	コ
47	ア	イ	ウ	エ	オ	カ	キ	ク	ケ	コ
48	ア	イ	ウ	エ	オ	カ	キ	ク	ケ	コ
49	ア	イ	ウ	エ	オ	カ	キ	ク	ケ	コ
50	ア	イ	ウ	エ	オ	カ	キ	ク	ケ	コ
51	ア	イ	ウ	エ	オ	カ	キ	ク	ケ	コ
52	ア	イ	ウ	エ	オ	カ	キ	ク	ケ	コ
53	ア	イ	ウ	エ	オ	カ	キ	ク	ケ	コ
54	ア	イ	ウ	エ	オ	カ	キ	ク	ケ	コ
55	ア	イ	ウ	エ	オ	カ	キ	ク	ケ	コ
56	ア	イ	ウ	エ	オ	カ	キ	ク	ケ	コ
57	ア	イ	ウ	エ	オ	カ	キ	ク	ケ	コ
58	ア	イ	ウ	エ	オ	カ	キ	ク	ケ	コ
59	ア	イ	ウ	エ	オ	カ	キ	ク	ケ	コ
60	ア	イ	ウ	エ	オ	カ	キ	ク	ケ	コ

（注）この解答用紙は実物を縮小してあります。Ｂ４用紙に137%拡大コピーすると、ほぼ実物大で使用できます。（タイトルと配点表は含みません）

学校配点	
1～5　各5点×20	
100点	計

２０２３年度　東京成徳大学高等学校・一般入試（特待）

社会解答用紙

評点
／100

記 入 上 の 注 意
(1) 解答用紙を汚したり、折りまげたりしないこと
(2) 記入マークはすべてHBまたはBの黒鉛筆を使用すること
(3) 訂正する時は、消しゴムで丁寧に消し、消しくずは取り除くこと
(4) 記入すべきこと以外は、絶対に何も書かないこと

マークのしかた

よい例	わるい例
⬮	◒ ⦶ ⊠ ◉

志望コース	コース
フリガナ	
氏　名	

受験番号を記入し、さらにその下のマーク欄にマークしなさい。

受	験	番	号	
0	0	0	0	0
1	1	1	1	1
2	2	2	2	2
3	3	3	3	3
4	4	4	4	4
5	5	5	5	5
6	6	6	6	6
7	7	7	7	7
8	8	8	8	8
9	9	9	9	9

解答番号	解答記入欄（マーク欄）									
1	ア	イ	ウ	エ	オ	カ	キ	ク	ケ	コ
2	ア	イ	ウ	エ	オ	カ	キ	ク	ケ	コ
3	ア	イ	ウ	エ	オ	カ	キ	ク	ケ	コ
4	ア	イ	ウ	エ	オ	カ	キ	ク	ケ	コ
5	ア	イ	ウ	エ	オ	カ	キ	ク	ケ	コ
6	ア	イ	ウ	エ	オ	カ	キ	ク	ケ	コ
7	ア	イ	ウ	エ	オ	カ	キ	ク	ケ	コ
8	ア	イ	ウ	エ	オ	カ	キ	ク	ケ	コ
9	ア	イ	ウ	エ	オ	カ	キ	ク	ケ	コ
10	ア	イ	ウ	エ	オ	カ	キ	ク	ケ	コ
11	ア	イ	ウ	エ	オ	カ	キ	ク	ケ	コ
12	ア	イ	ウ	エ	オ	カ	キ	ク	ケ	コ
13	ア	イ	ウ	エ	オ	カ	キ	ク	ケ	コ
14	ア	イ	ウ	エ	オ	カ	キ	ク	ケ	コ
15	ア	イ	ウ	エ	オ	カ	キ	ク	ケ	コ
16	ア	イ	ウ	エ	オ	カ	キ	ク	ケ	コ
17	ア	イ	ウ	エ	オ	カ	キ	ク	ケ	コ
18	ア	イ	ウ	エ	オ	カ	キ	ク	ケ	コ
19	ア	イ	ウ	エ	オ	カ	キ	ク	ケ	コ
20	ア	イ	ウ	エ	オ	カ	キ	ク	ケ	コ

解答番号	解答記入欄（マーク欄）									
21	ア	イ	ウ	エ	オ	カ	キ	ク	ケ	コ
22	ア	イ	ウ	エ	オ	カ	キ	ク	ケ	コ
23	ア	イ	ウ	エ	オ	カ	キ	ク	ケ	コ
24	ア	イ	ウ	エ	オ	カ	キ	ク	ケ	コ
25	ア	イ	ウ	エ	オ	カ	キ	ク	ケ	コ
26	ア	イ	ウ	エ	オ	カ	キ	ク	ケ	コ
27	ア	イ	ウ	エ	オ	カ	キ	ク	ケ	コ
28	ア	イ	ウ	エ	オ	カ	キ	ク	ケ	コ
29	ア	イ	ウ	エ	オ	カ	キ	ク	ケ	コ
30	ア	イ	ウ	エ	オ	カ	キ	ク	ケ	コ
31	ア	イ	ウ	エ	オ	カ	キ	ク	ケ	コ
32	ア	イ	ウ	エ	オ	カ	キ	ク	ケ	コ
33	ア	イ	ウ	エ	オ	カ	キ	ク	ケ	コ
34	ア	イ	ウ	エ	オ	カ	キ	ク	ケ	コ
35	ア	イ	ウ	エ	オ	カ	キ	ク	ケ	コ
36	ア	イ	ウ	エ	オ	カ	キ	ク	ケ	コ
37	ア	イ	ウ	エ	オ	カ	キ	ク	ケ	コ
38	ア	イ	ウ	エ	オ	カ	キ	ク	ケ	コ
39	ア	イ	ウ	エ	オ	カ	キ	ク	ケ	コ
40	ア	イ	ウ	エ	オ	カ	キ	ク	ケ	コ

解答番号	解答記入欄（マーク欄）									
41	ア	イ	ウ	エ	オ	カ	キ	ク	ケ	コ
42	ア	イ	ウ	エ	オ	カ	キ	ク	ケ	コ
43	ア	イ	ウ	エ	オ	カ	キ	ク	ケ	コ
44	ア	イ	ウ	エ	オ	カ	キ	ク	ケ	コ
45	ア	イ	ウ	エ	オ	カ	キ	ク	ケ	コ
46	ア	イ	ウ	エ	オ	カ	キ	ク	ケ	コ
47	ア	イ	ウ	エ	オ	カ	キ	ク	ケ	コ
48	ア	イ	ウ	エ	オ	カ	キ	ク	ケ	コ
49	ア	イ	ウ	エ	オ	カ	キ	ク	ケ	コ
50	ア	イ	ウ	エ	オ	カ	キ	ク	ケ	コ
51	ア	イ	ウ	エ	オ	カ	キ	ク	ケ	コ
52	ア	イ	ウ	エ	オ	カ	キ	ク	ケ	コ
53	ア	イ	ウ	エ	オ	カ	キ	ク	ケ	コ
54	ア	イ	ウ	エ	オ	カ	キ	ク	ケ	コ
55	ア	イ	ウ	エ	オ	カ	キ	ク	ケ	コ
56	ア	イ	ウ	エ	オ	カ	キ	ク	ケ	コ
57	ア	イ	ウ	エ	オ	カ	キ	ク	ケ	コ
58	ア	イ	ウ	エ	オ	カ	キ	ク	ケ	コ
59	ア	イ	ウ	エ	オ	カ	キ	ク	ケ	コ
60	ア	イ	ウ	エ	オ	カ	キ	ク	ケ	コ

（注）この解答用紙は実物を縮小してあります。Ｂ４用紙に137％拡大コピーすると、ほぼ実物大で使用できます。（タイトルと配点表は含みません）

学校配点	
1、2 各3点×7　3 問1 4点　問2 3点　問3 4点　問4 3点 4 問1、問2 各3点×2　問3 4点　問4 3点 5 問1 3点　問2、問3 各4点×2　問4 3点 6 問1～問3 各3点×3　問4 4点　問5 3点　問6 4点 7 問1、問2 各4点×2　問3 3点　問4 4点　問5 3点	
計	100点

2023年度　東京成徳大学高等学校・一般入試（特待）

理科解答用紙

評点
/100

記入上の注意
(1) 解答用紙を汚したり、折りまげたりしないこと
(2) 記入マークはすべてHBまたはBの黒鉛筆を使用すること
(3) 訂正する時は、消しゴムで丁寧に消し、消しくずは取り除くこと
(4) 記入すべきこと以外は、絶対に何も書かないこと

マークのしかた

よい例	わるい例
●	◒ ⦶ ⊗ ⊙

志望コース	コース
フリガナ	
氏　名	

受験番号を記入し、さらにその下のマーク欄にマークしなさい。

受	験	番	号	
⓪	⓪	⓪	⓪	⓪
①	①	①	①	①
②	②	②	②	②
③	③	③	③	③
④	④	④	④	④
⑤	⑤	⑤	⑤	⑤
⑥	⑥	⑥	⑥	⑥
⑦	⑦	⑦	⑦	⑦
⑧	⑧	⑧	⑧	⑧
⑨	⑨	⑨	⑨	⑨

解答番号	解答記入欄（マーク欄）
1	㋐ ㋑ ㋒ ㋓ ㋔ ㋕ ㋖ ㋗ ㋘ ㋙
2	㋐ ㋑ ㋒ ㋓ ㋔ ㋕ ㋖ ㋗ ㋘ ㋙
3	㋐ ㋑ ㋒ ㋓ ㋔ ㋕ ㋖ ㋗ ㋘ ㋙
4	㋐ ㋑ ㋒ ㋓ ㋔ ㋕ ㋖ ㋗ ㋘ ㋙
5	㋐ ㋑ ㋒ ㋓ ㋔ ㋕ ㋖ ㋗ ㋘ ㋙
6	㋐ ㋑ ㋒ ㋓ ㋔ ㋕ ㋖ ㋗ ㋘ ㋙
7	㋐ ㋑ ㋒ ㋓ ㋔ ㋕ ㋖ ㋗ ㋘ ㋙
8	㋐ ㋑ ㋒ ㋓ ㋔ ㋕ ㋖ ㋗ ㋘ ㋙
9	㋐ ㋑ ㋒ ㋓ ㋔ ㋕ ㋖ ㋗ ㋘ ㋙
10	㋐ ㋑ ㋒ ㋓ ㋔ ㋕ ㋖ ㋗ ㋘ ㋙
11	㋐ ㋑ ㋒ ㋓ ㋔ ㋕ ㋖ ㋗ ㋘ ㋙
12	㋐ ㋑ ㋒ ㋓ ㋔ ㋕ ㋖ ㋗ ㋘ ㋙
13	㋐ ㋑ ㋒ ㋓ ㋔ ㋕ ㋖ ㋗ ㋘ ㋙
14	㋐ ㋑ ㋒ ㋓ ㋔ ㋕ ㋖ ㋗ ㋘ ㋙
15	㋐ ㋑ ㋒ ㋓ ㋔ ㋕ ㋖ ㋗ ㋘ ㋙
16	㋐ ㋑ ㋒ ㋓ ㋔ ㋕ ㋖ ㋗ ㋘ ㋙
17	㋐ ㋑ ㋒ ㋓ ㋔ ㋕ ㋖ ㋗ ㋘ ㋙
18	㋐ ㋑ ㋒ ㋓ ㋔ ㋕ ㋖ ㋗ ㋘ ㋙
19	㋐ ㋑ ㋒ ㋓ ㋔ ㋕ ㋖ ㋗ ㋘ ㋙
20	㋐ ㋑ ㋒ ㋓ ㋔ ㋕ ㋖ ㋗ ㋘ ㋙

解答番号	解答記入欄（マーク欄）
21	㋐ ㋑ ㋒ ㋓ ㋔ ㋕ ㋖ ㋗ ㋘ ㋙
22	㋐ ㋑ ㋒ ㋓ ㋔ ㋕ ㋖ ㋗ ㋘ ㋙
23	㋐ ㋑ ㋒ ㋓ ㋔ ㋕ ㋖ ㋗ ㋘ ㋙
24	㋐ ㋑ ㋒ ㋓ ㋔ ㋕ ㋖ ㋗ ㋘ ㋙
25	㋐ ㋑ ㋒ ㋓ ㋔ ㋕ ㋖ ㋗ ㋘ ㋙
26	㋐ ㋑ ㋒ ㋓ ㋔ ㋕ ㋖ ㋗ ㋘ ㋙
27	㋐ ㋑ ㋒ ㋓ ㋔ ㋕ ㋖ ㋗ ㋘ ㋙
28	㋐ ㋑ ㋒ ㋓ ㋔ ㋕ ㋖ ㋗ ㋘ ㋙
29	㋐ ㋑ ㋒ ㋓ ㋔ ㋕ ㋖ ㋗ ㋘ ㋙
30	㋐ ㋑ ㋒ ㋓ ㋔ ㋕ ㋖ ㋗ ㋘ ㋙
31	㋐ ㋑ ㋒ ㋓ ㋔ ㋕ ㋖ ㋗ ㋘ ㋙
32	㋐ ㋑ ㋒ ㋓ ㋔ ㋕ ㋖ ㋗ ㋘ ㋙
33	㋐ ㋑ ㋒ ㋓ ㋔ ㋕ ㋖ ㋗ ㋘ ㋙
34	㋐ ㋑ ㋒ ㋓ ㋔ ㋕ ㋖ ㋗ ㋘ ㋙
35	㋐ ㋑ ㋒ ㋓ ㋔ ㋕ ㋖ ㋗ ㋘ ㋙
36	㋐ ㋑ ㋒ ㋓ ㋔ ㋕ ㋖ ㋗ ㋘ ㋙
37	㋐ ㋑ ㋒ ㋓ ㋔ ㋕ ㋖ ㋗ ㋘ ㋙
38	㋐ ㋑ ㋒ ㋓ ㋔ ㋕ ㋖ ㋗ ㋘ ㋙
39	㋐ ㋑ ㋒ ㋓ ㋔ ㋕ ㋖ ㋗ ㋘ ㋙
40	㋐ ㋑ ㋒ ㋓ ㋔ ㋕ ㋖ ㋗ ㋘ ㋙

解答番号	解答記入欄（マーク欄）
41	㋐ ㋑ ㋒ ㋓ ㋔ ㋕ ㋖ ㋗ ㋘ ㋙
42	㋐ ㋑ ㋒ ㋓ ㋔ ㋕ ㋖ ㋗ ㋘ ㋙
43	㋐ ㋑ ㋒ ㋓ ㋔ ㋕ ㋖ ㋗ ㋘ ㋙
44	㋐ ㋑ ㋒ ㋓ ㋔ ㋕ ㋖ ㋗ ㋘ ㋙
45	㋐ ㋑ ㋒ ㋓ ㋔ ㋕ ㋖ ㋗ ㋘ ㋙
46	㋐ ㋑ ㋒ ㋓ ㋔ ㋕ ㋖ ㋗ ㋘ ㋙
47	㋐ ㋑ ㋒ ㋓ ㋔ ㋕ ㋖ ㋗ ㋘ ㋙
48	㋐ ㋑ ㋒ ㋓ ㋔ ㋕ ㋖ ㋗ ㋘ ㋙
49	㋐ ㋑ ㋒ ㋓ ㋔ ㋕ ㋖ ㋗ ㋘ ㋙
50	㋐ ㋑ ㋒ ㋓ ㋔ ㋕ ㋖ ㋗ ㋘ ㋙
51	㋐ ㋑ ㋒ ㋓ ㋔ ㋕ ㋖ ㋗ ㋘ ㋙
52	㋐ ㋑ ㋒ ㋓ ㋔ ㋕ ㋖ ㋗ ㋘ ㋙
53	㋐ ㋑ ㋒ ㋓ ㋔ ㋕ ㋖ ㋗ ㋘ ㋙
54	㋐ ㋑ ㋒ ㋓ ㋔ ㋕ ㋖ ㋗ ㋘ ㋙
55	㋐ ㋑ ㋒ ㋓ ㋔ ㋕ ㋖ ㋗ ㋘ ㋙
56	㋐ ㋑ ㋒ ㋓ ㋔ ㋕ ㋖ ㋗ ㋘ ㋙
57	㋐ ㋑ ㋒ ㋓ ㋔ ㋕ ㋖ ㋗ ㋘ ㋙
58	㋐ ㋑ ㋒ ㋓ ㋔ ㋕ ㋖ ㋗ ㋘ ㋙
59	㋐ ㋑ ㋒ ㋓ ㋔ ㋕ ㋖ ㋗ ㋘ ㋙
60	㋐ ㋑ ㋒ ㋓ ㋔ ㋕ ㋖ ㋗ ㋘ ㋙

（注）この解答用紙は実物を縮小してあります。Ｂ４用紙に137%拡大コピーすると、ほぼ実物大で使用できます。（タイトルと配点表は含みません）

学校配点
1 問1　2点　問2　3点　問3　2点　問4　3点　問5　2点　問6　3点　問7　2点　問8　3点
2 問1、問2　各3点×2　問3　4点　問4、問5　各3点×2　問6　4点
3 問1、問2　各3点×2　問3　4点　問4、問5　各3点×2　問6　4点
4 問1　3点　問2　4点　問3、問4　各3点×2　問5　4点　問6　3点
5 各4点×5
計　100点

二〇二三年度　東京成徳大学高等学校・一般入試（特待）

国語解答用紙

評点	/100

記入上の注意
(1) 解答用紙を汚したり、折りまげたりしないこと
(2) 記入マークはすべてHBまたはBの黒鉛筆を使用すること
(3) 訂正する時は、消しゴムで丁寧に消し、消しくずは取り除くこと
(4) 記入すべきこと以外は、絶対に何も書かないこと

マークのしかた

よい例	わるい例
●	◐ ⦶ ⊗ ◉

解答番号	解答記入欄（マーク欄）									
1	ア	イ	ウ	エ	オ	カ	キ	ク	ケ	コ
2	ア	イ	ウ	エ	オ	カ	キ	ク	ケ	コ
3	ア	イ	ウ	エ	オ	カ	キ	ク	ケ	コ
4	ア	イ	ウ	エ	オ	カ	キ	ク	ケ	コ
5	ア	イ	ウ	エ	オ	カ	キ	ク	ケ	コ
6	ア	イ	ウ	エ	オ	カ	キ	ク	ケ	コ
7	ア	イ	ウ	エ	オ	カ	キ	ク	ケ	コ
8	ア	イ	ウ	エ	オ	カ	キ	ク	ケ	コ
9	ア	イ	ウ	エ	オ	カ	キ	ク	ケ	コ
10	ア	イ	ウ	エ	オ	カ	キ	ク	ケ	コ
11	ア	イ	ウ	エ	オ	カ	キ	ク	ケ	コ
12	ア	イ	ウ	エ	オ	カ	キ	ク	ケ	コ
13	ア	イ	ウ	エ	オ	カ	キ	ク	ケ	コ
14	ア	イ	ウ	エ	オ	カ	キ	ク	ケ	コ
15	ア	イ	ウ	エ	オ	カ	キ	ク	ケ	コ
16	ア	イ	ウ	エ	オ	カ	キ	ク	ケ	コ
17	ア	イ	ウ	エ	オ	カ	キ	ク	ケ	コ
18	ア	イ	ウ	エ	オ	カ	キ	ク	ケ	コ
19	ア	イ	ウ	エ	オ	カ	キ	ク	ケ	コ
20	ア	イ	ウ	エ	オ	カ	キ	ク	ケ	コ
21	ア	イ	ウ	エ	オ	カ	キ	ク	ケ	コ
22	ア	イ	ウ	エ	オ	カ	キ	ク	ケ	コ
23	ア	イ	ウ	エ	オ	カ	キ	ク	ケ	コ
24	ア	イ	ウ	エ	オ	カ	キ	ク	ケ	コ
25	ア	イ	ウ	エ	オ	カ	キ	ク	ケ	コ
26	ア	イ	ウ	エ	オ	カ	キ	ク	ケ	コ
27	ア	イ	ウ	エ	オ	カ	キ	ク	ケ	コ
28	ア	イ	ウ	エ	オ	カ	キ	ク	ケ	コ
29	ア	イ	ウ	エ	オ	カ	キ	ク	ケ	コ
30	ア	イ	ウ	エ	オ	カ	キ	ク	ケ	コ
31	ア	イ	ウ	エ	オ	カ	キ	ク	ケ	コ
32	ア	イ	ウ	エ	オ	カ	キ	ク	ケ	コ
33	ア	イ	ウ	エ	オ	カ	キ	ク	ケ	コ
34	ア	イ	ウ	エ	オ	カ	キ	ク	ケ	コ
35	ア	イ	ウ	エ	オ	カ	キ	ク	ケ	コ
36	ア	イ	ウ	エ	オ	カ	キ	ク	ケ	コ
37	ア	イ	ウ	エ	オ	カ	キ	ク	ケ	コ
38	ア	イ	ウ	エ	オ	カ	キ	ク	ケ	コ
39	ア	イ	ウ	エ	オ	カ	キ	ク	ケ	コ
40	ア	イ	ウ	エ	オ	カ	キ	ク	ケ	コ
41	ア	イ	ウ	エ	オ	カ	キ	ク	ケ	コ
42	ア	イ	ウ	エ	オ	カ	キ	ク	ケ	コ
43	ア	イ	ウ	エ	オ	カ	キ	ク	ケ	コ
44	ア	イ	ウ	エ	オ	カ	キ	ク	ケ	コ
45	ア	イ	ウ	エ	オ	カ	キ	ク	ケ	コ
46	ア	イ	ウ	エ	オ	カ	キ	ク	ケ	コ
47	ア	イ	ウ	エ	オ	カ	キ	ク	ケ	コ
48	ア	イ	ウ	エ	オ	カ	キ	ク	ケ	コ
49	ア	イ	ウ	エ	オ	カ	キ	ク	ケ	コ
50	ア	イ	ウ	エ	オ	カ	キ	ク	ケ	コ
51	ア	イ	ウ	エ	オ	カ	キ	ク	ケ	コ
52	ア	イ	ウ	エ	オ	カ	キ	ク	ケ	コ
53	ア	イ	ウ	エ	オ	カ	キ	ク	ケ	コ
54	ア	イ	ウ	エ	オ	カ	キ	ク	ケ	コ
55	ア	イ	ウ	エ	オ	カ	キ	ク	ケ	コ
56	ア	イ	ウ	エ	オ	カ	キ	ク	ケ	コ
57	ア	イ	ウ	エ	オ	カ	キ	ク	ケ	コ
58	ア	イ	ウ	エ	オ	カ	キ	ク	ケ	コ
59	ア	イ	ウ	エ	オ	カ	キ	ク	ケ	コ
60	ア	イ	ウ	エ	オ	カ	キ	ク	ケ	コ

（注）この解答用紙は実物を縮小してあります。Ｂ４用紙に137%拡大コピーすると、ほぼ実物大で使用できます。（タイトルと配点表は含みません）

志望コース	コース
フリガナ	
氏名	

受験番号を記入し、さらにその下のマーク欄にマークしなさい。

受験番号				
0	0	0	0	0
1	1	1	1	1
2	2	2	2	2
3	3	3	3	3
4	4	4	4	4
5	5	5	5	5
6	6	6	6	6
7	7	7	7	7
8	8	8	8	8
9	9	9	9	9

学校配点	
一	問一　4点　問二　5点　問三　各4点×5　問四〜問六　各5点×4　問七　各4点×2
二	問一　各3点×3　問二〜問五　各5点×4　問六　各4点×2　問七　各3点×2
計	100点

２０２２年度　東京成徳大学高等学校・一般入試（第１回）

英語解答用紙

評点
/100

記入上の注意
(1) 解答用紙を汚したり、折りまげたりしないこと
(2) 記入マークはすべてHBまたはBの黒鉛筆を使用すること
(3) 訂正する時は、消しゴムで丁寧に消し、消しくずは取り除くこと
(4) 記入すべきこと以外は、絶対に何も書かないこと

マークのしかた

よい例	わるい例

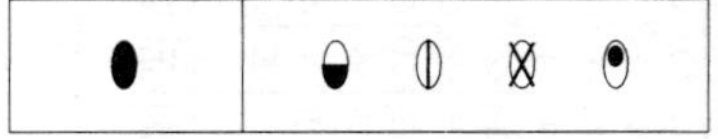

志望コース	コース
フリガナ	
氏　名	

受験番号を記入し、さらにその下のマーク欄にマークしなさい。

受験番号				
0	0	0	0	0
1	1	1	1	1
2	2	2	2	2
3	3	3	3	3
4	4	4	4	4
5	5	5	5	5
6	6	6	6	6
7	7	7	7	7
8	8	8	8	8
9	9	9	9	9

解答番号	解答記入欄（マーク欄）
1	ア イ ウ エ オ カ キ ク ケ コ
2	ア イ ウ エ オ カ キ ク ケ コ
3	ア イ ウ エ オ カ キ ク ケ コ
4	ア イ ウ エ オ カ キ ク ケ コ
5	ア イ ウ エ オ カ キ ク ケ コ
6	ア イ ウ エ オ カ キ ク ケ コ
7	ア イ ウ エ オ カ キ ク ケ コ
8	ア イ ウ エ オ カ キ ク ケ コ
9	ア イ ウ エ オ カ キ ク ケ コ
10	ア イ ウ エ オ カ キ ク ケ コ
11	ア イ ウ エ オ カ キ ク ケ コ
12	ア イ ウ エ オ カ キ ク ケ コ
13	ア イ ウ エ オ カ キ ク ケ コ
14	ア イ ウ エ オ カ キ ク ケ コ
15	ア イ ウ エ オ カ キ ク ケ コ
16	ア イ ウ エ オ カ キ ク ケ コ
17	ア イ ウ エ オ カ キ ク ケ コ
18	ア イ ウ エ オ カ キ ク ケ コ
19	ア イ ウ エ オ カ キ ク ケ コ
20	ア イ ウ エ オ カ キ ク ケ コ
21	ア イ ウ エ オ カ キ ク ケ コ
22	ア イ ウ エ オ カ キ ク ケ コ
23	ア イ ウ エ オ カ キ ク ケ コ
24	ア イ ウ エ オ カ キ ク ケ コ
25	ア イ ウ エ オ カ キ ク ケ コ
26	ア イ ウ エ オ カ キ ク ケ コ
27	ア イ ウ エ オ カ キ ク ケ コ
28	ア イ ウ エ オ カ キ ク ケ コ
29	ア イ ウ エ オ カ キ ク ケ コ
30	ア イ ウ エ オ カ キ ク ケ コ
31	ア イ ウ エ オ カ キ ク ケ コ
32	ア イ ウ エ オ カ キ ク ケ コ
33	ア イ ウ エ オ カ キ ク ケ コ
34	ア イ ウ エ オ カ キ ク ケ コ
35	ア イ ウ エ オ カ キ ク ケ コ
36	ア イ ウ エ オ カ キ ク ケ コ
37	ア イ ウ エ オ カ キ ク ケ コ
38	ア イ ウ エ オ カ キ ク ケ コ
39	ア イ ウ エ オ カ キ ク ケ コ
40	ア イ ウ エ オ カ キ ク ケ コ
41	ア イ ウ エ オ カ キ ク ケ コ
42	ア イ ウ エ オ カ キ ク ケ コ
43	ア イ ウ エ オ カ キ ク ケ コ
44	ア イ ウ エ オ カ キ ク ケ コ
45	ア イ ウ エ オ カ キ ク ケ コ
46	ア イ ウ エ オ カ キ ク ケ コ
47	ア イ ウ エ オ カ キ ク ケ コ
48	ア イ ウ エ オ カ キ ク ケ コ
49	ア イ ウ エ オ カ キ ク ケ コ
50	ア イ ウ エ オ カ キ ク ケ コ
51	ア イ ウ エ オ カ キ ク ケ コ
52	ア イ ウ エ オ カ キ ク ケ コ
53	ア イ ウ エ オ カ キ ク ケ コ
54	ア イ ウ エ オ カ キ ク ケ コ
55	ア イ ウ エ オ カ キ ク ケ コ
56	ア イ ウ エ オ カ キ ク ケ コ
57	ア イ ウ エ オ カ キ ク ケ コ
58	ア イ ウ エ オ カ キ ク ケ コ
59	ア イ ウ エ オ カ キ ク ケ コ
60	ア イ ウ エ オ カ キ ク ケ コ

（注）この解答用紙は実物を縮小してあります。Ｂ４用紙に137%拡大コピーすると、ほぼ実物大で使用できます。（タイトルと配点表は含みません）

学校配点	
1、2 各２点×８ 3～6 各３点×20〔4は各３点×５〕 7 各２点×３ 8 問１ 各１点×４　問２～問４ 各３点×３　問５ ５点	
100点	計

2022年度　東京成徳大学高等学校・一般入試（第1回）

数学解答用紙

評点
/100

記入上の注意
(1) 解答用紙を汚したり、折りまげたりしないこと
(2) 記入マークはすべてHBまたはBの黒鉛筆を使用すること
(3) 訂正する時は、消しゴムで丁寧に消し、消しくずは取り除くこと
(4) 記入すべきこと以外は、絶対に何も書かないこと

マークのしかた

よい例	わるい例
●	

解答番号	解答記入欄（マーク欄）									
1	㋐	㋑	㋒	㋓	㋔	㋕	㋖	㋗	㋘	㋙
2	㋐	㋑	㋒	㋓	㋔	㋕	㋖	㋗	㋘	㋙
3	㋐	㋑	㋒	㋓	㋔	㋕	㋖	㋗	㋘	㋙
4	㋐	㋑	㋒	㋓	㋔	㋕	㋖	㋗	㋘	㋙
5	㋐	㋑	㋒	㋓	㋔	㋕	㋖	㋗	㋘	㋙
6	㋐	㋑	㋒	㋓	㋔	㋕	㋖	㋗	㋘	㋙
7	㋐	㋑	㋒	㋓	㋔	㋕	㋖	㋗	㋘	㋙
8	㋐	㋑	㋒	㋓	㋔	㋕	㋖	㋗	㋘	㋙
9	㋐	㋑	㋒	㋓	㋔	㋕	㋖	㋗	㋘	㋙
10	㋐	㋑	㋒	㋓	㋔	㋕	㋖	㋗	㋘	㋙
11	㋐	㋑	㋒	㋓	㋔	㋕	㋖	㋗	㋘	㋙
12	㋐	㋑	㋒	㋓	㋔	㋕	㋖	㋗	㋘	㋙
13	㋐	㋑	㋒	㋓	㋔	㋕	㋖	㋗	㋘	㋙
14	㋐	㋑	㋒	㋓	㋔	㋕	㋖	㋗	㋘	㋙
15	㋐	㋑	㋒	㋓	㋔	㋕	㋖	㋗	㋘	㋙
16	㋐	㋑	㋒	㋓	㋔	㋕	㋖	㋗	㋘	㋙
17	㋐	㋑	㋒	㋓	㋔	㋕	㋖	㋗	㋘	㋙
18	㋐	㋑	㋒	㋓	㋔	㋕	㋖	㋗	㋘	㋙
19	㋐	㋑	㋒	㋓	㋔	㋕	㋖	㋗	㋘	㋙
20	㋐	㋑	㋒	㋓	㋔	㋕	㋖	㋗	㋘	㋙

解答番号	解答記入欄（マーク欄）									
21	㋐	㋑	㋒	㋓	㋔	㋕	㋖	㋗	㋘	㋙
22	㋐	㋑	㋒	㋓	㋔	㋕	㋖	㋗	㋘	㋙
23	㋐	㋑	㋒	㋓	㋔	㋕	㋖	㋗	㋘	㋙
24	㋐	㋑	㋒	㋓	㋔	㋕	㋖	㋗	㋘	㋙
25	㋐	㋑	㋒	㋓	㋔	㋕	㋖	㋗	㋘	㋙
26	㋐	㋑	㋒	㋓	㋔	㋕	㋖	㋗	㋘	㋙
27	㋐	㋑	㋒	㋓	㋔	㋕	㋖	㋗	㋘	㋙
28	㋐	㋑	㋒	㋓	㋔	㋕	㋖	㋗	㋘	㋙
29	㋐	㋑	㋒	㋓	㋔	㋕	㋖	㋗	㋘	㋙
30	㋐	㋑	㋒	㋓	㋔	㋕	㋖	㋗	㋘	㋙
31	㋐	㋑	㋒	㋓	㋔	㋕	㋖	㋗	㋘	㋙
32	㋐	㋑	㋒	㋓	㋔	㋕	㋖	㋗	㋘	㋙
33	㋐	㋑	㋒	㋓	㋔	㋕	㋖	㋗	㋘	㋙
34	㋐	㋑	㋒	㋓	㋔	㋕	㋖	㋗	㋘	㋙
35	㋐	㋑	㋒	㋓	㋔	㋕	㋖	㋗	㋘	㋙
36	㋐	㋑	㋒	㋓	㋔	㋕	㋖	㋗	㋘	㋙
37	㋐	㋑	㋒	㋓	㋔	㋕	㋖	㋗	㋘	㋙
38	㋐	㋑	㋒	㋓	㋔	㋕	㋖	㋗	㋘	㋙
39	㋐	㋑	㋒	㋓	㋔	㋕	㋖	㋗	㋘	㋙
40	㋐	㋑	㋒	㋓	㋔	㋕	㋖	㋗	㋘	㋙

解答番号	解答記入欄（マーク欄）									
41	㋐	㋑	㋒	㋓	㋔	㋕	㋖	㋗	㋘	㋙
42	㋐	㋑	㋒	㋓	㋔	㋕	㋖	㋗	㋘	㋙
43	㋐	㋑	㋒	㋓	㋔	㋕	㋖	㋗	㋘	㋙
44	㋐	㋑	㋒	㋓	㋔	㋕	㋖	㋗	㋘	㋙
45	㋐	㋑	㋒	㋓	㋔	㋕	㋖	㋗	㋘	㋙
46	㋐	㋑	㋒	㋓	㋔	㋕	㋖	㋗	㋘	㋙
47	㋐	㋑	㋒	㋓	㋔	㋕	㋖	㋗	㋘	㋙
48	㋐	㋑	㋒	㋓	㋔	㋕	㋖	㋗	㋘	㋙
49	㋐	㋑	㋒	㋓	㋔	㋕	㋖	㋗	㋘	㋙
50	㋐	㋑	㋒	㋓	㋔	㋕	㋖	㋗	㋘	㋙
51	㋐	㋑	㋒	㋓	㋔	㋕	㋖	㋗	㋘	㋙
52	㋐	㋑	㋒	㋓	㋔	㋕	㋖	㋗	㋘	㋙
53	㋐	㋑	㋒	㋓	㋔	㋕	㋖	㋗	㋘	㋙
54	㋐	㋑	㋒	㋓	㋔	㋕	㋖	㋗	㋘	㋙
55	㋐	㋑	㋒	㋓	㋔	㋕	㋖	㋗	㋘	㋙
56	㋐	㋑	㋒	㋓	㋔	㋕	㋖	㋗	㋘	㋙
57	㋐	㋑	㋒	㋓	㋔	㋕	㋖	㋗	㋘	㋙
58	㋐	㋑	㋒	㋓	㋔	㋕	㋖	㋗	㋘	㋙
59	㋐	㋑	㋒	㋓	㋔	㋕	㋖	㋗	㋘	㋙
60	㋐	㋑	㋒	㋓	㋔	㋕	㋖	㋗	㋘	㋙

（注）この解答用紙は実物を縮小してあります。Ｂ４用紙に137%拡大コピーすると、ほぼ実物大で使用できます。（タイトルと配点表は含みません）

志望コース	コース
フリガナ	
氏　名	

受験番号を記入し、さらにその下のマーク欄にマークしなさい。

受験番号				
⓪	⓪	⓪	⓪	⓪
①	①	①	①	①
②	②	②	②	②
③	③	③	③	③
④	④	④	④	④
⑤	⑤	⑤	⑤	⑤
⑥	⑥	⑥	⑥	⑥
⑦	⑦	⑦	⑦	⑦
⑧	⑧	⑧	⑧	⑧
⑨	⑨	⑨	⑨	⑨

学校配点	
1～5　各5点×20	
100点	計

二〇二三年度　東京成徳大学高等学校・一般入試（第一回）

国語解答用紙

評点
/100

記入上の注意

(1) 解答用紙を汚したり、折りまげたりしないこと
(2) 記入マークはすべてHBまたはBの黒鉛筆を使用すること
(3) 訂正する時は、消しゴムで丁寧に消し、消しくずは取り除くこと
(4) 記入すべきこと以外は、絶対に何も書かないこと

マークのしかた

よい例	わるい例

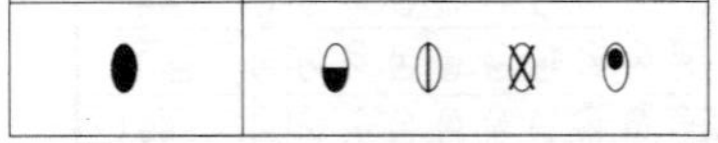

解答番号	解答記入欄（マーク欄）
1	㋐ ㋑ ㋒ ㋓ ㋔ ㋕ ㋖ ㋗ ㋘ ㋙
2	㋐ ㋑ ㋒ ㋓ ㋔ ㋕ ㋖ ㋗ ㋘ ㋙
3	㋐ ㋑ ㋒ ㋓ ㋔ ㋕ ㋖ ㋗ ㋘ ㋙
4	㋐ ㋑ ㋒ ㋓ ㋔ ㋕ ㋖ ㋗ ㋘ ㋙
5	㋐ ㋑ ㋒ ㋓ ㋔ ㋕ ㋖ ㋗ ㋘ ㋙
6	㋐ ㋑ ㋒ ㋓ ㋔ ㋕ ㋖ ㋗ ㋘ ㋙
7	㋐ ㋑ ㋒ ㋓ ㋔ ㋕ ㋖ ㋗ ㋘ ㋙
8	㋐ ㋑ ㋒ ㋓ ㋔ ㋕ ㋖ ㋗ ㋘ ㋙
9	㋐ ㋑ ㋒ ㋓ ㋔ ㋕ ㋖ ㋗ ㋘ ㋙
10	㋐ ㋑ ㋒ ㋓ ㋔ ㋕ ㋖ ㋗ ㋘ ㋙
11	㋐ ㋑ ㋒ ㋓ ㋔ ㋕ ㋖ ㋗ ㋘ ㋙
12	㋐ ㋑ ㋒ ㋓ ㋔ ㋕ ㋖ ㋗ ㋘ ㋙
13	㋐ ㋑ ㋒ ㋓ ㋔ ㋕ ㋖ ㋗ ㋘ ㋙
14	㋐ ㋑ ㋒ ㋓ ㋔ ㋕ ㋖ ㋗ ㋘ ㋙
15	㋐ ㋑ ㋒ ㋓ ㋔ ㋕ ㋖ ㋗ ㋘ ㋙
16	㋐ ㋑ ㋒ ㋓ ㋔ ㋕ ㋖ ㋗ ㋘ ㋙
17	㋐ ㋑ ㋒ ㋓ ㋔ ㋕ ㋖ ㋗ ㋘ ㋙
18	㋐ ㋑ ㋒ ㋓ ㋔ ㋕ ㋖ ㋗ ㋘ ㋙
19	㋐ ㋑ ㋒ ㋓ ㋔ ㋕ ㋖ ㋗ ㋘ ㋙
20	㋐ ㋑ ㋒ ㋓ ㋔ ㋕ ㋖ ㋗ ㋘ ㋙

解答番号	解答記入欄（マーク欄）
21	㋐ ㋑ ㋒ ㋓ ㋔ ㋕ ㋖ ㋗ ㋘ ㋙
22	㋐ ㋑ ㋒ ㋓ ㋔ ㋕ ㋖ ㋗ ㋘ ㋙
23	㋐ ㋑ ㋒ ㋓ ㋔ ㋕ ㋖ ㋗ ㋘ ㋙
24	㋐ ㋑ ㋒ ㋓ ㋔ ㋕ ㋖ ㋗ ㋘ ㋙
25	㋐ ㋑ ㋒ ㋓ ㋔ ㋕ ㋖ ㋗ ㋘ ㋙
26	㋐ ㋑ ㋒ ㋓ ㋔ ㋕ ㋖ ㋗ ㋘ ㋙
27	㋐ ㋑ ㋒ ㋓ ㋔ ㋕ ㋖ ㋗ ㋘ ㋙
28	㋐ ㋑ ㋒ ㋓ ㋔ ㋕ ㋖ ㋗ ㋘ ㋙
29	㋐ ㋑ ㋒ ㋓ ㋔ ㋕ ㋖ ㋗ ㋘ ㋙
30	㋐ ㋑ ㋒ ㋓ ㋔ ㋕ ㋖ ㋗ ㋘ ㋙
31	㋐ ㋑ ㋒ ㋓ ㋔ ㋕ ㋖ ㋗ ㋘ ㋙
32	㋐ ㋑ ㋒ ㋓ ㋔ ㋕ ㋖ ㋗ ㋘ ㋙
33	㋐ ㋑ ㋒ ㋓ ㋔ ㋕ ㋖ ㋗ ㋘ ㋙
34	㋐ ㋑ ㋒ ㋓ ㋔ ㋕ ㋖ ㋗ ㋘ ㋙
35	㋐ ㋑ ㋒ ㋓ ㋔ ㋕ ㋖ ㋗ ㋘ ㋙
36	㋐ ㋑ ㋒ ㋓ ㋔ ㋕ ㋖ ㋗ ㋘ ㋙
37	㋐ ㋑ ㋒ ㋓ ㋔ ㋕ ㋖ ㋗ ㋘ ㋙
38	㋐ ㋑ ㋒ ㋓ ㋔ ㋕ ㋖ ㋗ ㋘ ㋙
39	㋐ ㋑ ㋒ ㋓ ㋔ ㋕ ㋖ ㋗ ㋘ ㋙
40	㋐ ㋑ ㋒ ㋓ ㋔ ㋕ ㋖ ㋗ ㋘ ㋙

解答番号	解答記入欄（マーク欄）
41	㋐ ㋑ ㋒ ㋓ ㋔ ㋕ ㋖ ㋗ ㋘ ㋙
42	㋐ ㋑ ㋒ ㋓ ㋔ ㋕ ㋖ ㋗ ㋘ ㋙
43	㋐ ㋑ ㋒ ㋓ ㋔ ㋕ ㋖ ㋗ ㋘ ㋙
44	㋐ ㋑ ㋒ ㋓ ㋔ ㋕ ㋖ ㋗ ㋘ ㋙
45	㋐ ㋑ ㋒ ㋓ ㋔ ㋕ ㋖ ㋗ ㋘ ㋙
46	㋐ ㋑ ㋒ ㋓ ㋔ ㋕ ㋖ ㋗ ㋘ ㋙
47	㋐ ㋑ ㋒ ㋓ ㋔ ㋕ ㋖ ㋗ ㋘ ㋙
48	㋐ ㋑ ㋒ ㋓ ㋔ ㋕ ㋖ ㋗ ㋘ ㋙
49	㋐ ㋑ ㋒ ㋓ ㋔ ㋕ ㋖ ㋗ ㋘ ㋙
50	㋐ ㋑ ㋒ ㋓ ㋔ ㋕ ㋖ ㋗ ㋘ ㋙
51	㋐ ㋑ ㋒ ㋓ ㋔ ㋕ ㋖ ㋗ ㋘ ㋙
52	㋐ ㋑ ㋒ ㋓ ㋔ ㋕ ㋖ ㋗ ㋘ ㋙
53	㋐ ㋑ ㋒ ㋓ ㋔ ㋕ ㋖ ㋗ ㋘ ㋙
54	㋐ ㋑ ㋒ ㋓ ㋔ ㋕ ㋖ ㋗ ㋘ ㋙
55	㋐ ㋑ ㋒ ㋓ ㋔ ㋕ ㋖ ㋗ ㋘ ㋙
56	㋐ ㋑ ㋒ ㋓ ㋔ ㋕ ㋖ ㋗ ㋘ ㋙
57	㋐ ㋑ ㋒ ㋓ ㋔ ㋕ ㋖ ㋗ ㋘ ㋙
58	㋐ ㋑ ㋒ ㋓ ㋔ ㋕ ㋖ ㋗ ㋘ ㋙
59	㋐ ㋑ ㋒ ㋓ ㋔ ㋕ ㋖ ㋗ ㋘ ㋙
60	㋐ ㋑ ㋒ ㋓ ㋔ ㋕ ㋖ ㋗ ㋘ ㋙

（注）この解答用紙は実物を縮小してあります。Ｂ４用紙に137%拡大コピーすると、ほぼ実物大で使用できます。（タイトルと配点表は含みません）

受験番号を記入し、さらにその下のマーク欄にマークしなさい。

受験番号				
⓪	⓪	⓪	⓪	⓪
①	①	①	①	①
②	②	②	②	②
③	③	③	③	③
④	④	④	④	④
⑤	⑤	⑤	⑤	⑤
⑥	⑥	⑥	⑥	⑥
⑦	⑦	⑦	⑦	⑦
⑧	⑧	⑧	⑧	⑧
⑨	⑨	⑨	⑨	⑨

志望コース	コース
フリガナ	
氏　名	

学校配点

[一] 問一、問二　各4点×3　問三、問四　各5点×2　問五　4点　問六　5点　問七～問十一　各4点×6
[二] 各4点×9
[三] 各3点×3

100点	計

２０２２年度　東京成徳大学高等学校・一般入試（特待）

英語解答用紙

評点
/100

記入上の注意
(1) 解答用紙を汚したり、折りまげたりしないこと
(2) 記入マークはすべてHBまたはBの黒鉛筆を使用すること
(3) 訂正する時は、消しゴムで丁寧に消し、消しくずは取り除くこと
(4) 記入すべきこと以外は、絶対に何も書かないこと

マークのしかた

よい例	わるい例

志望コース	コース
フリガナ	
氏　名	

受験番号を記入し、さらにその下のマーク欄にマークしなさい。

受	験	番	号	
⓪	⓪	⓪	⓪	⓪
①	①	①	①	①
②	②	②	②	②
③	③	③	③	③
④	④	④	④	④
⑤	⑤	⑤	⑤	⑤
⑥	⑥	⑥	⑥	⑥
⑦	⑦	⑦	⑦	⑦
⑧	⑧	⑧	⑧	⑧
⑨	⑨	⑨	⑨	⑨

解答番号	解答記入欄（マーク欄）
1	ア イ ウ エ オ カ キ ク ケ コ
2	ア イ ウ エ オ カ キ ク ケ コ
3	ア イ ウ エ オ カ キ ク ケ コ
4	ア イ ウ エ オ カ キ ク ケ コ
5	ア イ ウ エ オ カ キ ク ケ コ
6	ア イ ウ エ オ カ キ ク ケ コ
7	ア イ ウ エ オ カ キ ク ケ コ
8	ア イ ウ エ オ カ キ ク ケ コ
9	ア イ ウ エ オ カ キ ク ケ コ
10	ア イ ウ エ オ カ キ ク ケ コ
11	ア イ ウ エ オ カ キ ク ケ コ
12	ア イ ウ エ オ カ キ ク ケ コ
13	ア イ ウ エ オ カ キ ク ケ コ
14	ア イ ウ エ オ カ キ ク ケ コ
15	ア イ ウ エ オ カ キ ク ケ コ
16	ア イ ウ エ オ カ キ ク ケ コ
17	ア イ ウ エ オ カ キ ク ケ コ
18	ア イ ウ エ オ カ キ ク ケ コ
19	ア イ ウ エ オ カ キ ク ケ コ
20	ア イ ウ エ オ カ キ ク ケ コ

解答番号	解答記入欄（マーク欄）
21	ア イ ウ エ オ カ キ ク ケ コ
22	ア イ ウ エ オ カ キ ク ケ コ
23	ア イ ウ エ オ カ キ ク ケ コ
24	ア イ ウ エ オ カ キ ク ケ コ
25	ア イ ウ エ オ カ キ ク ケ コ
26	ア イ ウ エ オ カ キ ク ケ コ
27	ア イ ウ エ オ カ キ ク ケ コ
28	ア イ ウ エ オ カ キ ク ケ コ
29	ア イ ウ エ オ カ キ ク ケ コ
30	ア イ ウ エ オ カ キ ク ケ コ
31	ア イ ウ エ オ カ キ ク ケ コ
32	ア イ ウ エ オ カ キ ク ケ コ
33	ア イ ウ エ オ カ キ ク ケ コ
34	ア イ ウ エ オ カ キ ク ケ コ
35	ア イ ウ エ オ カ キ ク ケ コ
36	ア イ ウ エ オ カ キ ク ケ コ
37	ア イ ウ エ オ カ キ ク ケ コ
38	ア イ ウ エ オ カ キ ク ケ コ
39	ア イ ウ エ オ カ キ ク ケ コ
40	ア イ ウ エ オ カ キ ク ケ コ

解答番号	解答記入欄（マーク欄）
41	ア イ ウ エ オ カ キ ク ケ コ
42	ア イ ウ エ オ カ キ ク ケ コ
43	ア イ ウ エ オ カ キ ク ケ コ
44	ア イ ウ エ オ カ キ ク ケ コ
45	ア イ ウ エ オ カ キ ク ケ コ
46	ア イ ウ エ オ カ キ ク ケ コ
47	ア イ ウ エ オ カ キ ク ケ コ
48	ア イ ウ エ オ カ キ ク ケ コ
49	ア イ ウ エ オ カ キ ク ケ コ
50	ア イ ウ エ オ カ キ ク ケ コ
51	ア イ ウ エ オ カ キ ク ケ コ
52	ア イ ウ エ オ カ キ ク ケ コ
53	ア イ ウ エ オ カ キ ク ケ コ
54	ア イ ウ エ オ カ キ ク ケ コ
55	ア イ ウ エ オ カ キ ク ケ コ
56	ア イ ウ エ オ カ キ ク ケ コ
57	ア イ ウ エ オ カ キ ク ケ コ
58	ア イ ウ エ オ カ キ ク ケ コ
59	ア イ ウ エ オ カ キ ク ケ コ
60	ア イ ウ エ オ カ キ ク ケ コ

（注）この解答用紙は実物を縮小してあります。Ｂ４用紙に137％拡大コピーすると、ほぼ実物大で使用できます。（タイトルと配点表は含みません）

学校配点

1～3 各2点×15
4 各3点×5
5～7 各2点×15
8 6点
9 問1 2点　問2 (a) 2点　(b) 3点　(c) 2点　問3 各2点×5

計
100点

2022年度　東京成徳大学高等学校・一般入試（特待）

数学解答用紙

評点
/100

記入上の注意
(1) 解答用紙を汚したり、折りまげたりしないこと
(2) 記入マークはすべてHBまたはBの黒鉛筆を使用すること
(3) 訂正する時は、消しゴムで丁寧に消し、消しくずは取り除くこと
(4) 記入すべきこと以外は、絶対に何も書かないこと

マークのしかた

よい例	わるい例
●	◒ ⦶ ⊗ ⊙

志望コース	コース
フリガナ	
氏　名	

受験番号を記入し、さらにその下のマーク欄にマークしなさい。

受験番号				
0	0	0	0	0
1	1	1	1	1
2	2	2	2	2
3	3	3	3	3
4	4	4	4	4
5	5	5	5	5
6	6	6	6	6
7	7	7	7	7
8	8	8	8	8
9	9	9	9	9

解答番号	解答記入欄（マーク欄）									
1	ア	イ	ウ	エ	オ	カ	キ	ク	ケ	コ
2	ア	イ	ウ	エ	オ	カ	キ	ク	ケ	コ
3	ア	イ	ウ	エ	オ	カ	キ	ク	ケ	コ
4	ア	イ	ウ	エ	オ	カ	キ	ク	ケ	コ
5	ア	イ	ウ	エ	オ	カ	キ	ク	ケ	コ
6	ア	イ	ウ	エ	オ	カ	キ	ク	ケ	コ
7	ア	イ	ウ	エ	オ	カ	キ	ク	ケ	コ
8	ア	イ	ウ	エ	オ	カ	キ	ク	ケ	コ
9	ア	イ	ウ	エ	オ	カ	キ	ク	ケ	コ
10	ア	イ	ウ	エ	オ	カ	キ	ク	ケ	コ
11	ア	イ	ウ	エ	オ	カ	キ	ク	ケ	コ
12	ア	イ	ウ	エ	オ	カ	キ	ク	ケ	コ
13	ア	イ	ウ	エ	オ	カ	キ	ク	ケ	コ
14	ア	イ	ウ	エ	オ	カ	キ	ク	ケ	コ
15	ア	イ	ウ	エ	オ	カ	キ	ク	ケ	コ
16	ア	イ	ウ	エ	オ	カ	キ	ク	ケ	コ
17	ア	イ	ウ	エ	オ	カ	キ	ク	ケ	コ
18	ア	イ	ウ	エ	オ	カ	キ	ク	ケ	コ
19	ア	イ	ウ	エ	オ	カ	キ	ク	ケ	コ
20	ア	イ	ウ	エ	オ	カ	キ	ク	ケ	コ

解答番号	解答記入欄（マーク欄）									
21	ア	イ	ウ	エ	オ	カ	キ	ク	ケ	コ
22	ア	イ	ウ	エ	オ	カ	キ	ク	ケ	コ
23	ア	イ	ウ	エ	オ	カ	キ	ク	ケ	コ
24	ア	イ	ウ	エ	オ	カ	キ	ク	ケ	コ
25	ア	イ	ウ	エ	オ	カ	キ	ク	ケ	コ
26	ア	イ	ウ	エ	オ	カ	キ	ク	ケ	コ
27	ア	イ	ウ	エ	オ	カ	キ	ク	ケ	コ
28	ア	イ	ウ	エ	オ	カ	キ	ク	ケ	コ
29	ア	イ	ウ	エ	オ	カ	キ	ク	ケ	コ
30	ア	イ	ウ	エ	オ	カ	キ	ク	ケ	コ
31	ア	イ	ウ	エ	オ	カ	キ	ク	ケ	コ
32	ア	イ	ウ	エ	オ	カ	キ	ク	ケ	コ
33	ア	イ	ウ	エ	オ	カ	キ	ク	ケ	コ
34	ア	イ	ウ	エ	オ	カ	キ	ク	ケ	コ
35	ア	イ	ウ	エ	オ	カ	キ	ク	ケ	コ
36	ア	イ	ウ	エ	オ	カ	キ	ク	ケ	コ
37	ア	イ	ウ	エ	オ	カ	キ	ク	ケ	コ
38	ア	イ	ウ	エ	オ	カ	キ	ク	ケ	コ
39	ア	イ	ウ	エ	オ	カ	キ	ク	ケ	コ
40	ア	イ	ウ	エ	オ	カ	キ	ク	ケ	コ

解答番号	解答記入欄（マーク欄）									
41	ア	イ	ウ	エ	オ	カ	キ	ク	ケ	コ
42	ア	イ	ウ	エ	オ	カ	キ	ク	ケ	コ
43	ア	イ	ウ	エ	オ	カ	キ	ク	ケ	コ
44	ア	イ	ウ	エ	オ	カ	キ	ク	ケ	コ
45	ア	イ	ウ	エ	オ	カ	キ	ク	ケ	コ
46	ア	イ	ウ	エ	オ	カ	キ	ク	ケ	コ
47	ア	イ	ウ	エ	オ	カ	キ	ク	ケ	コ
48	ア	イ	ウ	エ	オ	カ	キ	ク	ケ	コ
49	ア	イ	ウ	エ	オ	カ	キ	ク	ケ	コ
50	ア	イ	ウ	エ	オ	カ	キ	ク	ケ	コ
51	ア	イ	ウ	エ	オ	カ	キ	ク	ケ	コ
52	ア	イ	ウ	エ	オ	カ	キ	ク	ケ	コ
53	ア	イ	ウ	エ	オ	カ	キ	ク	ケ	コ
54	ア	イ	ウ	エ	オ	カ	キ	ク	ケ	コ
55	ア	イ	ウ	エ	オ	カ	キ	ク	ケ	コ
56	ア	イ	ウ	エ	オ	カ	キ	ク	ケ	コ
57	ア	イ	ウ	エ	オ	カ	キ	ク	ケ	コ
58	ア	イ	ウ	エ	オ	カ	キ	ク	ケ	コ
59	ア	イ	ウ	エ	オ	カ	キ	ク	ケ	コ
60	ア	イ	ウ	エ	オ	カ	キ	ク	ケ	コ

（注）この解答用紙は実物を縮小してあります。Ｂ４用紙に137%拡大コピーすると、ほぼ実物大で使用できます。（タイトルと配点表は含みません）

学校配点	
1～5　各5点×20	
100点	計

2022年度 東京成徳大学高等学校・一般入試（特待）

社会解答用紙

評点	/100

記入上の注意
(1) 解答用紙を汚したり、折りまげたりしないこと
(2) 記入マークはすべてHBまたはBの黒鉛筆を使用すること
(3) 訂正する時は、消しゴムで丁寧に消し、消しくずは取り除くこと
(4) 記入すべきこと以外は、絶対に何も書かないこと

マークのしかた

よい例	わるい例
●	◒ ⦶ ⊗ ⊙

志望コース	コース
フリガナ	
氏　名	

受験番号を記入し、さらにその下のマーク欄にマークしなさい。

受験番号				
⓪	⓪	⓪	⓪	⓪
①	①	①	①	①
②	②	②	②	②
③	③	③	③	③
④	④	④	④	④
⑤	⑤	⑤	⑤	⑤
⑥	⑥	⑥	⑥	⑥
⑦	⑦	⑦	⑦	⑦
⑧	⑧	⑧	⑧	⑧
⑨	⑨	⑨	⑨	⑨

解答番号	解答記入欄（マーク欄）
1	㋐ ㋑ ㋒ ㋓ ㋔ ㋕ ㋖ ㋗ ㋘ ㋙
2	㋐ ㋑ ㋒ ㋓ ㋔ ㋕ ㋖ ㋗ ㋘ ㋙
3	㋐ ㋑ ㋒ ㋓ ㋔ ㋕ ㋖ ㋗ ㋘ ㋙
4	㋐ ㋑ ㋒ ㋓ ㋔ ㋕ ㋖ ㋗ ㋘ ㋙
5	㋐ ㋑ ㋒ ㋓ ㋔ ㋕ ㋖ ㋗ ㋘ ㋙
6	㋐ ㋑ ㋒ ㋓ ㋔ ㋕ ㋖ ㋗ ㋘ ㋙
7	㋐ ㋑ ㋒ ㋓ ㋔ ㋕ ㋖ ㋗ ㋘ ㋙
8	㋐ ㋑ ㋒ ㋓ ㋔ ㋕ ㋖ ㋗ ㋘ ㋙
9	㋐ ㋑ ㋒ ㋓ ㋔ ㋕ ㋖ ㋗ ㋘ ㋙
10	㋐ ㋑ ㋒ ㋓ ㋔ ㋕ ㋖ ㋗ ㋘ ㋙
11	㋐ ㋑ ㋒ ㋓ ㋔ ㋕ ㋖ ㋗ ㋘ ㋙
12	㋐ ㋑ ㋒ ㋓ ㋔ ㋕ ㋖ ㋗ ㋘ ㋙
13	㋐ ㋑ ㋒ ㋓ ㋔ ㋕ ㋖ ㋗ ㋘ ㋙
14	㋐ ㋑ ㋒ ㋓ ㋔ ㋕ ㋖ ㋗ ㋘ ㋙
15	㋐ ㋑ ㋒ ㋓ ㋔ ㋕ ㋖ ㋗ ㋘ ㋙
16	㋐ ㋑ ㋒ ㋓ ㋔ ㋕ ㋖ ㋗ ㋘ ㋙
17	㋐ ㋑ ㋒ ㋓ ㋔ ㋕ ㋖ ㋗ ㋘ ㋙
18	㋐ ㋑ ㋒ ㋓ ㋔ ㋕ ㋖ ㋗ ㋘ ㋙
19	㋐ ㋑ ㋒ ㋓ ㋔ ㋕ ㋖ ㋗ ㋘ ㋙
20	㋐ ㋑ ㋒ ㋓ ㋔ ㋕ ㋖ ㋗ ㋘ ㋙

解答番号	解答記入欄（マーク欄）
21	㋐ ㋑ ㋒ ㋓ ㋔ ㋕ ㋖ ㋗ ㋘ ㋙
22	㋐ ㋑ ㋒ ㋓ ㋔ ㋕ ㋖ ㋗ ㋘ ㋙
23	㋐ ㋑ ㋒ ㋓ ㋔ ㋕ ㋖ ㋗ ㋘ ㋙
24	㋐ ㋑ ㋒ ㋓ ㋔ ㋕ ㋖ ㋗ ㋘ ㋙
25	㋐ ㋑ ㋒ ㋓ ㋔ ㋕ ㋖ ㋗ ㋘ ㋙
26	㋐ ㋑ ㋒ ㋓ ㋔ ㋕ ㋖ ㋗ ㋘ ㋙
27	㋐ ㋑ ㋒ ㋓ ㋔ ㋕ ㋖ ㋗ ㋘ ㋙
28	㋐ ㋑ ㋒ ㋓ ㋔ ㋕ ㋖ ㋗ ㋘ ㋙
29	㋐ ㋑ ㋒ ㋓ ㋔ ㋕ ㋖ ㋗ ㋘ ㋙
30	㋐ ㋑ ㋒ ㋓ ㋔ ㋕ ㋖ ㋗ ㋘ ㋙
31	㋐ ㋑ ㋒ ㋓ ㋔ ㋕ ㋖ ㋗ ㋘ ㋙
32	㋐ ㋑ ㋒ ㋓ ㋔ ㋕ ㋖ ㋗ ㋘ ㋙
33	㋐ ㋑ ㋒ ㋓ ㋔ ㋕ ㋖ ㋗ ㋘ ㋙
34	㋐ ㋑ ㋒ ㋓ ㋔ ㋕ ㋖ ㋗ ㋘ ㋙
35	㋐ ㋑ ㋒ ㋓ ㋔ ㋕ ㋖ ㋗ ㋘ ㋙
36	㋐ ㋑ ㋒ ㋓ ㋔ ㋕ ㋖ ㋗ ㋘ ㋙
37	㋐ ㋑ ㋒ ㋓ ㋔ ㋕ ㋖ ㋗ ㋘ ㋙
38	㋐ ㋑ ㋒ ㋓ ㋔ ㋕ ㋖ ㋗ ㋘ ㋙
39	㋐ ㋑ ㋒ ㋓ ㋔ ㋕ ㋖ ㋗ ㋘ ㋙
40	㋐ ㋑ ㋒ ㋓ ㋔ ㋕ ㋖ ㋗ ㋘ ㋙

解答番号	解答記入欄（マーク欄）
41	㋐ ㋑ ㋒ ㋓ ㋔ ㋕ ㋖ ㋗ ㋘ ㋙
42	㋐ ㋑ ㋒ ㋓ ㋔ ㋕ ㋖ ㋗ ㋘ ㋙
43	㋐ ㋑ ㋒ ㋓ ㋔ ㋕ ㋖ ㋗ ㋘ ㋙
44	㋐ ㋑ ㋒ ㋓ ㋔ ㋕ ㋖ ㋗ ㋘ ㋙
45	㋐ ㋑ ㋒ ㋓ ㋔ ㋕ ㋖ ㋗ ㋘ ㋙
46	㋐ ㋑ ㋒ ㋓ ㋔ ㋕ ㋖ ㋗ ㋘ ㋙
47	㋐ ㋑ ㋒ ㋓ ㋔ ㋕ ㋖ ㋗ ㋘ ㋙
48	㋐ ㋑ ㋒ ㋓ ㋔ ㋕ ㋖ ㋗ ㋘ ㋙
49	㋐ ㋑ ㋒ ㋓ ㋔ ㋕ ㋖ ㋗ ㋘ ㋙
50	㋐ ㋑ ㋒ ㋓ ㋔ ㋕ ㋖ ㋗ ㋘ ㋙
51	㋐ ㋑ ㋒ ㋓ ㋔ ㋕ ㋖ ㋗ ㋘ ㋙
52	㋐ ㋑ ㋒ ㋓ ㋔ ㋕ ㋖ ㋗ ㋘ ㋙
53	㋐ ㋑ ㋒ ㋓ ㋔ ㋕ ㋖ ㋗ ㋘ ㋙
54	㋐ ㋑ ㋒ ㋓ ㋔ ㋕ ㋖ ㋗ ㋘ ㋙
55	㋐ ㋑ ㋒ ㋓ ㋔ ㋕ ㋖ ㋗ ㋘ ㋙
56	㋐ ㋑ ㋒ ㋓ ㋔ ㋕ ㋖ ㋗ ㋘ ㋙
57	㋐ ㋑ ㋒ ㋓ ㋔ ㋕ ㋖ ㋗ ㋘ ㋙
58	㋐ ㋑ ㋒ ㋓ ㋔ ㋕ ㋖ ㋗ ㋘ ㋙
59	㋐ ㋑ ㋒ ㋓ ㋔ ㋕ ㋖ ㋗ ㋘ ㋙
60	㋐ ㋑ ㋒ ㋓ ㋔ ㋕ ㋖ ㋗ ㋘ ㋙

（注）この解答用紙は実物を縮小してあります。Ｂ４用紙に137%拡大コピーすると、ほぼ実物大で使用できます。（タイトルと配点表は含みません）

学校配点	
1 各3点×3　2 問1～問3 各3点×3 問4 4点　3 問1 3点 問2、問3 各4点×2 問4 3点　4 問1、問2 各3点×2 問3 4点 問4 3点　5 問1、問2 各3点×2 問3、問4 各4点×2　6 問1～問3 各3点×3 問4 4点 問5 3点 問6 4点　7 問1 3点 問2 4点 問3 3点 問4 4点 問5 3点	
100点	計

2022年度 東京成徳大学高等学校・一般入試（特待）

理科解答用紙

評点 /100

記 入 上 の 注 意
(1) 解答用紙を汚したり、折りまげたりしないこと
(2) 記入マークはすべてHBまたはBの黒鉛筆を使用すること
(3) 訂正する時は、消しゴムで丁寧に消し、消しくずは取り除くこと
(4) 記入すべきこと以外は、絶対に何も書かないこと

マークのしかた

よい例	わるい例
●	◒ ◍ ⊠ ◉

志望コース	コース
フリガナ	
氏　名	

受験番号を記入し、さらにその下のマーク欄にマークしなさい。

受	験	番	号	
0	0	0	0	0
1	1	1	1	1
2	2	2	2	2
3	3	3	3	3
4	4	4	4	4
5	5	5	5	5
6	6	6	6	6
7	7	7	7	7
8	8	8	8	8
9	9	9	9	9

解答番号	解答記入欄（マーク欄）	解答番号	解答記入欄（マーク欄）	解答番号	解答記入欄（マーク欄）
1	ア イ ウ エ オ カ キ ク ケ コ	21	ア イ ウ エ オ カ キ ク ケ コ	41	ア イ ウ エ オ カ キ ク ケ コ
2	ア イ ウ エ オ カ キ ク ケ コ	22	ア イ ウ エ オ カ キ ク ケ コ	42	ア イ ウ エ オ カ キ ク ケ コ
3	ア イ ウ エ オ カ キ ク ケ コ	23	ア イ ウ エ オ カ キ ク ケ コ	43	ア イ ウ エ オ カ キ ク ケ コ
4	ア イ ウ エ オ カ キ ク ケ コ	24	ア イ ウ エ オ カ キ ク ケ コ	44	ア イ ウ エ オ カ キ ク ケ コ
5	ア イ ウ エ オ カ キ ク ケ コ	25	ア イ ウ エ オ カ キ ク ケ コ	45	ア イ ウ エ オ カ キ ク ケ コ
6	ア イ ウ エ オ カ キ ク ケ コ	26	ア イ ウ エ オ カ キ ク ケ コ	46	ア イ ウ エ オ カ キ ク ケ コ
7	ア イ ウ エ オ カ キ ク ケ コ	27	ア イ ウ エ オ カ キ ク ケ コ	47	ア イ ウ エ オ カ キ ク ケ コ
8	ア イ ウ エ オ カ キ ク ケ コ	28	ア イ ウ エ オ カ キ ク ケ コ	48	ア イ ウ エ オ カ キ ク ケ コ
9	ア イ ウ エ オ カ キ ク ケ コ	29	ア イ ウ エ オ カ キ ク ケ コ	49	ア イ ウ エ オ カ キ ク ケ コ
10	ア イ ウ エ オ カ キ ク ケ コ	30	ア イ ウ エ オ カ キ ク ケ コ	50	ア イ ウ エ オ カ キ ク ケ コ
11	ア イ ウ エ オ カ キ ク ケ コ	31	ア イ ウ エ オ カ キ ク ケ コ	51	ア イ ウ エ オ カ キ ク ケ コ
12	ア イ ウ エ オ カ キ ク ケ コ	32	ア イ ウ エ オ カ キ ク ケ コ	52	ア イ ウ エ オ カ キ ク ケ コ
13	ア イ ウ エ オ カ キ ク ケ コ	33	ア イ ウ エ オ カ キ ク ケ コ	53	ア イ ウ エ オ カ キ ク ケ コ
14	ア イ ウ エ オ カ キ ク ケ コ	34	ア イ ウ エ オ カ キ ク ケ コ	54	ア イ ウ エ オ カ キ ク ケ コ
15	ア イ ウ エ オ カ キ ク ケ コ	35	ア イ ウ エ オ カ キ ク ケ コ	55	ア イ ウ エ オ カ キ ク ケ コ
16	ア イ ウ エ オ カ キ ク ケ コ	36	ア イ ウ エ オ カ キ ク ケ コ	56	ア イ ウ エ オ カ キ ク ケ コ
17	ア イ ウ エ オ カ キ ク ケ コ	37	ア イ ウ エ オ カ キ ク ケ コ	57	ア イ ウ エ オ カ キ ク ケ コ
18	ア イ ウ エ オ カ キ ク ケ コ	38	ア イ ウ エ オ カ キ ク ケ コ	58	ア イ ウ エ オ カ キ ク ケ コ
19	ア イ ウ エ オ カ キ ク ケ コ	39	ア イ ウ エ オ カ キ ク ケ コ	59	ア イ ウ エ オ カ キ ク ケ コ
20	ア イ ウ エ オ カ キ ク ケ コ	40	ア イ ウ エ オ カ キ ク ケ コ	60	ア イ ウ エ オ カ キ ク ケ コ

学校配点

1 問1 2点 問2 3点 問3 2点 問4 3点 問5 2点 問6 3点
問7 2点 問8 3点
2 A 問1、問2 各3点×2 問3 4点
B 問1、問2 各3点×2 問3 4点
3 問1、問2 各3点×2 問3 4点 問4、問5 各3点×2 問6 4点
4 問1 3点 問2 4点 問3、問4 各3点×2 問5 4点 問6 3点
5 問1～問4 各3点×4 問5、問6 各4点×2

100点	計

二〇二二年度 東京成徳大学高等学校・一般入試（特待）

国語解答用紙

評点 /100

記 入 上 の 注 意
(1) 解答用紙を汚したり、折りまげたりしないこと
(2) 記入マークはすべてHBまたはBの黒鉛筆を使用すること
(3) 訂正する時は、消しゴムで丁寧に消し、消しくずは取り除くこと
(4) 記入すべきこと以外は、絶対に何も書かないこと

マークのしかた

よい例	わるい例
●	◒ ◍ ⊠ ◉

志望コース	コース
フリガナ	
氏　名	

受験番号を記入し、さらにその下のマーク欄にマークしなさい。

受	験	番	号	
0	0	0	0	0
1	1	1	1	1
2	2	2	2	2
3	3	3	3	3
4	4	4	4	4
5	5	5	5	5
6	6	6	6	6
7	7	7	7	7
8	8	8	8	8
9	9	9	9	9

解答番号	解答記入欄（マーク欄）	解答番号	解答記入欄（マーク欄）	解答番号	解答記入欄（マーク欄）
1	ア イ ウ エ オ カ キ ク ケ コ	21	ア イ ウ エ オ カ キ ク ケ コ	41	ア イ ウ エ オ カ キ ク ケ コ
2	ア イ ウ エ オ カ キ ク ケ コ	22	ア イ ウ エ オ カ キ ク ケ コ	42	ア イ ウ エ オ カ キ ク ケ コ
3	ア イ ウ エ オ カ キ ク ケ コ	23	ア イ ウ エ オ カ キ ク ケ コ	43	ア イ ウ エ オ カ キ ク ケ コ
4	ア イ ウ エ オ カ キ ク ケ コ	24	ア イ ウ エ オ カ キ ク ケ コ	44	ア イ ウ エ オ カ キ ク ケ コ
5	ア イ ウ エ オ カ キ ク ケ コ	25	ア イ ウ エ オ カ キ ク ケ コ	45	ア イ ウ エ オ カ キ ク ケ コ
6	ア イ ウ エ オ カ キ ク ケ コ	26	ア イ ウ エ オ カ キ ク ケ コ	46	ア イ ウ エ オ カ キ ク ケ コ
7	ア イ ウ エ オ カ キ ク ケ コ	27	ア イ ウ エ オ カ キ ク ケ コ	47	ア イ ウ エ オ カ キ ク ケ コ
8	ア イ ウ エ オ カ キ ク ケ コ	28	ア イ ウ エ オ カ キ ク ケ コ	48	ア イ ウ エ オ カ キ ク ケ コ
9	ア イ ウ エ オ カ キ ク ケ コ	29	ア イ ウ エ オ カ キ ク ケ コ	49	ア イ ウ エ オ カ キ ク ケ コ
10	ア イ ウ エ オ カ キ ク ケ コ	30	ア イ ウ エ オ カ キ ク ケ コ	50	ア イ ウ エ オ カ キ ク ケ コ
11	ア イ ウ エ オ カ キ ク ケ コ	31	ア イ ウ エ オ カ キ ク ケ コ	51	ア イ ウ エ オ カ キ ク ケ コ
12	ア イ ウ エ オ カ キ ク ケ コ	32	ア イ ウ エ オ カ キ ク ケ コ	52	ア イ ウ エ オ カ キ ク ケ コ
13	ア イ ウ エ オ カ キ ク ケ コ	33	ア イ ウ エ オ カ キ ク ケ コ	53	ア イ ウ エ オ カ キ ク ケ コ
14	ア イ ウ エ オ カ キ ク ケ コ	34	ア イ ウ エ オ カ キ ク ケ コ	54	ア イ ウ エ オ カ キ ク ケ コ
15	ア イ ウ エ オ カ キ ク ケ コ	35	ア イ ウ エ オ カ キ ク ケ コ	55	ア イ ウ エ オ カ キ ク ケ コ
16	ア イ ウ エ オ カ キ ク ケ コ	36	ア イ ウ エ オ カ キ ク ケ コ	56	ア イ ウ エ オ カ キ ク ケ コ
17	ア イ ウ エ オ カ キ ク ケ コ	37	ア イ ウ エ オ カ キ ク ケ コ	57	ア イ ウ エ オ カ キ ク ケ コ
18	ア イ ウ エ オ カ キ ク ケ コ	38	ア イ ウ エ オ カ キ ク ケ コ	58	ア イ ウ エ オ カ キ ク ケ コ
19	ア イ ウ エ オ カ キ ク ケ コ	39	ア イ ウ エ オ カ キ ク ケ コ	59	ア イ ウ エ オ カ キ ク ケ コ
20	ア イ ウ エ オ カ キ ク ケ コ	40	ア イ ウ エ オ カ キ ク ケ コ	60	ア イ ウ エ オ カ キ ク ケ コ

学校配点

一 問一 各4点×2 問二～問七 各5点×7 問八 各3点×2
問九 5点
二 問一、問二 各4点×3 問三～問五 各5点×3 問六 4点
問七～問九 各5点×3

100点	計